Larry Dossey

Heilende Worte

Larry Dossey

Heilende Worte

Die Kraft der Gebete als Schlüssel zur Heilung

Titel der amerikanischen Originalausgabe:
Healing Words – The Power of Prayer and the Power of Medicine
published by arrangement with HarperOne,
an imprint of HarperCollins Publ., LLC.

© 1993 Larry Dossey, M.D. All rights reserved.

Bearbeiteter Nachdruck der deutschen Erstveröffentlichung
im Verlag Bruno Martin GmbH © 1995

Deutsche Ausgabe:
1. Auflage 2010
© Crotona Verlag GmbH
Kammer 11
83123 Amerang
www.crotona.de

Alle Rechte beim Verlag. Nachdruck, auch auszugsweise, nur mit ausdrücklicher Genehmigung.

Übersetzung aus dem Amerikanischen: Wolfgang Schellhorn

Umschlaggestaltung: Annette Wagner unter Verwendung von
[Cernasite] Wind of Dreams/ Quelle PHOTOCASE

Druck: Bercker • Kevelaer

ISBN 978-3-86191-008-4

INHALT

Vorwort 7
Einleitung 15

Teil 1	**Das Verstehen von Gebet und Heilung** 27	
1	Heilige und Sünder, Gesundheit und Krankheit 27	
2	Die Reichweite des Bewusstseins 53	

Teil 2   **Faktoren, welche die Wirksamkeit
des Gebets beeinflussen** 73
3   Beten und das Unbewusste 73
4   Wohin gehen Gebete? 102
5   Wie soll man beten und wofür? 108
6   Liebe und Heilung 131
7   Zeitversetzte Gebete: Wenn Gebete erhört werden,
bevor sie stattfinden 142
8   Die Überzeugungen Ihres Arztes und warum
sie von Bedeutung sind 158
9   Wenn Beten verletzt: Eine Untersuchung des
»schwarzen Gebetes« 172

Teil 3   **Das Beweismaterial** 188
10   Gott im Labor 188
11   Gebet und Heilung: Ein Überblick über die Forschung .. 197
12   Was ist Heilung? 229

Nachwort 242

Anhang 1   Heilversuche in kontrollierten Experimenten 245

Anhang 2   Spontane Rückbildung von Krebs 247

Anhang 3   Wie gut ist das Beweismaterial? Beten, Meditation
           und Parapsychologie 254

Anhang 4   Heilung und Geist: Ein Resümee 260

Anmerkungen 266
Danksagung 279
Index   281

VORWORT

Vor einigen Jahren entdeckte ich zu meiner Überraschung eine einzige wissenschaftliche Arbeit, die deutlich auf die Kraft des Gebetes beim Genesungsprozess hinwies. Weil ich noch nie von kontrollierten Experimenten über die Kraft des Gebetes gehört hatte, hielt ich diese Studie für einen Einzelfall. Aber war sie das? Irgendwie ließ mir diese Sache keine Ruhe, und ich begann in der wissenschaftlichen Literatur nach weiteren Beweisen für die Wirksamkeit des Gebetes zu forschen. Ich fand eine enorme Zahl von Nachweisen: Über hundert Experimente, die die Kriterien von »guter Wissenschaft« erfüllten, viele unter strengen Versuchsbedingungen durchgeführt. Über die Hälfte davon zeigten, dass Beten bei vielen Lebewesen zu deutlichen Veränderungen führt.

Ich war erstaunt. Ich hatte meine Suche in dem Glauben begonnen, dass wenig dabei herauskommen würde; denn wenn wissenschaftliche Beweise für die Heilwirkung von Gebeten existierten, wäre das doch sicher unter wissenschaftlich gebildeten Ärzten allgemein bekannt. Mir wurde die Wahrheit dessen deutlich, was viele Wissenschaftshistoriker beschrieben haben: Ein Wissensgebiet, das nicht mit den vorherrschenden Ideen übereinstimmt, kann ignoriert werden, so als ob es nicht existierte, ungeachtet seiner wissenschaftlichen Gültigkeit. Wissenschaftler, Ärzte eingeschlossen, können in ihrer Wahrnehmung blinde Flecken haben. Die Kraft des Gebetes war offensichtlich ein Beispiel dafür.

Die Frage, mit der ich mich als Nächstes auseinandersetzen musste, bereitete mir Unbehagen: Was sollte ich selbst mit dieser Information anfangen? Sollte ich sie ignorieren oder meine medizinische Praxis davon beeinflussen lassen? Diese Ungewissheit lief auf eine einzige Frage hinaus, der ich nicht entgehen konnte:

Wirst du für deine Patienten beten oder nicht?
Viele Jahre lang hatte ich mich nicht ums Beten gekümmert. Ich betrachtete es als eine beliebige, unwesentliche Übung, die einfach nicht auf derselben Stufe stand mit Chirurgie und Medikamenten. Ich hatte mich sogar bemüht, spirituelle oder religiöse Einflüsse bei der Heilung zu vermeiden, da ich mich als *wissenschaftlichen* Arzt sah.

Ich wuchs auf in einer Welt, die es nicht mehr gibt – die Kultur der Baumwoll-"sharecropper"[1] von Zentraltexas. Gebet und Protestantismus durchdrangen diese öden Prärien und mit wenigen Ausnahmen jeden, der auf ihnen lebte. Die aus einem Raum bestehende Landkirche, die an Wegkreuzungen stand und sich in den Baumwollfeldern verlor, war das Zentrum, um das sich das Leben drehte. An der Längsseite der Kirche befand sich das »Tabernakel«, ein offener Bau mit Schindeldach, das man in den dunstigen, schwülen Sommern für Erweckungsversammlungen im Freien nutzte. Zweimal in der Woche – Mittwochs und Sonntags am Abend – versammelten sich die Leute in der Kirche, um zu singen, zu beten, Zeugnis abzulegen und dem Prediger zuzuhören. Der Prediger war meist ein junger Theologiestudent von der Baylor Universität im benachbarten Waco, dessen Predigten mit scheußlichen und erschreckenden Beschreibungen des Höllenfeuers, der Verdammnis und der ewigen Strafe gewürzt waren. Predigten über den Himmel waren seltener.

Als Kind bezweifelte ich niemals die Wahrheit dessen, was ich hörte. Ich nahm das alles ernst. Mit vierzehn war ich der Organist der kleinen Kirche und ein eifriger Teilnehmer an »Jugenderweckungen«. Mit sechzehn ging ich als Klavierspieler mit einem Gospelquartett auf Tour und spielte außerdem das Gospelklavier für einen herumreisenden Zelt-Evangelisten, der im ganzen Staat für seinen feurigen Ernst bekannt war. Ich wollte Pfarrer werden, gab aber im letzten Augenblick meinen Plan auf, um die Baylor Universität, die größte baptistische Hochschule der Welt, zu besuchen. Mein Zwillingsbruder, der heute pensionierter Zahnarzt ist und mystisch veranlagt, blieb – warum auch immer – glücklicherweise von all dieser religiösen Inbrunst unberührt und verhielt sich gleichgültig dazu. Als die Zeit kam, die Farm zu verlassen und das College aufzusuchen, überzeugte er mich, dass es klüger sei, mich an »der Universität« – von Texas in Austin – einzuschreiben. Zurückblickend gab es deutliche

Vorzeichen dafür, dass diese Entscheidung richtig war. Zur Zeit unseres Aufbruchs zum College hatte sich die baufällige kleine Kirche schon bedenklich nach Süden geneigt, als ob sie den Weg nach Austin weisen wollte. Das Tabernakel fiel in sich zusammen, das Gospelquartett hatte sich aufgelöst und der Zelt-Evangelist war bei einem Flugzeugabsturz umgekommen.

Die Universität erwies sich als mein religiöses Verderben. Protestantische Fundamentalisten haben immer Probleme mit dem wissenschaftlichen Materialismus, und ich war keine Ausnahme. Unter seinem dörrenden Einfluss welkte mein religiöser Eifer dahin wie ein texanisches Baumwollfeld im September. Ich wurde Agnostiker.

Nach dem College kam das Medizinstudium, dann eine Dienstzeit als Stabsarzt in Vietnam. Als ich schließlich meine Ausbildung in Innerer Medizin abgeschlossen hatte und eine eigene Praxis eröffnete, begannen meine spirituellen Wurzeln wieder zu wachsen. Eine Hauptrolle in diesem Prozess spielte während des Medizinstudiums meine Entdeckung der östlichen Philosophien, insbesondere des Buddhismus und Taoismus. Ich las unersättlich eine Vielfalt von Werken östlicher Mystiker und westlicher Kommentatoren. Ich war freudig überrascht, als ich herausfand, dass der Kern ihrer Lehren nicht nur östlich, sondern universell war. Er zeigte sich ebenso in den esoterischen Überlieferungen der großen spirituellen Traditionen des Westens. Ich fand, dass die westliche Mystik periodisch immer wieder ebenso kraftvoll erstrahlte wie die östliche. Sie war nur nicht so bekannt. Da ich zusätzlich zur Philosophie das Bedürfnis nach einer Übungspraxis verspürte, begann ich zu meditieren. Das war zu dieser Zeit in Texas etwas schwierig. Anders als jetzt, gab es so gut wie keine Meditationslehrer oder »Gurus«, und »Meditation« war immer noch ein unanständiges Wort. Dennoch waren gerade einige wenige kluge Bücher über Meditationspraxis aufgetaucht, und ich setzte ihre Anleitungen um. Unter großen Mühen und Kämpfen eignete ich mir allmählich eine eklektische Philosophie an, die mich spirituell mehr befriedigte als alles, womit ich aufgewachsen war.

Trotzdem erwischten mich die experimentellen Befunde über das Gebet, die ich recherchiert hatte, unvorbereitet. Damit wollte ich eigentlich nichts zu tun haben. Meditation konnte ich akzeptieren, aber der Gedanke, im Gebet »zu Gott zu sprechen«, rief Erinnerungen an den fundamentalistischen Protestantismus wach, die ich für erledigt hielt. Doch die Ergebnisse dieser Gebetsexperimente drängten sich immer wieder in meinen Geist.

Diese Untersuchungen zeigten eindeutig, dass das Gebet viele Formen annehmen kann. Erfolg zeigte sich nicht nur, wenn man für ganz bestimmte Ziele betete, sondern auch, wenn man für nichts Bestimmtes betete. Einige Arbeiten zeigten sogar, dass ein einfaches Vorgehen wie »Dein Wille geschehe« im quantitativen Sinne am wirksamsten war, wenn man bestimmte Ergebnisse im Sinn hatte. In vielen Experimenten schien eine einfache gebets*artige* Einstellung – eine allgegenwärtige Empfindung des Heiligen, ein fürsorgliches Einfühlen und Mitgefühl für das Wesen, das in Not war – der Heilung den Weg zu bereiten.

Versuche mit Menschen zeigten, dass das Gebet positive Wirkungen auf Blutdruck, Wunden, Herzattacken, Kopfschmerzen und Angst hatte. Gegenstand dieser Arbeiten war unter anderem Wasser, Enzyme, Bakterien, Pilze, Hefe, rote Blutzellen, Samen, Pflanzen, Algen, Mottenlarven, Mäuse und Hühner. Unter den Prozessen, die beeinflusst wurden, waren die Aktivität von Enzymen, die Wachstumsraten von leukämischen weißen Blutzellen, Mutationsraten von Bakterien, Keim- und Wachstumsraten von verschiedenen Samen, die Entladungshäufigkeit von Schrittmacherzellen, die Heilungsdauer von Wunden, die Größe von Kröpfen und Tumoren, die zeitliche Dauer des Erwachens aus der Betäubung, autonome Effekte, wie die elektrische Aktivität der Haut, die Hämolyseraten der roten Blutzellen und der Hämoglobingehalt.[2]

Bemerkenswert ist, dass die Wirkungen des Gebets nicht davon abhingen, ob die betende Person und der Organismus, für den sie betete, beisammen waren oder ob er oder sie sich weit entfernt aufhielt. Heilung konnte sowohl vor Ort als auch über eine Entfernung stattfinden. Sogar wenn ein »Objekt« in einen mit Blei verkleideten Raum oder in einen Käfig gestellt wurde, der es vor allen bekannten Formen elektromagnetischer Energie abschirmte, drang die Wirkung dennoch durch.

Diese Versuche veranlassten mich, mir weiterhin zuzureden: »Die Fakten zeigen offensichtlich, dass Gebete wirken. Du beanspruchst für dich, ein wissenschaftlicher Arzt zu sein. Wirst du nun diesen wissenschaftlichen Vorgaben folgen und tatsächlich das Gebet *anwenden*?«

Nach und nach kam ich zu der Überzeugung, wenn ich meinen Patienten Gebete vorenthalten würde, wäre das nicht anders, als ob ich ihnen eine wirksame Medizin oder ein chirurgisches Verfahren absichtlich vorenthalten würde. Ich fühlte mich den Traditionen der wissenschaftlichen Medizin verpflichtet, und das heißt, *mit* den wissenschaftlichen Daten zu arbeiten und nicht *um sie herum*, wie unbequem das auch sein sollte und wie sehr das auch meine liebsten Gaubenssätze erschüttern könnte. Ich konnte den Nachweis der Wirksamkeit des Betens nicht einfach ignorieren, ohne mich als Verräter an der naturwissenschaftlichen Tradition zu fühlen. So kam ich nach vielen Monaten des Abwägens zu dem Entschluss, für meine Patienten zu beten. Aber wie? Ich fühlte mich nicht in der Lage, so zu beten, wie ich es als Kind gelernt hatte. Die alten Vorstellungen vom Gebet, mit denen ich aufgewachsen war, nämlich eine ältere, bärtige, weiße männliche Gestalt in einem Gewand, die Englisch bevorzugte, anzuflehen, waren hoffnungslos unbefriedigend. Als Kind hatte ich endlose Listen angefertigt von allen, die ich für bedürftig hielt, welche ich mit freudloser Besessenheit fast täglich dem Allmächtigen vortrug.

Ich hatte mir große Mühe gegeben, die gewünschten Ergebnisse genau festzulegen, da man mir beigebracht hatte, dass das »die« Art sei zu beten. Doch das fühlte sich nicht mehr richtig an. Deshalb entwickelte ich ein Gebetsritual, das zu meinen gegenwärtigen spirituellen Neigungen und Glaubensvorstellungen zu passen schien. Ich ging nun jeden Morgen früher als zuvor in mein Büro, zündete zeremoniell Räucherwerk an und versetzte mich in eine gebetsfördernde, meditative Geisteshaltung. Während die Räucherung den Raum erfüllte, rief ich das Absolute an und bat, dass »Sein Wille geschehe«, sowohl in den Leben der Patienten, die ich bei meinen frühmorgentlichen Krankenhausvisiten besuchte, als auch bei den Patienten, denen ich an dem jeweiligen Tag in der Praxis begegnen sollte. Aus Gründen, die ich später darlegen werde, betete ich niemals für bestimmte Ergebnisse, also etwa, dass Krebsgeschwüre verschwinden und Herzanfälle oder Zuckerkrankheit heilen mögen. »Möge das Bestmögliche dabei herauskommen«, war meine bevorzugte Strategie, ohne zu verdeutlichen, was ich mit »dem Besten« meinte.

Ich forderte meine Patienten nicht zum Beten auf. Das war nicht nötig. Wir waren in Texas, und das bedeutete fast mit Sicherheit, dass sie mit Nachdruck beteten, und wahrscheinlich schon auf mehr Gebetslisten standen, als ich zählen konnte. Ich war froh im Wissen um diese gemeinschaftliche Anstrengung, und dass wir nicht darüber reden mussten. Das entsprach meiner persönlichen Vorliebe, in spirituellen Dingen privat zu bleiben, und passte zu meiner Abneigung gegenüber religiösem Evangelismus.

Als Teil meines Rituals pflegte ich verschiedene Rasseln und Kürbisse einzusetzen, Gegenstände, die weltweit bei Schamanen und Heilern gebraucht wurden, um »die Mächte anzurufen«. Diese merkwürdigen Objekte waren mir im Laufe der Jahre von Patienten und Freunden geschenkt worden. Wenn ich sie benutzte, fühlte ich eine Verbindung zu den Heilern aller Kulturen und Zeitalter. Obwohl ich mir nie hätte träumen lassen, dass ich, ein wissenschaftlich ausgebildeter moderner Arzt im weißen Kittel, jemals so etwas tun würde, gestaltete sich mein Gebetsritual überaus befriedigend für mich.

Eines Morgens nahmen die Ereignisse eine überraschende Wendung. In meiner Begeisterung entzündete ich zu viel Räucherung und löste den Feueralarm in meiner Praxis aus. Ich erhielt plötzlich Besuch vom Feuerinspektor des Krankenhauses, der ziemlich ärgerlich über »diesen komischen Geruch« war. Ich ließ mich jedoch nicht abschrecken und betete weiter für meine Patienten, bis ich vor fünf Jahren meine Praxis als Internist aufgab. Bewirkte das Gebet eine Veränderung? Wurde ich dadurch ein besserer Arzt? Ich weiß es nicht. Ich führte keine kontrollierten wissenschaftlichen Vorher-Nachher-Untersuchungen durch, um das herauszufinden. Ich glaube jedoch, dass die Antwort Ja lautet, schon allein deshalb, weil ich mich den Menschen, denen ich diente, mehr verbunden fühlte.

Mit meinem Widerstand gegenüber der Anwendung von Gebeten in der medizinischen Praxis war ich nicht allein. Fast alle wissenschaftlich orientierten Ärzte erleben das. Es ist einfach schwer, sich einen spirituellen Instinkt zu erhalten, wenn man den Weg der Naturwissenschaft geht. Die Botschaft der modernen medizinischen Ausbildung ist klar: Man muss sich entweder für logische, analytische und rationale Vorgehensweisen entscheiden oder für irrationale, religiöse, abergläubische und »rechtshirnige«, wozu das Beten gehört. Doch die Entscheidung zwischen Wissenschaft und Spiritualität erscheint heute zunehmend künstlich, sogar aus der Sicht der Naturwissenschaft. Jetzt ist es möglich, eine neue Geschichte zu erzählen, in der Wissenschaft und Spiritualität nebeneinander stehen dürfen und sich ergänzen, ohne den Versuch, sich gegenseitig zu vereinnahmen oder zu beseitigen.[3]

Über die Jahre habe ich mich oft gefragt, warum so wenige meiner Patienten mit mir über ihre religiösen Gefühle und Gebete während ihrer Krankheit oder den Krankheiten ihrer Liebsten gesprochen haben. Ich kann mir mindestens drei mögliche Gründe vorstellen. Erstens: Vielleicht haben tatsächlich nur wenige gebetet oder ihre Religion auf das anstehende Problem angewendet, so dass es nichts zu besprechen gab. Das scheint mir unwahrscheinlich. Ich habe Medizin im *Bibelgürtel* praktiziert – manche nannten es die *Schnalle* des *Bibelgürtels* – wo Religiosität endemisch ist und ständig viel gebetet wird. Zweitens dachten sie vielleicht, ich würde ihre religiösen Ansichten oder ihre Gebete missbilligen oder geringschätzen. Auch das scheint mir nicht haltbar. Ich hatte mehrere Bücher über die Rolle des Bewusstseins und spiritueller Faktoren bei Gesundheit und Erkrankung geschrieben, die viele meiner Patienten gelesen hatten. Sie wussten, dass ich diesen Dingen offen gegenüberstand und mit ihnen darüber reden würde, wenn sie mich fragten. Die dritte Möglichkeit scheint mir am einleuchtendsten: Sie wollten einfach, dass diese Dinge privat blieben.

Ich glaube inzwischen, dass Patienten im Großen und Ganzen ihre Religion nicht in ihre Beziehung zu ihrem Arzt einbringen wollen. Religion und medizinische Praxis miteinander zu vermischen, scheint so anrüchig und gefährlich zu sein, wie die Vermischung von Staat und Kirche. Die Aufgabe des Arztes ist es, medizinisches Fachwissen anzuwenden und ihren Klienten mit emotionaler und psychologischer Unterstützung zu dienen. Patienten, die mehr wollen, können uns bitten, uns im tieferen Sinn für sie zu engagieren; doch dann ist es am besten, wenn sie die Initiative ergreifen, nicht der Arzt.

Nicht jeder Arzt sieht das so. Im Anschluss an ein Jahr als Bataillons-Chirurg wurde ich als allgemeiner medizinischer Offizier nach Fort Carson in Colorado Springs, Colorado, berufen. Mit mir in der Klinik dienten zwei zivile Ärzte, die von der Armee eingestellt worden waren, um die große Zahl von Angehörigen der Soldaten in diesem Gebiet zu versorgen. Diese zwei Ärzte waren »wiedergeborene« Christen und tief religiös. Das Erste, was ein Patient sah, wenn er in ihrer Praxis Platz nahm, war die

Bibel, die deutlich sichtbar vor medizinischen Büchern und Zeitschriften aufgestellt war. Es war allgemein bekannt, dass sie in ihrer medizinischen Praxis christliche Prinzipien anwandten, und viele Patienten strömten gerade deshalb zu ihnen. Aber es gab auch die andere Seite: Andere Patienten, die ihre medizinische Versorgung nicht von den religiösen Ansichten ihres Arztes eingefärbt haben wollten, mochten sie nicht konsultieren.

Auch war ich zu Beginn meiner privaten Praxis für kurze Zeit im Ärzte-Team eines Krankenhauses, in dem zwei Psychiater »Christliche Psychiatrie« praktizierten. Sie äußerten sich lautstark darüber und waren in der Umgebung sehr beliebt.

Diese zwei Erfahrungen beunruhigten mich. Ich glaube, dass Ärzte ihre medizinische Autorität nicht als Plattform zur Verkündung ihrer privaten religiösen Überzeugungen nutzen sollten. Patienten sind oft sehr empfänglich gegenüber allem, was ein Arzt ihnen sagt, besonders wenn sie schwer krank sind. Das macht es für Ärzte nur allzu leicht, sie als Beute für ihren persönlichen religiösen Glauben zu nehmen. Das ist einfach nur schäbiger Missbrauch von Macht. Ich möchte deshalb klarstellen, dass ich in diesem Buch das Beten nicht »verkaufe«. Ich möchte nur ein Sachgebiet darstellen, das in der ärztlichen Wissenschaft vernachlässigt wird. Patienten können damit anfangen, was sie wollen.

Ich bin ganz bestimmt nicht der Auffassung, dass Ärzte ihren Glauben ihren Patienten aufdrängen sollten. Wenn ein Arzt jedoch das Bedürfnis verspürt, für seine Patienten etwas zu tun, was über die körperlichen Methoden hinausgeht, dann ist das Beten vielleicht die beste Methode. Weil die wissenschaftlichen Ergebnisse deutlich zeigen, dass das Gebet nicht ortsgebunden ist, sondern auch über eine Entfernung wirkt, können sie privat für die beten, denen sie dienen. Das würde ihren Patienten all die Predigten und leichten Antworten ersparen, die empfänglichen Kranken nur allzu oft im Namen der Religion geboten werden. Patienten, die mehr wollen, können darum bitten. In diesem Fall ist es klug, eine dritte Person, vielleicht einen Vertreter der Kirche, zu bitten, diesen Part zu übernehmen. Schließlich gestatten wir auch Priestern, Pfarrern und Rabbis nicht, Blinddarm-Operationen durchzuführen. Genausowenig können wir von Medizinern erwarten, das spirituelle Leben ihrer Patienten zu regeln, als ob ihr weißer Kittel, das Stethoskop oder das Skalpell ihnen einen besonderen spirituellen Sachverstand verleihen würde.

Viele der folgenden klinischen Fälle sind der Internistenpraxis des Autors entnommen. Die Namen aller Patienten sind geändert worden, um die Vertraulichkeit zu bewahren.

EINLEITUNG

Da, wo es keine Grenzen gibt, wo Unendlichkeit und Ewigkeit und Unsterblichkeit existiert, da ist Gott.
Omraan Mikhael Aivanhov, *Das Licht, lebendiger Geist*

Obwohl die Begeisterung für das Beten bei Amerikanern offensichtlich und weitverbreitet ist[1], glauben selbst die wenigen Forscher und Kritiker, die für eine wissenschaftliche Untersuchung des Betens aufgeschlossen sind, dass es kaum gesicherte Fakten gibt, die auf die Wirksamkeit des Betens bei der Heilung hinweisen. Stanley Krippner, Leiter der Doktoranden-Studien am Saybrook Institut in San Francisco, einer der bedeutendsten Erforscher unorthodoxer Heilmethoden, von denen er eine Vielzahl in aller Welt untersucht hat, stellte kürzlich fest:

»Von einem kritischen Standpunkt aus betrachtet, kommen wir zu dem Schluss, dass die Forschungsdaten über Fernheilung durch Gebete zwar vielversprechend sind, aber doch zu vereinzelt, um schon klare Schlussfolgerungen zuzulassen. [...] Wenn die Wirkung stark ist, müsste sie von anderen Forschern reproduziert werden können, doch bis jetzt haben die Daten über Fernheilungen noch kein reproduzierbares Muster ergeben. [...] Dennoch ist es ermutigend zu sehen, dass zumindest ein Anfang gemacht worden ist bei der Erforschung von derartigen Effekten, denn die sich für die Heilung ergebenden Folgerungen sind sehr bedeutsam.«[2]

Der Psychologe Lawrence LeShan hat die Fernheilung wohl am gründlichsten von allen Forschern untersucht. Ihn faszinierten die Paradoxien dieses Gebietes ebenso wie die Tatsache, dass Wunder und Fehlschläge häufig nahe beieinander zu liegen scheinen. LeShan weist auf eine Bemerkung von George Bernard Shaw hin, Lourdes sei der gotteslästerlichste Ort auf der Erde: Es gibt Berge von Rollstühlen und haufenweise Krücken, »aber nicht ein einziges Holzbein, Glasauge oder Toupet!« Das ist der Beweis, so Shaw, dass die Macht Gottes begrenzt ist. Es gibt Dinge, die er offenbar nicht tun kann, und das ist Blasphemie.[3]

Jahrzehntelang untersuchte LeShan Geistheiler, von denen die meisten irgendeine Art von Gebet bei ihrer Arbeit verwendeten. Er wurde sogar selbst zum Heiler und brachte mehr als vierhundert Menschen diese Techniken bei. In den späten Achtzigern veröffentlichte er, wie auch Krippner, ein eher flüchtiges Resümee seiner Erfahrungen:

> »In all den vielen hundert Heilungstreffen, an denen ich und die Leute in den Ausbildungsgruppen teilnahmen, konnte nie eine Fähigkeit zur Vorhersage entwickelt werden, so dass wir nie wussten, wann medizinisch nicht erwartete biologische Veränderungen eintreten würden und wann nicht. Wir stellten fest, dass diese Veränderungen ziemlich oft kurz nach den Heilritualen auftraten (nach meiner Schätzung in etwa 15 bis 20 Prozent aller Fälle), aber wir konnten nie eine bestimmte Heilung vorhersagen.«[4]

Das ist alles andere als ermutigend. Wenn ein Medikament oder ein chirurgisches Verfahren so unzuverlässig wirken würde, dass es bestenfalls in zwanzig Prozent aller Fälle wirksam wäre, würde es niemals zugelassen werden und zur medizinischen Anwendung kommen, sondern als praktisch wertlos verworfen werden, und die Suche nach einer besseren Therapie würde weitergehen.

Wenn Krippner und LeShan recht haben, was ich glaube, warum sollte man dann die Rolle des Gebetes beim Heilen in den Mittelpunkt rücken? Als ich mich mit dem Gedanken trug, dieses Buch zu schreiben, stellte ich mir diese Frage viele Male.

Der höchst praktische Grund, die heilende Wirkung von Gebeten zu untersuchen, ist einfach der, dass *es funktioniert*. Die Beweise sind einfach überwältigend, dass Beten über Entfernungen hinweg physische Veränderungsprozesse bei einer Vielzahl von Organismen auslöst, von Bakterien bis zum Menschen. Diese Daten, die wir später untersuchen werden, sind so eindrucksvoll, dass ich sie inzwischen zu den am besten gehüteten Geheimnissen in der medizinischen Wissenschaft rechne.

Der wichtigste Grund zur Untersuchung der Wirkungen von Gebeten hat jedoch wenig zu tun mit ihren Heilwirkungen bei Krankheiten. Die Tatsache, dass Beten funktioniert, sagt etwas unschätzbar Bedeutsames über unser Wesen aus und wie wir mit dem Absoluten verbunden sind. Wir werden diese Folgerungen in Kürze untersuchen.

Aber was fangen wir damit an, dass Beten alles in allem nicht so effektiv ist, wie wir uns wünschen würden – maximal zwanzig Prozent, glaubt LeShan, sogar bestenfalls? Das sollte man in einer bestimmten Perspektive sehen. Einigen Heilern zufolge, die Gebete regelmäßig anwenden, sind diese für einige Probleme wirksamer als für andere. Das sollte uns nicht überraschen. Penizillin ist ein Wundermittel bei einer Streptokokken-Infektion im Hals, aber gegen Tuberkulose ist es wirkungslos. Wenn man die Wirksamkeit von Penizillin nach seiner Anwendbarkeit auf alle bekannten Infektionskrankheiten einschätzen würde, wäre es wahrscheinlich in weit *weniger* als in zwanzig Prozent aller Fälle wirksam. Das aber wäre eine ungerechte Bewertung von Penizillin. Therapien sollten nach ihren Wirkungen unter den Bedingungen, bei denen sie anwendbar sind, beurteilt werden, das Beten bildet da keine Ausnahme.

Man könnte argumentieren, dass die Analogie zwischen Gebet und Penizillin unangebracht ist. Wenn das Gebet die Macht des Absoluten repräsentiert, wie George Bernard Shaw schloss, dann müsste es bei *allen* Krankheiten wirksam sein. Aber zum Gebet gehört mehr als die Kraft des Allmächtigen. Es wird von Menschen gesprochen, die möglicherweise das schwache Glied in einer ansonsten enorm starken Kette sind. Dass Gebete nicht so kraftvoll und vorhersagbar wirken, wie sie könnten, dürfte deshalb eher eine Schwäche des Betenden widerspiegeln als eine Schwäche des Gebetes.

Fast jeder kann in seiner eigenen Erfahrung Bestätigungen dieser Möglichkeit finden. Als ich in Texas aufwuchs, war ich immer wieder erstaunt über die bizarren Gebetsformen der Menschen. Im Herbst nahmen die Leute in Hunderten von Städten und Ortschaften überall im Staat leidenschaftlich am Freitagabendritual der Football-Spiele in der Schule teil. Als Teil der vorbereitenden Zeremonie pflegten sich die gegnerischen Mannschaften in ihren jeweiligen Umkleideräumen zu einem Mannschaftsgebet zu versammeln. Dabei beteten die ernsten jungen Gladiatoren zu demselben Gott für den Sieg und darum, dass er ihnen helfen möge, ihre Gegner zu Kleinholz zu machen. Wie hätten die Gebete beider Mannschaften wohl erhört werden sollen?

Diese perverse Anwendung von Gebeten ist natürlich nicht auf Football-verrückte Texaner beschränkt. Gebete sich gegenüberstehender Mannschaften für ihren Sieg sind ein weltweites Phänomen. Im Golfkrieg beteten die Amerikaner zu Gott, er möge ihnen helfen, die Iraker zu schlagen, während die Iraker gleichzeitig Allah anflehten, er möge die Ungläubigen aus dem Westen vernichten. Was soll ein Gott da tun?

Es fiele den Kriegsparteien natürlich schwer, *nicht für den Sieg zu beten*, und es fiele Kranken oder Sterbenden schwer, nicht für den Sieg über ihre Krankheit zu beten. Ich teile diese Gefühle. Als Arzt wäre mir nichts lieber, als eine Zauberkugel zu haben – eine Wunderdroge, ein operatives Verfahren oder ein Gebet –, das nie fehlschlüge, wenn meine Patienten es benötigen. Aber es ist nicht schwer, sich vorzustellen, wie eine hundertprozentige Erfolgsquote bei Gebeten unvorstellbares globales Chaos schaffen würde. Wenn alle Gebete für Genesung bei Krankheiten zugleich erhört würden, würde fast niemand mehr sterben. In diesem Fall wäre die Bevölkerung unseres Planeten schon vor Jahrtausenden explodiert, und unsere Erde wäre für Menschen nicht mehr bewohnbar. Sogar in scheinbar eindeutigen Situationen könnte ein erhörtes Gebet eine versteckte Grausamkeit sein, ein Gifthauch gegen unsere Existenz. Darauf zielt der Aphorismus von Oskar Wilde: »Wenn die Götter uns strafen wollen, dann erhören sie unsere Gebete.« Oder wie C. S. Lewis einmal schrieb: »Wenn Gott alle einfältigen Gebete erhört hätte, die ich in meinem Leben gemacht habe, wo stünde ich dann jetzt?«[5]

Diese Betrachtungen mögen hoffnungslos abstrakt erscheinen und geben uns keinen Trost, wenn wir krank sind, aber wir müssen uns darüber klar werden, dass das größere Wohl der Menschheit wie auch des Planeten das Überleben eines jeden kranken Menschen nicht zulässt. Der Umstand, dass wir unweigerlich lieber beten, um eine Krankheit zu beseitigen, zeigt unglücklicherweise, dass *wir nicht klug genug sind, ein Gebet anzuwenden, das in hundert Prozent aller Fälle wirkt.* Angesichts unserer Beschränktheit wäre es für ein fürsorgliches, wohlwollendes Höchstes Wesen vielleicht am klügsten, die Wirkungen des Betens zu reduzieren und viele oder gar die meisten zu ignorieren. Der Kraft des Gebetes, Grenzen zu setzen, wäre schließlich ein Segen, ein getarntes Geschenk. Damit wäre es für uns weniger gefährlich, und auch wir selbst würden uns weniger gefährden.

Es wäre aber auch verwirrend, denn wir würden *gelegentlich* eindrucksvolle Beispiele der Kraft des Gebetes sehen, aber wir würden *nie* sehen, dass Gebete jedesmal zuverlässig wirken. Das würde bedeuten, dass *es keine Formel gäbe,* keine perfekte Art zu beten, die man anwenden könnte, um in allen Situationen kraftvolle und vorhersagbare Ergebnisse zu erzielen. Das würde für uns so aussehen, als ob das Höchste Wesen das Gebet »verwirrt« hätte, alle Gesetzmäßigkeiten zerstört, alle Formeln abgeschafft, und dies alles, um eine sichere Wirkung des Betens *unbedingt* zu verhindern, wenn unfähige, törichte Wesen es anwenden.

Wenn es also tatsächlich eine eingebaute Beschränkung der sichtbaren Kraft des Gebetes gäbe, welche Situation würde sich daraus ergeben? Das könnte heißen, dass die Wirkungen des Gebetes manchmal wie Wunder erschienen und es manchmal gar keine gäbe. Wir wären dann auch nicht in der Lage, das Gebet in Laborversuchen »einzufangen«, wann immer wir wollten. Selbst wenn diese Effekte statistisch signifikant wären, wären sie selten überwältigend. Das Ergebnis wären ständig hin- und hergehende Diskussionen zwischen begeisterten Anhängern des Betens und kritisch eingestellten Leuten. Skeptiker würden titanische Anstrengungen unternehmen, um jede mögliche Wirkung des Betens wegzuerklären. Weil einige Forscher die Wirkungen des Betens öfter als andere herauskitzeln könnten, würden Kritiker behaupten, dass eben diese Launenhaftigkeit Beweis sei für die letztendliche Unwirksamkeit des Betens. Theologen würden mit geistreichen und verwickelten Argumenten für das Beten eintreten und erklären, warum es nur manchmal wirkt. Immer wenn die Skeptiker in dieser endlosen Diskussion scheinbar die Oberhand gewännen, würde das »gelegentliche Wunder« erscheinen, oder eine neue Studie zum Beten würde auftauchen, die neues Öl ins Feuer gösse. Laien wiederum, die der gelegentliche Erfolg des Betens mehr interessiert als das Hickhack zwischen Wissenschaftlern und Klerikern, würden weiterhin an das Gebet glauben und weiter beten wie immer. Sie würden nicht mit angehaltenem Atem auf die Ergebnisse des neuesten kontrollierten Doppelblindversuches warten. Klingt das vertraut? Das ist das Szenario, das wir zur Zeit haben. Es könnte ein Hinweis darauf sein, dass die Universale Intelligenz tatsächlich die Kraft des Gebetes eingeschränkt hat – zu unserem eigenen Wohl.

WAS IST EIN GEBET?

Was *ist* ein Gebet? Das englische Wort »prayer« kommt vom lateinischen *precarius,* durch »Bitten erworben«, und *precari,* »dringend ersuchen, flehentlich erbitten, beschwören«. Das weist auf zwei der häufigsten Formen des Betens hin – *die Bitte,* etwas für sich selbst erbitten, und *die Fürbitte,* etwas für andere erbitten. Es gibt auch Gebete des *Bekennens,* wo man schuldhaftes Verhalten bereut und um Vergebung bittet. Im *Klagegebet* beklagt man seine Not und bittet um Rettung. In der *Lobpreisung* drückt man seine Ehrerbietung aus. In der *Anrufung* erbittet man die Anwesenheit des Allmächtigen. Und in der *Danksagung* stattet man seinen Dank ab. Aber wie die 108 Namen für den Ganges im Hinduismus, kann die Klassifikation des Gebetes endlos scheinen. Der Theologe Richard J. Foster beschreibt einundzwanzig verschiedene Kategorien.[6]

Die komplexe Art, wie sich das Gebet in der menschlichen Psyche manifestiert, sind von den Theologen Ann Ulanov und Professor Barry Ulanov eindrucksvoll beschrieben worden. Sie stellen fest, dass Beten die grundlegendste, ursprünglichste und wichtigste »Sprache« ist, die Menschen sprechen – »Ursprache« nennen sie das. »Beten beginnt ohne Worte und endet oft ohne Worte«, sagen sie. »Es kennt seine eigenen Ausflüchte, seine eigene unendliche Vielfalt von Tricks. Es wirkt manchmal in Zeichen und Symbolen, taumelt, wenn es muss, springt, wenn es kann, hat verschiedene Arten von Logik zur Verfügung.«[7]

Beten kann individuell oder gemeinsam, privat oder öffentlich stattfinden. Es kann in Worten, Seufzern, Gesten oder im Schweigen abgehalten werden.[8] Beten kann natürlich eine bewusste Aktivität sein, aber wie wir sehen werden, kann es auch aus den Tiefen des Unbewussten fließen. Das Gebet kann sogar in Träumen auftauchen und dabei unser Wachbewusstsein völlig umgehen.

Als ich die Rolle des Gebetes bei der Heilung untersuchte, war ich überrascht, dass so viele Fachleute auf diesem Gebiet es versäumt hatten, das Gebet in ihren diesbezüglichen Büchern und Artikeln zu definieren. Ich glaube, ich kenne jetzt den Grund. Wenn das Gebet seine Wurzeln im Unbewussten hat, können wir sein Wesen nie voll erfassen. Das bedeutet, dass eine vollständige Definition des Gebetes nie gegeben werden kann.

Der Hauptgrund, warum ich mein Augenmerk auf die Rolle des Gebetes bei der Heilung richte, ist nicht, seine Wirksamkeit wissenschaftlich zu beweisen. Man kann das zwar tun, wie ich meine, und es ist eine der Aufgaben dieses Buches. Der wesentliche Grund liegt aber tiefer: *Das Beten sagt etwas unschätzbar Wichtiges darüber aus, was wir sind und was unsere Bestimmung sein könnte.* Wie wir sehen werden, ist das Gebet ein echtes *nicht-lokales* Ereignis. Das heißt, es ist nicht beschränkt auf einen bestimmten Ort im Raum oder einen bestimmten Moment in der Zeit. Beten reicht über das Hier und Jetzt hinaus. Es wirkt in die Ferne und über den gegenwärtigen Zeitpunkt hinaus. Da das Gebet durch eine geistige Handlung hervorgerufen wird, folgt daraus, dass es einen Aspekt unserer Psyche gibt, der ursprünglich nicht-lokal ist. Wenn das so ist, dann ist ein Teil von uns unbegrenzt in Raum und Zeit, somit allgegenwärtig, ewig und unsterblich. »Nicht-lokal« heißt schließlich nicht »wirklich groß« oder »eine sehr lange Zeit«. Es impliziert *Unendlichkeit* in Raum und Zeit, weil eine begrenzte Nicht-Lokalität ein Widerspruch in sich wäre. Im Westen ist dieser grenzenlose Aspekt der Psyche als »Seele« bezeichnet worden. Der empirische Nachweis für die Kraft des Gebetes ist also ein indirekter Hinweis auf die Seele. Das ist auch ein Hinweis darauf, dass wir teilhaben an Qualitäten des Göttlichen – »das Göttliche in uns« – da Unendlichkeit, Allgegenwart und Ewigkeit Qualitäten sind, die wir dem Absoluten zuordnen.

Die Tatsache, dass wir eine nicht-lokale Tätigkeit wie das Beten ausführen können, hat erstaunliche spirituelle Implikationen. Diese lassen unsere unmittelbaren praktischen Anliegen beim Beten, etwa ob das Gebet uns im Notfall aus Schwierigkeiten befreien kann, als klein erscheinen.

Die meisten westlichen Religionen haben ein völlig anderes Verständnis vom Gebet: Gott ist außerhalb von uns, gewöhnlich hoch oben, wie in einer stationären Umlaufbahn, und fungiert als eine Art zentraler Kommunikationssatellit. Wir »senden« unsere Gebete nach »oben« zu Gott, der je nachdem als Relaisstation zum Objekt unseres Gebetes aktiv wird oder auch nicht. Dieses Szenario, mit Gott da oben und uns hier unten, gestattet uns, eine sehr ortsspezifische Vorstellung zu bewahren von dem, was wir sind: Isolierte Wesen des Augenblicks, eingesperrt in eine lineare, fließende Zeit. Im Körper eingeschlossen, warten wir auf den Tod. Letztlich sündhaft und unwert, bleibt uns nur die Hoffnung, durch einen Gnadenakt des Höchsten Wesens erlöst zu werden. Diese Vision mag zwar Millionen Menschen Trost spenden, denen, die überzeugt sind, dass sie »gerettet« oder »erwählt« werden oder die zu einer religiösen 'Insider'-Gruppe gehören. Anderen verursacht sie jedoch enorme Verwirrung und Schuldgefühle. Sie ist in der gesamten Menschheitsgeschichte die Quelle unsäglicher Gemeinheiten gewesen. Wenn man diese religiöse Ansicht mit anderen auf der ganzen Welt vergleicht, dann scheint diese Verlagerung Gottes nach außen und die sich daraus ergebende Entwertung der inneren Natur des Menschen – nach den Worten des verstorbenen Mythenforschers Joseph Campbell – eine eindeutig »pathologische Mythologie« zu sein.

Viele Menschen glauben, dass die Natur des Gebetes von den großen westlichen Religionen schon angemessen festgelegt worden ist und es so etwas wie Ketzerei sei, wenn man an diesen uralten Konzepten herumbastelt. Dennoch muss man sich für eine neue, dynamische Sichtweise einsetzen. Wie Joseph Campbell einmal sagte: »Wenn eine Mythologie sich nicht weiterentwickelt, stirbt sie.« Wer also glaubt, dass unser Verständnis vom Beten im Wesentlichen vollständig ist und es nicht immer wieder neu bewertet werden sollte, verurteilt also, ohne es zu wollen, das Gebet zum Tode.

Die alten, auf die Bibel gegründeten Ansichten vom Beten, die immer noch sehr in Mode sind, wurden zu einer Zeit entwickelt, als ein Weltbild gültig war, das heute als veraltet und unvollständig gilt. In diesem Jahrhundert haben sich unsere Vorstellungen davon, wie das Universum funktioniert, fundamental verändert. Wir haben unsere Vorstellungen über das Wesen von Raum, Zeit, Energie, Ursache und Wirkung neu definiert. Diese haben wenig Ähnlichkeit mit den Anschauungen, die Jahrtausende lang das Denken der Menschen im Westen beherrschten und auch unseren Begriff des Betens geformt haben. Zusätzlich haben sich auch unsere grundlegenden Vorstellungen von der Struktur und Funktion der menschlichen Psyche radikal verändert und entwickeln sich immer noch weiter. Wenn unser Weltbild sich geändert hat, sollten wir vielleicht auch unsere Ansichten vom Wesen des Betens überdenken.

Wenn man die traditionellen, biblischen, westlichen Auffassungen vom Beten in einem »modernen« Modell neu fassen würde, könnten wir die Vergleiche anstellen, die in der Tabelle 1 gezeigt werden und in diesem Buch weiter ausgeführt werden:

TABELLE 1: MODELLE VOM GEBET

	Traditionelles westliches Modell	»Modernes« Modell
Energie-charakteristiken	Irgendeine »Energie« wird zum »Objekt« des Gebets übertragen.	Es wird in Wirklichkeit keine »Energie« übertragen, besser wir sprechen von »Information«.
Zeitliche Kennzeichen	Das Gebet wird in der Gegenwart abgehalten: Das Ziel ist, Einfluss auf gegenwärtige oder zukünftige Ereignisse zu nehmen, die noch nicht eingetreten sind.	Die Wirkungen des Betens sind nicht auf die Gegenwart oder auf die Zukunft beschränkt; sie können auch vergangene Ereignisse beeinflussen, auch wenn sie offenbar schon stattgefunden haben – »das zeitversetzte Gebet«.
Räumliche Kennzeichen	Das Gebet wird anderswohin »geschickt«, gewöhnlich an ein Höchstes Wesen, das »da draußen« ist. Diese äußere Wesenheit übermittelt das Gebet dann an sein Ziel – Gott als Übertragungs-Satellit.	Das Gebet wird nicht „abgeschickt", da es non-lokal in Raum und Zeit ist. Das „Königreich des Himmels ist in uns". Man kann nicht zu einer „außerhalb" liegenden Wesenheit beten.

	Traditionelles westliches Modell	**»Modernes« Modell**
Beziehung zum Absoluten	Ein Gott im Äußeren ist notwendig als Vermittler, damit das Gebet wirkt.	Ein äußerer Gott wird nicht als notwendiger Vermittler betrachtet, denn wenn nichts »abgeschickt« wird, dann gibt es auch nichts zu übermitteln.
Ursprungsquelle in der Psyche	Hat seinen Ursprung im »Wach«-Bewusstsein. Gebete müssen »gedacht«, »ersonnen« oder irgendwie bewusst ausgedrückt werden.	Es hat seinen Ursprung entweder im bewussten oder im unbewussten Teil der Psyche. Gebete müssen nicht immer »gedacht« werden; »unbewusste Gebete« – sogar »Traumgebete« – sind somit möglich.*

* An dieser Stelle biete ich dieses »moderne« Modell des Betens nur vorläufig an. Es wird im Laufe dieses Buches erkärt und weiter ausgeführt.

BETEN IM LABORVERSUCH

Meine Auffassung, dass Beten experimentell untersucht werden kann und sollte, hat sich weitgehend aus meiner Erfahrung als Arzt ergeben. Es ist einfach eine Tatsache, dass der Zustand von manchen Patienten sich nach einem Gebet drastisch verbessert.

Wenn etwas den menschlichen Körper beeinflusst, so ist es nach meiner Auffassung das legitime Interesse der Medizin, mehr darüber herauszufinden – wenn möglich auf wissenschaftliche Art – indem man bestimmte Fragen stellt. Dazu zählen:

- Kam die Besserung des Patienten durch das Gebet zustande oder war es eine Zufallskorrelation und ein rein zeitliches Zusammentreffen?
- Wenn Gebete tatsächlich eine Besserung verursacht haben, wie ist das geschehen?
- Wie zuverlässig ist das Beten?
- Wenn Gebete wirken, sind sie wirksam genug, dass man sie allein anwendet, oder sollte man sie mit orthodoxen Therapien, wie Pharmakologie oder Chirurgie, kombinieren? Oder stören diese das Wirken der Gebete?
- Sind einige Gebetsstrategien besser als andere? Gibt es eine »beste« Art zu beten?
- Was für eine Rolle spielt es, ob die Menschen, die beten, Übung haben? Gibt es so etwas wie eine Begabung? Kann man die Fähigkeit zu beten erwerben oder ist sie angeboren?
- Welche Bedingungen unterstützen die Wirkung von Gebeten und welche behindern sie?
- Ist die Wirkung von Gebeten immer positiv, oder können sie ebenso schaden wie helfen?

Solche Fragen würde ein interessierter Wissenschaftler stellen, und ihnen werden wir in diesem Buch nachgehen.

»Wie dringend nötig ein gutes Buch über das Beten auch wäre, ich werde nie versuchen, eines zu schreiben«, sagte C. S. Lewis einmal. »In einem Buch würde man unvermeidlicherweise den Versuch machen, zu belehren anstatt zu erörtern. Für mich wäre es Anmaßung, der Welt meine Belehrung über das Beten anzubieten.«[9]

Das ist weitgehend auch meine Meinung. Wie kann ein Mensch vorgeben zu wissen, wie ein anderer sich dem Absoluten nähern sollte?

Ich möchte deshalb gleich zu Beginn den Leser wissen lassen, dass dies kein Buch über das »Wie« des Betens ist. Davon gibt es schon genug. Vielmehr ist dieses Buch das Resultat meines Versuches, alles beiseite zu tun, was ich bisher über das Beten glaubte – so weit wie möglich alle Urteile und Annahmen, sowohl positive als auch negative, zu diesem Thema auszusetzen – und einfach nachzuschauen, was eine Übersicht ergibt, wenn man die Linse der Wissenschaft darauf richtet und sich von Vernunft und Nachdenklichkeit leiten lässt.

Ich bin kein Fachmann für Gebete, und ich gebe auch nicht vor, einer zu sein. Wenn es überhaupt eine Rechtfertigung gibt, als Arzt dieses Thema anzusprechen, dann die, dass gegenwärtig sowohl Religionsexperten als auch Wissenschaftler offenbar schlecht informiert sind über die empirischen Daten zu diesem Gebiet. Ich bin überzeugt, dass zu viel ungesagt bleibt, wenn man diesen Wissensfundus ignoriert, insbesondere deshalb, weil so viele positive Beweise vorliegen. Die Vernachlässigung dieser Informationen führt zu einer unvollständigen Theologie und zu einer glücklosen Medizin. Außerdem ist es schlechte Wissenschaft.

Wie kann man im Schweigen verharren, wenn es um spirituelle Themen wie das Beten im modernen Leben geht? Spirituelle Inhalte sind an den Rand gerückt, und das hat eine vernichtende Wirkung auf jeder existenziellen Ebene in unserer Zeit. Wie Englands große Dichterin Kathleen Raine kürzlich bemerkte: »Unsere Gesellschaft hat die Dimension der Bedeutungen und Werte – man könnte auch sagen, des Heiligen – verloren, nicht nur in der Kunst, sondern auch im Leben selbst.«[10] Die Vernachlässigung des Heiligen lässt auch für die Zukunft Schlimmes ahnen, davon bin ich überzeugt. Wie der Schriftsteller und Philosoph André Malraux es ausdrückte: »Das einundzwanzigste Jahrhundert wird religiös sein, oder es wird gar nicht sein.«[11]

Ich hätte nie geglaubt, dass meine Suche als Arzt auf dem Gebiet der Gesetze des Heilens mich zu einer Untersuchung des Betens führen würde. Der enormen Bedeutung und Würde dieses Gegenstandes erweise ich zu Beginn unserer Reise meine Hochachtung.

LARRY DOSSEY, M.D.
Santa Fe, New Mexico

TEIL 1

DAS VERSTEHEN VON GEBET UND HEILUNG

KAPITEL 1
HEILIGE UND SÜNDER, GESUNDHEIT UND KRANKHEIT

»Was Licht geben soll, muss Verbrennung ertragen.«
Viktor Frankl

Eine der merkwürdigsten Erkrankungen in der Geschichte fand vor etwa 2500 Jahren statt, als der Buddha – der Erleuchtete – an einer Lebensmittelvergiftung starb. Man hatte ihm verdorbenes Fleisch gereicht, was seine letzte Mahlzeit sein sollte. Keine sehr erhabene Art für einen *Buddha* dahinzugehen, dachte ich zunächst, als ich diesen Bericht entdeckte. Irgendwie hatte ich eine würdevollere Todesursache erwartet als verdorbene Nahrung. Später entdeckte ich, dass dieser Fall keineswegs einzigartig war, sondern viele spirituelle Führer ein schmähliches Ende nahmen, gezeichnet von groteskem Schmerz und Leiden. Einige historische Beispiele aus der jüngsten Zeit mögen das belegen:

- Die heilige Bernadette, die im Jahre 1858 die Vision der Jungfrau von Lourdes hatte, wo Tausende von Heilungen geschehen sein sollen. Bernadette wurde keine solche Heilung gewährt, als sie eine gebraucht hätte. Ihre Todesursache: Knochentuberkulose im Alter von fünfunddreißig Jahren.

- Jiddu Krishnamurti, der berühmte geistige Lehrer, dessen Worte Millionen in der ganzen Welt inspiriert haben. Seine Todesursache: Bauchspeicheldrüsenkrebs.
- Suzuki Roshi, der den Zen-Buddhismus aus Japan in die Vereinigten Staaten brachte und das Zen-Zentrum von San Francisco gründete. Seine Todesursache: Leberkrebs.
- Sri Ramana Maharshi, der meistgeliebte Heilige des modernen Indien. Seine Todesursache: Magenkrebs.

Diese Aufzählung könnte beliebig verlängert werden. Die Geschichte ist klar: Die Gesundheitsberichte von vielen erhabenen, gottverwirklichten Heiligen und Mystikern sind alles andere als ideal.

Oft nehmen die kränklichen Heiligen scheinbar ihre Krankheit als einen Teil der natürlichen Ordnung an. Der große indische Weise Sri Aurobindo (1872-1950) trat eines Tages daneben, fiel und brach sich das Knie. Der Arzt, der ihn behandelte, war davon sehr überrascht. »Wie kommt es, dass Sie, ein Mahatma, diesen Unfall nicht vorhersehen und verhindern konnten?« »Ich muss immer noch diesen menschlichen Körper mit mir herumtragen«, antwortete Aurobindo, »und er unterliegt den üblichen menschlichen Beschränkungen und physischen Gesetzen.«[1]

Zahlreiche »Erklärungen« werden für diese Ereignisse angeboten. Manche sagen, der Heilige oder Mystiker sei nicht *wirklich* so spirituell, wie er oder sie scheinen; oder er oder sie sei zwar tatsächlich erleuchtet, aber sie müssten noch ihr Karma ausleben, um für Überschreitungen und Verfehlungen früherer Leben »zu bezahlen«. Andere behaupten, dass der große Lehrer unfreiwillig die Krankheiten seiner (oder ihrer) Anhänger angenommen habe, wie ein unbewusster Schwamm. Man hört auch das Argument, dass der/die Weise bewusst die Krankheit gewählt habe. Manchmal geschieht das zur anschaulichen Unterweisung, um zu zeigen, dass die Verbindung zwischen dem Göttlichen und dem Menschlichen sogar inmitten der heimtückischsten Krankheit bestehen kann. Oder der Heilige oder Mystiker nimmt die Krankheit mit Absicht als eine letzte Prüfung an, um verbliebene Spuren von Ego oder Individualität zu »verbrennen«.[2]

Diese Gründe mögen gelten oder auch nicht. Unsere Aufgabe besteht nicht darin, in jedem Fall herauszufinden, warum gottverwirklichte Men-

schen krank werden und sterben, sondern einfach festzustellen, dass es offensichtlich so ist, und sich zu fragen, was daraus für unser eigenes Leben folgt, wenn wir krank werden. Überhaupt sollten uns diese Berichte veranlassen, die vorherrschenden Annahmen ernsthaft in Frage zu stellen, nämlich dass:
   (a) heilig sein gute Gesundheit garantiert, und
   (b) schlechte Gesundheit und Krankheit immer auf spirituelle Verfehlungen hinweisen.³

Diese Annahmen sind nicht nur für spirituelle Genies unzutreffend, sondern auch für einfache Leute wie du und ich. Als Jesus einem Mann begegnete, der von Geburt an blind war, fragten ihn seine Jünger: »Meister, wer hat gesündigt, dieser Mann oder seine Eltern, dass er blind geboren ward?« Diese Frage stellt sich heute vielfach im Umfeld des »New Age«. Wer trägt die Schuld? Warum habe ich diese Krankheit »gewählt«? Für welche gegenwärtigen oder früheren Verfehlungen muss ich leiden? Wer ist verantwortlich? Die Antwort von Jesus klärt diese Frage. Sie sollte jedem New-Age-Buch, das von Bewusstsein und Heilung handelt, eingeprägt sein: »*Weder hat dieser Mann gesündigt noch seine Eltern,* sondern dass die Werke Gottes offenbar würden an ihm.« (Johannes 9, 1-3, *Hervorhebung des Autors*). Könnte die Botschaft Jesu deutlicher sein? Dies ist ein treffendes Beispiel für ein gravierendes körperliches Problem, ohne dass irgendein spiritueller Mangel vorhanden wäre. Niemand ließ sich etwas zu Schulden kommen, niemand wurde für seine Sünde bestraft, niemand hat sich seine Krankheit gesucht. Jesus deutet darauf hin, dass es für Krankheit einen höheren Zweck geben kann, den wir einfach nicht fassen können, weil wir die Wege des Absoluten nicht kennen. Das heißt, dass die Bedeutung einer bestimmten Erkrankung *kosmisch* sein kann. Sie kann für uns Sterbliche dunkel und verborgen sein. Sie ist nur dem Göttlichen bekannt. Gleichzeitig warnt uns dieser Fall davor, spirituelle und körperliche Gesundheit gleichzusetzen und rät zur Vorsicht davor, einer Krankheit eine simple oberflächliche Bedeutung zu verleihen.

Aber kränkliche Heilige und Mystiker sind nur die eine Seite der Medaille. Sie werden gespiegelt durch diejenigen, die man gesunde Sünder nennen könnte, Individuen, die überhaupt keine erkennbaren spirituellen Neigungen haben, aber nie krank werden. Fast jeder kennt so jemanden oder hat von ihm gehört. Sie brechen alle Regeln der guten Gesundheit, rauchen und trinken im Übermaß und werden hundert Jahre alt, ohne jemals krank zu werden.

Kranke Heilige und gesunde Sünder zeigen uns, dass es keine feste, geradlinige und eindeutige Beziehung zwischen der spirituellen Entwicklungsstufe und dem Gesundheitszustand gibt. Es ist offenbar, dass man enorme spirituelle Höhen erreichen und trotzdem *sehr* krank werden kann.

Viele Leute, die an eine feste Beziehung zwischen körperlicher Gesundheit und der spirituellen Entwicklungsstufe glauben, vertreten das Konzept des »Göttlichen im Inneren«, der Glaube daran, dass ein Element oder eine Qualität des Höchsten Wesens in jedem Menschen lebt. Aber wenn auch das Göttliche in jedem gegenwärtig sein mag, so ist es doch offensichtlich, dass menschliche Wesen unvollkommene Spiegel des göttlichen Lichtes sind. Wir lassen uns jeden Tag millionenfach Verfehlungen zuschulden kommen. So wie wir ein Element des Göttlichen in uns tragen können, haben auch unsere physischen Körper womöglich teil an unserer spirituellen Essenz, aber sie reflektieren diese Essenz manchmal so unvollkommen wie wir das Göttliche. Wenn es uns nicht gelingt, das Absolute perfekt zu verkörpern, sagen wir nicht, Gott habe »gesündigt« oder sein Ziel verfehlt. Warum behaupten wir dann, dass ein Zusammenbruch auf der körperlichen Ebene auf eine Verfehlung hinweist? Physische Körper sind widerspenstige, sture Wesenheiten, die einige sehr schlechte Gewohnheiten haben, etwa ihre Empfänglichkeit für Erbkrankheiten, Infektionen usw. Körper haben ihr eigenes Bewusstsein, das nicht immer unserem psychologischen und spirituellen Verständnis entspricht. Unsere Körper drehen durch, brechen zusammen oder werden krank, ohne dass wir gefragt werden. Es gehört zu den Auswüchsen der heutigen Bewusstseins- und Gesundheitsbewegung, dass man die relative Eigenwilligkeit des Fleisches nicht erkennt, und das führt bei Fehlschlägen mitunter zu schweren Schuldgefühlen.

Ein kurzer Blick auf die Natur kann uns helfen, diesem Problem zu begegnen. Pflanzen, Tiere, Vögel und Fische werden ebenso wie wir krank. Häufig bekommen sie ganz ähnliche Krankheiten wie wir, einschließlich Krebs, Arthritis, Bakterien- und Virusinfektionen. Sie fallen Unfällen und Traumata zum Opfer, und sie haben auch Probleme mit dem Alter und der Senilität. Doch wenn Tiere oder Pflanzen erkranken, ist unser Standpunkt ein anderer. Wir messen ihnen keine Schuld zu und verurteilen sie nicht.

Wir sagen nicht, ein Baum sei minderwertig, weil er an Krebs erkrankt oder vom Bohrwurm befallen ist. Es ist nicht die »Schuld« des Hundes, wenn er Hüftdysplasie bekommt, und eine Katze hat keinen wesenhaften Fehler, wenn sie an Katzenleukämie erkrankt. In der Natur hält man das Auftreten von Krankheiten für einen Teil der natürlichen Ordnung, nicht für ein Zeichen von ethischer, moralischer oder spiritueller Schwäche.

Wir achten alles, was lebt, ungeachtet aller Krankheiten, außer uns selbst. Die meisten Anhänger des New Age würden nie auf die Idee kommen, ihren liebsten Rosenbusch dafür verantwortlich zu machen, wenn er von Blattläusen befallen wird, aber sie sind schnell dabei, sich selbst zu verurteilen, wenn sie sich eine Halsentzündung zuziehen. Wir sind nicht weniger ein Teil der Natur als andere Kreaturen. Die Güte, Nachsicht und Sanftheit, die wir ihnen angedeihen lassen, wenn sie erkranken, sollten wir auch uns gewähren.

Ich will nicht leugnen, dass ein allgemeiner Zusammenhang zwischen unserem körperlichen und spirituellen Zustand besteht. Wir sollten aber »allgemein« nicht gleichsetzen mit »vollständig«. Es kann durchaus sein, dass wir in bestimmten Fällen nicht wissen, warum eine ernste Krankheit entsteht.

IM ANGESICHT DES MYSTERIUMS

Wir verstehen die Beziehung zwischen Spiritualität und Heilung nur sehr unvollständig. Wir sollten uns eingestehen, was offensichtlich ist: *Hier gibt es ein großes Mysterium.* Mit »Mysterium« meine ich nicht vorübergehende Unwissenheit, die später durch zusätzliche Information weggewischt werden wird, oder Fragen, die eines Tages durch die Forschung der Zukunft gelöst werden. Ich meine Mysterium im stärksten möglichen Sinne: Etwas, was nicht erkennbar ist, was in seinem Wesen das menschliche Verständnis überschreitet. Die Tatsache, dass Heilige manchmal leiden und Sünder nicht, ist nur ein Ausdruck dieses Mysteriums. Wir werden noch viele andere Mysterien im Laufe dieses Buches besprechen, z. B. die paradoxe Kraft von Gebeten, in denen man um nichts Besonderes bittet; die Kraft des Unbewussten anstelle des Bewusstseins bei der Herbeiführung von Heilung oder die Tatsache, dass die Wirkungen des

Betens zwar unter Versuchsbedingungen nachweisbar, außerhalb davon aber in erschreckendem Maße unvorhersagbar sind.

Ein Mysterium beunruhigt uns, es verlangt nach Lösungen. Das liegt vielleicht daran, dass wir Ungewissheit nur schwer ertragen können und es vorziehen, die Dinge schwarz oder weiß zu sehen, ohne die Grautöne. Wenn wir einem Mysterium begegnen, unternehmen wir oft verzweifelte Anstrengungen, es aufzulösen. Die Verzweiflung zeigt sich, wie wir schon gesehen haben, in dem Versuch, das Auftreten von schweren Krankheiten bei spirituell erleuchteten Menschen wegzuerklären – alles, um unsere Lieblingstheorie zu retten, dass gute Menschen nicht krank werden.

Wenn wir jemals die Rolle des Betens bei der Heilung und die Beziehung zwischen Spiritualität und Gesundheit verstehen wollen, müssen wir offener werden für die Ungewissheit und das Mysterium. Wir müssen bereit sein für das Unbekannte.

DER WEGLOSE WEG

> Es gibt keine Antwort.
> Es gab nie eine Antwort.
> Es wird nie eine Antwort geben.
> Das ist die Antwort.
> Gertrude Stein

Die Gralslegende ist wohl der wesentlichste Heldenmythos des Westens. Wie der Mythenforscher Joseph Campbell[4] erzählt, hatten sich König Artus und seine Ritter zu einem Festmahl versammelt. Der König eröffnete die Festlichkeiten nicht, bevor nicht ein besonderes Ereignis eingetreten war, das meist nicht lange auf sich warten ließ. Plötzlich erschien magisch der Heilige Gral vor allen Anwesenden. Er war verhüllt und nicht ganz sichtbar, und verschwand plötzlich wieder. Gawain, der Neffe von Artus, schlug vor, dass die Ritter auf die Suche nach dem Gral gehen sollten, um ihn vollständig zu sehen – und alle stimmten zu. Sie erkannten jedoch, dass es unehrenhaft für sie sein würde, sich in der Gruppe auf die

Suche zu begeben. Deshalb wurde entschieden, dass jeder Ritter für sich allein auf die Suche gehen sollte, indem er den Wald an einer von ihm gewählten Stelle betreten würde, nämlich dort, wo er ihm am dunkelsten erschien und wo es keinen Pfad oder Führer gäbe.[5]

Campbell hielt die Gralslegende für eine der grundlegendsten und kraftvollsten westlichen Mythen, die etwas zutiefst Wichtiges über die Funktionsweise des westlichen Bewusstseins aussagt. Wenn er recht hat, haben wir im Westen die kollektive Weisheit und Fähigkeit, auf unserer Suche nach Dingen von höchster Bedeutung alle Ratschläge und Regeln hinter uns zu lassen – kein Licht, kein Weg, kein Führer.

Bei einer Erkrankung wollen wir fast immer den heilenden Wald an einem Ort betreten, der von einem anderen gewählt wurde, einem Arzt oder Gesundheitsguru, wo er am hellsten ist, wo es einen ausgetretenen Weg gibt und wo schon Führer und Regeln existieren. Wir wollen Zweifel und Ungewissheit eliminieren. Wir wollen nur wissen, was funktioniert. Wir reden ständig von praktischen Erwägungen, Resultaten oder dem »Ausgangspunkt«. Wir wollen eine Formel, die uns sagt, was wir tun sollen.

Der Impuls, wenn man krank ist, etwas zu *tun*, ist verständlich. Man nimmt Antibiotika bei den ersten Anzeichen einer Erkältung, man rennt zum Chirurgen usw. In bestimmtem Maße ist Handeln auch meist nützlich und kann sogar lebensrettend sein. Aber zu dem Tun muss auch immer ein *Sein* hinzukommen: Nach innen zu schauen, sich zu prüfen, sich zu zentrieren, zu wundern und zu fragen. Sein und Tun schließen sich nicht aus; sie können und sollen gemeinsam auftreten. Für manche Leute ist es die wirksamste Art, den Krankheitsverlauf umzukehren, indem sie sich hauptsächlich auf das Sein ausrichten, der Formel ohne Formel folgen, der Formel des »Sei, was Du wirklich bist«, wo das Tun in den Hintergrund tritt. Manchmal ergibt sich schließlich Handlung aus dieser Nicht-Formel. Wenn das geschieht, wird diese Handlung authentisch und natürlich sein und sollte berücksichtigt werden. Es kommt darauf an, wenn man krank ist, dass das Handeln nicht immer mit Absicht und mit Macht in den Vordergrund rückt als erste und einzige automatische Alternative.

1987 erfuhr ich die schlimmsten Schmerzen, die ich jemals zu ertragen hatte. Wie mein Vater und mein Zwillingsbruder zuvor hatte ich mir einen Lendenbruch (*Hernia lumbalis*) zugezogen. Die Schmerzen waren so stark, dass ich weder gehen noch stehen konnte. Ein Myelogramm und eine computer-tomografische Aufnahme der Lendengegend zeigten, dass der Schmerz verursacht wurde von einer scheibenförmigen Geschwulst, die einen Nerv eingeklemmt hatte, der zur linken unteren Extremität führte. Ich suchte einen fachkundigen Neurologen und einen erfahrenen Nervenchirurgen auf. Ihr Rat lautete: »Runter von den Beinen und rein ins Bett. Wenn es innerhalb eines Monats nicht besser wird, lass dir die Scheibe operativ entfernen.« Es wurde schlimmer. Sogar im Bett löste die kleinste Bewegung fast unerträgliche Wellen von Schmerzen aus.

Über die Jahre bin ich in meiner Ortschaft immer mehr als Fürsprecher der Bedeutung des Bewusstseins für die Gesundheit hervorgetreten. Ich hatte darüber Bücher geschrieben, die viel gelesen wurden. Als Folge davon kannte ich die meisten Praktizierenden alternativer Heilmethoden in meiner Umgebung. Als sie von meinem Problem erfuhren, kamen sie zu Dutzenden, um mir zu helfen. Ich fand mich schnell umgeben von wundervollen Freunden, die alle ihre speziellen Techniken anwenden wollten, um mir zur Genesung zu verhelfen. Meine Frau musste schließlich regelrecht Termine vergeben, um mit dem ständigen Zustrom von Heilern fertig zu werden. Akupunkteure, Geistheiler, Gebetsheiler, Homöopathen, »Körperarbeiter« verschiedenster Art, Ernährungsfachleute, handauflegende Heiler, Craniosakral-Therapeuten, Osteopathen und Chiropraktiker – alle eilten mir zu Hilfe. Sie wandten eine große Vielfalt von Techniken und Werkzeugen an: Nadeln, Magnete, Kristalle, Pyramiden, Kupferelektroden und Farblicht. Ich genoss alle diese Behandlungen. Obwohl mir einige skurril erschienen, machte mir das nichts aus. Ich war dankbar für die Liebe, das Mitgefühl und die Aufmerksamkeit, die mir meine Freunde großzügig schenkten.

Schließlich änderten sich meine Gefühle jedoch. Ich spürte eine immer stärkere Sehnsucht nach Einsamkeit. Ich brauchte Zeit, um allein zu sein und nachzudenken über das, was geschah. Zu meiner Verwunderung begann ich, einen Widerwillen zu empfinden gegen die heiteren, sonnigen, positiven Beteuerungen, dass ich in kürzester Zeit wiederhergestellt, alles gut ausgehen und die jeweilige Therapie der Schlüssel zu meiner Heilung sein würde.

Eines Tages rief mich meine liebe Freundin Jeanne Achterberg an. Ich hatte sie monatelang nicht gesehen. Dr. Achterberg ist eine erstklassige

Biowissenschaftlerin auf dem Gebiet der Psychophysiologie. Mit ihrem Mann, Dr. G. Frank Lawlis, hatte sie Pionierarbeit geleistet darin, wie geistige Bilder den Körper beeinflussen. »Wirst du der ganzen Therapie müde?«, fragte Jeanne. »Ich habe das vor Jahren erlebt«, fuhr sie fort. »Zuletzt fühlte ich mich wie eine große Dschungelkatze, die verletzt ist. Ich wollte mich in einer dunklen Höhle tief im Dschungel verstecken, ganz verborgen, um einfach meine Wunden zu lecken. Ich wollte einfach dort verweilen und alles sein lassen, bis meine Situation sich aufgelöst hatte – so oder so.« Jeanne sprach mir aus der Seele. Sie half mir, meinen wachsenden Widerstand gegen die Dienste meiner Freunde zu akzeptieren. Bald entzog ich mich ihrer Unterstützung. Ich war in meiner eigenen Höhle und leckte meine Wunden.

Viele meiner Freunde konnten mein Bedürfnis nach Rückzug nicht nachvollziehen. Einige ließen durchblicken, dass ich meine eigene Heilung nicht »mittragen«, sondern die Krankheit hofieren und mich nicht wehren würde. Ich würde mich unbewusst für das Kranksein entscheiden. Als der Schmerz und die Ohnmacht ständig schlimmer wurden, entschloss ich mich zur Operation. Das war der letzte Strohhalm für einige dieser Freunde, die meine Entscheidung als Ausverkauf an die »moderne Medizin« betrachteten. Sie fanden, ich hätte weitermachen sollen mit den sanfteren, am Bewusstsein orientierten Verfahren. Ich wusste nur, dass ich genug von den Schmerzen und die alternativen Methoden ernsthaft versucht hatte. Es war an der Zeit weiterzugehen.

Die Phase des Rückzugs und des Alleinseins war höchst aufschlussreich für mich. Ich führte ein ausführliches Tagebuch, und meine Frau richtete einen Bett-Tisch her, so dass ich in der Lage war, meinen Schreibcomputer zu verwenden, während ich flach im Bett lag. Die Wochen des Schmerzes erwiesen sich ironischerweise als eine der fruchtbarsten Schreibperioden meines Lebens. Ich konnte ein größeres Buchprojekt zu Ende bringen, da mir aus einer unsichtbaren Quelle neue Ideen zuflossen. Mir wurde immer deutlicher, dass dieses äußerst qualvolle Experiment eine verborgene Dimension hatte, die nicht nur schlecht war. Ich fragte mich, ob mein Buch unvollendet geblieben wäre, wenn ich weiterhin alternative Behandlungen erhalten hätte. Wären die neuen Einsichten verlorengegangen? Wäre die Einsicht in die Bedeutung meiner Krankheit blockiert gewesen?

Mir wurde klar, dass es auch seine guten Seiten hatte, wenn man sich schlecht fühlte; aber ich fand es fast unmöglich, diesen Gedanken anderen mitzuteilen. Das würde unweigerlich als eine morbide Hinwendung zum Schmerz interpretiert, als ob ich Geschmack daran finden und meine Krankheit sogar hätscheln würde. Ich schmachtete in meinen Problemen. Ich war mir sicher, dass mehr daran war, etwas, das der große deutsche Dichter Rainer Maria Rilke so auszudrücken versuchte:

> »Da dürfen Sie ... nicht erschrecken, wenn eine Traurigkeit vor Ihnen sich aufhebt, so groß, wie Sie noch keine gesehen haben; wenn eine Unruhe, wie Licht und Wolkenschatten, über Ihre Hände geht und über all Ihr Tun. Sie müssen denken, dass ... das Leben Sie nicht vergessen hat, dass es Sie in der Hand hält; es wird Sie nicht fallen lassen. Warum wollen Sie irgendeine Beunruhigung, irgendein Weh, irgendeine Schwermut von Ihrem Leben ausschließen, da Sie doch nicht wissen, was diese Zustände an Ihnen arbeiten? Warum wollen Sie sich mit der Frage verfolgen, woher das alles kommen mag und wohin es will? ... so bedenken Sie doch, dass die Krankheit das Mittel ist, mit dem ein Organismus sich von Fremdem befreit; da muss man ihm nur helfen, krank zu sein, seine ganze Krankheit zu haben und auszubrechen, denn das ist sein Fortschritt. ... Sie müssen geduldig sein wie ein Kranker. ... da gibt es in jeder Krankheit viele Tage, da der Arzt nichts tun kann als abwarten. Und das ist es, soweit Sie Ihr Arzt sind, was Sie jetzt vor allem tun müssen.«[6]

Rilke wusste, dass der Krankheit innere Bedeutung und Botschaft zukamen. Wenn man die Krankheit nie erfahren, wenn sie gleich bei ihrem Auftreten durch Arzneien oder Chirurgie gebannt oder sofort »weggebetet« werden würde, gäbe es keine Chance, diese Weisheit zu erlangen.

Sogar die *Bereitschaft*, Schmerz zu erleben, die *Annahme* des Unangenehmen, kann es in etwas anderes verwandeln. Ein Beispiel kommt von der Schriftstellerin Natalie Goldberg, die im ganzen Land Schreibseminare abhält. Als sie ihr Buch *Writing down the Bones* 1984 in Santa Fe vollendete, verspürte sie das Bedürfnis, ihren großen buddhistischen Lehrer Katagiri Roshi in Minneapolis zu besuchen, bei dem sie vorher sechs Jahre studiert hatte. Sie zeigte ihm ihr Buch und sagte: »Roshi, ich brauche wieder einen Lehrer. Die Menschen in Santa Fe sind verrückt. Sie treiben von einer Sache zur anderen.«

»Sei nicht so gierig«, antwortete er und schüttelte seinen Kopf. »Schreiben führt dich ganz in die Tiefe. Schreibe weiter.«

»Aber Roshi, es ist so einsam.«

»Ist irgendetwas verkehrt an der Einsamkeit?«, fragte er und hob seine Augenbrauen.

»Nein, ich glaube nicht.«

Das Gespräch wendete sich anderen Dingen zu. Plötzlich unterbrach sie ihn: »Aber Roshi, Sie haben mich zu solcher Einsamkeit verurteilt. Schreiben ist so einsam«, betonte sie nochmals.

»Alles, was du von tief innen tust, ist einsam«, antwortete er.

»Sind Sie einsam?«, fragte sie ihn.

»Natürlich«, antwortete er. »Aber ich lasse mich davon nicht forttragen. Es ist einfach nur Einsamkeit.«[7]

Der tödliche Krebs von Ramana Maharshi verwunderte viele seiner Schüler, die alles zurückgelassen hatten, um nach Indien zu fahren und in seinem Ashram zu studieren. Viele zweifelten an ihrer Entscheidung, denn gewiss sollte doch so ein erleuchteter Meister nicht an einer so verbreiteten Krankheit sterben. Maharshis Schmerzen waren gewaltig. Er schrie nachts laut und verstörte die ganze Gemeinschaft. Wenn ihn jemand versehentlich anstieß, flackerte ein Ausdruck großen Elends über sein Gesicht. Er gab zu diesen Momenten keine Kommentare, bis jemand, der glaubte, dass er Schmerzkontrolle durch Yoga anwenden würde, zu ihm sagte: »Vielleicht spürst du den Schmerz nicht?« »Der Schmerz ist da«, erwiderte Maharshi, »aber kein Leiden.« Seine Jünger erhielten eine Lektion, wie man in der Krankheit bestehen und Schmerz und Pein transformieren kann, ohne sie zu vermeiden oder zu beseitigen.[8]

Die Idee, dass Glück und Seligkeit unser »Geburtsrecht« sind und wir auf ewig glücklich sein werden, wenn wir unsere »innere Göttlichkeit« erkannt haben, ist aus offensichtlichen Gründen heute sehr verbreitet. Zum Beweis weisen ihre Anhänger auf die wenigen Sterblichen hin, die diesen Zustand erreicht haben wollen. Aber viele Meister glauben, dass Gott nicht »reine Seligkeit«, »reine Liebe« oder *reines Irgendetwas* ist. Sie behaupten, dass Gott nicht erkannt werden kann. Gott ist auch nicht definierbar, denn wenn man dem Unendlichen irgendwelche Merkmale zuschreibt, schließt man das Gegenteil aus, womit man sofort die Ganzheit und Vollständigkeit des Absoluten verletzt, außerhalb dessen nichts existieren kann.

Unter den spirituellen Genies, die der Auffassung waren, dass Gott nicht nur »das Gute« ist, wie Seligkeit, Glück, Vergnügen und Gesundheit, war der deutsche Mystiker des dreizehnten Jahrhunderts, Meister Eckhart, der schrieb:

> »Manche Menschen möchten Gott nur in angenehmer Erleuchtung erkennen – und dann bekommen sie Vergnügen und Erleuchtung, aber nicht Gott.«[9]

GEBET UND ANDACHT

Während einer Krankheit fließt die stille Art des Seins, die wir betrachtet haben, aus dem eigenen wahren Zentrum. Es ist ausgerichtet, authentisch, echt und akzeptiert jedes Ergebnis. Es ist nicht befangen und ohne Selbstmitleid für das »Ich«, das krank ist. Es ist nicht von Todesfurcht befallen und ist frei von Schuldzuweisung oder Schuldgefühl. Es schließt kein Heilverfahren aus und greift womöglich auf Medizin oder Chirurgie ebenso selbstverständlich zurück wie auf Kontemplation, Meditation oder Gebet. Es fürchtet keinen tragischen Ausgang oder gar den Tod, denn es ruht in dem Verständnis, dass unser höheres Selbst unvergänglich und ewig ist und nicht sterben kann.

Wir sollten diese Herangehensweise nicht mit Nichtstun gleichsetzen. Unter der Stille, der Gleichmut und der Annahme liegt eine Art von Handlung, die wenig Ähnlichkeit hat mit der vorzeigbaren Aktivität, die wir gewohnt sind. Dieses stille von innen gelenkte Handeln wird in vielen spirituellen Traditionen als die höchste Form menschlicher Aktivität geschätzt und ist fast gleichbedeutend mit einigen Formen des Gebetes.

Beten nimmt, wie wir sehen werden, viele Formen an. Manche Menschen folgen den Formalitäten der großen Religionen und beten explizit dafür, dass bestimmte Ereignisse eintreten. Manche beten zu einem persönlichen Gott oder einer Göttin, dem Allmächtigen oder dem höchsten Wesen, andere zu einem unpersönlichen Universum oder dem Absoluten.

Andere beten nicht im üblichen Sinn, sondern leben in einer tief verinnerlichten Empfindung des Heiligen. Diese Haltung könnte man den Geist der Andacht nennen, das Gefühl, dass man einfach im Einklang oder in Übereinstimmung mit »etwas Höherem« lebt.

Gebete folgen meist den Anleitungen, die von den großen religiösen Traditionen vorgegeben worden sind, Andacht dagegen nicht. Sie ist eher ein Gefühl der Einheit mit dem Ganzen als mit bestimmten Führern, Traditionen oder heiligen Büchern. Bei dem fürbittenden Gebet bittet man meist um bestimmte Ergebnisse, um die Zukunft zu beeinflussen oder um »Gott zu sagen, was er tun soll«, wie zum Beispiel den Krebs entfernen. Andacht ist dagegen akzeptierend, ohne passiv zu sein, und dankbar, ohne zu resignieren. Sie ist eher bereit, das Mysterium anzunehmen, Ungewissheit und das Unbekannte zu tolerieren. Sie erkennt die Richtigkeit von allem, was geschieht, an – sogar den Krebs.

Viele handlungsorientierte Menschen setzen Andacht gleich mit Inaktivität, Nachgeben und Aufgeben. (Wir werden später sehen, dass diese Haltung offensichtlich von ziemlich festen charakterlichen Strukturen herrührt und wenig mit Spiritualität zu tun hat.) Zuweilen beschuldigen sie sogar nach innen gerichtete, meditative Menschen, angesichts von Krankheit und Krise »nichts zu tun«. Viele kontemplative Menschen haben die Wucht dieser Kritik das eine oder andere Mal in ihrem Leben ertragen müssen. Sie kann am härtesten treffen, wenn man krank ist. Wenn handlungsorientierte Menschen mit Herzkrankheit, Krebs oder einem anderen ernsten medizinischen Problem eines anderen konfrontiert sind, treten sie mit aktionsbeladenen Ratschlägen auf den Plan. Sie scheinen sich nur darum zu sorgen, was die kranke Person *tun* sollte, und nicht darum, wie er oder sie *sein* sollte.

Das ist nichts Neues. Es scheint immer eine unüberbrückbare Kluft gegeben zu haben zwischen nach außen gerichteten aktiven und nach innen gerichteten besinnlichen Menschen. Eine Beschreibung dieses zeitlosen Unterschiedes des Standpunktes findet man in dem Buch *Die Wolke des Nichtwissens,* einem einflussreichen, anonym geschriebenen religiösen Dokument, das im England des vierzehnten Jahrhunderts auftauchte:

> »So wie Martha sich über ihre Schwester Maria beschwerte, so beschweren sich bis zum heutigen Tag aktive Menschen über besinnliche. Wo immer man jemanden findet... der sich durch Gottes Gnade oder Führung berufen fühlt, alle äußere Aktivität aufzugeben und ein kontemplatives Leben aufzunehmen...tauchen alsbald seine Brüder, Schwestern, besten Freunde und allerlei andere mit schweren Vorwürfen auf, tadeln ihn und sagen ihm, dass er seine Zeit verschwendet. Sie werden alle möglichen Geschichten erzählen, einige wahre und einige falsche, in denen berichtet wird, wie Männer und Frauen, die sich in der Vergangenheit einem solchen Leben hingegeben haben, zu Fall kamen. Von denen, denen es damit gut geht, wird nie erzählt.«[10]

Doch Aktivität und das Bemühen um Heilung ist auch normal. Viele wilde Tiere kennen die richtigen Pflanzen oder Kräuter und essen sie, wenn sie krank sind. Seinen Platz in der natürlichen Ordnung auf besinnliche Art und Weise anzunehmen, heißt nicht unbedingt, Krankheit passiv und ohne Kampf zu akzeptieren. Aber manchmal führt der Kampf zu Einsichten, die über das Vorhandensein oder Nichtvorhandensein bestimmter Krankheiten hinausgehen. Dies bringt ein Verständnis hervor, das man »höhere Gesundheit« nennen könnte, die Gewissheit, dass Gesundheit und Krankheit paradoxerweise koexistieren können.[11]

Wenn wir uns erlauben, den ruhigen, stillen Ort der Besinnung zu betreten, können wir den Zusammenhang von Gesundheit und Krankheit in der natürlichen Ordnung verstehen. Wir können nachempfinden, wie John Updike – mit Dankbarkeit und vor Verwunderung weit offenen Augen – sagen konnte: »Schließlich überleben wir doch jeden Augenblick, bis auf den letzten.«[12]

In dem Buch *The Spirituality of Imperfection* erzählen der Historiker Ernest Kurtz und die Schriftstellerin Katherine Ketcham eine islamische Geschichte, die illustriert, wie sogar inmitten von Krankheit ein hohes Maß an Dankbarkeit möglich ist:

> »Sa'ad, der Sohn von Wakas, war ein Begleiter des Propheten. In seinen letzten Jahren wurde er blind und ließ sich in Mekka nieder, wo er immer von Menschen umgeben war, die seinen Segen suchten. Er segnete nicht jeden, aber die seinen Segen erhielten, fanden ihre Wege immer geebnet.«

Abdallah Ibn-Sa´d berichtet:

»Ich suchte ihn auf, und er war gnädig und gab mir seinen Segen. Da ich nur ein neugieriges Kind war, fragte ich ihn: »Deine Gebete für andere scheinen immer erhört zu werden. Warum betest du denn nicht darum, dass deine Blindheit weggeht?«
Der Greis erwiderte: »Ergebung in den Willen Gottes ist weit besser als das persönliche Vergnügen, sehen zu können.«[13]

Nach der Lektüre meines Buches *Wahre Gesundheit finden*, das das paradoxe gemeinsame Vorhandensein von Gesundheit und Krankheit untersucht, schrieb mir eine Frau:

»Als ich ein kleines Kind war, spielten meine Schwester und ich oft ein Spiel, das wir erfunden hatten und das wir »Vollkommenes Blatt« nannten. Wir gingen dann in den Hinterhof und suchten eifrig ein Blatt irgendeines Baumes oder Strauches, das vollkommen war. Die Erste, die eines fand, war Siegerin. Es hört sich unglaublich an, aber das Spiel konnte über Stunden gehen, besonders im Spätsommer oder Herbst. Um diese Zeit waren nämlich fast alle Blätter unvollkommen – von Insekten angenagt, an den Rändern verschrumpelt, auf mannigfache Art beschädigt.«
»Vollkommenes Blatt« war mehr als ein Spiel. Wir lernten etwas daraus, was uns damals nicht bewusst war, dass Schönheit und Hässlichkeit, Vollkommenheit und Unvollkommenheit nebeneinander bestehen können – nicht nur in demselben Blatt, sondern auch in uns selbst.«[14]

Diese Lektion scheint man heute gänzlich vergessen zu haben. Zum Beispiel ist es eine der gebräuchlichsten New-Age-Übungen, mit der man einen Zustand vollkommener Gesundheit bewirken will, dass man sich vorstellt, wie »reines weißes Licht« über den eigenen Körper fließt. Die meisten, die das tun, sind sich nicht im klaren darüber, dass sowohl »weißes Licht« als auch »vollkommene Gesundheit« Illusionen sind. Licht ist nur deswegen weiß, weil es viele verschiedenen Farben und Schattierungen enthält, das gesamte sichtbare Spektrum, nicht weil es »rein« ist. Gesundheit ist wie Licht auch eine Mischung, weil menschliche Erfahrung nur durch Kontraste möglich wird. »Erfahrung« erfordert »Unterschied«. Das bedeutet, dass Gesundheit und Licht nicht *rein* sein können. Sie müssen ein Element der 'Krankheit' enthalten, um überhaupt erfahrbar zu sein. Der Philosoph Alan Watts brachte das auf den Punkt: »Weil das menschliche Bewusstsein sowohl Freude als auch Schmerz umfassen muss«, schrieb er, »bedeutet es letztlich, wenn man nach Freude strebt unter Ausschluss von Schmerz, dass man einen Verlust an Bewusstsein anstrebt.«[15] Seine Gesundheit durch Gebet, Meditation oder etwas anderes total reinigen zu wollen, bedeutet, sie zu zerstören. »Perfekte Gesundheit« ist ein Widerspruch in sich.

DIE KRAFT DER BESINNLICHKEIT

Eines Abends, nachdem ich einen Vortrag über Gesundheit und Heilung gehalten hatte, kam eine Frau nach vorn, um mit mir zu reden. Da sie sichtlich schüchtern war, hatte sie gewartet, bis das Auditorium fast leer war. Sie blickte um sich, um sich zu vergewissern, dass niemand sonst zuhörte, und sagte dann fast flüsternd, dass bei ihr vor dreißig Jahren ein Metastasen bildender Krebs diagnostiziert worden sei. Was sie getan habe, um ihn loszuwerden? *Nichts*, erklärte sie. Sie erzählte weiter, dass niemand ihre Geschichte hören wollte; dass Leute wie sie nie in Shows wie »Oprah« oder »Donahue« interviewt würden, weil die nur an dramatischen Fällen interessiert wären, wo die Leute etwas Heldenhaftes, Prachtvolles geleistet hätten.

Sie hatte recht. Fast alle Bücher, die in den letzten Jahren zu diesem Thema aufgetaucht sind, beschreiben, wie man den Krebs mit aggressiven Herangehensweisen von erstaunlicher Vielfalt »besiegt«. Die Rolle der Besinnlichkeit und des »Nichts-Tuns« zu diskutieren, ist etwa so reizvoll, wie in den Zehn-Uhr-Nachrichten zu verkünden, dass alle Flugzeuge heute sicher auf dem Flughafen La Guardia oder O'Hare gelandet seien. Das ist ein unglücklicher Umstand, denn es gibt zunehmende Hinweise darauf, dass Besinnlichkeit Leben retten kann.

Besinnlichkeit – nicht die weltlich-manipulativen, auf die Krankheit einprügelnden Formen des Gebets, auf die im Westen meist zurückgegriffen wird, wenn man krank wird – zieht sich durch viele Fälle von schwerer Krankheit, die sich spontan bessern. Besinnlichkeit erlaubt uns, eine Erfahrungsebene zu erreichen, wo die Krankheit als ein natürlicher Teil des Lebens erfahren werden kann und ihre Annahme über Passivität hinausgeht.

Wenn die Krankheit verschwindet, sind wir dankbar; wenn sie bleibt, so ist auch das Grund zur Dankbarkeit.

Die »dankbare Einstellung« während einer Erkrankung wird in der folgenden merkwürdigen Geschichte dargestellt, wo die Krankheit zeitweilig verschwand:

»Um die Jahrhundertwende gab es in Mysore, Indien, eine religiöse Gruppe, die ein berühmter heiliger Mann anführte. Er hatte Anfälle von Schüttelfrost wegen Malaria, damals ein häufiges Leiden. Sein Körper schüttelte sich so heftig, dass seine Gebete dadurch beeinträchtigt wurden.

Der Swami pflegte des Morgens sein Bad im Tempelteich zu nehmen. Dann ging er zum Allerheiligsten, um seine Gebete zu sprechen. Dabei trug er sein zweiteiliges nasses Gewand. Wenn die Frostanfälle besonders schlimm wurden, zog er das nasse Tuch aus, das seinen Oberkörper bedeckte, und warf es in die Ecke. Das nasse Kleidungsstück rüttelte und schüttelte sich weiter, während der Swami frei vom Schüttelfrost war und seine Gebete abhalten konnte. Wenn er seine Gebete beendet hatte, nahm er sein Tuch aus der Ecke und band es sich wieder um, wodurch das Schütteln wieder auf ihn überging.

Als er gefragt wurde, warum er das Tuch nicht einfach weglassen würde, wodurch er keine Anfälle mehr zu haben bräuchte, erwiderte er, dass es für ihn segensreich genug sei, sich für eine kurze Zeitspanne von seinen körperlichen Symptomen befreien zu können, um seine rituelle Andacht durchzuführen.«[16]

SPONTANE RÜCKBILDUNG VON KREBS

»Mein gegenwärtiges Ziel ist es nicht, ein neues Heilmittel anzupreisen, sondern eine Tatsache festzustellen, dass Krebs, sogar in fortgeschrittenem Zustand und nach langer Dauer, sich bessern kann und manchmal heilt. *Es gibt Heilung von Krebs,* auch ohne operative Entfernung. [...] Diese Fälle [...] sind die Sonne unserer Hoffnung.«[17]

Sir Alfred Pearce Gould (1910)

Der Schutzheilige für die spontane Rückbildung von Krebs ist St. Peregrinus. Als junger Priester sollte ihm sein Bein wegen Krebs abgenommen werden. Die Nacht vor der Operation betete er leidenschaftlich und träumte, dass er geheilt würde. Als er erwachte, war sein Traum Wirklichkeit geworden. Er wurde achtzig Jahre alt und starb 1345 ohne weitere Anzeichen von Krebs. Während seines langen Lebens widmete er sich dem Dienst an Menschen, die an solchen Problemen litten, und er wurde 1726 als St. Peregrinus heilig gesprochen. Dr. William Boyd, emeritierter Professor der Pathologie an der Universität von Toronto und eine Autorität auf dem Gebiet der spontanen Rückbildung von Krebs, hat vorgeschlagen, dass Tumore, die spontan verschwinden, »St. Peregrinus-Tumore« genannt werden.[18]

Wie oft bildet sich Krebs spontan zurück und der Betroffene gesundet? Dazu gibt es unterschiedliche Auffassungen. Die Forscher T. C. Everson und W. H. Cole sammelten 176 Fallberichte von spontaner Rückbildung von Krebs (SRK), aus mehreren Ländern rund um die Welt und zogen den Schluss, dass SRK in einem von 100.000 Fällen von Krebs auftritt.[19] Andere Fachleute glauben an ein häufigeres Vorkommen, vielleicht in einem von 80.000 Fällen.

Wenn diese Statistiken richtig sind, ist SRK, gelinde gesagt, ungewöhnlich. Wenn also SRK wirklich »die Sonne unserer Hoffnung« ist, so scheint diese Sonne nicht sehr hell.

Bei der Analyse ihrer 176 Fälle von SRK fanden Everson und Cole, dass anscheinend fast *jede* Therapie *manchmal* wirkt. Rückbildung von Krebs erfolgte nach so unterschiedlichen Maßnahmen wie fürbittendes Gebet, Konvertierung zur Christlichen Wissenschaft, Schlammpackungen, Vitamintherapie und künstlicher Ernährung. SRK wurde sogar berichtet nach

Elektroschock-Behandlungen des Gehirns sowie nach einem Koma, das durch Verabreichung von Insulin herbeigeführt wurde. Diese Forscher schlossen daraus, dass alle diese Maßnahmen gleich wertlos seien, SRK ein rein zufälliges Ereignis ist und ganz außerhalb der Kontrolle eines individuellen Patienten liegt, da ja fast jede Behandlung gelegentlich, aber nicht ständig zu wirken schien. Nach diesem Standpunkt hatte das Verschwinden des Krebses von St. Peregrinus nichts mit dem Gebet zu tun. Es wäre sowieso geschehen aus Gründen, die grundsätzlich unverständlich und nicht vorhersagbar sind. Der Heilige war schlichtweg einer, der Glück hatte. Jedenfalls sind diese Ereignisse zu selten, um als Hoffnung herhalten zu können für Menschen, die an Krebs leiden, insbesondere da man sie nicht kontrollieren kann.

Diese hilflose Ansicht ist, wenngleich derzeit weit verbreitet, historisch gesehen eher merkwürdig. Vor unserem Jahrhundert glaubten Ärzte wie Patienten allgemein, dass das Bewusstsein ein Hauptfaktor bei der Entwicklung und dem Verlauf von Krebs ist. Erst seit kurzem hat sich diese Auffassung geändert.[20] Gibt es irgendetwas in der gegenwärtigen medizinischen Forschung, das eine Rückkehr zum Glauben an die »Kraft des Bewusstseins« rechtfertigen könnte? Die Frage der Rolle der Psyche bei Krebs ist komplex, und wir haben nicht vor, sie hier zu untersuchen. Unser Gegenstand ist das Gebet und seine mögliche Rolle bei der Heilung. Ich möchte deshalb einige Fälle anführen, die stark darauf hinweisen, dass es ein wichtiger Faktor beim Verlauf von Krebs sein kann.

1975 berichteten der Professor und Arzt Yujiro Ikemi und seine Kollegen von der Medizinischen Fakultät der Kyushu Universität in Fukoka, Japan, fünf Fälle von SRK. Obwohl diese Fälle aus Japan kommen, macht sie das nicht exotisch oder ungewöhnlich. Die Betrachtung von Fällen außerhalb unserer eigenen Gesellschaft kann ein Licht werfen auf wesentliche Eigenarten des Rückbildungsvorgangs, die wir gewöhnlich nicht bemerken, wie zum Beispiel die Rolle der Besinnung. Ikemi und seine Mitarbeiter wählten diese Fälle mit Bedacht und nicht selektiv nach strengen Kriterien aus. Das heißt, dass die Forscher nicht nur »die Sahne abschöpften«, also nicht nur Fälle aussuchten, die ihre Erwartungen und vorgefassten Ideen bestätigten. Die Berichte sind wissenschaftlich genau und schließen eine Bestätigung der betreffenden Krebsfälle durch Gewebeentnahme ein. Diese bemerkenswerten Fälle scheinen nun im

Gegenteil der Auffassung zu widersprechen, dass SRK gelegentlich rein zufällig und nicht beeinflussbar von den Gedanken, Einstellungen und Gefühlen eines Patienten ist. Sie weisen klar darauf hin, dass es eine tiefgehende Wirkung durch Besinnung und spirituelles Empfinden auf den Verlauf des Krebses gibt.[21]

Um als Beispiel für eine spontane Rückbildung in Betracht gezogen zu werden, musste ein Fall strenge und von Krebsforschern allgemein akzeptierte Kriterien erfüllen. Diese Kriterien setzen SRK nicht mit »Heilung« gleich, was das vollständige Verschwinden von Krebs bedeuten würde. Der Krebs mag immer noch vorhanden sein. Er beeinträchtigt nur nicht mehr die Gesundheit des Patienten. Er oder sie bleibt gesund und am Leben, und der Krebs ist mit von der Partie.

Ikemis erster Fall betraf Y.H., einen männlichen Kirchenarbeiter, der 1886 auf einer Farm in Japan geboren wurde. (Ikemis übrige vier Fälle von spontaner Rückbildung werden im Anhang 2 beschrieben.) Mit achtzehn Jahren wurde er ein Mitglied der Shinto-Religion, und mit einundzwanzig wurde er zum Lehrer in seiner Kirche ernannt. Danach wurde er zum Bezirksleiter seiner Organisation befördert und widmete sein künftiges Leben der Kirchenarbeit.

Die Shinto-Religion machte während des Zweiten Weltkrieges eine große Krise durch. In dieser Zeit wuchsen die Verpflichtungen von Y.H. enorm. Zusätzlich zu seiner Kirchenarbeit wurde er gebeten, wichtige Verwaltungsgeschäfte für seine Stadt zu übernehmen. Da er vom Wesen her überaus selbstkritisch und wortkarg war, fand er es sehr schwer, allen diesen Verpflichtungen nachzukommen.

Im März 1950, als er vierundsechzig Jahre alt war, bemerkte Y.H. plötzlich während der Arbeit, dass seine Nase blockiert war und blutete. Er wurde an Fachärzte der Kyushu Universität überwiesen. Als Ergebnis seiner Untersuchung und einer Gewebeentnahme wurde ein Krebs der rechten Maxilla bzw. des Oberkiefers diagnostiziert. Der Tumor wurde im April entfernt.

Seine Probleme waren nicht vorbei. Im Januar des folgenden Jahres bekam er einen rauen Hals und verspürte Trockenheit in der Kehle. Er dachte, er hätte sich erkältet, aber schließlich wurde ein neuer Krebs am linken Stimmband entdeckt und wiederum durch Gewebeentnahme bestätigt.

Die Spezialisten der Medizinischen Fakultät empfahlen eine radikale

Operation – die Entfernung seines Kehlkopfes, einschließlich der Stimmbänder – aber Y.H. lehnte das ab. Er sagte, dass er lieber weiter predigen wolle, solange er noch sprechen könne, als seine Stimme durch die Operation zu verlieren. »Das ist Gottes Wille, und ich beschwere mich nicht darüber«, empfand er. »Was immer geschehen soll, wird geschehen.«

Zehn Tage nachdem er sein »Krebsurteil« erhalten hatte, besuchte er den Präsidenten seiner religiösen Organisation. »Denke daran, dass du von unersetzlichem Wert für unsere Kirche bist«, sagte der Vorsitzende zu ihm. Das machte Y.H. äußerst glücklich. Er weinte auf dem ganzen Heimweg Freudentränen. Nach dieser Erfahrung begann sein rauer Hals besser zu werden. Vier Monate später fing er wieder an, in seiner Kirche kurze Reden zu halten. Zwei Monate später konnte er bis zu dreißig Minuten sprechen, und seine Stimme war ganz klar.

Y.H. lebte die nächsten dreizehn Jahre ohne irgendeine medizinische Behandlung oder Operation.

Wiederholte Untersuchungen zeigten keine Anzeichen von Kehlkopfkrebs. Er starb mit achtundsiebzig Jahren an einer anderen Ursache, einem Rückentrauma, das zu einer allgemeinen Schwäche führte.

Dieser Fall ist in mehrfacher Hinsicht bemerkenswert. Nach der Diagnose zeigte Y.H. keine Neigung, in Depression, Verzweiflung, Antriebsschwäche und Todesfurcht zu verfallen, was für viele Patienten typisch ist. Er bemühte sich nicht, in besonderen Gebeten Gott anzuflehen oder mit Gott zu handeln, dass er »die Diagnose ändern« und ihm Heilung gewähren möge. Er kämpfte nicht im üblichen Sinne gegen den Krebs, wie Ärzte und andere heutzutage oft empfehlen. Seine Haltung war vielmehr eine erneute Hingabe und Dankbarkeit gegenüber Gott, verbunden mit dem Glauben, dass Gottes Wille erfüllt würde, was auch immer geschah.

Sein Fall zeigt ein paradoxes Thema, das sich durch alle von Ikemi berichteten Beispiele hindurchzieht: *Oftmals geht der Heilung eine besinnliche, gebetsähnliche Haltung der Ergebenheit und der Annahme voraus, nicht das kraftvolle, aggressive Gebet für bestimmte Resultate, einschließlich der Ausmerzung des Krebses.*

Ikemis Arbeit scheint darauf hinzuweisen, dass Krebs sich manchmal spontan zurückbildet, nicht wenn man einer bestimmten Formel folgt, sondern wenn man alle Formeln aufgibt. »Formel« ist abgeleitet vom Lateinischen *forma* (Form). Diese Patienten folgten nicht einer zur Vertreibung des Krebses entwickelten Formel, sie übernahmen weder die Form anderer noch die Verhaltensweisen, von denen sie gehört oder deren Wirksamkeit gegen Krebs sie bei anderen beobachtet hatten. Sie waren einfach und authentisch sie selbst und achteten auf die Erfahrungen, die aus ihrer eigenen seelischen Tiefe auftauchten.

Sie folgten auch keiner »spirituellen Formel«, um den Krebs loszuwerden. Manche Menschen geben sich spirituell, wenn sie krank werden, und verfolgen damit eine verborgene Absicht – die Krankheit loszuwerden. Die japanischen Fälle zeigen jedoch, dass Spiritualität keine Ware ist, die man bei einer Erkrankung benutzt wie eine Droge. Spiritualität zu einem bestimmten Zweck zu benutzen, wäre ein Widerspruch in sich, ein heuchlerisches Unterfangen. Genesungsformeln, die spirituelle Praktiken befürworten, sind definitionsgemäß nicht authentisch, weil sie die Annahme einer Spiritualität von außen erfordern, anstatt zuzulassen, dass diese aus dem Zentrum des eigenen Wesens auftaucht.

Die japanischen Fälle legen deshalb nahe, dass der Schlüssel zur Rückbildung wohl einfach darin liegt, dass man wahrhaftig zu sich selbst ist. Damit das aufrichtig geschieht, muss man über alle Formeln, alle Wege, alle Programme hinausgehen und alle anderweitigen Wünsche aufgeben, vielleicht einschließlich der Hoffnung, dass der Krebs verschwindet.

Das ist zugegebenermaßen eine sehr schwierige und unbeliebte Aufgabe. Menschen, die krank sind, mögen diese Art von Rat nicht hören. Sie wollen klare, sinnvolle Schritte anwenden – eine Formel, welche die Krankheit vertreibt. Vielleicht ist die Schwierigkeit und Unbeliebtheit dieser Maßnahmen ein Grund dafür, dass spontane Rückbildung von Krebs nicht häufiger vorkommt.

DIE KRANKHEIT BESIEGEN: GIBT ES EINE FORMEL?

> »Man kann das nicht ausdrücken, nicht in Worte pressen, nicht in Gesetze fassen. Jeder Mensch ist völig frei und hat seine eigene besondere Befreiung. [...] Es gibt keine Art von Unterweisung, keinen Erlöser, der den Weg freimacht. Es gibt keinen Weg, der freizumachen wäre.«
> Nikos Kazantzakis, *Rettet Gott*[22]

»Es gibt eine Art von Mensch, in dessen Bewusstsein Gott immer mit Vitaminen verwechselt wird.«
Manly P. Hall[23]

Was wäre, wenn ein Krebskranker versuchen würde, mit Absicht die Hauptmerkmale der obigen japanischen Fälle nachzuahmen? Was, wenn er vorsätzlich eine besinnliche, dankbare und akzeptierende Haltung einnehmen würde? Wenn er Furcht und Niedergeschlagenheit auflösen würde oder eine nach der Diagnose existenzielle Veränderung erführe? Wenn er seine oder ihre zwischenmenschlichen Beziehungen in Ordnung brächte? Würde der Krebs verschwinden? Können wir aus den Fällen spontaner Rückbildung eine Formel ableiten, die jedermann erfolgreich anwenden könnte? Viele westlich ausgebildete Ärzte glauben, es müsse eine allgemeine Technik geben, mit der alle Krebspatienten ihren Krebs loswerden könnten, wenn man sie nur erst entdecken würde. Der Arzt und Schriftsteller Lewis Thomas zum Beispiel hat gesagt:

> »Das seltene, aber spektakuläre Phänomen der Spontanremission von Krebspatienten kommt in den Annalen der Medizin immer wieder vor, […] ein faszinierendes Mysterium, aber zugleich auch eine solide Basis für Hoffnung in der Zukunft: Wenn diese Sache einigen hundert Patienten gelungen ist, eine gewaltige Anzahl bösartiger Zellen selbsttätig zu vernichten, dann ist die Möglichkeit, dass die Medizin lernen kann, dasselbe willentlich zu bewirken, sicherlich vorstellbar.«[24]

Die kalifornische Ärztin und Autorin Rachel Naomi Remen, deren Arbeit mit schwerkranken und sterbenden Patienten weit bekannt ist, glaubt, dass eine solche Formel gegenwärtig nicht existiert. Sie stellt fest:

> »Ich fragte fünfzehn oder zwanzig Kollegen, ob sie bei ihren Patienten positive Gefühle feststellen könnten, also Gefühle, die nach ihrem Empfinden direkt mit dem Überleben zusammenhingen. Es gab keinen Zweifel, dass alle diese Ärzte und Psychologen bestimmte Gefühle lieber mochten als andere, aber der Zusammenhang zwischen Überleben und emotionaler Einstellung war keinem von ihnen klar, auch den Onkologen nicht. Alle hatten mit liebevollen und wohlgemuten Menschen

gearbeitet, die gestorben waren, bekümmerten Menschen, die überlebt hatten, ärgerlichen Menschen, die nie krank wurden, und humorvollen Menschen, die nicht in der Lage waren, sich zu heilen. Und doch hatten alle die klinische Ahnung, dass Gefühle tatsächlich die Heilung beeinflussen. Wir stehen also vor einem Geheimnis. Vielleicht brauchen wir empfindlichere Werkzeuge, um emotionale und psychologische Zustände zu untersuchen. Die Feinfühligkeit unserer Einschätzung emotionaler Zustände muss ebenso weit entwickelt werden wie unser immunologisches Wissen, aber da sind wir noch nicht.«[25]

Unsere Zeit ist betäubt von Selbsthilfeformeln in überwältigender Vielfalt. Traktate und Talkshows verkünden den *Plan der Woche* zum Abnehmen, für größere sexuelle Leistungsfähigkeit oder für die Auslöschung von Krebs. Der Bann, der von all diesem Unfug ausgeht, ist hypnotisch. Es besteht immer die Neigung, Weisheit in einer Sache oder einer Person außerhalb von uns selbst zu suchen. Der Gedanke, alle diese selbsternannten Experten und Berater zu umgehen und sich auf unsere eigene innere Heilkraft zu konzentrieren, kommt den meisten Menschen nicht einmal in den Sinn. Sogar noch seltener ist die Einsicht, dass auch dann, wenn der Krebs nicht verschwindet, eben das annehmbar und »richtig« sein kann.

Das steht in krassem Gegensatz zu den Ratschlägen, die von viele »New-Age-Autoritäten« ausgeteilt werden. Diese Leute reden und schreiben ohne Ende über die großartigen Ergebnisse, die man erwarten kann, wenn man mit bestimmten Maßnahmen eingreift, um seine Persönlichkeit, seine Beziehungen, seine Ziele, seine Denkgewohnheiten, seine Philosophie und seine Orientierung im Leben insgesamt zu transformieren. Diese Ratschläge legen unweigerlich nahe, dass der Krebs (oder jede andere Krankheit) entstanden ist aufgrund von Mängeln im Leben des Patienten. Wenn er oder sie irgendwie den Mut und die Ehrlichkeit aufbringen kann, diese Mängel zu beheben, kann das Wunder stattfinden. Immer werden Liebe, Vergebung und Offenheit als wesentliche Elemente bei dieser radikalen psychologischen und körperlichen Transformation hervorgehoben. Einige Gesundheitsgurus empfehlen einen bunten Strauß von anderen Maßnahmen: Diät, Übungen, Meditation, Vitamine, Kräuter, Körperarbeit, Lachen, positive Gedanken – die Liste ist praktisch endlos.

Diese Herangehensweise nennt der Jungsche Psychologe James Hillman die »Regenmacher-Fantasie« – die schamanische Idee, dass der Regen alsbald fällt, sobald der Regenmacher sich in die richtige Verfassung gebracht hat. In das Gesundheitsdenken des New Age übersetzt, hieße das: »Wenn ich mit mir ins Reine komme, wird die Krankheit verschwinden.«[26]

Ein Grund, warum diese Prometheus-Formel weiter besteht, liegt darin, dass sie nicht widerlegt werden kann, solange man nur die Erfahrungen individueller Patienten betrachtet. Wenn keine Heilung eintritt, ist das kein Beweis, dass die Formel falsch war, sondern dass die betreffende Person sich nicht genug bemüht hat oder nicht wirklich geheilt werden »wollte«. Die missglückte Heilung wird damit nicht mit der mangelhaften Empfehlung begründet, sondern in der Person gesucht, die ihr folgte.[27] Manche Leute folgen diesen Methoden und werden geheilt. Tatsächlich scheint alles manchmal zu wirken. Aber wenn man diese Methoden systematisch untersucht, sind sie häufig nicht haltbar. In einer kontrollierten Untersuchung schnitten »außergewöhnliche Krebspatienten, die einer rigorosen Formel der Selbsttransformation folgten, nicht besser ab als die »Kontrollgruppe« der Krebspatienten, die konventionell behandelt wurden – eine Seite der Medaille, die von Selbsthilfe-Befürwortern selten eingestanden wird.[28]

Bis jetzt war noch niemand in der Lage nachzuweisen, dass Krebs oder irgendeine andere Krankheit auf vorhersagbare Art und Weise verschwindet, wenn man Gebete, Meditation oder irgendeine psychologische oder spirituelle Methode anwendet. Dr. Michael Lerner ist Präsident und Gründer des Commonweal-Krebshilfe-Programmes in Kalifornien, das sich dem Dienst und der Forschung auf dem Gebiet der Gesundheit und der Humanökologie widmet. Seit einem Jahrzehnt erforscht Lerner alternative Behandlungsmethoden für Krebs und ist vielleicht die führende Autorität auf diesem Gebiet in den Vereinigten Staaten. (Er war als Sonderberater des »U.S. Office of Technological Assessment« an der Ausarbeitung eines umfassenden Berichtes über unkonventionelle Krebsbehandlungen beteiligt.) Im Anschluss an seine zehnjährige Forschungsarbeit zog Lerner den Schluss, dass er trotz einer Fülle anekdotischer Hinweise darauf, dass viele solcher Therapien die Lebensqualität verbessern, unter den vielen unkonventionellen Methoden, die er untersucht hatte, keine Heilung für Krebs gefunden hatte und wenig an wissenschaftlichen Beweisen, dass solche Methoden das Leben über das hinaus verlängern, was man mit konventionellen Behandlungen erreichen könnte.[29]

Unzählige Menschen, die dafür beten, dass ihre Krankheiten verschwinden, wären äußerst verwirrt und überrascht, wenn das tatsächlich einträfe. Susan Ertz drückte das so aus: »Millionen sehnen sich nach Unsterblichkeit, die an einem regnerischen Sonntagnachmittag nichts mit sich anzufangen wissen.«[30] Was um Himmels willen ist geschehen? Woher ist die Heilung gekommen? Was ist der Zweck meiner Heilung? Was fange ich jetzt mit meinem Leben an, wo meine Krankheit verschwunden ist?

Sogar wenn Gebete oder Versuche der Selbsttransformation im Verlauf der Krankheit fehlschlagen, kann doch in einem bestimmten Sinn immer eine Heilung stattfinden. Mit »Heilung« meine ich nicht das *physische* Verschwinden von Krebs, Herzkrankheit, Bluthochdruck oder Schlaganfall, sondern etwas Wunderbareres: Die Einsicht, dass *körperliche Krankheit, wie schmerzhaft und grotesk sie auch sein mag, auf einer bestimmten Ebene zweitrangig ist im Gesamtplan unserer Existenz*. Dies ist das Bewusstsein, dass unser echtes, höheres Selbst auch für das schlimmste körperliche Gebrechen völlig unerreichbar ist. Die Krankheit geht vielleicht zurück oder verschwindet ganz, wenn dieses Bewusstsein erwacht, aus Gründen, die wir vielleicht nicht verstehen können. Wenn das geschieht, kommt es als Geschenk, als Segen, als eine Gnade, aber auch das ist wiederum von zweitrangiger Bedeutung. Die wirkliche Heilung ist das Verstehen, dass wir auf der wesentlichsten Ebene alle »Unberührbare« sind und weit über den Zerstörungen von Krankheit und Tod stehen.

Wir beginnen unsere Reise zu Gebet und Heilung, indem wir die Existenz großer Mysterien anerkennen, die nicht durch Formeln und Intellektualisierungen aufgelöst werden können. Wir achten diese großen Unbekannten und sehen uns jetzt etwas genauer an, wie sich das Gebet in unserem Leben manifestiert.

KAPITEL 2
DIE REICHWEITE DES BEWUSSTSEINS

Was ist dein Leben, und woraus, und wo?
Nikos Kazantzakis, *Die Odyssee: Eine moderne Fortsetzung*

Die Verbindung der Psyche mit dem Gehirn, d.h. ihre raumzeitliche Begrenzung, ist nicht mehr so selbstverständlich und unbestreitbar, wie man uns bisher glauben gemacht hat.
... Die Tatsache, dass es uns völlig unmöglich ist, uns eine Existenzform ohne Raum und Zeit vorzustellen, beweist keineswegs, dass eine derartige Existenz an sich unmöglich ist. [...] Es ist nicht nur zulässig, die absolute Gültigkeit der raum-zeitlichen Wahrnehmung zu bezweifeln, es ist in Anbetracht der vorliegenden Tatsachen sogar ein Gebot.
C.G. Jung

Die Fähigkeit zur Erkenntnis ist also nicht im Körper gefangen. Sie ist über alle Körperteile verbreitet, sie durchdringt sie, sie geht durch sie hindurch und könnte nicht an einem Ort eingeschlossen sein.
Porphyrios (ca. 233-305 A.D.)

Der Gedanke, dass der menschliche Geist auf den physischen Körper einwirken kann, hat eine lange und ehrwürdige Geschichte. In den zweitausend Jahre alten *Hippokratischen Schriften* finden wir die Beobachtung: »Es gibt ein gewisses Maß an bewusstem Denken im ganzen Körper.« Die Perser gingen in dieser Auffassung noch viel weiter. Sie behaupteten, dass das menschliche Bewusstsein nicht nur in den eigenen Körper eingreifen könne, sondern auch in den eines anderen, auch wenn dieser weit weg ist. So stellte zum Beispiel vor tausend Jahren der berühmte persische Arzt Avicenna (980-1037 A.D.) fest: »Die Vorstellungskraft eines Menschen kann nicht nur auf seinen eigenen Körper einwirken, sondern sogar auf andere, selbst weit entfernte Körper. Sie kann diese verzaubern und verändern, sie krank machen oder sie wieder gesund werden lassen.«[1]

Diese Auffassungen der Griechen und Perser zur Beziehung zwischen Geist und Körper illustrieren zwei verschiedene Arten von Heilung. Für die Griechen war die Wirkung des Geistes auf den Körper ein *lokales* Ereignis, es geschah vor Ort, im Hier und Jetzt. Eine solche Perspektive legt nahe, dass *mein* Bewusstsein in *meinem* Körper ist, nicht in *deinem*; und wenn es den Körper beeinflusst, so ist es *meiner*, der beeinflusst wird, und kein anderer. Im Gegensatz dazu war die persische Sichtweise der Geist-Körper-Beziehung nicht-lokal: Mein Bewusstsein ist nicht in meinem Körper lokalisiert oder auf ihn begrenzt, sondern erstreckt sich auch außerhalb von ihm. Daraus kann man schließen, dass es in der Lage ist, nicht nur meinen eigenen Körper zu beeinflussen, sondern auch andere Körper, die sehr weit entfernt sein können. Die Perser bezogen sich auf ein Bewusstsein, das nicht-lokal im *Raum* war. Aber Bewusstsein kann ebenso nicht-lokal in der *Zeit* sein wie im Raum, wie wir sehen werden.

Mit der modernen Medizin ist es ganz aus der Mode gekommen, über solche Ideen nachzudenken. Die Möglichkeit, dass Bewusstsein nicht ortsgebunden sein, sondern sich über einen individuellen Körper hinaus erstrecken könnte, wird heute als absurd angesehen. In vergangenen Zeiten wurde sie jedoch von den Ärzten berücksichtigt und ernst genommen. Wir müssen dieses Embargo aufheben. *Jeder* Arzt sammelt im Verlauf seiner praktischen klinischen Erfahrungen einige bizarre Beobachtungen, Fälle, die nicht in die Norm passen, die er oder sie über die Jahre heimlich in die Aktenordner abheftet. Diese Beobachtungen können mindestens so merkwürdig sein wie das, was von Avicenna behauptet wird. Sie können sehr beunruhigend sein, und Ärzte sind sehr zurückhaltend, darüber zu sprechen. Sie mögen sogar versuchen, sie auf mancherlei Art und Weise zu ignorieren, indem sie etwa unschuldig klingende Begriffe benutzen, um sie zu entschärfen. Das heißt dann »der natürliche Verlauf der Krankheit« oder »die statistische Variation der Krankheit«. Wenn sie mit einer unerwarteten und unerklärlichen klinischen Abweichung konfrontiert sind, sagen Ärzte gewöhnlich: »Das ist es, was wir sehen.« Als ob derartige Aussagen die Merkwürdigkeit des Geschehens magisch annullieren könnten. Alle diese »Erklärungen« sind illusorisch. Man sagt einfach nur: »Was geschieht, geschieht.«

MEDIZINISCHE KONZEPTE VON 1860 BIS ZUR GEGENWART: ÄRA I, II UND III

Um zu zeigen, dass die mit einem Gebet verknüpfte Heilung in die medizinische Wissenschaft passt, wollen wir ins neunzehnte Jahrhundert zurückblicken, als die Medizin erstmals »wissenschaftlich« zu werden begann. Das geschah etwa um die Zeit des Amerikanischen Bürgerkrieges, in den sechziger Jahren des neunzehnten Jahrhunderts. Vor dieser Zeit war fast alles, was die Ärzte taten, um ihren Patienten zu helfen – zum Beispiel Blutegel setzen, zur Ader lassen, purgieren – entweder wirkungslos oder gar schädlich. (Ironischerweise scheinen viele antiquierte Therapien ein Comeback zu erleben. Die Anwendung von Blutegeln, Schlangengift, Aderlass und Abführen hat sich zwar in manchen Situationen als nützlich erwiesen, man wendet sie aber heute mit mehr Einsicht und Sorgfalt an als früher.) Um diese Zeit herum jedoch entwickelte sich beim ärztlichen Berufsstand ein deutlicher »Neid auf die Physik«. Man wollte die für diese Wissenschaft kennzeichnende Präzision und Vorhersagbarkeit übernehmen. Wenn wir, von diesem historischen Moment ausgehend, bis zur Gegenwart schauen, können wir drei historische Epochen bestimmen, die grundsätzlich verschiedene Herangehensweisen an die Natur von Gesundheit, Krankheit und Heilung verkörpern:

Ära I: Die Ära der physikalistischen Medizin, die von 1860 bis etwa 1950 vorherrschte und immer noch einflussreich ist.

Ära II: Die Ära der Geist-Körper-Medizin, die in den fünfziger Jahren entstand und sich immer noch weiterentwickelt.

Ära III: Unsere Zeit der nicht-lokalen Wissenschaft und Medizin, die eben erst anerkannt wird.

TABELLE 2: EPOCHEN DER MEDIZIN

	Ära I
Raumzeitliche Kennzeichen	**Lokal**
Synomyme	Mechanische, stoffliche oder physikalische Medizin
Beschreibung	Kausal, deterministisch, kann mit den klassischen Begriffen von Raum-Zeit und Materie-Energie beschrieben werden. Bewusstsein ist kein Faktor. »Geist« ist ein Ergebnis von Hirnmechanismen.
Beispiele	Jede Art von Behandlung, die einzig auf die Wirkungen von Dingen auf den Körper ausgerichtet ist, ist ein Verfahren der Ära I – einschließlich Methoden wie Akupunktur und Homöopathie, die Anwendung von Kräutern usw. Fast alle Formen der »modernen« Medizin – Medikamente, Chirurgie, Bestrahlungen, CPR usw. zählen dazu.

Tabelle 2 zeigt die Unterschiede und Ähnlichkeiten zwischen den Ären I, II, III.

Ära II	Ära III
Lokal	**Nicht-lokal**
Geist-Körper-Medizin	Nicht-lokale oder transpersonale Medizin
Das Bewusstsein hat einen wesentlichen Anteil an der Heilung für jeden Einzelnen. Es hat die Kraft, ursächlich zu wirken und ist damit durch die klassischen Konzepte der Physik nicht vollständig erklärbar. Schließt die Ära I ein, geht aber über sie hinaus.	Das Bewusstsein spielt eine Rolle bei der Heilung, sowohl innerhalb als auch zwischen Personen. Bewusstsein ist nicht vollständig an Punkte im Raum (Gehirn oder Körper) oder in der Zeit (gegenwärtiger Zeitpunkt oder Lebensspanne jedes Einzelnen) gebunden. Bewusstsein ist grenzenlos und unendlich in Raum und Zeit – somit allgegenwärtig, ewig und letztlich einheitlich oder eins. Fernheilung ist möglich. Kann nicht mit klassischen Begriffen von Raum-Zeit und Materie-Energie beschrieben werden.
Jede Therapie, die nur die Wirkungen des Bewusstseins im Körper jedes Einzelnen hervorhebt, ist ein Verfahren der Ära II. Psychoneuroimmunologie, Counselling, Hypnose, Biofeedback, Entspannungsmethoden und die meisten Arten von »alternativen« Methoden, die auf bildlichen Vorstellungen basieren, gehören dazu.	Jede Therapie, bei der Bewusstseins-Effekte zwischen verschiedenen Personen Verbindungen herstellen, ist ein Verfahren der Ära III. Alle Formen von Fernheilung, fürbittendes Gebet, manche Arten schamanischen Heilens, Ferndiagnose und wahrscheinlich das berührungslose »Therapeutic Touch« gehören dazu.

Ära I

Die Ära I begann im letzten Drittel des neunzehnten Jahrhunderts. Man kann sie als die Ära der materialistischen oder physikalistischen Medizin bezeichnen. Sie umfasst die Entdeckung und Anwendung von Therapien, welche die heutige westliche Medizin weitgehend beherrschen: Drogen, Chirurgie, Bestrahlung usw. Die Medizin der ersten Ära ist geleitet von den klassischen Gesetzen der Materie und der Energie, die Sir Isaac Newton im siebzehnten Jahrhundert beschrieben hatte. Nach diesen »Gesetzen« ist das gesamte Universum, einschließlich des Körpers, ein gewaltiges Uhrwerk, das nach deterministischen, kausalen Prinzipien funktioniert. Um wirksam zu sein, müssen alle Formen von Therapie diese Annahmen verkörpern. Das heißt, dass in der Ära I die Einflüsse von Geist und Bewusstsein für zweitrangig gehalten wurden oder gar für ganz bedeutungslos.

Um ein Missverständnis auszuschließen: Die Medizin der Ära I war ungemein wichtig in der Geschichte des Heilens. Ihre Leistungen sind zu zahlreich, um sie aufzuzählen, und sie sprechen für sich selbst. Diese Leistungen sind *so* signifikant, dass die meisten Menschen glauben, in den Methoden der Ära I läge die ganze Zukunft der Medizin.

Ära II

Irgendwann in der Mitte des zwanzigsten Jahrhunderts, in den Jahren nach dem Zweiten Weltkrieg, begann eine andere, neue Periode in der Geschichte der westlichen Medizin Gestalt anzunehmen: Die Ära II oder »Geist-Körper«-Medizin. Obwohl geistig-körperliche Methoden schon seit alter Zeit vorhanden waren, fing man jetzt erst an, sie wissenschaftlich zu untersuchen. Indem dieses Gebiet sich entwickelte, konnte man zeigen, dass Wahrnehmungen, Gefühle, Einstellungen, Gedanken und wahrgenommene Bedeutungen den Körper tiefgreifend, manchmal dramatisch beeinflussen.

Dieses Material ist zu umfangreich, um hier vorgestellt zu werden. Doch es gibt viele Skeptiker, die nach wie vor behaupten, dass diese Forschungsergebnisse nicht existieren und es keine Beweise dafür gebe, wonach der menschliche Geist den Körper auf klinisch relevante Art beeinflussen könne. Ich meine, es gibt eine Schnellkur für Skeptiker, die an der Legitimität der Ära II zweifeln. Sie könnten ein Biofeedback-Labor besuchen, wo in wenigen Augenblicken vorgeführt werden kann, dass unser Geist Materie bewegen kann. Es ist möglich, Messgeräte nur durch den Willen drastisch in Bewegung zu versetzen, Glocken und Pfeifen an komplizierten elektronischen Geräten *nur durch Gedanken* oder durch Veränderung der eigenen Vorstellungsbilder und Gefühlszustände auszulösen. Dazu kommt, dass diese Kunststücke *jederzeit* wiederholbar sind. Man hat auch überzeugend nachgewiesen, dass diese geistigen Veränderungen zusammenhängen mit gesundheitlichen Veränderungen im Körper. Dieses Material weist nach, dass Gedanken mit derselben Berechtigung wie jede Droge oder chirurgische Maßnahme »therapeutisch« genannt werden dürfen.[2]

Die Ära II, oder die geistig-körperliche Behandlungsmethode, muss nicht notwendig mit den physikalisch begründeten Therapien der Ära I in Konflikt geraten. Sie können sich gegenseitig ergänzen, was auch oft der Fall ist und zu gänzlich neuen Disziplinen führt, wie das sich immer noch entwickelnde Gebiet der Psychoneuroimmunologie.

Die Ära I und II haben viel gemeinsam. Zum Beispiel sind sie beide prinzipiell ortsgebunden. Sie betrachten das Bewusstsein als punktuell lokalisiert im Raum (dem Gehirn und dem Körper) und in der Zeit (dem gegenwärtigen Augenblick). In Übereinstimmung mit der ortsgebundenen Sicht betont die Ära II das Bewusstsein der *einzelnen, individuellen Person,* das auf ihren oder seinen *individuellen* Körper einwirkt, alles innerhalb eines klassischen, lokalen, raumzeitlichen Rahmens.

Viele Anhänger der Ära II glauben, dass geistig-körperliche Methoden die höchste Form von Therapie darstellen und Heilung weiter nicht gehen kann. Aber ebenso wie die Medizin der Ära II ein wichtiger Fortschritt war, können wir jetzt erkennen, dass auch sie, wie die Medizin der Ära I, begrenzt und unvollständig ist, weil es einfach zu viele Fälle von Heilungen gibt, die sie nicht erklären kann. Um diese Heilungsphänomene zu erfassen, sind wir gezwungen, noch eine weitere Ära zu beschreiben, die Ära III oder die Ära der nicht-lokalen Medizin.

Ära III

Die Medizin der Ära III ist die erste Form, die eine echte nicht-lokale Herangehensweise an die Beziehung von Geist, Körper und Zeit anwendet. Das heißt, sie betrachtet das Bewusstsein nicht als lokalisiert in einem menschlichen Gehirn oder Körper und nicht als beschränkt auf den gegenwärtigen Augenblick. In der Auffassung der Ära III wird Bewusstsein vielmehr als durch Raum und Zeit ausgebreitet betrachtet. Insbesondere folgt aus dieser Sichtweise, dass das menschliche Bewusstsein unbegrenzt ist, und wenn es unbegrenzt ist, dann muss schließlich ein Aspekt der menschlichen Psyche allen gemeinsam sein. Der Physiker Erwin Schrödinger drückte es so aus: »Bewusstsein ist von seinem Wesen her ein *singulare tantum* (ein Wort, das nur in der Einzahl vorkommt). Ich sollte sagen: Die Gesamtzahl der Bewuss*tseine* ist gerade eins.«[3]

Die Unterschiede zwischen Ära II und III sind radikal. Wo Ära II deutlich *lokal* ist in ihrer Sichtweise, ist die Ära III nicht-lokal. Sie hält das Bewusstsein nicht für beschränkt auf Punkte in Raum und Zeit. Die Ära III unterscheidet sich auch darin von Ära II, wie sie das Wesen des Bewusstseins sieht. So glauben zum Beispiel die meisten Menschen, die auf dem Gebiet der Geist-Körper-Medizin forschen, nicht daran, dass sie die Wirkung des »Geistes« oder »Bewusstseins« auf den Körper beobachten, sondern die Wirkung des *Gehirns* auf den Körper. Die Betonung liegt nicht darauf, was das »Bewusstsein« tun kann, sondern darauf, was das Gehirn tun kann. Aus dieser Perspektive könnte man die Ära II als die Ära der »Gehirn-Körper«-Medizin betrachten und nicht als die der »*Geist*-Körper«-Medizin. Einige Forscher der Ära II setzen ganz explizit Gehirn und Geist gleich. Sie würden im Prinzip mit dem Standpunkt des Astronomen Carl Sagan übereinstimmen, der sagte: »Die Funktionsweise des Gehirns – was wir manchmal Bewusstsein nennen – ist eine Folge seiner Anatomie und Physiologie, und nichts weiter.«[4]

Die ungewöhnlichen Heilungen, die man in der Geist-Körper-Medizin der Ära II sieht, werden allgemein als nur vorübergehend unerklärbar betrachtet. Die meisten glauben, dass wir, »wenn wir genug wissen«, in der Lage sein werden, sie im vertrauten Newtonschen Rahmen erklären zu können. Daher können wir diese Heilungen als »schwache Anomalien« bezeichnen.

Schwache Anomalien stehen im Gegensatz zu verschiedenen Arten nicht-lokaler Ereignisse, die die Ära III kennzeichnen. In diesen Phänomenen scheint der Geist die Grenzen des individuellen Gehirns und Körpers zu überwinden, manchmal sogar die gegenwärtige Zeit. Diese Ereignisse kann man »starke Anomalien« nennen. *Starke Anomalien scheinen nicht einmal im Prinzip im lokalen, physikalistischen und reduktionistischen Rahmen der Ära I und II erklärbar zu sein.* Weil sie nicht in unsere vertrauten Realitätskonstrukte hineinpassen, verursachen sie in der medizinischen Wissenschaft enorme intellektuelle Verdauungsbeschwerden. Man tut sie gewöhnlich ab als das Ergebnis schlechter Beobachtung, falscher Interpretation oder direkt betrügerischer Berichterstattung.

Warum sollte sich die Medizin mit »starken Anomalien« befassen? Der Grund liegt auf der Hand: Diese Ereignisse können manchmal drastische Wirkungen auf den Körper haben. Ich bin der Auffassung, dass *alles*, was die Körperfunktionen signifikant beeinflusst, sei es ein Bakterium oder ein Virus, eine Droge, ein chirurgischer Eingriff oder ein Gebet, legitimer Gegenstand medizinischen Interesses ist.

NICH-LOKALE MEDIZINISCHE EREIGNISSE

Heilung durch Gebet, das zentrale Thema dieses Buches, ist eine echte Therapie der Ära III. Warum nicht-lokal? Nach langem Forschen habe ich nicht einen einzigen Fachmann finden können, der behaupten würde, dass das Ausmaß der räumlichen Trennung zwischen der Person, die betet, und der, für die gebetet wird, für die Wirksamkeit des Gebetes maßgeblich sei. Diejenigen, die Gebetsheilung praktizieren, sagen alle gleichermaßen aus, dass die Wirkungen sich nicht mit der Entfernung verringern. Beten ist genauso wirksam von der anderen Seite der Welt aus wie von nebenan oder am Bett. Solche Behauptungen stützen sich nicht auf Hörensagen oder Einzelfälle. Wie wir noch sehen werden, wenn wir die wissenschaftlichen Daten zu Gebetsheilungen untersuchen, haben zahllose kontrollierte Untersuchungen das nicht-lokale Wesen des Gebetes bestätigt. Viel von diesem Material weist außerdem darauf hin, dass betende Individuen – ob sie nun von Mitgefühl getragene Bildvorstellungen einsetzen oder mentale Absicht, ob sie es Gebet nennen oder nicht

– die Physiologie entfernter Personen zielgerichtet beeinflussen können, und zwar ohne dass der »Empfänger« das merkt.

Gebet ist nur eines von vielen nicht-lokalen Phänomenen, die heilende Wirkungen haben. Bevor wir die Beweise ihrer Wirksamkeit näher untersuchen, wollen wir uns einige dieser anderen Ereignisse ansehen. Sie werden uns zeigen, dass eine große Vielfalt von verwandten Vorgängen ebenfalls nicht-lokaler Art sind.

Ferndiagnose

Ein bemerkenswertes Beispiel für die Fähigkeit des Geistes, nicht-lokal medizinisch hilfreich in Erscheinung zu treten, ist die »intuitive« Diagnose über weite Entfernungen. Das vielleicht überzeugendste Beispiel für dieses Phänomen wird beschrieben in *The Creation of Health: Merging Medicine with Intuitive Diagnosis* von C. Norman Shealy, M.D., und Caroline M. Myss.[5]

1985 begegnete Dr. Shealy, ein in Harvard ausgebildeter Hirnchirurg, Forscher und Gründer der *Amerikanischen Holistischen Medizinischen Gesellschaft*, Carolyne Myss, einer Journalistin ohne formale Ausbildung in Medizin oder im Gesundheitswesen, und begann mit ihr zu arbeiten. Sie hatte von frühester Kindheit an die intuitive Fähigkeit, Dinge zu »wissen«. Dr. Shealy bat sie, ihre intuitiven Fähigkeiten zur Diagnose der Krankheiten seiner Patienten einzusetzen. Mit einem Patienten in seiner Praxis in Missouri rief er sie dann in New Hampshire an, aus etwa zweitausend Kilometer Entfernung. Zunächst gab er ihr einfach den Namen und das Geburtsdatum seines Patienten an, und sie teilte ihm dann ihre Eindrücke mit. Diese betrafen zumeist die seelischen Konflikte des Patienten. Doch als sich ihre Partnerschaft entwickelte, forderte Shealy sie auf, möglichst genau über körperliche Besonderheiten zu berichten. Dann fing Caroline Myss an, intuitiv in den Körper des Patienten »hineinzugehen«, so als ob sie selbst die Patientin wäre. Shealy forderte sie auf, systematisch durch den Körper des Patienten zu reisen und die relative Gesundheit von jedem Organsystem zu untersuchen. Nach Shealys Aufzeichnungen liegt Frau Myss zu 93% richtig – »eine phantastische Leistung«.[6] Das ist noch untertrieben. Sogar mit so hochentwickelten diagnostischen Werkzeugen wie Blutanalyse und Röntgengeräten erreichen medizinische Diagnostiker selten dieses Niveau an Genauigkeit in der frühesten Phase der Diagnose.

Zuerst zögerte Frau Myss, sich mit intuitiver Diagnose zu beschäftigen. Sie hatte ihre Begabung immer als eine Merkwürdigkeit betrachtet, etwas, womit sie nach Laune herumspielen konnte. Sie war besonders auf der Hut vor solchen Etiketten wie »Hellseherin«, und sie war besorgt, dass man sie für eine Betrügerin oder einen »seltsamen Vogel« halten könnte.

Die geographische Entfernung zwischen Frau Myss und den Patienten wird in dem intuitiven Prozess offenbar völlig überwunden. Sie meint, dass gerade die Distanz eine Unpersönlichkeit schafft, die für ihren Erfolg wichtig ist, weil sie ihr erlaubt, »Informationen zu empfangen, die ansonsten durch eine persönlichere Verbindung eher blockiert würden«.

Shealy führt fünfzig Beispiele intuitiver Diagnosen von Frau Myss an. Die meisten stimmten mit großer Genauigkeit überein mit den medizinischen Diagnosen, die er selbst stellte. Wenn also beispielsweise Frau Myss »Migräne-Kopfschmerz und Gesichtsmuskelschmerzen« diagnostizierte, war Shealys Diagnose ebenfalls »Migräne-Kopfschmerz und Gesichtsmuskelschmerzen«. Ihr »Schmerzen im Brustkorb aufgrund eines Traumas« entsprach seinem »nachoperative Schmerzen im Brustkorb, links«. Ihr »bösartige Geschwulst im Gehirn« entsprach seinem »metastatischer Gehirnkrebs«, und so weiter. Shealys Hochachtung vor den Fähigkeiten von Frau Myss ist unzweideutig: »Ich kenne niemanden, der genauer ist als Caroline«, sagt er, »nicht einmal einen Arzt!«

Manchmal kannte Shealy die richtige Diagnose, wenn er Frau Myss anrief. Das veranlasste manche Leute zur Behauptung, er habe ihr die Information »telepathisch« übermittelt, und sie habe daher keine unabhängige Diagnose gestellt. Doch das kann nicht die ganze Wahrheit sein, weil Frau Myss richtige Diagnosen erstellt hatte, bevor irgendjemand sie wusste. Selbst wenn in einigen Fällen Telepathie mit im Spiel gewesen wäre, stellte auch das ein Beispiel für ein nicht-lokales geistiges Geschehen dar und wäre kaum weniger bemerkenswert als eine Ferndiagnose.

Gibt es irgendetwas in der Geschichte der medizinischen Praxis, was den Fähigkeiten von Frau Myss entspricht? Vielleicht. In der ersten Hälfte des neunzehnten Jahrhunderts wurde auf dem europäischen Kontinent ein Kult um »Blitzdiagnosen« getrieben. Die Ärzte an den großen Lehrakademien wetteiferten miteinander darin, mit möglichst wenig Hinweisen eine korrekte Diagnose abspulen zu können. Ein Arzt, der darin wirklich gut war, brauchte nicht einmal den Patienten zu sehen oder zu untersuchen. Jean-Nicolas Corvisart, Napoleons bevorzugter Arzt, war anerkanntermaßen einer der besten. Er machte einmal die Bemerkung, dass eine Person auf einem Ölgemälde Opfer einer Herzkrankheit gewesen sein müsse, was sich als richtig erwies. Die legendären Ärzte Hebra und Bell, nach dem die *Bellsche Lähmung* benannt ist, »konnten sowohl den Beruf als auch die Krankheiten ihrer Patienten feststellen«.[7] Die Ähnlichkeit der Kunst der Blitzdiagnose mit der Hellsichtigkeit braucht wohl kaum erwähnt zu werden.[8]

Offensichtlich gibt es auch heutzutage noch solche exotischen Fertigkeiten, und sie sind womöglich häufiger, als wir denken. In einem Forschungsprojekt an einer großen Medizinischen Fakultät wurden Computer darauf programmiert, Patienten zu befragen und ihre Krankheiten zu diagnostizieren. Ihre Ergebnisse wurden mit den Diagnosen einer Gruppe von erfahrenen Internisten verglichen. Die Computer und die Ärzte stellten den Patienten gleichlautende Fragen, und die Patienten gaben beiden gleichlautende Antworten. Die Computer waren jedoch nicht annähernd so erfolgreich wie die Ärzte bei der Erstellung richtiger Diagnosen. Diese Tatsache überraschte die Forscher. Sie fragten also die Internisten: »Was ist das Erste, was Sie bemerken, wenn Sie anfangen, einen Patienten zu befragen?« Die Internisten antworteten: »Ob der Patient krank aussieht oder nicht.« Aber die Forscher konnten nicht genau feststellen, was »krank aussehen« bedeutet, und sie fanden keine Möglichkeit, »krank aussehen« in den Computer zu programmieren. Das Forschungsprojekt wurde aufgegeben. Jeder erfahrene Diagnostiker weiß jedoch, was es bedeutet. Es ist eine Empfindung, eine Intuition, eine schwer zu beschreibende »Art zu wissen«, die alle Ja-Nein-Antworten des Patienten umgeht und vielleicht nichts damit zu tun hat, dass man den Patienten tatsächlich sieht. Vielleicht kann sie, wie im Falle von Frau Myss, auch ganz unabhängig von sinnlichen Eindrücken vom Patienten funktionieren.

Behandlung ohne Berührung

Seit alters her hat es Menschen gegeben, die von sich behaupteten, aus der Ferne heilen zu können, Heiler, für die die räumliche Trennung vom Patienten bedeutungslos sein soll. Ebenfalls sehr alt ist die Praxis des »Handauflegens«, wobei tatsächlich ein physischer Kontakt zwischen dem Heiler und seinem Klienten stattfindet. Kürzlich ist es in Kreisen der pflegenden Berufe zu einer Verknüpfung dieser Techniken gekommen, und zwar durch die bahnbrechende Forschung der Pflegeforscherin Dr. Dolores Krieger von der Universität von New York.[9] Bei dieser Technik, die »Therapeutic Touch« (Heilende Berührung) genannt wird, berühren die Hände des Heilers den Patienten nicht wirklich, sie werden vielmehr in kurzer Entfernung über den Körper des Patienten gehalten.

Um diese Technik bewerten zu können, führte der Forscher Daniel P. Wirth einen Doppelblindversuch durch mit vierundvierzig Patienten, denen operative, die Haut in ganzer Tiefe durchdringende Wunden zugefügt worden waren. Diese Versuchspersonen schoben ihren Arm mit der Wunde fünf Minuten lang durch eine kreisförmig ausgeschnittene Öffnung in der Wand der Einrichtung, deren Rückseite sie nicht sehen konnten. Man sagte ihnen, der Zweck dieses Vorgehens sei die Messung von »Biopotenzialen« an der Operationsstelle mit einem Gerät, das ohne Berührung arbeitet. Eine Praktikerin des berührungslosen »Therapeutic Touch« war nur dann in dem Nebenraum anwesend, wenn die Mitglieder der aktiven Behandlungsgruppe (dreiundzwanzig Patienten) an der Reihe waren. Während der Scheinprozedur für die restlichen einundzwanzig Patienten war dieser Raum leer. Bei ihrem Versuch, die Wunden zu heilen, vermied die Praktikerin sorgfältig jeden physischen Kontakt mit den Versuchspersonen. In mehreren Phasen wurde das Wundgebiet auf durchsichtigen Azetatblättern abgepaust von einem Arzt, der »blind« war gegenüber der Aufteilung in aktive Gruppe und Kontrollgruppe. Dann wurden die Pausen von einem unabhängigen Techniker, der ebenfalls »blind« war in Bezug auf die Gruppenaufteilung, digitalisiert – eine äußerst genaue Messung der Heilung. Man muss bedenken, dass die Versuchspersonen nicht *glaubten,* eine Heilbehandlung zu erhalten, und weder offene noch verdeckte Hinweise darauf bekamen, dass sie Teilnehmer in einem Heilungsexperiment waren. Daher konnte man für die eintretende Heilung weder den Placebo-Effekt noch Suggestion, Erwartungen oder Glauben verantwortlich machen.

Die Ergebnisse waren statistisch hochsignifikant. Am achten Tag zeigten die Wunden bei den behandelten Personen weniger Unterschiede als bei den unbehandelten, und sie waren deutlich kleiner. Am sechzehnten Tag wurde dieses Ergebnis wieder bestätigt. Dreizehn der dreiundzwanzig behandelten Personen wurden vollständig geheilt (Wundgröße Null), in der Vergleichsgruppe der unbehandelten *keiner*. Dieser Versuch wies nach, dass das berührungsfreie »Therapeutic Touch« eine effektive Heilmöglichkeit für tiefe Hautwunden ist, sogar wenn die betreffende Person nichts davon weiß.[10]

Ist das eine echte Methode der Ära III? Wenn die Heilwirkung der Praktiker des Therapeutic Touch von konventionellen Formen der Energie abhängt, würden wir erwarten, dass die Wirkung mit zunehmender räumlicher Distanz zwischen Heiler und Patienten schwächer wird; denn nach dem Gesetz des Kehrwerts des Quadrates werden alle bekannten Energieformen schwächer mit der Entfernung. In diesem Falle würde das berührungslose Therapeutic Touch nur lokal wirken, nicht nicht-lokal, und der Heiler müsste vor Ort sein, um die beste Wirkung zu erzielen. Es sind noch keine abschließenden Untersuchungen zur Klärung dieses Punktes durchgeführt worden. Bis dahin wäre es vielleicht übertrieben, das »Therapeutic Touch« als eine Methode der Ära III zu klassifizieren.[11]

Transpersonale Bilder

In ihrem Buch *Gedanken heilen* propagierte Jeanne Achterberg, eine Psychophysiologin, den Gedanken, dass es zwei Arten geistiger Bildvorstellungen gibt.[12] Die erste Art, *präverbale* Bilder, wirken auf den eigenen Körper, indem sie dessen physiologische Aktivität verändern. Die zweite Art bezeichnet sie als *transpersonale* Bilder, wobei das Bewusstsein einer Person auf die körperliche Ebene einer anderen Person einwirkt. Diese beiden Arten von Vorstellungsbildern entsprechen dem, was wir lokale bzw. nicht-lokale Ereignisse genannt haben. Sie lassen sich also, wie oben dargestellt, den Heilmethoden der Ära II (lokal, Geist-Körper) beziehungsweise der Ära III (nicht-lokal) zuordnen.

In der *Stiftung Bewusstseinsforschung* in San Antonio, Texas, prüften die Forscher William G. Braud und Marilyn Schlitz nicht-lokale, transpersonale Bildvorstellungen in einem Versuch.

Sie untersuchten, ob eine Person bestimmte mentale Bilder dazu einsetzen konnte, um die körperlichen Reaktionen einer anderen, weit entfernten Person zu verändern, mit der sie körperlich keinen Kontakt hatte und die sie nicht sinnlich wahrzunehmen vermochte. Sie führten dreizehn Experimente dieser Art durch und stellten eine signifikante Beziehung zwischen der Anwendung von beruhigenden oder aktivierenden Bildvorstellungen einer Person und der elektrischen Aktivität der Haut einer anderen, isolierten und entfernten Versuchsperson fest (die elektrische Hautaktivität ist ein Indikator für physiologische Erregung). Die Experimentatoren bemerkten dazu: »Die Ergebnisse weisen nach, dass es zuverlässige und relativ stabile anomale Wechselwirkungen zwischen räumlich entfernten lebenden Systemen gibt.«[13] Wir werden diese Versuche später noch ausführlicher erörtern.

Fernwahrnehmung

Über einen Zeitraum von zehn Jahren wurden am PEAR-Labor (Princeton Engineering Anomalies Research) der Universität Princeton Versuche durchgeführt, die zeigten, dass Versuchspersonen den Ausgang von physikalischen Zufallsexperimenten beeinflussen und komplexe Informationen mental anderen Versuchspersonen übermitteln können, von denen sie weit entfernt sind, sogar über die halbe Erde. Diese Versuche zeigen nicht nur, dass ein Absender mental detaillierte Informationen an einen Empfänger auf der anderen Seite der Erde übermitteln kann, sondern sogar, dass der Empfänger die Information meist bis zu drei Tage, *bevor* sie abgeschickt worden ist, »empfängt«. Eine ausführliche Darstellung dieser Versuche enthält das bedeutende Buch *Margins of Reality* von Robert G. Jahn und Brenda J. Dunne.[14] Diese Experimente beweisen, dass das Bewusstsein nicht nur im *Raum,* sondern auch in der *Zeit* nicht-lokal ist.

Telesomatische Ereignisse

»Die Lebenskraft ist nicht im Menschen eingeschlossen, sondern strahlt um ihn wie eine leuchtende Kugel, und sie kann in die Ferne

wirken. In diesen halbstofflichen Strahlen kann die Vorstellungskraft eines Menschen gesunde oder krankmachende Wirkungen hervorrufen.«
Paracelsus (1493-1541)[15]

Die Forschung auf dem Gebiet der psychosomatischen Medizin hat über alle vernünftigen Zweifel hinaus gezeigt, dass geistige Störungen körperliche Fehlfunktionen und Krankheiten *in* einem Individuum verursachen können, die oben beschriebene Ära II oder geistig-körperliche Perspektive. Wenn aber das Bewusstsein nicht-lokal ist und folglich mit anderen geteilt wird, taucht die Möglichkeit auf, dass geistige Vorgänge ebenso Ereignisse *zwischen* Individuen auslösen können. Diese Phänomene hat man »telesomatisch« genannt, nach dem Griechischen *tele* (weit weg) und *somatikos* (sich auf den Körper beziehend).[16] Es gibt eine Menge Beispiele:

- Arthur Severn, ein bekannter englischer Landschaftsmaler, ging eines Morgens früh aus dem Haus, um zu segeln, während seine Frau noch schlief. Etwa gegen sieben Uhr wurde sie plötzlich wach von einem Schlag auf ihre Lippen, der so heftig war, dass sie sofort nach Blut suchte. Zu ihrer Überraschung fand sie keines. Als ihr Mann später am Morgen zum Frühstück heimkehrte, hielt er ein Taschentuch an seine blutenden Lippen. Er war gegen sieben Uhr am Mund getroffen worden, als die Ruderpinne seines Bootes in einer Windböe herumschwang.[17]

- Eine Frau »krümmte sich plötzlich zusammen, umklammerte ihren Oberkörper wie unter schweren Schmerzen und sagte: «Etwas ist passiert mit Nell. Sie ist verletzt.« Zwei Stunden später kam der Sheriff und teilte mit, dass Nell auf dem Weg ins Krankenhaus gestorben sei. Sie hatte einen Autounfall gehabt, wobei ein Stück des Steuerrades ihre Brust durchstoßen hatte.[18]

- Eine Mutter schrieb gerade einen Brief an ihre Tochter, die auf dem College war. Plötzlich begann ihre rechte Hand so heftig zu brennen, dass sie ihren Stift nicht mehr halten konnte. Kaum eine Stunde später erhielt sie einen Anruf vom College und erfuhr, dass ihre Tochter sich bei einem Unfall im Labor die rechte Hand schwer mit Säure verbrannt hatte, und zwar zur selben Zeit, als sie (die Mutter) das Brennen gefühlt hatte.[19]

- Manchmal zeigen sich auch körperliche Veränderungen beim »Empfänger«. Im Jahre 1892 berichtete der Britische Generalmajor T. Blaksley von einem Fall, der einen engen Freund von ihm im 12. Regiment betraf. Dieser fühlte sich eines Morgens unerklärlicherweise krank. Auf dem Weg zum Schießstand sagte sein Freund aus reiner Intuition heraus: »Mein Zwillingsbruder ist heute morgen auf seinem Schiff an der Westküste von Afrika gestorben, um acht Uhr, und ich weiß, dass ich dadurch ernsthaft krank werde.« General Blaksley versuchte ihn aufzumuntern und unterstellte ihm, er hätte geträumt, aber ohne Erfolg. »Nein«, beharrte sein Freund, »ich bin mir sicher. Unser ganzes Leben hindurch hatten wir eine so starke Sympathie füreinander, dass niemals dem einen etwas passierte, ohne dass es der andere gewusst hätte.« Seine Vorahnungen erwiesen sich als richtig. Er erkrankte an einem Anfall von Gelbsucht; und bald traf die Nachricht ein, dass sein Bruder tatsächlich zu der von ihm genannten Zeit gestorben war.[20]

Skeptiker werden natürlich derartigen Ereignissen keine Bedeutung beimessen. Sie werden behaupten, dass es sich um nichts weiter als Zufälle gehandelt habe. Es ist wahr, dass diese Ereignisse Anekdoten sind. Man kann sie nicht zwangsläufig unter Laborbedingungen herbeiführen, wo sie genau untersucht werden könnten. Sie unterscheiden sich von den anderen nicht-lokalen Ereignissen, die wir untersucht haben: Transpersonale Bilder, Ferndiagnose und Fernwahrnehmung, die unter kontrollierten Bedingungen untersucht werden können. Ich glaube jedoch trotz dieser Einschränkungen, dass telesomatische Ereignisse unsere Aufmerksamkeit aus zwei Gründen verdienen. Erstens sind sie außerordentlich weit verbreitet. Zweitens zeigen sie von Fall zu Fall eine innere Konsistenz. Fast alle geschehen zwischen Menschen, die *gefühlsmäßig verbunden* sind. Diese Eigenart scheint ein Ausgangspunkt für nicht-lokale Ereignisse im Labor zu sein, wie wir noch sehen werden. Telesomatische Ereignisse finden im Allgemeinen zwischen Individuen statt, die emotional stark verbunden sind. Der klassische Fall betrifft Eltern und Kinder. Sie kommen auch häufig vor zwischen Eheleuten, Geschwistern (besonders eineiigen Zwillingen) und Liebenden, aber auch zwischen Freunden und Bekannten, die sich emotional nahe stehen.[21]

Telesomatische Ereignisse übermitteln häufig Informationen, bei denen es um Leben und Tod geht. Jeder hat von einer Mutter gehört, die »einfach weiß«, dass ihr Kind in Gefahr ist und nach Hause eilt, um ihre Tochter gerade noch aus dem Swimmingpool zu ziehen. Diese Vorfälle zeigen sich auch in einer anderen Form, die medizinisch bedeutsam sein kann. So hatte zum Beispiel eine sechsundfünfzig Jahre alte Frau, die seit acht Jahren keine Monatsblutungen mehr hatte, dreimal Blutungen der Gebärmutter zu derselben Zeit, als eine ihrer Töchter unerwartet Wehen bekam und der anderen eine Frühgeburt drohte. Die Töchter wohnten meilenweit voneinander entfernt, und sie wusste nichts über deren jeweiligen Zustand. Zwanzig Monate später hatte diese Frau einen massiven Blutsturz in der Gebärmutter. Dabei fand man heraus, dass sie einen Krebs in der Gebärmutterwand hatte. Das mag die Wahrscheinlichkeit erhöht haben, dass sie von dieser Stelle aus gleichzeitig mit ihren Töchtern blutete.[22]

Louisa E. Rhine analysierte 169 telesomatische Fälle und fand dabei, dass nur zwei Empfänger Ehemänner waren, verglichen mit einundzwanzig Fällen, in denen die Empfänger Ehefrauen waren. Zudem waren von den insgesamt 169 Fällen nur dreizehn Empfänger männlichen Geschlechts.[23]

Andere Fallsammlungen bestätigen solche geschlechtsspezifischen Unterschiede jedoch nicht. In Stevensons Stichproben waren zum Beispiel vierundachtzig Empfänger weiblich und sechsundsiebzig männlich. Dem gegenüber waren zweiundsechzig der »Sender« weiblich und neunundachtzig männlich.[24]

Sind Frauen als Empfängerinnen sensibler als Männer? Oder berichten sie einfach offener von ihren Erfahrungen? Stevenson, dessen Daten ziemlich geschlechtsneutral waren, glaubt, dass wirklich geschlechtsbedingte Unterschiede existieren, dass Frauen eine größere Neigung dazu haben, mit Mitgliedern des anderen Geschlechts paranormal in Verbindung zu stehen.

Dass Frauen häufiger als Empfängerinnen vorkommen, passt zu dem allgemeinen Eindruck, den Ärzte haben, dass psychosomatische Symptome bei Frauen häufiger auftreten. Allzu oft machen Ärzte diese Beobachtung auf herabsetzende Art und Weise, als ob psychosomatische Empfindlichkeit eine Schwäche sei. Es überrascht nicht, dass diese Meinung als »sexistisch« und vorurteilsbehaftet kritisiert worden ist: Genau das, was man von einem männlich dominierten Berufsstand erwarten würde. Aber statt eine Schwäche zu sein, kann die verstärkte Empfänglichkeit von Frauen für die Erfahrungen von weit entfernten Menschen eine psychologische oder vielleicht biologische Überlegenheit widerspiegeln. Natürlich muss man die Tatsache einrechnen, dass Frauen kulturell auf »Empfänglichkeit« geprägt sind. Derselbe kulturelle Druck blockiert vielleicht die Empfänglichkeit von Männern gegenüber Erlebnissen anderer, die an einem entfernten Ort stattfinden. Man müsste hier noch weiter forschen, bevor man sichere Schlüsse ziehen kann über den Zusammenhang zwischen Telesomatik und Geschlecht.

Überraschenderweise kommt es vor, dass sogar innerhalb von religiösen Organisationen spontane Erlebnisse dieser Art unterdrückt werden. In einem Brief, den die heilige Theresa von Avila im Januar 1577 aus Toledo an Don Lorenzo de Capeda schrieb, klagte sie: »Ich habe wieder Anfälle gehabt. Sie sind mir höchst unangenehm. Mehrere Male in der Öffentlichkeit [...] zum Beispiel während der Frühmesse. Ich schäme mich so, dass ich mich nur irgendwo verstecken möchte!«[25] In manchen Traditionen, wie im Zen-Buddhismus, werden derartige Erfahrungen nicht unterdrückt, sondern einfach nicht gefördert, weil man meint, dass sie möglicherweise von der wichtigeren spirituellen Arbeit ablenken. Zum Beispiel: (Ein) Zen-Meister hörte sich an, wie einer seiner Schüler von einer Vision des Lichtes und der wahren Buddhaschaft berichtete, die er während der Meditation erlebt hatte. Er erwiderte nüchtern: »Meditiere weiter. Das geht wieder weg.«[26] Oder wie Suzuki Roshi sagte: »Wozu möchtest du erleuchtet werden? Vielleicht gefällt es dir gar nicht.«[27] Während die telesomatische Verbindung im Allgemeinen zwischen zwei Personen zu bestehen scheint, sind manchmal auch mehrere Parteien beteiligt. So im Falle einer Frau, die von fern das Gefühl hatte, dass ihre Mutter ernstlich krank sei und ihre Hilfe benötigte. Gegen die Einwände ihres Mannes machte sie sich umgehend auf den Weg zu ihrer Mutter. Als sie sich dem Haus ihrer Mutter näherte, begegnete sie ihrer Schwester. Diese hatte dasselbe Gefühl gehabt und auf die gleiche Art und Weise reagiert. Die beiden Frauen fanden ihre Mutter im Sterben liegend vor. Sie hatte nach ihren Töchtern gefragt.[28]

Vielen nicht-lokalen Ereignissen scheint ein starkes Mitgefühl oder eine gefühlsmäßige Verbundenheit zugrunde zu liegen. Diese »Herzverbindung« zwischen Menschen ist die Grundlage von transpersonalen Bildern, telesomatischen Ereignissen und Heilung durch Gebet. Sie ist offenbar auch ein Faktor in den Wechselwirkungen zwischen Mensch und Maschine, wie wir noch sehen werden. Diese innere Konsistenz ist auffällig, und innere Konsistenz wird in der naturwissenschaftlichen Forschung hoch geschätzt. Wenn Wissenschaftler ein »verbindendes Muster« identifizieren können, einen gemeinsamen Faden, der Ereignisse verbindet, die an der Oberfläche in keiner Beziehung zu stehen scheinen, so bestärkt das die wissenschaftliche Seriosität der untersuchten Ereignisse und lässt sie »wirklicher« erscheinen. Im nächsten Kapitel werden wir uns die Rolle des Gebets bei der Heilung näher ansehen sowie die Faktoren, die seine Wirksamkeit beeinflussen.

TEIL 2

FAKTOREN, WELCHE DIE WIRKSAMKEIT DES GEBETS BEEINFLUSSEN

KAPITEL 3
BETEN UND DAS UNBEWUSSTE

> Suche nicht in der Ferne,
> Wende Dich Deinem Inneren zu,
> Denn im Inneren des Menschen wohnt die Wahrheit.
> Augustinus (400 v.Chr.), *Civitas Dei*

> Jede große Religion verweist in ihren Lehren auf die Führung aus dem Inneren [...] den Geist Christi, den Atman, Gott in uns...
> Christine M. Comstock

Carol war eine der gesündesten Patientinnen, die ich je hatte. Sie suchte mich nur ab und zu in größeren Zeitabständen für Routineuntersuchungen auf. Wie viele Leute, die einen holistischen Standpunkt einnehmen, war Carol stolz darauf, für ihre Gesundheit »volle Verantwortung zu übernehmen« und »bewusst ihre eigene Wirklichkeit zu schaffen« – einhundert Prozent!

Eines Nachts wurde ich um 3.00 Uhr in die Notaufnahme gerufen. Da lag Carol auf einer Bahre, fast bewusstlos und dem Tode nahe. Ihr Blutdruck war gefährlich niedrig, und ihre Temperatur war auf 40,5 Grad gestiegen. Ihr Unterleib war steif und weich, ein Zeichen für eine Katastrophe im Unterleib. Nach einigen Tests wurde sie zur Chirurgie gebracht, wo sie erfolgreich an einem gerissenen Blinddarm operiert wurde.

Einige Tage später besuchte ich sie in ihrem Krankenzimmer, um sie nach den genaueren Umständen zu befragen, die zu ihrer Begegnung mit dem Tod geführt hatten. Bei einer Blinddarmentzündung gibt es gewöhnlich eine Menge Warnsignale – über Stunden oder Tage anhaltende Schmerzen, Fieber, Übelkeit usw. »Carol, du hast doch gewusst, dass etwas nicht in Ordnung war. Warum bist du nicht in meine Praxis gekommen oder hast mich angerufen?«

Sie fing gleich an zu schluchzen. Schließlich brachte sie unter Tränen hervor: »Weil ich mich so geschämt habe! Ich habe mich als völlige Versagerin gefühlt!« Carols heroische Aufgabe, nämlich ihre Realität durch bewusste Anstrengungen zu gestalten, war misslungen. Ihr Weltbild war zerfallen und lag in Bruchstücken um sie herum.[1]

Carol ist kein Einzelfall. David Spiegel, Professor für Psychiatrie und Verhaltenswissenschaften und Direktor der Versuchsanstalt für psychosoziale Behandlung in der medizinischen Fakultät der Stanford Universität, berichtet von ähnlichen Fällen:

> »[Eine] Frau in unserer [Krebshilfe]Gruppe, eine intelligente Frau, die Bücher über Computerprogrammierung schrieb, hatte [...] eine besondere Ausbildung in Methoden der Visualisierung besucht. Als sie zurückkam und erfuhr, dass ihre Krankheit sich beträchtlich ausgebreitet hatte, rief sie einen Berater aus der Visualisierungsgruppe an, der sie fragte: »Warum wolltest du, dass dein Krebs sich ausbreitet?« Zum Glück war sie stark genug, um ihn zur Hölle zu wünschen. Aber viele Patienten sind belastet von dem Gefühl, dass es ihre Schuld sein müsse, wenn sie den Verlauf der Krankheit nicht kontrollieren können.«[2]

Patienten sind manchmal so verliebt in ihre »Selbstverantwortlichkeit« und »totale persönliche Kontrolle«, dass sie bereit sind, mit diesen Konzepten ins Extrem zu gehen. Sie lehnen unter Umständen herkömmliche Verfahren vollständig ab, sogar wenn es um Tod oder Leben geht. Ein weiterer von Spiegels Fällen:

»Eine Frau in unserer [psychologischen Unterstützungs-] Gruppe besuchte ebenfalls eine Gruppe, in der sie visualisierte, wie ihre Krebszellen von ihren Leukozyten [weiße Blutzellen] aufgefressen wurden. Sie entschied sich, nicht nur unsere Gruppe zu verlassen, sondern sich auch keine Chemotherapie und Bestrahlung mehr geben zu lassen. Wir diskutierten heftig mit ihr und baten sie, es nicht zu tun. Ich sagte: »Wenn du visualisieren möchtest, dann tue es, aber bleibe bei deiner medizinischen Behandlung.« Sie verließ uns trotzdem und starb im Laufe eines Jahres.«[3]

Heute bemüht sich eine zunehmende Zahl von Menschen wie Carol, ihr Bewusstsein dafür einzusetzen, dass sie gesund bleiben oder gesund werden. Sie schaffen sich ihre eigenen Gesundheitsrealitäten und übernehmen die volle Verantwortung für alles, was geschieht. Zu diesen Bemühungen gehört oft auch das Beten. Entweder man betet für sich selbst oder man lässt andere für sich beten. Diejenigen, die an das Gebet glauben, scheinen, wie alle Enthusiasten, das Offensichtliche zu leugnen: Wie wir schon gesehen haben, gibt es keine Methode, die immer zu hundert Prozent Erfolg hat – kein Gebet, keine Visualisierung oder irgendein anderes holistisches Verfahren, das sich auf die Eigenverantwortung stützt, keine Operation, keine Bestrahlung, auch nicht die mächtigsten »Wunder«-Drogen. Sich auf eine einzige Methode zu verlassen, wie attraktiv sie auch im philosophischen oder metaphysischen Sinne sein mag, heißt, das Unheil herbeizurufen. Befürworter ignorieren allzu oft diese möglichen Schwierigkeiten. Sie ziehen den Schluss, dass Beten, positives Denken und mentale Übungen dem Anwender entweder immer helfen kann oder diese Methoden wirkungslos sind. Aber es gibt zunehmend Grund zur Annahme, dass sie auch tatsächlich schädlich sein können. »Positives Denken« hat Nebenwirkungen, und »zwangsgenährte Hoffnung« wird zunehmend für gefährlich gehalten.[4]

Ist das ein Widerspruch? Dieses Buch hebt schließlich die Selbstverantwortung und die Anwendung alternativer Heilmethoden, zu denen auch das Gebet gehört, hervor. Es gibt keinen Widerspruch! Alle Techniken können unvernünftig angewandt werden. Einer der Fallstricke dabei ist die Verwirrung über die Bedeutung von »Bewusstsein«.

WAS IST »BEWUSSTSEIN«?

Wenn jemand heutzutage von seinem »Bewusstsein« spricht – zum Beispiel, wenn behauptet wird, dass man sein Bewusstsein einsetzt, um seine eigene Gesundheitssituation zu erschaffen – bezieht man sich fast immer auf den Teil des Geistes, der *wach* ist. Eine der praktisch unbestrittenen Tatsachen der modernen Psychologie ist jedoch die, dass wir den allergrößten Teil unseres seelischen Lebens *nicht* im wachen Bewusstseinszustand verbringen, sondern im *nicht*wachen oder *un*bewussten Zustand.[5] Daraus ergibt sich unmittelbar eine Schwierigkeit. Wenn wir uns nicht einmal des größten Teils unserer Psyche und dessen, was sie tut, bewusst sind, wie können wir dann voll bewusst Verantwortung übernehmen für das, was in unserem Leben geschieht, einschließlich unserer Gesundheit?

Es ist äußerst merkwürdig, dass die Rolle des Unbewussten fast nie erwähnt wird, wenn man über die Rolle des Bewusstseins bei der Gesundheit spricht. Insbesondere in religiösen Kreisen scheint eine Art von Embargo zu bestehen, so dass der unbewusste Teil der Psyche nicht anerkannt wird. Warum möchten wir nicht über unser Unbewusstes sprechen? Warum verhalten wir uns so, als ob es nicht existierte? Warum geben wir vor, dass alles »vorneweg« in unserem Bewusstsein geschieht, wenn eine Fülle von Beweisen uns zeigt, dass das einfach nicht stimmt?

Vielleicht liegt es daran, dass wir dem Unbewussten nicht trauen. Viele Menschen betrachten es als eine unheilvolle Kraft, die sie gegen ihren Willen treibt – ein dunkles Sammelbecken unakzeptabler, wenig schmeichelhafter Gedanken und Gefühle wie Lust, Hass und Gier. Sigmund Freud, der Begründer der Psychoanalyse, ist für dieses Bild hauptsächlich verantwortlich. Freud glaubte, man dürfe dem Unbewussten nicht trauen. Er vertrat den Standpunkt, das Unbewusste sei der Bereich des »Es«, eine Domäne seelischer Kräfte, die uns unter anderem zwingen, unsere Mutter oder unseren Vater zu hassen, Inzestwünsche und Mordgedanken zu hegen und uns in verwerflichen Phantasien und Wünschen zu ergehen. Für Freud war es das Therapieziel, möglichst viele dieser unbewussten Triebe ins Bewusstsein zu bringen oder den Deckel darauf zu setzen durch die Anwendung gesellschaftlich akzeptabler psychologischer Abwehrmechanismen.

Andere Erforscher der Psyche sahen das Unbewusste ganz anders. Jung zum Beispiel nahm die Existenz eines ganzen Spektrums im Unbewussten an: Die Schichten, die unserem Wachbewusstsein am nächsten liegen, sind mehr oder weniger erfahrbar; die am weitesten entfernten sind prinzipiell unzugänglich für unser Bewusstsein und arbeiten autonom. Jung betrachtete das Unbewusste als die Heimstätte zeitloser psychischer Kräfte, die er Archetypen nannte. Diese Kräfte sind in allen Zeiten und Kulturen gleich. Er ging davon aus, dass jede psychische Kraft ihr Gegenstück im Unbewussten hat – der Kraft des Lichtes steht immer die der Dunkelheit gegenüber, dem Guten das Böse, der Liebe der Hass, dem Leben der Tod und so weiter. Jung glaubte, dass *jede* psychische Energie außer Kontrolle und aus dem Gleichgewicht geraten könne. *Es könnte sogar Menschen mit zu viel Harmonie und Güte geben.* Es ist das Wesen der tiefen archetypischen Kräfte, dass sie immer nach Ausgleich streben zwischen den gegensätzlichen Qualitäten aller Typen. Das Ziel des Lebens sei es, meinte Jung, ein dynamisches Gleichgewicht der inneren Gegensätze zu erreichen und diesen ausgleichenden Prozess so bewusst wie möglich zu machen.

Wir werden niemals in der Lage sein, die Kraft des Geistes zur Gestaltung unserer Gesundheit in vollem Umfang einzusetzen – einschließlich der Anwendung des Gebetes –, solange wir nicht unser Konzept des »Bewusstseins« erweitern. Das heißt, wir müssen das Unbewusste mit einbeziehen und akzeptieren, dass es mehr ist als der Aufenthaltsort von Phantomen und Monstern, wie wir meist glauben. Wenn wir das tun, werden wir sehen, dass das Unbewusste bei unserer Suche nach Gesundheit außerordentlich hilfreich und wohlwollend sein kann. Tatsächlich *kann der unbewusste Teil der Psyche bei Gebeten mitwirken oder den Anstoß dazu geben und sogar die Wirkungen vermitteln.*

Aber wir sollten uns auf Überraschungen gefasst machen. Auch wenn das Unbewusste sich mit Macht einsetzt, um in Zeiten der Krise, wie bei einer schweren Krankheit, unser Überleben zu sichern, so tut es das doch nach seinen eigenen Vorgaben. Es würde sogar die Wertvorstellungen, die uns im wachen, bewussten Leben am meisten bedeuten, etwa unsere moralischen und ethischen Normen, verletzen, um uns zu helfen. Es würde Maßnahmen ergreifen, die in unserem Wachbewusstsein fast immer auf unsere Ablehnung stießen. Sehen wir uns einige Beispiele an.

Verleugnung in der Notfallambulanz

Die effektivste psychologische Strategie, mit der man nach der Einlieferung in die Notfallambulanz einem Herzanfall in seiner akuten Phase begegnen kann, ist die *Verleugnung*.[6] (Ich muss warnend anmerken, dass Verleugnung *vor* der Einlieferung ins Krankenhaus gefährlich oder sogar tödlich sein kann, weil sie dazu führen kann, dass man nicht rechtzeitig medizinische Hilfe sucht. Tatsächlich ist Verleugnung einer der Gründe, warum sechzig Prozent der Patienten mit akuten Herzanfällen sterben, bevor sie eine ärztliche Behandlung erhalten.[7]) Echte Verleugnung steigt aus dem Unbewussten auf. Sie ist höchst irrational und unlogisch; sie widerspricht den offensichtlichen Tatsachen. Ein Arzt sagt vielleicht zu einem Patienten, der in der Notfallambulanz liegt: »Joe, Sie haben einen Herzanfall gehabt, ohne jeden Zweifel. Ihre Symptome und die Ergebnisse der körperlichen Untersuchung sind typisch, Ihr Elektrokardiogramm zeigt den Schaden deutlich, und Ihre Bluttests sind positiv – der klassischste Herzanfall, der mir je begegnet ist.« Joe hört unbewegt zu und sagt dann: »Ich bin Ihnen dankbar für ihre Bemühungen, Doktor, aber hier handelt es sich nur um Muskelschmerzen oder Verdauungsbeschwerden. Ich bin zu jung. Niemand in meiner Familie hat je in diesem Alter einen Herzanfall gehabt. Außerdem habe ich dafür einfach keine Zeit. Ich habe viel zu tun im Büro. Schauen Sie, ich muss in wenigen Stunden hier raus.« Obwohl diese Reaktion irrational ist, haben Untersuchungen ergeben, dass diejenigen Menschen, die sich so verhalten, häufiger überleben als die, die die Tatsachen ernst und aufrichtig akzeptieren. Tatsächlich steht in der akuten Phase eines Herzinfarkts kein anderes psychologisches Reaktionsmuster mit einer so hohen Überlebensrate in Beziehung wie dieses.

Das kann ein Problem darstellen für Menschen, die dafür beten, dass Joe seinen Herzanfall überlebt. Sie sagen dann vielleicht: »Ich wollte, dass meine Gebete wirken, aber nicht auf *diese* Art und Weise! Ich habe nicht gewollt, dass Joe anfängt, sich selbst zu belügen!«

Wie wirkt Verleugnung? Forscher glauben, sie lindert die Angst, weil der Patient nicht glaubt, dass der Herzanfall wirklich ist. Das führt wiederum zu einem niedrigeren Adrenalinspiegel im Blut sowie zu einem niedrigeren Blutdruck und Pulsschlag und zu einer verringerten Empfindlichkeit gegenüber den lebensbedrohenden Unregelmäßigkeiten des Herzschlages. So setzt das Unbewusste durch die Verleugnung offensichtlich ein Muster körperlicher Reaktionen in Gang, die auf das Überleben zugeschnitten sind.

Man hat auch nachgewiesen, dass Verleugnung bei manchen Menschen mit Brustkrebs lebensrettend wirken kann. In einem Forschungsprojekt drückten einige Frauen die Verleugnung ihrer Krankheit in erschreckender Weise aus: »Ich habe nicht wirklich Brustkrebs«, sagten sie. »Mein Arzt hat meine beiden Brüste abgenommen und mir Chemotherapie und Bestrahlungen verabreicht, weil er sehr vorsichtig sein wollte. Er wollte keinerlei Risiko eingehen.« Die Frauen, die auf ihre Erstdiagnose mit eiserner Verleugnung reagierten, hatten praktisch über einen Zeitraum von zehn Jahren dieselbe statistische Überlebenserwartung wie diejenigen, die ihrer Diagnose mit Offenheit und Ehrlichkeit begegneten.[8]

Ich habe festgestellt, dass diese Geschichten von vielen Leuten nicht gerne gehört werden. Solche Berichte stellen ihre gepriesenen Ideen in Frage von »Verantwortung übernehmen« und dass man der alleinige, absichtliche und *bewusste* Schöpfer seiner medizinischen Wirklichkeit sei. Aber diese Fakten werden nicht verschwinden, und sie stellen eine große Herausforderung für unsere Sichtweise jener Rolle dar, die das Unbewusste bei unserer Gesundheit spielt.

»Entspanne Dich nicht, mache Dir Sorgen«

Fast jeder hat Angst vor einer größeren Operation. Wir fürchten uns davor, während der Betäubung die Kontrolle aufzugeben, hilflos zwischen Leben und Tod zu schweben, bei der Operation aufgeschnitten zu werden und so weiter. Viele dieser Ängste haben ihren Sitz im Unbewussten. So sehr wir uns auch anstrengen mögen, wir können sie nicht abschalten. Sie kommen hoch in Träumen, in Alpträumen und im Wachzustand. Sie brechen unerwartet hervor in stillen Momenten, wenn unser Verstand in seiner Wachsamkeit nachlässt. Sie nagen an uns, wenn wir noch nicht einmal an die Operation denken. Die Psychologen sagen uns, dass es am besten sei, diese Befürchtungen anzunehmen und sie vollständig ins Bewusstsein zu bringen, so dass man auf sie eingehen und sie zur Ruhe bringen kann, bevor man operiert wird. Es gibt einen potenziell wachsenden Markt für Therapeuten, die den Menschen beibringen, wie man das macht.

Die britische Psychologin Anne Maynande vom University College in London und ihre Kollegen untersuchten die Konzentration zweier Stresshormone – Adrenalin und Cortison – im Blut von Patienten kurz vor der Operation in der Wachstation und an den zwei Tagen nach der Operation.[9] Man nimmt an, dass diese Stresshormone im Umfeld größerer Operationen zu Gewichtsverlust, Ermüdung und zur Hemmung der Immunfunktion beitragen. Sie fanden heraus, dass der Spiegel der Stresshormone im Blut nur bei denjenigen Patienten signifikant anstieg, die vor der Operation Entspannungstraining gegen ihre Ängste und Befürchtungen erhalten hatten. Bei den Patienten, denen man keine Strategien für den Umgang mit diesen Ängsten beigebracht hatte, blieben die Hormonspiegel normal. Das Entspannungstraining leistete etwas anderes: Die betreffenden Patienten berichteten, sie hätten weniger Angst und Sorge. Sie hatten eine niedrigere Pulsfrequenz und niedrigeren Blutdruck und brauchten weniger schmerzstillende Medikamente nach der Operation.

Peter Salmon, einer der Untersuchenden, glaubt, dass Entspannungstraining die Leute möglicherweise davon ablenkt, sich auf konstruktive Art und Weise auf die bevorstehende Operation zu konzentrieren. »Unsere Hypothese ist, dass es eine bessere Taktik ist, über ein stressbehaftetes Ereignis nachzudenken und sich darauf vorzubereiten«, sagt er.[10] Löscht man alle schädlichen Gefühle und Empfindungen aus, kann der Ansporn zur Vorausplanung verlorengehen. Beseitigt man alle Sorgen, dann hören wir vielleicht auf, uns damit zu beschäftigen, wie wir mit Schmerz und Unbeweglichkeit umgehen können, was die Krankheit bedeutet, wie wir unser Leben während der Krankheit und in der Genesungsphase am besten regeln und so weiter. Offensichtlich *braucht* der Körper ein wenig Sorge und Furcht vor einer Operation, und unser Unbewusstes scheint das genau zu wissen.

Diese Untersuchung steht nicht allein. An der medizinischen Fakultät der Universität von Cincinnati haben Untersuchungen ergeben, dass die schwangere Frau, die angstbeladene und bedrohliche Traumbilder von ihrem Baby und den bevorstehenden Wehen hat, gewöhnlich eine kürzere und leichtere Geburt erlebt als die Frau, deren Träume voller glücklicher und angenehmer Bilder sind. Die Traumforscherinnen Jayne Gackenbach und Jane Bosveld werteten diese Ergebnisse aus und sagen dazu: »Es ist, als ob die bedrohlichen Träume das schmerzhafte Ereignis, das bevorsteht, annehmen, während die angenehmeren Träume diese Realität leugnen, so wie vielleicht auch die Frau, die diese Träume hat, die Schmerzen nicht wahrhaben will, welche die Geburt mit Sicherheit begleiten werden.«[11]

Du erschaffst meine Wirklichkeit, ich erschaffe deine

Eine der Grundannahmen dieses Buches ist die, dass *andere Menschen* bei der Erschaffung unserer Gesundheitswirklichkeit beteiligt sind und wir an der Erschaffung der ihrigen teilhaben. Das ist eine unvermeidliche Folgerung aus dem fürbittenden Gebet, wie in den Laborversuchen nachgewiesen wurde, die wir im Anhang I untersucht haben. Diese Möglichkeit wird auch stark gestützt von der Forschung über transpersonale Bilder bei der *Mind Science Foundation* in San Antonio, Texas. In einer Reihe exemplarischer Versuche haben Dr. William G. Braud und seine Kollegen gezeigt, dass die mentalen Bilder einer Person die Aktivität des autonomen Nervensystems einer räumlich entfernten Person modifizieren können, sogar dann, wenn der »Empfänger« sich dieses Versuches nicht bewusst ist.[12]

Wie wir im Verlaufe dieses Buches sehen werden, weisen diese Ergebnisse auf die Existenz eines grundsätzlich *nicht-lokalen* Aspektes der Psyche hin – eine geistige Qualität, die nicht auf Punkte im Raum, wie Gehirne, Körper oder Zeitpunkte, wie den gegenwärtigen Moment, beschränkt ist. Diese Fakten kann man einfach nicht ignorieren, und sie zerstören die Vorstellung, dass mein bewusstes »Ich« der einzige Architekt meiner medizinischen Realität ist.

LOSLASSEN

Der Versuch, nur den wachbewussten Teil des Geistes zu verwenden, ist so, als ob man versuchen würde, einen Pfeil abzuschießen, indem man ihn von der Bogensehne aus nach vorn stößt. Jeder weiß, dass es am besten ist, die Sehne zurückzuziehen und der Kraft des Bogens die Arbeit zu überlassen. In vielen Situationen muss man *loslassen* aus der Einsicht heraus, dass es einfach einige Dinge gibt, die man nicht *herbeiführen* kann. So ist es auch, wenn man sich auf die verborgene, unsichtbare Kraft unseres Unbewussten verlässt.

Wie können wir das tun? Der erste Schritt besteht darin zu akzeptieren, dass der innere, unsichtbare, unbewusste Teil unseres Geistes den größten Teil der menschlichen Psyche umfasst und es *prinzipiell unmöglich* ist, so sehr wir uns auch abmühen, sich dieser Dimension der Psyche vollständig bewusst zu werden. Der nächste Schritt besteht darin, die Fähigkeit des Unbewussten wertzuschätzen, uns in Notlagen äußerst kraftvoll zu Hilfe zu kommen. Als Nächstes könnten wir einfach versuchen, uns mit unserem Unbewussten *anzufreunden* und ihm nicht mehr zu misstrauen.

Der Wert dieses Vorgehens wird nirgends deutlicher als bei sogenannten Wunderheilungen. Der kürzlich verstorbene Brendan O'Regan, der Vizepräsident für Forschung am *Institut für Noetische Wissenschaft* in Sausalito war, untersuchte diese Phänomene ausgiebig und zog den Schluss, dass Menschen, die radikale, spontane Heilungen erleben, »sich psychologisch an einem anderen Ort befinden«. Eines ihrer wichtigsten Kennzeichen ist, dass sie nicht unbedingt Heilung erwarten. Sie wünschen sich nicht sehnsüchtig eine Wunderheilung herbei. Sie versuchen nicht um jeden Preis, dem Universum eine radikale Heilung abzuringen. Sie haben die Fähigkeit, zu akzeptieren und dankbar zu sein, so als ob trotz der gegenwärtigen Krankheit alles in Ordnung ist. Daher kommt das Paradox: Diejenigen, die nicht nach Heilung verlangen, scheinen sie häufig zu erhalten. Auf die Frage, was sie getan hätten, um die Heilung herbeizuführen, antworten sie: »Ich habe nichts *getan*. Es ist *einfach passiert*.«[13]

Lernen »zu sein« kann nicht nur der Heilung den Weg bereiten, sondern auch der Kraft zu heilen. Ein dramatisches Beispiel geschah im Leben des Alvar Nuñez Cabeza de Vaca, dem spanischen Entdecker, der in der ersten Hälfte des sechzehnten Jahrhunderts den Spuren von Kolumbus in die neue Welt folgte. Schiffbrüchig und an der Küste von Texas gestrandet, fürchtete de Vaca, von feindseligen Eingeborenen ermordet zu werden. Er und zwei seiner überlebenden Gefährten gruben ein Erdloch, wo sie einige kalte Winternächte verbrachten und nackt schliefen. De Vaca und seine Gefährten hatten alles verloren, dennoch überlebten sie nicht nur, sondern erlebten eine überraschende Transformation: Sie verließen das Erdloch mit der Fähigkeit zu heilen. Auf ihrem Weg nach Westen eilte ihr Ruf ihnen voraus. Die Eingeborenen brachten ihre Kranken, de Vaca und seine Freunde heilten sie, und so konnten sie unbehelligt reisen. Schließlich gelangten sie nach Mexico City zurück, dem Sitz der spanischen Zivilisation in der Neuen Welt.[14]

De Vacas Fähigkeit zu heilen war eine tiefe Leere vorausgegangen, ein Schiffbruch von Körper und Geist, eine *dunkle Nacht der Seele*, in der er nicht wusste, ob er überleben würde. Ein Wunder wurde nicht aus seinem *Handeln* geboren, sondern aus den unbewussten Tiefen seines *Seins*.

Fünf Jahrhunderte später geschah etwas Ähnliches in einer der unwirtlichsten Gegenden der Erde: In der Antarktis. Im Juli 1989 brachen sechs Männer – alle von unterschiedlicher Nationalität – zum ersten nicht-mechanisierten Treck über den antarktischen Kontinent auf. Dieses bemerkenswerte Vorhaben, bekannt als die *Internationale Antarktis-Expedition*, wurde von dem früheren naturwissenschaftlichen Lehrer Will Steger aus den Vereinigten Staaten geleitet, der zuvor schon im Jahr 1986 eine Expedition ohne Nachschub zum Nordpol geführt hatte. 220 Tage lang hielt die Gruppe dem schlimmsten Wetter der Welt stand, ertrug zwei Monate lang Stürme, Windgeschwindigkeiten bis zu 150 km pro Stunde und Temperaturen bis zu minus 42° Celsius.

Mit Hundeschlitten und Skiern erreichten sie 6323 Kilometer später ihr Ziel, wobei sie der längsten und schwierigsten Route quer durch die Antarktis folgten.

Nur zwei Tage vor der Vollendung ihrer Reise erhob sich ein blendender Schneesturm. Um 4.30 Uhr ging der zweiunddreißig Jahre alte Keizo Funatsu aus Japan, das jüngste Mitglied der Expedition und der Fachmann für Schlittenhunde, einige Meter aus dem Lager hinaus in den Blizzard, um die Huskies zu füttern. Obwohl die Männer alle paar Meter zwischen ihren Zelten Skier und Skistöcke in den Schnee gesteckt hatten, eine übliche Vorsichtsmaßnahme unter solchen Bedingungen, verirrte sich Funatsu. Als er seine gefährliche Lage erkannte, ergriff er sofort Maßnahmen zum Überleben. Später beschrieb er in seinem Tagebuch seine Erfahrung so:

»Als ich in meiner Schneekuhle war, bedeckte mich der wehende Schnee in fünf bis zehn Sekunden. [...] Ich konnte durch einen Hohlraum nahe bei meinem Körper atmen. [...] Ich wusste, dass meine Teamkameraden nach mir suchen würden. Ich glaubte daran, dass sie mich finden würden. [...] Ich sagte zu mir: »Bleib' ruhig, versuch' es zu genießen.« In meiner Schneekuhle fühlte ich wahrhaftig die Antarktis. Mit dem Schnee und der Stille, die mich bedeckte, fühlte ich mich wie im Schoße meiner Mutter. Ich konnte mein Herz schlagen hören – bumm, bumm, bumm – wie ein kleines Baby. Mein Leben erschien mir im Vergleich zur Natur, zur Antarktis, sehr klein.«

Zwei Stunden nachdem Funatsu sich im Schneegestöber verlaufen hatte, entdeckten die anderen Mitglieder seines Teams seine Abwesenheit und nahmen eine vierstündige Suche auf, die sie wegen Dunkelheit und Sturm abbrechen mussten. Um vier Uhr am nächsten Morgen suchten sie weiter. Gegen sechs Uhr morgens hörte Funatsu, der unverletzt war, wie die Suchenden seinen Namen riefen. Er tauchte aus seinem Schneegrab der letzten dreizehneinhalb Stunden empor, stand auf und schrie: »Ich bin am Leben! Ich bin am Leben!«[15]

Völlig von Schnee bedeckt, war Funatsu klar, dass es den fast sicheren Tod bedeuten würde, etwas zu *tun*. Er musste einfach nur *sein*. Die Bilder, die seinen Geist durchströmten, stammten aus der tiefgründigsten Periode des Nichtstuns für jeden – als Baby im Leib seiner Mutter. So wie er am unteren Ende der Welt lebendig begraben war, konnte er nur geduldig warten, was das Universum ihm bringen würde. Seine »Seinsstrategie«, sein Nichthandeln, seine Empfänglichkeit zahlte sich aus durch Überleben, wie auch bei de Vaca.[16]

Manche Leute würden gegen diesen Standpunkt einwenden: »Sie verlangen von uns, vollständig passiv zu sein, aufzugeben, unsere eigenen Anstrengungen zur Verbesserung unserer Gesundheit zu missachten. Sie behaupten, dass es keinen Unterschied macht, was wir bewusst denken, weil alles in den Händen des Unbewussten oder anderer läge, die das, was mit uns geschieht, gestalten, ohne dass wir etwas davon wissen. Sie wollen, dass wir jede persönliche Kontrolle und Verantwortlichkeit für unsere Gesundheit aufgeben. Sie befürworten sogar den Gebrauch von Verleugnung und Lügen, von Intrigen und Unehrlichkeit, die dazugehören.«

Das ist ein Missverständnis, wie jeder weiß, der gelernt hat, die Kraft des Unbewussten anzuzapfen. Zum einen bedeutet es nicht, alle willentlichen Bemühungen aufzugeben, wenn man sich auf die Kraft des Unbewussten verlässt. Es bedeutet auch nicht, dass wir auf Chirurgie, Medikamente und andere moderne Interventionsformen verzichten sollten, die unbedingt hilfreich sein können. Wir können und sollten weiterhin so klug wie möglich handeln und *angemessene* Verantwortung für unsere Gesundheit übernehmen. Genausowenig bedeutet es, dass wir übermäßig besorgt sein müssten wegen exzessiver Anwendung von Verleugnung. Schließlich ist in der Verleugnung ein eingebauter Sicherheitsmechanismus enthalten. Wenn wir sie bewusst anzuwenden versuchen, dann ist es keine Verleugnung mehr, denn echte Verleugnung steigt aus dem *Un*bewussten empor und kann nicht bewusst gewählt werden.

Dem Wunsch nach totaler persönlicher, bewusster Kontrolle und Verantwortlichkeit in der Gesundheit liegt häufig ein narzisstischer Wunsch nach Macht zugrunde. Sicherlich ist es wahr, dass bewusste persönliche Anstrengungen auszureichen scheinen, solange alles glatt geht im Leben. Sobald aber größere Schwierigkeiten auftauchen – und das wird fast immer geschehen, wie im Falle von Carols aufgebrochenem Blinddarm – kann diese Illusion einer völligen Selbstgenügsamkeit schmerzhaft zerschlagen werden.

Wir *erschaffen* die Welt nicht, wir sind die Welt – zu 100 Prozent!

Der Philosoph Alan Watts sagte einmal, dass die Sonne nicht »hell« wäre, wenn es keine menschlichen Augen gäbe; Dornen wären nicht »stachlig«, wenn die Haut nicht weich wäre; Felsen wären nicht »hart« oder »schwer«, wenn es keine Muskeln gäbe, und so weiter. »Hell«, »stachlig«, »hart« und »schwer« sind nur in Bezug auf unsere eigenen Sinne definierbar. Ein Jahrhundert zuvor kam Ralph Waldo Emerson auf denselben Gedanken. Wir schreiben gewohnheitsmäßig der Welt zu viel zu, bemerkte er, und uns selbst nicht genug. Emerson gebrauchte eine Rose als Beispiel, die, was ihren »Duft« und ihre »Farbe« anbetrifft, von *uns* abhängig ist. Vor kurzem kam der Physiker P. W. Bridgman zu einem ähnlichen Schluss. Wie er es ausdrückte: »Sollten wir im Allgemeinen nie über die Welt um uns herum nachdenken, ohne an die nervlichen Mechanismen in unseren Köpfen zu denken, durch die wir uns Wissen über die Welt aneignen.«[17]

Im Verlauf der menschlichen Geschichte haben Repräsentanten aller großen spirituellen Traditionen im Osten *und* im Westen die Erkenntnis von Watts, Emerson und Bridgman gesehen: Es gibt eine tiefgründige und unauslöschliche Entsprechung zwischen der Welt und uns, und es ist daher nicht sinnvoll, die Existenz dualistisch in Subjekt und Objekt aufzuteilen. Der Zen-Buddhismus drückt diese Beziehung in der Idee des »gemeinsamen abhängigen Entstehens« aus, wonach alle Gegensätze zusammen entstehen und sich gegenseitig definieren.

Eine wachsende Zahl moderner Wissenschaftler scheint dem zuzustimmen. So hat zum Beispiel der Entwicklungsbiologe R. Davenport festgestellt, dass wir nur deshalb in der Lage sind, etwas zu erkennen, weil sich *Unterschiede* oder *Kontraste* ergeben. Weil man mindestens zwei Dinge braucht, um eine Unterscheidung zu treffen oder einen Kontrast zu bilden, wovon eines unsere eigene Psyche ist, folgt daraus, dass wir in gewissem Sinn verantwortlich sind für das, was wir »Wirklichkeit« nennen. Lässt man unsere Psyche weg, was sowohl unser Unbewusstes als auch unser Bewusstsein einschließt, dann gibt es keine Erfahrung. In diesem Fall ist alles, was man über »die Welt« und »die Wirklichkeit« sagt, rein spekulativ und hypothetisch. Davenport drückt es so aus:

> »Wenn wir die Erfahrungen untersuchen, aus denen unser Wissen über die Welt entsteht, können wir sehen, dass sie aus verschiedenen Arten von Unterscheidungen bestehen. Ohne Unterscheidung kann es keine Erfahrung geben. Die Erfahrung eines Unterschiedes ist für unsere Vorstellung der Existenz grundlegend, wobei dieses Wort aus dem Lateinischen *ex sistere* abgeleitet ist, was »getrennt stehen« bedeutet, also verschieden sein. [...] Da alle Eigenschaften als Unterschied erfahren werden müssen, existiert die physische Welt für uns nur als Beziehungen. [...] Physische Wirklichkeit existiert nicht vor uns als einem Untersuchungsobjekt, sondern *entsteht aus unserem Bewusstsein während unserer sich verändernden Erfahrung innerhalb der Natur.*«[18]

Wenn weise Lehrer die ganze Geschichte hindurch von »den Dualismus überwinden«, »das Ego aufgeben« oder »durch die Gegensätze hindurchgehen« gesprochen haben, dann bekräftigen sie denselben Gedanken: Wir *beobachten* oder *erschaffen* die Welt nicht, als ob sie ein Gegenstand wäre, sondern wir *sind* in gewissem Sinne eben diese Welt.

Traumgebet

> Betet ohne Unterlass.
> 1.Thessaloniker 5,17

> Er sagte ihnen aber ein Gleichnis, dass man allezeit beten solle...
> Lukas 18,1

> Wir aber wollen anhalten am Gebet...
> Apostelgeschichte 6,4

> ...haltet an am Gebet.
> Römer 12,12

Die unbewusste Psyche kompliziert das Beten beträchtlich. Wie wir gesehen haben, fördert sie die Gesundheit auf Wegen, die den Wünschen des Wachbewusstseins entgegenstehen können. Wenn wir nur für das beten, was für das letztere annehmbar ist – für weniger Schmerz, Furcht und Ängste –, missachten wir vielleicht die Wünsche des Unbewussten und seine mächtigen Heilwirkungen. Deshalb sollten wir, wenn wir beten, auch immer die Wünsche des Unbewussten im Sinn haben. Aber wenn sie tatsächlich unbewusst sind, wie können wir sie dann kennen? Eine sehr gute Möglichkeit besteht darin, seinen Träumen Aufmerksamkeit zu schenken.

Als Kind gehörte für mich zu den besonders verwirrenden Ratschlägen, die je von der Kanzel heruntertönten, die Ermahnung, »unablässig zu beten«. Ich war alt genug, um zu verstehen, dass »unablässig« so viel bedeutete wie »nonstop«, und ich versuchte, diesem biblischen Gebot Nacht für Nacht nachzukommen. Ich lag dann still im Bett und kämpfte mit jedem Quäntchen Entschlossenheit, das ich aufbieten konnte, gegen den Schlaf an, indem ich immer wieder meine Gebete für mich aufsagte. Aber so sehr ich mich auch abmühte, ich war einfach nicht in der Lage, ununterbrochen zu beten. Ich erlag jedesmal dem Schlaf, der an mir zerrte, und nahm dann meine Gebete am nächsten Morgen wieder auf.

Ich war äußerst befremdet darüber, wie ich mir das überhaupt vorstellen sollte, dass ein Mensch unablässig beten würde. Ich überlegte mir, dass man, um das tun zu können, fähig sein müsste, im Schlafe zu beten, und ich erinnere mich, wie ich mich fragte, ob es möglich sei, im Traum zu beten. Diese Möglichkeit war sehr anziehend für mich, da sie mir unendlich viel weniger schmerzhaft erschien als das Beten im Wachzustand.

Ich hatte natürlich keine Idee, dass im Laufe der Geschichte manche Menschen tatsächlich geglaubt hatten, das »Traumgebet« sei möglich. In seinem Buch *Prayer: Finding the Heart's True Home* erzählt Richard J. Foster, dass Isaak der Syrer glaubte, man könne »unablässig beten«, sogar im Schlaf:

> »Wenn der Geist auf jemanden herabgekommen ist, so kann dieser nicht aufhören zu beten; denn der Geist betet in ihm unaufhörlich. Ob er nun schläft oder wacht, das Gebet dauert in seinem Herzen die ganze Zeit fort. Ob er nun gerade isst oder trinkt, ob er ruht oder arbeitet, der Duft des Gebetes steigt spontan aus seinem Herzen empor. Die leiseste Rührung seines Herzens ist wie eine Stimme, die ihren Gesang im Stillen und im Geheimen an das Unsichtbare richtet.«[19]

Wer diesen Zustand erlangt hat, betet nicht so sehr, vielmehr »wird er gebetet«, buchstäblich vom Gebet überwältigt. Ein Zustand der Andacht hat nicht nur seinen bewussten Geist infiltriert, sondern auch seinen unbewussten, einschließlich seines Schlafes und seiner Träume. Foster bemerkt, dass diese Beschreibung offenbar auf den heiligen Franziskus passt. Er »schien nicht so sehr ein betender Mensch zu sein, als vielmehr ein Mensch gewordenes Gebet«.[20]

Heute setzen wir Gebet fast ausschließlich mit Wachbewusstsein und Rationalität gleich. Es ist etwas, das man bewusst durch das Medium der Sprache vollbringt. Dass Gebete »unsichtbar und außerhalb des Bewusstseins« in den Tiefen des Unbewussten stattfinden können, sogar während man träumt, kann man sich einfach nicht vorstellen. *Aber warum sollte das Gebet nicht auch zu dem Repertoire des Unbewussten gehören? Unser Unbewusstes umfasst den weitaus größten Teil unseres geistigen Lebens. Wenn Beten eine wertvolle Tätigkeit darstellt, sollte dann nicht der Hauptteil unserer Psyche daran teilhaben wollen?*

Einer der felsenfesten Lehrsätze der Jungschen Psychologie ist der, dass es in der Psyche aller Menschen einen inneren Antrieb hin zu Ganzheit und Integration gibt. Dieser »Drang zur Ganzheit« ist in seiner Essenz spirituell. Er liegt den Visionen aller großen religiösen Traditionen zugrunde. Es ist das Bedürfnis, zurückzukehren oder sich irgendwie wieder zu verbinden mit dem Absoluten, Gott, der Göttin, dem Tao, Brahman, Allah, wie auch immer man sich das Höchste vorstellen mag. *Dieser Drang zur Ganzheit ist die grundlegendste Qualität des Betens und der Andacht.* Es ist das Gefühl, zu etwas Höherem, Größerem, Tieferem hingezogen zu werden. In seiner am höchsten entwickelten Form wird dieses Gefühl von Mystikern als die *göttliche Vereinigung* oder das *Verschmelzen mit dem Absoluten* beschrieben.

Jung behauptete, dass etwas Ähnliches im Unbewussten während des Schlafes und der Träume stattfinde. Sein ganzes Leben über sammelte und analysierte er Tausende von Fällen, in denen der ursprüngliche Drang zur Ganzheit auf dramatische Art und Weise in wiederkehrenden Traummotiven auftauchte – in Mandalas, Bildern, natürlichen Symbolen und unerklärlichen Gefühlen, die bei der betreffenden Person beim Erwachen manchmal ein Gefühl des Wandels oder der Transformation hinterließen.

Wenn der Drang nach Einssein und Ganzheit im Herzen des Gebetes liegt und dieser Drang beim Träumen ständig hervorbricht, sobald das Unbewusste die Bühne betritt, dann müssen wir ernsthaft in Betracht ziehen, dass Beten und Träumen sehr eng verwandt sind und wir Nacht für Nacht und Traum für Traum unbewusst beten.

»Traumgebete« können tatsächlich unsere wirkungsvollsten Gebete sein, weil sie dann stattfinden, wenn die Hemmungen und Ablenkungen des Wachbewusstseins und des Egos ein paar Stunden lang nachgelassen haben. Ohne diese Behinderung ist das Unbewusste während des Schlafes und der Träume möglicherweise frei, seine natürliche und wesenhafte Nähe zum Göttlichen zu erkennen.

GANZHEITSTRÄUME

In einem der besten Bücher über Klarträume (Träume, bei denen der/die Träumende weiß, dass er oder sie träumt), *Control Your Dreams,* beschreiben Jayne Gackenbach und Jane Bosveld mehrere Träume, bei denen die Träumenden das mystische Ideal der Einheit mit dem Göttlichen erlebten.[21] Der Psychotherapeut Kenneth Kelzer hatte einen Klartraum, den er »das Geschenk der Magi« nannte. In diesem Traum war er einer der drei Weisen, die das Jesus-Kind suchten. Als er und seine Gefährten auf der Reise sind, »trete ich ein in einen Zustand tiefer Meditation und sehe so deutlich, dass meine Fähigkeit, den Stern überhaupt zu sehen, von meiner inneren Einstimmung abhängt. Ohne diese feine, empfindsame innere Einstimmung des Bewusstseins könnte ich den Stern gar nicht sehen und die Geburt Christi wäre ohne Bedeutung für mich; noch weniger wäre ich in der Lage, ihn zu finden.« Als Kelzer schließlich zu dem Christus-Kind gelangt, wird er von so starken Empfindungen überwältigt, dass er zu weinen anfängt, und seine Gefühle zur Bedeutung seiner Reise und der Entdeckung des Kindes überfluten ihn. Er kniet vor dem Kind nieder, »entzückt von dem blendenden schönen Licht, das unablässig aus seinem ganzen Körper fließt, besonders aus seinen liebevollen Augen, die mich einfach nur anblicken, so ruhig und fest... Ich habe das Gefühl, als könnte ich hier für immer knien.« Die Wirkung klang noch lange nach. Noch Jahre danach fühlte sich Kelzer jedesmal inspiriert, wenn er an diesen Traum dachte.

Gackenbach und Bosveld berichten über einen Traum von Daryl Hewitt, einem Klarträumer, der in seinen Träumen spirituelle Erfahrungen sucht. Da er in seinem Wachleben meditierte, fing er an, auch während seiner Klarträume zu meditieren. Das tat er aus einer Sehnsucht »nach größerer Tiefe und Bedeutung«. In einem solchen Traum beginnt er zu fliegen. Da er alles so tief wie möglich erkennen will, fängt er mit den Worten zu beten an: »Höchster Vater, Höchste Mutter, hilf mir, den größten Gewinn daraus zu ziehen.« Kurz darauf erlebte Hewitt Folgendes:

> »Mächtige Blitze äußerster Klarheit – offensichtlich ein Schimmer der Höchsten Wirklichkeit, irgendwie sehr persönlich und vertraut. Mit einem dieser Blitze erscheint von fern das Bild eines östlichen spirituellen Lehrers, den ich verehre. Ich bin überzeugt, dass diese Einblicke tatsächlich das Aufblitzen einer höheren Wirklichkeit sind, und ich kann aufrichtig sagen, dass dies eines der stärksten spirituellen Erlebnisse meines Lebens ist.«[22]

Beim Klarträumen weiß man, dass man gerade träumt, und man kann gezielt Strategien einsetzen, um den Inhalt des Traumes zu beeinflussen. Wenn man Träume von Ganzheit und einem Gefühl des Einsseins mit dem Absoluten anstreben wollte, welche Techniken könnte man anwenden? Fariba Bogzaran führte am *Californian Institute of Integral Studies* eine Untersuchung durch, bei der sie eine Gruppe von siebenundsechzig Freiwilligen, die alle Klarträume hatten, darum bat, im Moment des Klartraums »das Höchste zu suchen«. Die Gruppe zerfiel in zwei Hauptkategorien, je nach der Art, wie sie diesen Wunsch ausdrückten. Eine Gruppe wandte eine gezielte, direkte Methode an: »Ich möchte Gott finden.« Andere waren eher indirekt und baten nicht um ein bestimmtes Ergebnis: »Gestatte mir, das Göttliche zu erfahren« – was auch immer das heißen mag. Bogzaran kam zu dem Ergebnis, dass bei den eher passiven Suchern der Traum »tiefgründiger zu sein schien«, kraftvoller und reichhaltiger. Einer der Träumer drückte es so aus: »Ich empfand eine tiefe Ehrfurcht … Respekt für die Herrlichkeit des Universums.«[23]

Ganzheitsträume können spontan und unerwartet aus dem Unbewussten hervorbrechen, aber man kann ihnen sicherlich auch nachhelfen. Auf diesem Gebiet kann sich bewusste Absicht, wie im Wachgebet und in der Meditation, mit unserem unbewussten Prozess synchronisieren, was zu enorm bereichernden Erfahrungen führt. Gackenbach und Bosveld machen das wie folgt deutlich:

> »Um in der Lage zu sein [den mystischen Traum zu erleben], […] muss der Wunsch des Träumers in seinem Geist als Ideal fest gegründet sein. Ohne eine Idee, die als Muster dient, fehlt der Erfahrung die Richtung, und sie kann womöglich verwirrend oder schädlich sein. […] Vorbereitung und Ausrichtung [lenken] den Geist zu neuen Formen bewusster Wahrnehmung, zu denen auch Klarträume zählen.«[24]

TRÄUME UND HEILUNG

Eines der häufigsten Formen des Gebetes ist die Bitte um Heilung. Wenn Gebete und Träume verwandt sind, können Träume dann heilen?

Die Psychologin Sandra Ingerman, Wegbereiterin einer Therapieform, die »Schamanisches Reisen« heißt, beschreibt in ihrem Buch *Welcome Home: Life After Healing* wie Gebete und Träume gemeinsam zu einer Heilung führen können, wenn konventionelle Verfahren versagt haben. Sie litt jahrelang an einem schmerzhaften Problem, das von medizinischen Spezialisten für nicht behandelbar erklärt wurde. Ihr einziger Rat war, sie solle sich an das Leben mit den Schmerzen gewöhnen. Verzweifelt nach einer Lösung suchend, betete Ingerman jeden Abend, bevor sie ins Bett ging, dass ihr im Traum Hilfe kommen möge. Monatelang geschah nichts, bis sie eines Nachts träumte, wie sie in ihrem Haus war, als plötzlich ein junger gut aussehender Indianer hinter ihrem Sofa erschien und erklärte, er hätte immer dort gelebt, sie hätte nur nichts davon gewusst. Er trug Blue Jeans, ein blaues Arbeitshemd und hielt eine Rassel in der Hand, die aus einem außergewöhnlichen durchscheinend blauen Fell gemacht war. Er zeigte auf die Stelle an ihrem Körper, wo sie ihre Schmerzen hatte, sagte ihr, sie hätte dort ein Problem und schüttelte seine Rassel über dieser Stelle. In diesem Augenblick spürte sie, wie die Schmerzen ihren Körper verließen, und sie wusste sogar noch im Traum, dass sie eine Heilung erfahren hatte. Als sie aufwachte, waren die Schmerzen tatsächlich weg; sie sind seit zehn Jahren nicht wiedergekehrt. Von diesem Tag an suchte Ingerman in ihren Träumen Hilfe, wenn sie emotionale und körperliche Probleme lösen wollte. Obwohl der heilende Traum nicht immer gleich beim ersten Versuch kommt, so erscheint er schließlich doch, wenn sie beharrlich bittet. Sie verwendet auch Gebete und Träume als therapeutische Intervention bei ihren Klienten. Sie betet häufig, dass ihnen ein heilender Traum geschickt werde, jedoch nie ohne deren Zustimmung.[25]

Joseph, ein Schriftsteller aus San Francisco, beschrieb einen Heiltraum, in dem seine *Schreibmaschine* vorkam. Sie funktionierte nicht mehr, und er machte einen Termin mit dem Servicetechniker für den folgenden Tag aus. In der Nacht erschien ihm der Mann vom Reparaturdienst im Traum und teilte Joseph mit, er sei krank und könne nicht kommen. Er gab Joseph aber genaue Anweisungen, wie er die notwendige Reparatur selbst durchführen könne. Als er erwachte, erfuhr Joseph, dass der Techniker sich tatsächlich krank gemeldet hatte. Da er die Anweisungen noch frisch in Erinnerung hatte, ging er zu seiner Schreibmaschine, öffnete sie, fand das Problem genau so, wie es im Traum erschienen war, und führte die Reparatur perfekt aus.[26]

Jeanne Achterberg beschreibt in ihrem Buch *Gedanken heilen*, wie Kranke im alten Griechenland sich auf die Reise zu einem Tempel der Heilung machten, sich einer rituellen Reinigung unterzogen und die Nacht dort verbrachten in der Hoffnung, im Schlaf Heilung zu erfahren.[27] Diese Art der Heilung – ein »nächtliches Geschenk eines lebendigen Gottes«, wie Gackenbach und Bosveld es genannt haben –, wurde auch später von den Römern angewandt.[28]

Wir haben bereits einen Heiltraum untersucht, den berühmten Fall des St. Peregrinus, dessen Krebs über Nacht verschwand, nachdem er gebetet und im Traum erfahren hatte, das dies geschehen würde. Aber heilende Träume sind nicht nur Geschichten aus alter Zeit, sie sind ziemlich verbreitet. So verletzte zum Beispiel David Pack aus Knoxville, Tennessee, sich im Verlaufe eines hitzigen Kampfes beim Armdrücken am Arm. Nach sechs Monaten ärztlicher Behandlung zwangen ihn die Schmerzen und die Behinderung am Arm, seine Arbeit im Baugewerbe aufzugeben. Pack war verzweifelt. Eines Nachts, bevor er einschlief, redete er sich selbst zu, dass sein Arm geheilt werden würde. »Ich erinnere mich, dass ein Mann in meinem Traum an meinem Ellenbogen herumdrehte und zog, und dass es weh tat«, sagte er. »Ich fragte ihn, was er da tue, und er sagte: »Du hast zwei Heilungen erhalten.«« Als er erwachte, entdeckte Pack, dass sein rechter Arm prickelte, so als ob er gerade eingeschlafen wäre. Als aber das Prickeln aufhörte, war auch der Schmerz weg, und sein Arm war »so gut wie neu«. Aber was war mit den *zwei* Heilungen, die der »Traumheiler« erwähnte? Einige Tage später brach an seinem Rücken eine Zyste auf, ein Problem, das ihn seit zehn Jahren plagte, und er war endlich von seinen chronischen Schmerzen befreit.[29]

DER EINFLUSS DES UNBEWUSSTEN AUF ANDERE

Träume der Einheit, Ganzheit und Heilung können gesundheitliche Veränderungen *in* unserem Körper herbeiführen, aber können sie auch auf den Körper *eines anderen* einwirken? Können wir in unseren Träumen mit Erfolg für einen anderen Menschen beten? Diese Frage zielt darauf ab, ob unsere individuelle unbewusste Psyche nicht-lokal »übergreifen« und auf ein entferntes Individuum einwirken kann, das sich unseres Versuches womöglich gar nicht bewusst ist.

Einige der frühesten Forschungen über die Rolle des Unbewussten bei der Übermittlung von Informationen von einer Person zu einer anderen wurden in der ersten Hälfte dieses Jahrhunderts in der Sowjetunion durchgeführt. Besonders interessant war die Arbeit der *Kommission zur Untersuchung mentaler Suggestion*, die V. M. Bechterew in den zwanziger Jahren gegründet hatte.[30] In einer Reihe von Experimenten versuchte ein Absender einem Empfänger, der sich in einem getrennten Raum hinter geschlossenen Türen befand, Bilder zu übermitteln. Es fand kein körperlicher oder sinnlicher Kontakt zwischen ihnen statt. Vor dem Experiment wählte der Absender drei Objekte aus, die in keiner Weise ähnlich in der Form, Farbe, materiellen Zusammensetzung oder in der Anwendung waren. Als der Versuch anfing, sah er sich nur eines der drei Objekte an, untersuchte seine Details und bemühte sich, sich ausschließlich auf das Objekt zu konzentrieren und alle anderen Assoziationen und Gedanken aus seinem Bewusstsein auszuschließen. Trotzdem hatte die bildhafte Vorstellung, die im Bewusstsein des Empfängers ankam, gewöhnlich keine merkliche Ähnlichkeit mit dem gewählten Objekt. Sie war eher erfüllt von separaten Teilen, Details oder Symbolen des Objektes. Wenn sich zum Beispiel der Absender auf die Oberseite einer Taschenuhr konzentrierte, nahm der Empfänger »einen Kreis, einen Metallring, einen Gedanken über Zahlen, das Bild eines offenen Kompasses, die Zeiger einer Uhr, einen sich bewegenden Mechanismus« wahr, und so weiter. Auf ähnliche Art und Weise brachten »Objekte aus Glas gewöhnlich Bildvorstellungen einer Wasseroberfläche oder von Eis hervor«. In einem Fall war das Objekt des Absenders ein aus Glas geschnittener, hell erleuchteter Block in der Gestalt eines pyramidenförmigen Vielecks. Der Empfänger sah »Spiegelungen im Wasser – ein Stück Zucker – einen schneebedeckten Gipfel – einen Eisberg, Treibeis im Norden, von der Sonne beleuchtet die Strahlen gebrochen«.

In einer anderen Versuchsreihe zeichnete der Absender eine Schere. Der Empfänger antwortete: »Ich tauche in etwas hinein, eine Uniform mit Knöpfen und einem Aufsatz, einer Schleife.« Frage an den Empfänger: »Was für eine Schleife ist das, von der Sie sprechen?« Antwort: »Ihre Halsbinde« (gebunden in der Art einer »Fliege«). Gleich danach bemerkte der Empfänger: »Und jetzt geht's um eine Schere.« Frage an den Empfänger:« Wie ist Ihnen das Wort »Schere« in den Sinn gekommen?« Antwort: »Ich war dabei, im Kopf das Wort »Schere« zu buchstabieren; es kam einfach so.«

Nachdem sie eine Fülle solchen Materials untersucht hatte, kam die Kommission zu dem Schluss, dass »die Wahrnehmung mental übermittelter Bilder in das Unterbewusstsein des Wahrnehmenden [Empfängers] in der Form verborgener ... [nicht beobachteter] Prozesse eingeht; in seinem Bewusstsein erscheint ein sekundärer gespiegelter Prozess.« Als Folge davon wird das tatsächlich wahrgenommene Bild mehr oder weniger verzerrt.

Die Mitglieder der Kommission kamen auch zu dem Ergebnis, dass unterbewusste Vorgänge nicht nur auf das einwirken, was von dem Empfänger wahrgenommen wird, sondern auch den Übertragungsvorgang beeinflussen.

> »Häufiger noch war es nicht das tatsächliche Bild [...] das übermittelt wurde, sondern Bilder, die irgendwie zufällig damit assoziiert wurden. [...] Erfolgreiche Übermittlung hängt sehr oft nicht vom Willen des Absenders ab. [...] [Man kann] den starken Wunsch hegen [...], dem Empfänger etwas zu übermitteln, und dennoch keinerlei Wirkung hervorrufen. Andererseits geschieht es oft, dass Details und damit verknüpfte Bildvorstellungen übermittelt werden, denen der Absender keine Aufmerksamkeit schenkte, während er das Objekt fixierte...«[31]

Eines der Kommissionsmitglieder, R. Desoille, meinte, es gäbe vier Möglichkeiten, die in Frage kämen für die Art und Weise, wie Information vom Absender zum Empfänger übertragen würde. Das wird in der Abbildung 1 dargestellt.[32]

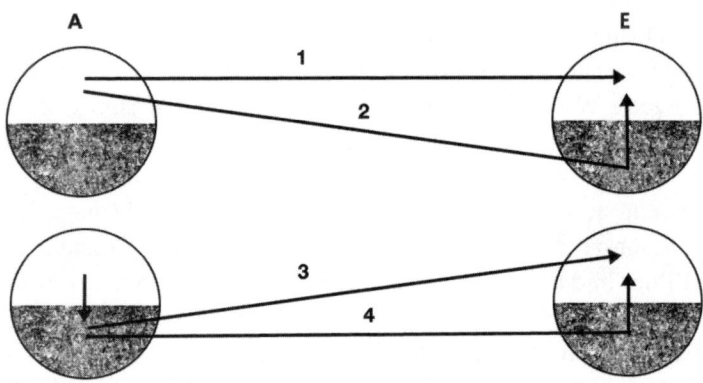

Abbildung 1
Vier mögliche Methoden der Übermittlung von Gedanken vom Absender (A) zum Empfänger (E). der helle Halbkreis repräsentiert das Bewusstsein; die schattierte Hälfte stellt das Unbewusste oder Unterbewusstsein dar.

1. Direkte Übermittlung vom Bewusstsein des Absenders (A) zum Bewusstsein des Empfängers (E).
2. Übermittlung vom Bewusstsein von A zum Unterbewusstsein von E und dann zum Bewusstsein von E.
3. Übermittlung vom Bewusstsein von A zu seinem oder ihrem eigenen Unterbewusstsein und dann zum Bewusstsein von E.
4. Übermittlung vom Bewusstsein von A zu seinem oder ihrem Unterbewusstsein, dann zum Unterbewusstsein von E und schließlich zum Bewusstsein von E.

Desoille hielt es für möglich, in jedem Einzelfall zu entscheiden, welche dieser Verbindungen vorlag. Vasiliev, der an der Arbeit der Kommission an zentraler Stelle mitwirkte, glaubte, dass alle vier Typen vorkämen, aber dass »sehr viel für die vierte Alternative spricht«, bei der das Unterbewusstsein von Absender und Empfänger beteiligt sind.

Die Psychologin Christine M. Comstock weist darauf hin, dass auch Freud glaubte, die Kommunikation zwischen Menschen könne vollständig auf einer unbewussten Ebene stattfinden. »Es ist eine sehr bemerkenswerte Sache«, schrieb Freud, »dass das Unb. [*sic*] eines Menschen auf das eines anderen reagieren kann, ohne dass das B. [*sic*] durchlaufen wird. Diese [...] Tatsache ist unbestreitbar.«[33] Comstock glaubt, dass die Kommunikation vom Unbewussten zum Unbewussten die Grundlage für den Austausch von Information über eine Entfernung ist. »Diese Art der Kommunikation findet wirkungsvoll und plötzlich statt«, bemerkt sie. »Es kann am Telefon geschehen oder bei anderen Gelegenheiten, wenn die Menschen nicht in direktem Kontakt sind.«[34] Wenn das so ist, scheint es keinen Grund zu geben, warum wir nicht in unseren Träumen für andere beten können.

KÖNNEN WIR IN TRÄUMEN GEBETE EMPFANGEN?

Die Wissenschaftler Stanley Krippner und Montague Ullman experimentierten am *Maimonides Medical Center* in Brooklyn ein Jahrzehnt lang mit »Traumtelepathie«. Ihre Versuchspersonen verbrachten eine oder mehrere Nächte in einem Schlaflabor und wurden aufgeweckt, wenn ihre Hirnwellen und Augenbewegungen anzeigten, dass sie träumten. In einigen Experimenten machten sie den Versuch, von einer Bildpostkarte zu träumen, die am folgenden Tag per Zufall ausgewählt werden sollte. Oder man bat sie, von einem Bild zu träumen, das per Zufall ausgewählt worden war, nachdem sie sich ins Bett begeben hatten, und auf das sich ein »Absender« in einem entfernten Zimmer konzentrierte.

Einige dieser Experimente ergaben eindrucksvolle Korrelationen. Eines Nachts wurde *Das Mahl des Löwen*, ein Bild von Henri Rousseau, als Traumziel ausgewählt. Darauf beißt ein Löwe in den Körper eines kleineren Tieres. Der Träumer hatte mehrere Träume über Gewalt und Tiere. In einem Traum über Hunde berichtete er: »Die beiden hatten zuvor miteinander gekämpft. Man konnte sehen, dass ihre Kiefer geöffnet waren, und ihre Zähne erkennen. [...] Es war so, als ob aus ihren Zähnen Blut tropfen könnte.« Bei diesem besonderen Träumer bestätigten die Beurteiler, dass fünf von acht Träumen dem »gesendeten« Bild entsprachen. Die Wahrscheinlichkeit für eine zufällig richtige Erklärung war weniger als eins zu tausend.[35]

Diese Untersuchungen unterstützen die Annahme, wenn auch noch nicht endgültig, dass unser unbewusster Traumzustand ein Fenster sein kann, durch das die Gedanken anderer eintreten können. Wenn ein Bild auf einer Postkarte »hindurchkommen« kann, warum dann nicht auch ein Gebet?

UNBEWUSSTE GEBETE UND NICHT-ERINNERTE TRÄUME

Manche Heilungen lassen vermuten, dass während des Schlafs vom Unbewussten ein Gebet zur Heilung ausging, das aber nicht mit einem erinnerten Traum in Verbindung gebracht wird.

Der Psychologe Lawrence LeShan, ein begeisterter Experimentator und ein Experte für Fernheilung, berichtet das folgende Ereignis, das »das spektakulärste Einzelergebnis seiner langen Berufspraxis« war:

> »...ein Mann, den ich kannte, bat mich, eine Fernheilung für ein extrem schmerzhaftes Leiden durchzuführen, das eine sofortige und schwere Operation erforderte. Ich versprach, das in der kommenden Nacht zu tun, und als er am nächsten Morgen erwachte, hatte eine »Wunderheilung« stattgefunden. Der Facharzt war sehr erstaunt und erbot sich, mir die Röntgenbilder vor und nach der Heilung zuzuschicken und eine Veröffentlichung in einer wissenschaftlichen Zeitschrift zu unterstützen. Es wäre der Fall des Jahrhunderts für die Geistheilung gewesen, wäre da nicht ein kleines Detail. Unter dem Druck von zu viel Arbeit hatte ich vergessen, die Heilung durchzuführen! Wenn ich nur daran gedacht hätte, wäre das eine bemerkenswerte Demonstration dessen gewesen, was man mit dieser Methode vollbringen kann.«[36]

LeShan bemerkt zu diesem beunruhigenden Ereignis: »Der Zufall hat einen langen Arm, und oft geschieht das Unerwartete.« Aber vielleicht war das gar kein Zufall. Mir scheint es plausibel, dass die Bitte des Patienten um ein Gebet nicht gänzlich vergessen, sondern in LeShans Bewusstsein ganz nach hinten gedrängt worden war. In diesem Fall hätte sie während des Schlafs auftauchen und bei LeShan Mitgefühl und andachtsvolle Fürsorge für die Lage des Mannes auslösen können. Nach dem Aufwachen erinnerte er sich nicht daran – eine Art von nicht erinnertem Traum. Das würde Desoilles Verbindung #3 oder #4 in Abbildung 1 entsprechen, wo die Hypothese vertreten wird, dass die Übertragung mentaler Wirkungen ihren Ursprung im Unbewussten des »Absenders« nimmt und dann auf den »Empfänger« einwirkt.

Obwohl sich diese Annahme auf überzeugende Laborergebnisse gründet, ist sie Spekulation; aber dasselbe trifft zu auf die »Erklärung als Zufall« oder wenn die Heilung »dem natürlichen Verlauf der Krankheit« zugeschrieben wird, was immer das heißen mag. Es gibt noch andere Möglichkeiten. Vielleicht hat jemand anderes für die Heilung dieses Mannes gebetet – oder er hat es für sich selbst getan. Es könnte sich auch um ein tiefgründiges Beispiel für ein *zeitverschobenes Gebet* handeln – ein Gebet, das in der Zukunft stattfindet, aber die Gegenwart gestaltet – eine Möglichkeit, die wir im Kapitel 7 untersuchen werden.

Kritiker mögen einwenden, dass die sowjetischen Experimente und Tausende ähnlicher Untersuchungen, die in anderen Laboratorien auf der ganzen Welt durchgeführt wurden, sich mit der Übertragung von »Gedanken« befassen, nicht mit Gebeten. Aber Gedanken, die anderen übermittelt werden, sind nie »einfach nur« Gedanken. In vielen Fällen erlebt der »Absender« eine einfühlsame, einende Verbindung mit dem »Empfänger«, die dem Gefühl der Verbundenheit ähnlich ist, das man im Allgemeinen beim Beten erlebt. Daher scheint es keinen prinzipiellen Grund zu geben, weshalb man die Schlussfolgerungen, die man aus Experimenten von der Art der sowjetischen zieht, *nicht* auch auf das Beten ausdehnen sollte.

BETEN OHNE EINWILLIGUNG – ETHISCHE FRAGEN

Als Folge der obigen Experimente, die offenbar klar zeigen, dass geistige Aktivitäten dazu benutzt werden können, um Menschen nicht-lokal, über eine Entfernung und ohne ihr Wissen, zu beeinflussen, ergeben sich ernste Fragen. Wie wir sehen werden, zeigt sich in einer Vielzahl von Experimenten zum Beten, dass es auch dann sehr wirkungsvoll eingesetzt werden kann, wenn der Betroffene sich dessen nicht bewusst ist. Nun erhebt sich jedoch die Frage, ob es ethisch vertretbar ist, diese Methoden anzuwenden, wenn die, für die sie eingesetzt werden, nichts davon wissen. Diese Frage wird sogar noch dringlicher, wenn wir im Kapitel 9 sehen, dass Gebete dazu benutzt werden können, um über eine Entfernung hinweg Menschen ohne ihr Wissen zu *schaden*. Manche Menschen, darunter auch Wissenschaftler, vertreten die Auffassung, dass man nie für einen anderen ohne dessen Zustimmung beten solle, da das eine Verletzung seiner Persönlichkeitsrechte darstellen würde, Die Aufsichtsgremien der Institute, deren Aufgabe es ist, die Gestaltung von Experimenten mit Menschen zu überwachen und deren Sicherheit zu gewährleisten, haben bisweilen darauf bestanden, dass die Versuchspersonen in Gebets-Experimenten davon unterrichtet wurden, wenn für sie gebetet werden sollte, bevor die Experimente begannen.[37]

Sollten wir immer erst die Zustimmung einholen, wenn wir für jemanden beten? Was bedeutet »Zustimmung« wirklich? Was auch immer die *bewusste* Antwort sein mag auf die Frage, ob jemand will, dass für ihn gebetet wird, so hat vielleicht doch ihr *Un*bewusstes das letzte Wort. Lawrence LeShan, der ausgiebig Versuche mit Fernheilung durch Gebete durchgeführt hat, bemerkt dazu: »Merkwürdigerweise scheint der Glaube an die Wirksamkeit dieser Art von Heilung keine Rolle zu spielen. Unsere Ergebnisse sind bei Skeptikern offensichtlich genau so gut wie bei Gläubigen.«[38] In anderen Worten: Ob die Menschen bewusst Gebete für wünschenswert und wirksam halten, ist womöglich ohne Bedeutung. Vielleicht sind es tiefsitzende Ideen, die den entscheidenden Unterschied machen, ob einem Gebet oder einer anderen mentalen Fernbeeinflussung gestattet wird, »durchzudringen«. Während der Verstand sagt: »Gebete können nicht funktionieren, und ich lehne sie ab. Betet nicht für mich, ich möchte das nicht!«, ruft das Unbewusste vielleicht: »Ich bin in Not! Ich akzeptiere jede Art von Heilung, die hilft. Bitte, betet für mich!«

Wenn die unbewusste Psyche der Torwächter der Versuchsperson ist, wie können wir ihre Zustimmung erhalten? Offensichtlich gar nicht. Sollten wir dann also nicht beten? Das hieße freilich, das Prinzip der Einwilligung ad absurdum zu führen. Wie sollten wir dann vorgehen?

Es gibt keine einfachen Richtlinien. Vielleicht ist das buddhistische Gebot: »Handele in guter Absicht!« die beste Leitlinie. Oder sein christliches Äquivalent, die »Goldene Regel«: »Verhalte Dich gegenüber anderen so, wie sie gegenüber Dir handeln sollen.« Wir wissen wohl nicht immer, wann und ob Beten erwünscht ist. Ich meine, solange unsere Bemühungen von Mitgefühl, Fürsorge und Liebe erfüllt sind, gibt es wenig Grund zu fürchten, dass unsere Gebete für andere ohne deren Zustimmung irgendwie unethisch sind.

WIEDERBEGEGNUNG MIT DEM MYSTERIUM

> Da wir in so viele Geheimnisse eindringen, hören wir auf, an das Nicht-Erkennbare zu glauben. Und doch sitzt es da und leckt in aller Ruhe sein Maul.
> H. L. Mencken[39]

Wieder begegnen wir dem Unerkennbaren; denn so sehr wir uns auch bemühen, wir können niemals vollständig die Tiefen des Unbewussten ausloten und seine Rolle beim Gebet und bei der Heilung verstehen. Dieses *Mysterium* ist schlichtweg nicht zu beseitigen. Wir können uns bemühen, wie wir wollen, wir werden es nicht aufheben können.

Die Anerkennung dieses Mysteriums führt nicht zu einem hilflosen, sondern vielmehr zu einem grandiosen Resultat; denn das Unbekannte ist der Zugang zum Heiligen, zum Spirituellen, zum Unbenennbaren, zum *Numinosen*. Diese Dimension zu achten, heißt, geheilt zu werden. Wie Jung es beschrieb: »Sich dem Numinosen zu nähern, ist die wirkliche Therapie, und in dem Maße, wie man zu numinosen Erfahrungen gelangt, wird man vom Fluch der Pathologie befreit. Sogar die Krankheit selbst nimmt einen numinosen Charakter an.«[40]

KAPITEL 4
WOHIN GEHEN GEBETE?

Gott ist eine unendliche Kugel, deren Zentrum überall
und deren Umkreis nirgendwo ist.
Buch der 24 Philosophen (12. Jhdt.)

Eine weit verbreitete Vorstellung vom Gebet ist die, dass es immer an jemanden »geschickt« wird, der in einer Notlage ist, oder an den Allmächtigen, der die gewünschte Wirkung herbeiführt. Das scheint sinnvoll zu sein: Wir sind hier, die bedürftige Person ist dort, und das Gebet muss die dazwischenliegende Entfernung irgendwie durchqueren und zur betreffenden Person »durchkommen«. Gebete sind somit ähnlich wie Radio, Fernseh- und Telefonsignale, alles Formen von Energie, die über große Entfernungen übertragen werden. Wir bringen diese Bilder zum Ausdruck, wenn wir Aussagen treffen wie: »Ich werde für dich beten und dir Energie schicken.«

Aber es gibt in keinem der Experimente zum Beten irgendeinen Hinweis darauf, dass irgendetwas »geschickt« wird oder irgendeine Art von Energie daran beteiligt ist. Wenn Beten eine konventionelle Form der Energie wäre, würde es mit zunehmender Entfernung schwächer werden, und das ist nicht der Fall. Wäre es Energie, könnten seine Wirkungen abgeschirmt werden, aber das hat sich als unmöglich erwiesen. Das zeigt deutlich, dass beim Beten keine konventionelle Art von Energie oder Signalen beteiligt ist, das Gebet sich nicht von hier nach dort bewegt und möglicherweise überhaupt nirgendwo »hingeht«.

Wenn Gebete nirgendwo hingehen, dann können sie gleichzeitig überall gegenwärtig sein und den Absender, den Empfänger des Gebetes und den Allmächtigen zugleich umfassen. Die Physiker haben ein Wort, mit dem sie eine Welt beschreiben, in der Information nicht abgesendet wird, sondern überall zugleich vorhanden ist – *nicht-lokal*. Obwohl diese Art von Welt wie Science Fiction klingen mag, hat man in der modernen Physik, unserer genauesten Wissenschaft, die Existenz einer derartigen Realität nachgewiesen. Diese Entwicklungen beruhen weitgehend auf einer physikalischen Idee, die *Bells Theorem* genannt wird, und den daran anknüpfenden Experimenten. Es wurde 1964 von dem irischen Physiker John Stewart Bell vorgestellt. Bell zeigte, dass für räumlich entfernte Objekte, die einmal miteinander in Berührung waren, gilt: Eine Zustandsänderung des einen Objektes verursacht unmittelbar eine Zustandsänderung des anderen, gleichgültig wie weit sie voneinander entfernt sind, sogar wenn sie bis zu den gegenüberliegenden Enden des Universums getrennt wären. Man muss sich vergegenwärtigen, dass die Nicht-Lokalität nicht nur eine theoretische Idee in der Physik ist, sie beruht tatsächlich auf Experimenten.

Einige Physiker glauben, dass Nicht-Lokalität nicht nur auf das Reich der Elektronen und anderer subatomarer Teilchen zutrifft, sondern auch auf die »uns vertraute Welt der Katzen und Badewannen«, um einen Ausdruck des Physikers Nick Herbert zu übernehmen.[1] Eine wachsende Zahl von Physikern glaubt, dass Nicht-Lokalität sogar auf das Bewusstsein anwendbar sein könne. Noch einmal der Physiker Herbert in seinem Buch *Quantenrealität*: »Aus Bells Theorem *folgt zwingend*, dass unser Quantenwissen nicht-lokal ist, unmittelbar verknüpft mit allem, mit dem es zuvor in Berührung war.«[2]

In meinem Buch *Recovering the Soul* habe ich Fakten aus verschiedenen Quellen erörtert, darunter auch alltägliche Erfahrungen, die darauf hinweisen, dass Bewusstsein nicht-lokal ist. Dieses Bild vom Bewusstsein unterscheidet sich sehr von dem, welches die zeitgenössische Biologie und Medizin abgibt. Dort wird gesagt, dass das Bewusstsein auf das Gehirn und die Gegenwart beschränkt ist und vergehen wird, wenn der Körper stirbt. Aber das kann nicht die ganze Wahrheit sein, denn es gibt einfach Dinge, die das »Bewusstsein« tun kann und das »Gehirn« nicht. Aus nicht-lokaler Sicht folgt, dass das Bewusstsein nicht auf bestimmte Punkte im Raum (Gehirn oder Körper) oder in der Zeit (den gegenwärtigen Augenblick) begrenzt werden kann, sondern unendlich ist in Raum und

Zeit. Somit ist der menschliche Geist allgegenwärtig, ewig und unsterblich. Wenn unser Bewusstsein tatsächlich nicht-lokal ist, dann heißt das, dass es prinzipiell nicht abgeschirmt oder getrennt werden kann vom Bewusstsein anderer. Auf einer bestimmten Ebene sind wir Eins.[3]

Bei vielen Menschen löst dieses Bild des menschlichen Bewusstseins Jubel aus. Wenn das Bewusstsein nicht-lokal und vereint ist, so schließen sie, dann kann man mit anderen unmittelbar über eine Entfernung hinweg kommunizieren. Einige Autoren sind sogar zu der Schlussfolgerung gelangt, dass die Physik die Existenz von Gebet, Telepathie und anderen Aktivitäten, die mit Kommunikation über eine Entfernung zu tun haben, »beweist«. Vielleicht lässt das auch den Austausch zwischen dem individuellen menschlichen Bewusstsein und Gott zu. Aber das Universum hat, was die Nicht-Lokalität betrifft, eine Überraschung parat: In einer nicht-lokalen Welt *scheint es unmöglich zu sein, eine zuvor ausgedachte Nachricht von einer Wesenheit an eine andere zu schicken.* In Wirklichkeit *kann man nie im Voraus wissen,* was diese unmittelbar verknüpften Veränderungen zwischen entfernten Wesenheiten sein werden. Wir können *nur rückblickend* wissen, dass sie stattgefunden haben, wenn wir einen Bericht lesen oder irgendeine Messung, die uns sagt, was geschehen ist.[4] Deshalb erklärt der Physiker Herbert: »Es ist schwer zu erkennen, welchen Gebrauch wir von solchen nicht-lokalen Verbindungen machen können. Andererseits *sind diese Verbindungen vielleicht auch nicht für unseren »Gebrauch« da«* [Hervorhebung von mir].[5]

Das kann erschreckend paradox anmuten, insbesondere für uns Amerikaner, die wir weltweit berühmt sind für unsere aggressive, hemdsärmelige »Cowboy«-Einstellung zum Leben. Diese handfeste Haltung findet auch Eingang in unsere Gedanken zu den nicht-lokalen, vereinenden Verbindungen, die von der modernen Physik beschrieben werden: Was können wir damit *machen*? Für was sind sie *gut*?

Wenn Beten nicht-lokal ist, was weitestgehend der Fall zu sein scheint, heißt das dann, dass man es ebenfalls nicht »anwenden« kann? Die meisten Menschen, die beten, sind davon überzeugt, dass Gebete zweckmäßig angewandt werden *können*. Die Essenz des Bittgebetes und des fürbittenden Gebetes ist doch offenbar seine *absichtsvolle* Anwendung zugunsten seiner selbst oder eines anderen. Wenn wir für ein bestimmtes Ziel beten, dafür, dass ein Krebs verschwindet oder ein Herzanfall sich auflöst, und es tritt ein, dann scheint es uns, als *hätten* wir das Beten auf zweckmäßige, zielgerichtete Art und Weise angewendet.

Aber Gebete brauchen nicht auf eine besondere Art »eingesetzt« zu werden, um zu wirken, und es ist nicht immer notwendig, bestimmte Botschaften zu übermitteln. Bitten, die den Ausgang offenlassen und solche Anrufungen enthalten wie »Dein Wille geschehe«, »Lass es geschehen« oder »Möge das Bestmögliche unter diesen Umständen geschehen« – Methoden, die wir untersuchen werden, wenn wir die Spannkraft-Experimente in Kapitel 5 erörtern – beinhalten nicht die »Anwendung« von Gebeten für bestimmte Ziele oder die Übermittlung komplizierter Botschaften. Sie ähneln mehr einer *Einladung*, damit die Wirkungen der Gebete in Erscheinung treten oder sich zeigen mögen. Aus dieser Perspektive betrachtet, verletzen die nicht-spezifischen Gebetsstrategien vielleicht doch nicht das physikalische Prinzip, dass Nachrichten nicht auf nicht-lokale Art und Weise übermittelt werden können.

Telesomatische Reaktionen (dargelegt in Kapitel 2) zeigen, wie tiefgründig wir miteinander in Beziehung treten können ohne Übermittlung von Botschaften. Sie sind den nicht-lokalen Ereignissen unheimlich ähnlich, die von Physikern bei subatomaren Teilchen untersucht werden. Wenn diese Teilchen einmal miteinander in Wechselwirkung gestanden haben, dann zieht eine Zustandsänderung des einen Teilchens unmittelbar eine Zustandsänderung des anderen Teilchens nach sich, unabhängig davon, wie weit sie voneinander entfernt sein mögen. Telesomatische Ereignisse finden auch statt zwischen »Wesen«, die zuvor »in Wechselwirkung« standen – Eltern und Kinder, Geschwister, Zwillinge, Ehepaare oder Liebende –, also Menschen, zwischen denen eine starke Gefühlsbindung besteht. Die »Korrelationen« zwischen räumlich getrennten Personen bestehen in der Art gemeinsamer körperlicher Empfindungen, Gedanken oder tatsächlicher physischer Veränderungen.

Aber bei allen diesen Beispielen – die Mutter, die ein Brennen empfindet, wenn ihre Tochter sich weit entfernt im Chemie-Unterricht ihres Colleges die Hand verbrennt, oder die Mutter, die ein Gefühl des Erstickens hat, wenn ihr Kind an einem anderen Ort in das Schwimmbecken fällt – versucht keiner der Beteiligten dem anderen eine Nachricht oder irgendeine Art von Information zu »senden«. Sie versuchen nicht, ihre Verbundenheit »anzuwenden«. Sie wissen zu der betreffenden Zeit auch nicht, dass diese Wechselwirkungen stattfinden. Erst später, wenn sie ihre Erfahrungen vergleichen, entdecken sie, dass jene tatsächlich stattgefunden haben. Wie bei den physikalischen Experimenten, werden die Korrelationen erst im Rückblick festgestellt. Man kann sie nicht im Voraus konzipieren. Die Parallelen zwischen dem, was Physiker bei Experimenten zur Nicht-Lokalität beobachten und was Menschen bei telesomatischen Phänomenen erleben, sind also äußerst nahe beieinander.

Der spontane, ungeplante Charakter telesomatischer Reaktionen lässt vermuten, dass es ein *Gesetz der umgekehrten Anstrengung* gibt, wie Aldous Huxley es einmal ausgedrückt hat. Je mehr wir versuchen, diesen Ereignissen nachzuhelfen und sie zu kontrollieren, umso mehr scheinen sie uns zu entgleiten. Das Geheimnis besteht offenbar darin, sich *nicht* zu bemühen und *nicht* zu handeln, und dadurch zuzulassen, dass die Welt telesomatisch *ihre* Weisheit manifestiert, nicht unsere.

Kann man aus der Nicht-Lokalität und den telesomatischen Phänomenen eine Lehre ziehen für das Beten? Könnte es sein, dass ein Gesetz der umgekehrten Anstrengung existiert? Sind wir im Gebet besonders tief mit anderen verbunden, wenn wir nicht mehr versuchen, »es herbeizuführen«? Könnte es sein, dass Gebete am besten wirken, wenn wir uns am wenigsten bemühen? Vielleicht ist es das, was manche Leute meinen, wenn sie raten: »Lasse los und lasse Gott machen.« Viele Menschen erkennen bei ihren eigenen Gebeten eine spontane, unkontrollierte Qualität, die als Antwort auf ihre Gebete erscheint. Ein Methodisten-Pfarrer drückte das so aus: »Wenn ich bete, dann geschehen Zufälle.« Manche Autoritäten raten nicht nur davon ab, »der Welt zu sagen, was sie tun soll«, sie warnen sogar vor jeder Art von Befangenheit während des Gebetes. Der Benediktinermönch David Steindl-Rast fasste dieses mühelose, natürliche Vorgehen so zusammen: »Solange du noch weißt, dass du betest, betest du nicht richtig.«[6] Der Trappistenmönch Thomas Keating drückt es ganz ähnlich aus: »Die Sprache Gottes ist die Stille. Alles andere ist eine schlechte Übersetzung.«[7] Dazu passt auch eine Bemerkung Meister Eckharts aus dem dreizehnten Jahrhundert: »Nichts in der ganzen Schöpfung ist Gott so ähnlich wie die Stille.«

Manche Leute mögen dieses »Hände-weg-Vorgehen« beim Beten nicht. Es kommt ihnen zu passiv vor, zu inaktiv. Wenn es aber so ist, dass Antworten auf unsere Gebete dann frei und unaufgefordert kommen, wenn wir uns am wenigsten anstrengen, wenn wir in *Stille* beten, in der Art von Keating, oder wenn wir *unbewusst* beten, wie es Steindl-Rast nahe legt, dann könnte das eine wahrhaft wohltuende Eigenart der Welt sein, wofür wir dankbar sein sollten. Anstatt uns darüber zu beschweren, dass diese Art des Betens für uns zu passiv ist, sollten wir uns dafür bedanken, dass das Universum nicht auf unsere Weisheit und Voraussicht angewiesen ist. Die gewünschte Information ist schon vorhanden und hängt nicht von uns ab.

Zusammenfassend gibt es enge Analogien zwischen dem nicht-lokalen Reich der Quanten, das von den Physikern untersucht worden ist, und den Herangehensweisen des »Geschehenlassens« und des »Dein Wille geschehe«, die zu vielen spirituellen Traditionen gehören. Dazu zählen die folgenden:

1. Obwohl Korrelationen zwischen entfernten Teilchen stattfinden, so als ob sie in engem Kontakt stünden, können die Physiker nicht deren unsichtbare, nicht-lokale, subatomare Welt mit gezielten Botschaften manipulieren. In ähnlicher Art und Weise können wir, obwohl Gebete nicht-lokal über eine Entfernung hinweg wirksam sind, nicht immer willentlich oder indem wir für bestimmte Resultate beten, »etwas herbeiführen«.
2. Man kann bei physikalischen Experimenten erst im Nachhinein feststellen, dass nicht-lokale Korrelationen eingetreten sind. In ähnlicher Art und Weise können wir nicht-lokale Ereignisse zwischen Menschen erst dann erkennen, wenn sie tatsächlich eingetreten sind, indem wir im Nachhinein die Erlebnisse vergleichen.
3. Aggressive Aktivität fördert das Auftreten nicht-lokaler Ereignisse nicht, weder im Physiklabor noch in der menschlichen Erfahrung. Physiker richten ihre Experimente so ein, dass nicht-lokale Ereignisse fast »eingeladen« werden, sich zu zeigen. Wir können Gebete auch als Einladungen betrachten, als eine respektvolle Bitte an die Welt, sich uns gegenüber wohlwollend zu zeigen.

KAPITEL 5
WIE SOLL MAN BETEN UND *WOFÜR*?

»Jeder betet in seiner eigenen Sprache, und es gibt keine Sprache, die Gott nicht versteht.
Duke Ellington

Ich sage euch, zieht eure Handschuhe über und drescht auf sie [die Viren] ein, geht über zehn Runden. Man muss sie besiegen [...] Man muss AIDS herausfordern. [...] Ich kämpfe gegen meinen Virus. Manchmal gehe ich in meinen Körper hinein, und ich kämpfe gegen meine Zellen und besiege sie [...] den Anführer habe ich bisher noch nicht erwischt, aber ich weiß, er hat alle Arten von Waffen, die man sich vorstellen kann: Maschinengewehre, Panzerfäuste, alles. [...] Wenn ich ihn töte, dann werde ich im wirklichen Leben gesund.
Joe Louis Lopez, junger Mann mit AIDS

Ich gehe mit dieser Krankheit so um, dass ich sie als einen der besten Lehrer betrachte, die ich je hatte. Ich behandle sie mit Respekt. Ich versuche, sie zu lieben. Ich spreche mit ihr und sage: »Du bist sicher bei mir. Sei unbesorgt, ich hasse dich nicht.« Ich bin mir nicht sicher, ob es eine Heilwirkung hat, wenn ich mich mit dem Virus in mir anfreunde, ich weiß nur, dass es mir hilft weiterzumachen. Ich glaube, wenn meine Einstellung gut ist und ich glücklich und großzügig bin, kann ich mit diesem Virus in mir sehr lange leben.«
Junger Mensch mit AIDS

Ein bekannter Autor und ein Gebetsexperte gaben ein Seminar. Ein Mann unter den Zuhörern erkannte, dass dies eine einzigartige Gelegenheit war, die ihm vielleicht nicht wieder begegnen würde. Während der Frage-und-Antwort-Phase hob er seine Hand und fragte kühn: »Doktor, wie soll *ich* beten?«

»Das ist ganz einfach«, antwortete der bekannte Experte, ohne zu zögern. »Fragen Sie Gott.«

Die Frage dieses Mannes zeugt von dem weitverbreiteten Glauben, dass es eine »beste« Art zu beten gibt. Gibt es die? Sogar in den experimentellen Untersuchungen, die zeigen, dass Gebete wirksam sind, wird die genaue Methode des Betens fast nie kontrolliert oder festgelegt. Ein typisches Beispiel ist die Untersuchung des Kardiologen Randolph Byrd in der kardiologischen Abteilung des Allgemeinen Krankenhauses von San Francisco (dargestellt in Kapitel 11), wo die verschiedenen Gebetsgruppen einfach nur aufgefordert wurden zu beten, aber es wurde nicht gesagt, *wie* sie das tun sollten. Beteiligt waren Protestanten und Katholiken, die vermutlich nicht dieselbe Methode anwendeten. Die Häufigkeit und Dauer der Gebete, die Art von bewusst eingesetzten Bildern und die spezifischen Ziele (wenn überhaupt) wurden der freien Wahl jedes Einzelnen überlassen.

Vielleicht ist es verständlich, dass Versuchsleiter nicht gerne vorschreiben, wie man mit dem Absoluten kommunizieren sollte und deshalb ihren betenden Versuchspersonen keine spezifischen Anweisungen geben, wie oder wann sie beten sollten. Schwieriger zu verstehen ist jedoch, dass die dabei verwendeten Methoden praktisch nie in den Versuchsberichten beschrieben werden und es keine Übersicht über die Wirksamkeit verschiedener Gebetsmethoden gibt.

Stellen Sie sich einen Arzt vor, der erfolgreich Penizillin eingesetzt hat, um einen Kranken zu behandeln. Eine Kollegin von ihm hat einen Patienten, der dieselbe Behandlung bekommt. Sie fragt: »Welche Dosis Penizillin haben Sie verwendet, und wie oft haben Sie es gegeben?« Der erste Arzt antwortet. »Das kann ich wirklich nicht sagen. Ich habe diese Fakten im Krankenbericht des Patienten nicht vermerkt. Tut mir leid. Sie müssen sich wohl selbst zurechtfinden.« Wir würden das für unverzeihlich halten, aber es hat durchaus Ähnlichkeit mit der Sachlage, die sich daraus ergibt, dass die meisten Experimentatoren es versäumen, die Gebetsmethoden zu dokumentieren.

GEBETSSTRATEGIEN: DER PERSÖNLICHKEITSFAKTOR

Bete, wie du kannst, nicht wie du nicht kannst.

Dom Chapman[1]

Das Bedürfnis zu beten zeigt sich die ganze Geschichte hindurch so beständig und weit verbreitet, das es angeboren zu sein scheint. Das lässt vermuten, dass es schwer, wenn nicht unmöglich wäre, es zu unterdrücken. Unglücklicherweise haben die ganze Weltgeschichte hindurch Kriege, Kreuzzüge und die Inquisition dafür gesorgt, dass wir in einer bestimmten, »korrekten« Art und Weise beten. Als Folge davon gibt es sehr viele Gebets-»Aussteiger«, Menschen, für welche die vorgeschriebene Art einfach nicht funktioniert.

»Heidnische« Meditation und »Aerobic«-Gebet: Lehren aus der Forschung

Herbert Benson, von der Medizinischen Fakultät der Harvard-Universität, war einer der ersten Mediziner, der die gesundheitsfördernden Wirkungen von Gebet und Meditation erforscht hat. Benson untersuchte ursprünglich Meditierende der Bewegung der Transzendentalen Meditation (TM), die von Maharishi Mahesh Yogi in den Vereinigten Staaten gegründet worden war. In Zusammenarbeit mit seinem Forschungskollegen, dem Physiologen Robert Keith Wallace, zeigte Benson, dass gesundheitsfördernde körperliche Veränderungen, wie Senkung des Blutdrucks, der Pulsfrequenz und des Stoffwechsels, eintraten, wenn die Versuchspersonen mit einem *Mantra* meditierten. Mantras sind Silben, die innerhalb des Kontextes der jeweiligen spirituellen Tradition ihre Bedeutung haben, doch der westliche Meditierende ist sich dieser Bedeutung selten bewusst. Sie werden aber in Verbindung mit einem bestimmten Ritual aufgeladen.

Benson glaubte, dass dem Mantra keine Magie innewohnt. Um diesen Verdacht zu überprüfen, wies er einige Leute an, mit dem Wort *Eins* oder irgendeinem anderen Ausdruck, den sie angenehm fanden, zu meditieren. Dann untersuchte er Christen und Juden, die regelmäßig beteten. Er bat Katholiken, Ausdrücke wie »Heil Dir, Maria, voller Gnaden« oder »Herr Jesus Christus sei mir gnädig« als ihr »Mantra« zu verwenden.

Juden gebrauchten meist den Friedensgruß »Shalom« oder »Echad!«, das heißt »Eins«. Protestanten wählten häufig die erste Zeile des Vaterunsers: »Vater unser, der Du bist im Himmel« oder »Der Herr ist mein Hirte«, den Beginn des dreiundzwanzigsten Psalms. Alle Mantras wirkten, und alle führten gleichermaßen erfolgreich gesundheitliche Veränderungen im Körper herbei, die Benson die »Entspannungsreaktion« nannte. Aber Benson fand auch heraus, dass diejenigen, die das Wort »Eins« oder ähnlich einfache Ausdrücke verwendeten, nicht lange durchhielten mit ihrem Programm, während diejenigen, die Gebete statt bedeutungsloser Ausdrücke verwendeten, dabei blieben. Benson fand auch einen Zusammenhang zwischen körperlichem Training und Beten. Er brachte Läufern bei, beim Laufen zu meditieren, und fand heraus, dass sie körperlich leistungsfähiger wurden. Bald gab es kleine Gruppen von Läufern und Gehern, die »Aerobic-Gebete« verwendeten, kurze Gebete im Rhythmus ihrer Schritte.[2]

Über die Jahre verfolgte Benson diese Nachforschungen weiter mit Theologen, Religionssoziologen, »wiedergeborenen« Psychologen, dem Dalai Lama, den Anhängern von Billy Graham, Ökumenikern und mehreren Mönchsorden. Gemeinsam mit einem Forschungspartner, dem Psychologen Jared Kass, einem erfahrenen Meditierenden der konservativen jüdischen Tradition, lud er dreißig Priester, Pastoren und Rabbis in das medizinische »Mind-Body«-Institut des *New England Deaconess Hospitals* in Boston ein. Ihnen wurden die wissenschaftlichen Fakten vorgelegt, die bewiesen, dass Gebet und Meditation gesundheitsfördernde Auswirkungen auf den Körper haben können, und man zeigte ihnen, welche Formen des Betens diese Reaktionen hervorrufen. Bei der praktischen Überprüfung dieser Anweisungen erlebten die meisten dieser Religionsprofis eine »Gebetseuphorie« und wurden ganz begeistert. Einer sagte: »Deshalb bin ich ursprünglich zur Kirchenarbeit gekommen, und ich hatte es verloren.«[3]

Bensons Forschung zeigte nicht nur, dass Beten gut für den Körper ist, sondern auch, welche große Vielfalt an Gebetsmethoden es gibt, die verwendet werden. Seine Arbeit macht deutlich, dass Vorschriften zur »einzig richtigen Art des Betens« die Menschen dem Gebetsvorgang entfremden können, was dazu führt, dass sie aussteigen.

Bensons Arbeit wurde von anderen fortgeführt. Die Psychophysiologin und begabte Heilerin Joan Borysenko, die das *Geist-Körperprogramm* bei Harvard mitbegründete, beschreibt mehrere Methoden des Gebetes und der Meditation, die viele unterschiedliche Menschen ansprechen werden, in ihrem Buch *Fire in the Soul*.[4] Eine weitere hervorragende Quelle ist das Buch *Full Catastrophe Living* von Dr. Jon Kabat-Zinn vom medizinischen Zentrum der Universität von Massachusetts in Worcester.[5]

Es bleiben noch Fragen. Warum bevorzugen manche Menschen ein einzelnes Gebetswort, andere einen kurzen Ausdruck und wieder andere ausführliche Monologe? Viele Theologen, Religionswissenschaftler und Psychologen haben auf der Suche nach Antworten ihr Augenmerk auf die moderne Psychologie gerichtet.

Die Scheidewege der Psyche: Introvertierte und Extrovertierte

Der Schweizer Psychologe C. G. Jung hat die uralte Idee weiterentwickelt, dass es bei Menschen grundlegende angeborene Unterschiede der Persönlichkeit gibt. Er führte dieses Thema in seinem Buch *Psychologische Typen* aus, das im Jahre 1920 veröffentlicht wurde und sich auf zwanzig Jahre Forschung stützte. Jung beschrieb eine Wasserscheide bei der Untersuchung der menschlichen Persönlichkeit. Auf der einen Seite sind die *Extrovertierten*, die nach außen gerichteten und handlungsorientierten Menschen, und auf der anderen Seite sind die *Introvertierten*, die mehr nach innen gerichtet und nachdenklich sind. Jung fand noch vier weitere wichtige Persönlichkeitsunterschiede, die er die vier »Funktionen« nannte. Zwei waren rationale Funktionen – *Fühlen* und *Denken*. (»Fühlen« darf jedoch nicht verwechselt werden mit »Emotion«, es ist eher verwandt mit *bewerten*). Die anderen beiden waren irrational oder nichtrational – *Intuition* und *Empfindung*.[6]

Jung behauptete, dass von Geburt an eine dieser vier Funktionen bei uns dominant ist und eine weitere mitwirkt, indem sie diese unterstützt. Weil wir die anderen beiden Funktionen nicht als natürlich empfinden, drängen wir sie aus dem Bewusstsein ins Unbewusste. Das heißt jedoch nicht, dass sie verschwinden. Sie erzeugen weiterhin Spannung oder schaffen innere Konflikte, die als Furcht, Sorge, Ärger, Ungeduld oder Hass fühlbar werden können. Am häufigsten begegnet man diesen zurückgewiesenen Qualitäten durch *Projektion*. Man weist anderen die eigenen, nicht annehmbaren Wesenszüge zu, anstatt sie bei sich selbst wahrzunehmen. Unsere größte Aufgabe sei es, meinte Jung, alle diese verschiedenen Qualitäten zu integrieren. Nur auf diese Art und Weise können wir die innere Spannung und den Kriegszustand zwischen unseren bewussten und unbewussten Funktionen loswerden. Der Preis, den wir zahlen, wenn wir sie *nicht* miteinander versöhnen, kann gewaltig sein – unglückliche Individuen mit neurotischen Konflikten, die, wenn sie zusammenkommen, einen kollektiven Konflikt schaffen, der im Extremfall zum Krieg führt.[7]

Persönlichkeitstypen: Natur, Erziehung oder beides?

Seit Jahren tobt in der psychologischen Welt eine Debatte darüber, ob diese Merkmale schon bei der Geburt vorhanden oder anerzogen sind. Die Tiefenpsychologin June Singer sagt dazu: »Jung glaubte offenbar, dass diese Unterschiede schon bei der Geburt als ein Teil der psychologischen Konstitution des Kindes vorhanden sein könnten, zumindest im Sinne einer Veranlagung zu bestimmten Einstellungen und Verhaltensweisen.«[8] Singer, die an der Weiterentwicklung Jungscher Ideen maßgeblich mitgewirkt hat, trug überzeugende Fallgeschichten zusammen, mit denen sie die Position Jungs stützte. Obwohl die angeborene Veranlagung des Kindes in bestimmtem Maße von Erziehungseinflüssen der Eltern und der Umgebung in eine Form gebracht wird, übt diese nach ihrer Auffassung einen enormen Einfluss auf die Persönlichkeitsentwicklung aus, ungeachtet aller anderen Faktoren.[9]

Wir glauben vielleicht, dass psychologische Typen und Persönlichkeitsunterschiede nur für Psychologen und »gestörte« Menschen von Interesse sind, aber wir alle begegnen diesen Unterschieden ständig. Jedes Mal, wenn wir mit einer Person eines anderen Typs zu tun haben, entsteht Spannung. Singer sagt von einer solchen Begegnung:

> »Das typische Symptom ist ein Aufschrei der Entrüstung auf der einen oder der anderen Seite: »Ich kann Sie einfach nicht verstehen« oder »Sie verstehen überhaupt nicht, wovon ich rede« oder, wie Maria Magdalena von *Jesus Christus Superstar* sagte: »Ich weiß nicht, wie ich ihn lieben soll.« Auf internationaler Ebene gibt es Nationen, die Monate

mit der Entscheidung darüber zubringen, welche Form ein Tisch haben soll, an dem sie sitzen sollen, um über den Frieden zu verhandeln. Und dann, Jahre und Millionen von Worten danach, zeigt es sich, dass sie einer Übereinkunft kein Stückchen näher gekommen sind als schon zuvor in der Frage, ob der Tisch rund oder rechteckig sein sollte. Verschiedene Typen, individuell oder kollektiv, gehen von verschiedenen Voraussetzungen aus.«[10]

Eltern, die nicht verstehen, dass es angeborene Unterschiede im Temperament ihrer Kinder geben kann und ein Temperament höher bewerten als ein anderes, denken vielleicht, mit ihrem Kind sei irgendetwas nicht in Ordnung und versuchen, ihm dann ein Verhaltensmuster aufzuzwingen, das ihm von Natur aus nicht liegt. In dieser Situation, behauptet Singer, »wird fast immer eine Neurose auftreten«.

Von Persönlichkeitstypen zu spirituellen Typen

Wenn Eltern ihre Kinder neurotisch machen können, wenn sie ihre angeborenen psychologischen Anlagen missachten, was ist dann mit denen, denen wir Seele und Geist anvertrauen – unseren Priestern, Pastoren und Rabbis? Wenn sie eine Art zu beten höher bewerten als eine andere; wenn sie Druck ausüben, damit jeder auf dieselbe Art und Weise betet; wenn sie Nonkonformisten für Verführte oder Sünder halten – dann kann sich eine »Gebetsneurose« entwickeln. Die Menschen fühlen sich schuldig und unzulänglich, unfähig »richtig« zu beten, entfremdet und nicht in Übereinstimmung mit ihrer Religion. Das Ergebnis sind die Gebetsaussteiger.

Der Gedanke, dass es »spirituelle Typen« gibt, ist nicht neu. Augustine Baker, ein tiefsinniger Benediktiner des siebzehnten Jahrhunderts, erkannte deutlich, dass für unterschiedliche Menschen unterschiedliche Methoden des Herantretens an das Absolute angemessen sind. In dem folgenden erhellenden Abschnitt, der fast vier Jahrhunderte vor Jung geschrieben wurde, scheint er Extrovertierte und Introvertierte zu beschreiben:

»Diejenigen Seelen, die nicht dem Inneren zuneigen, müssen bei solchen Übungen verweilen, die auf wahrnehmbaren Abbildern beruhen.

Diese Seelen werden feststellen, dass solche Übungen großen Nutzen für sie selbst und für andere bringen, weil sie Gott gefallen. Aber andere, die mehr dem Inneren zuneigen, verweilen nicht immer bei Übungen, die von den Sinnen abhängen, sondern diese werden mit der Zeit ersetzt durch geistige Übungen, die unabhängig sind von den Sinnen und der Vorstellung. Diese bestehen einfach darin, den Willen der erkennenden Seele zu Gott zu erheben [...] wodurch der menschliche Geist eine Vereinigung mit dem Göttlichen Geist erlangen möchte.«[11]

Baker zeigt hier große Sensibilität für persönliche Unterschiede in der Einstellung zum Beten. Er fordert nicht, dass Menschen etwas sein sollen, was sie nicht sind. Obwohl er das introvertierte oder »innere« Vorgehen, das über »sinnliche Vorstellungen« hinausgeht, klar bevorzugt, können die Extrovertierten, die dieser Weg nicht anspricht, ihrem eigenen Pfad folgen, wobei sie entdecken werden, dass er für sie »gewinnbringend« und zugleich »Gott gefällig« ist. Unsere Kultur ist nicht so tolerant. »In diesem Land gibt es, was unser soziales Leben, Bildungswesen, Industrie, Militär und Regierung anbetrifft, [...] Vorurteile zugunsten des Extrovertierten, sinnesbezogenen, denkenden und urteilenden Typs«, schreiben Monsignore P. Michael und Marie C. Norrisey in ihrem Buch *Prayer and Temperament: Different Prayer Forms for Different Personality Types*.[12] Mit unserer Einstellung zum Beten verhält es sich ebenso.

Als unheilbar Introvertierter bin ich mein ganzes Leben lang zurückgezuckt, wenn mir Extrovertierte sagten, wie ich beten solle. Aufgewachsen in einer äußerst extrovertierten religiösen Tradition, erinnere ich mich an die Freude, die ich bei der Entdeckung der kontemplativen, nach innen gerichteten Traditionen des Ostens erlebte. Begriffe wie das Tao – das vollkommene Wesen der Natur, das ihr unsichtbar und still innewohnt – schlugen eine Saite in meinem Herzen an, die lange geschwiegen hatte. Die östliche Idee der Erleuchtung – aufzuwachen zu etwas, was *jetzt schon* da ist – schien mir höchst natürlich und wahr zu sein. Diese Begriffe erforderten offensichtlich kein Tun oder Handeln, sondern ein *Verstehen*, was sehr ansprechend für mich war. Später entdeckte ich in den Schriften von Evelyn Underhill und anderen, dass es diese Ideen nicht nur im Osten gab, wie man im Westen oft glaubt. Dreizehn Jahrhunderte lang hat es im Christentum eine ähnlich mystische, kontemplative, nach innen gerichtete

Tradition gegeben, deren wichtigste Grundsätze sich kaum von denen des Ostens unterschieden. Um nur ein Beispiel zu nennen: Buddhistische Gelehrte haben ausgesagt, dass die Ideen von Meister Eckhart, Deutschlands großem Mystiker des dreizehnten Jahrhunderts, größte Ähnlichkeit mit den Grundideen des Buddhismus und Taoismus haben.

Schüchternheit und Beten

Es kann durchaus sein, dass Introversion und Extroversion auf genetische Ursachen zurückgehen. Eine zur Zeit noch andauernde Untersuchung des Psychologen Jerome Kagan von der Harvard Universität weist darauf hin, dass manche Menschen von Geburt an eine Veranlagung zur Schüchternheit haben. Er und seine Kollegen untersuchten während der letzten zwölf Jahre das Verhalten von mehr als 350 Kindern. Sie vermuten, dass bei schüchternen Kindern eine niedrige Reizschwelle der Amygdala – einem Teil des Limbischen Systems im Gehirn, der bei der Regulierung emotionaler Reaktionen mitwirkt – vorliegt. Das bedeutet, dass Stressreize zu einer stärkeren physischen Wirkung führen. Wenn schüchterne, gehemmte Kinder auch nur leichten Stress-Situationen begegnen, zeigt sich bei ihnen eine übersteigerte Aktivität des sympathischen Nervensystems sowie ein starkes Ansteigen der Pulsfrequenz und eine Erweiterung der Pupillen. Im Gegensatz dazu zeigen ausgelassene Kinder eine »niedrige Reaktion«. Sie weisen keine so deutlichen physischen Reaktionen auf Stress auf. Obwohl diese Forscher annehmen, dass biologische Unterschiede bei Kindern schon in sehr frühem Alter zu einer Veranlagung zur Introversion oder Extroversion führen, heben sie doch hervor, dass die Biologie kein Schicksal ist, sondern noch andere Faktoren beteiligt sind. Frühe Umweltfaktoren, wie die Liebe und Fürsorge der Eltern, sind zweifellos auch mächtige Faktoren bei der Formung der Persönlichkeit.[14]

Introvertierte und Extrovertierte: Pilger auf demselben Weg

Jung glaubte, die gesündeste Persönlichkeit sei die, bei der die verschiedenen Faktoren angenommen und in ein funktionelles Ganzes integriert seien. Wenn man also die Geschichte der großen Religionen betrachtet, findet man viele kontemplative Mystiker, die auch als aktiv Handelnde Erfolg hatten. Zu den Beispielen zählen die Heilige Theresa von Avila, Julian von Norwich und die Heilige Hildegard von Bingen. Diese verinnerlichten Persönlichkeiten erschütterten das Christentum mit ihren Worten und Handlungen in seinen Fundamenten, weil sie eben nicht *nur* Introvertierte waren, sondern Individuen, welche die introvertierten *und* die extrovertierten Aspekte ihrer Persönlichkeit harmonisch integriert hatten.

Trotzdem mag es scheinen, dass ich auf diesen Seiten der introvertierten Art zu beten übermäßig das Wort geredet habe. Das ist möglicherweise nicht zu vermeiden. Ich schreibe über das Gebiet, das ich am besten kenne. Ich kann jedoch nicht genug betonen, dass Introversion und Extroversion keine reinen Zustände sind, sondern einfach nur Veranlagungen. Wäre das nicht so, wäre Kommunikation unmöglich und Konflikte wären nicht beizulegen.

»GESCHEHEN LASSEN« ODER »GESCHEHEN MACHEN«? DIE SPANNKRAFT-UNTERSUCHUNGEN

Die *Spannkraft-Organisation* führt seit zehn Jahren einfache Laborversuche durch, die zeigen, dass Gebete wirksam sind.[15] Nachdem die Wirksamkeit des Betens bewiesen war, forschten sie weiter nach, welche Art von Gebetsstrategie am besten funktioniert. Eine ihrer wichtigsten Beiträge ist die Unterscheidung zwischen *gerichteten* und *ungerichteten* Gebeten. Wer das gerichtete Gebet anwendet, hat ein ganz bestimmtes Ziel, eine Vorstellung oder ein Ergebnis im Sinn. Er »richtet das System aus« und versucht, es genau in eine bestimmte Richtung zu steuern. Das können Gebete zur Heilung von Krebs sein, zur Befreiung von einem Herzanfall oder zur Linderung von Schmerzen. Im Gegensatz dazu ist das ungerichtete Gebet ein offenes Vorgehen, wobei man kein bestimmtes Ergebnis im Sinn hat. Im ungerichteten Gebet versucht der Betende nicht, »dem Universum zu sagen, was es tun soll«.

Welche Gebetstechnik ist wirksamer, die gerichtete oder die ungerichtete? Dabei ist es wichtig, sich immer vor Augen zu halten, dass *die wichtigste Entdeckung der Spannkraft-Versuche darin besteht, dass Beten funktioniert und beide Methoden wirksam sind.* Bei diesen Versuchen erwies sich die *un*gerichtete Technik als im quantitativen Sinne wirksamer, wobei die erzielten Ergebnisse häufig das Doppelte oder mehr ergaben, wenn man sie mit dem gerichteten Vorgehen vergleicht.

Das mag diejenigen überraschen, welche die Techniken der gezielten bildlichen Vorstellung und der Visualisation bevorzugen, die heute sehr beliebt sind. Einige Experten für Visualisation bestehen darauf, dass man ein ganz bestimmtes Bild des gewünschten Endergebnisses einsetzen muss, wenn man etwa Krebs oder Herzanfälle heilen will. Einige Untersuchungen haben gezeigt, dass die Ergebnisse um so besser sind, je stabiler und kraftvoller die bildliche Vorstellung ist. Aber die Versuche von Spannkraft zeigen, dass der Sachverhalt komplexer ist.

Spannkraft entwarf ein Experiment, um gerichtetes und ungerichtetes Beten zu testen. Für diese Untersuchung wurde ein Pilz auf einem Reis-Agar-Substrat in einem Schälchen von der Art gezüchtet, wie es von Bakteriologen und Mykologen üblicherweise verwendet wird. Der Pilz wurde Stress ausgesetzt, indem man ihn in einer Alkohollösung wusch, um zu beschädigen und sein Wachstum zu hemmen, aber nicht genug, um ihn abzutöten. Dann wurde quer durch den Pilz eine Schnur gelegt, die ihn aufteilte in die Seite A (die Kontrollseite) und die Seite B (die behandelte Seite, für die gebetet wurde). Wenn man gerichtetes Beten einsetzte, um das Wachstum der Seite B zu unterstützen, geschah nichts; das Wachstum stand still. Wenn statt des gerichteten Gebetes aber ein ungerichtetes eingesetzt wurde, bei dem der Heiler kein Ziel im Sinn hatte, fing die Seite B an, sich zu vergrößern und zusätzliche konzentrische Wachstumsringe zu bilden.

Als Ergebnis zahlreicher Versuche mit vielfältigen biologischen Systemen weisen die Spannkraft-Forscher darauf hin, dass Heiler dann am erfolgreichsten sein werden, wenn sie sich bemühen, möglichst frei zu sein von Visualisationen, Assoziationen oder spezifischen Zielen. Körperliche, emotionale und Persönlichkeitsmerkmale sollte man aus seinen Gedanken ausschließen und an ihre Stelle ein »Bewusstsein qualitativer Reinheit und Heiligkeit des Patienten, wer und was er auch immer sein mag« zu setzen.[16] Nur diese Methode bezeichnen sie als echtes spirituelles Heilen. Methoden, die auf gerichtete Gebete zurückgreifen, nennen sie im Gegensatz dazu »Geistheilung«, »Glaubensheilung«, »mentale« Heilung oder Placebo-Effekt. Alle diese Methoden hängen ihrer Meinung nach davon ab, dass dem Patienten suggeriert wird, sein oder ihr Zustand werde sich verbessern.

Eine offensichtliche Frage stellt sich, die das ungerichtete Beten betrifft: Wenn man nicht für ein bestimmtes Ergebnis betet, wie kann man dann erkennen, ob das Gebet erhört worden ist? Die Spannkraft-Hypothese glaubt, gestützt auf eine große Zahl von Versuchen, wenn ein ungerichtetes Gebet erhört werde, gehe das Ergebnis immer in die Richtung dessen, »was für den Organismus am besten ist«.

Das wurde in einer Reihe von Keimungsexperimenten nachgewiesen, bei denen der Durchführende nicht wusste, was für die jeweiligen Samen am besten war. Ein Teil wurde zu lange eingeweicht, so dass die Samen schwerer waren, als es für eine richtige Keimung gut gewesen wäre. Ein anderer Teil wurde zu kurz eingeweicht und war leichter als im Optimalfall. Die Samen wurden in einem frühen Stadium des Keimvorganges nach ihren Gewichtsveränderungen bewertet (richtig keimende Samen nehmen im frühen Keimstadium an Gewicht zu). Im Idealfall hätten die zu lange eingeweichten Samen das überschüssige Wasser abstoßen und leichter werden müssen, und die zu kurz eingeweichten Samen hätten Wasser absorbieren und schwerer werden müssen. Da er nicht wusste, welche Partie er vor sich hatte, konnte der Praktikant nicht »den Samen sagen, was sie tun sollten«. Deshalb wandte er das ungerichtete Gebet an und vertraute darauf, dass die Samen sich einfach zur Norm hin bewegen würden, je nach dem, was für sie am besten wäre. Das ungerichtete Vorgehen funktionierte. Die Ergebnisse zeigten, dass die zu sehr eingeweichten Körner Wasser abstießen und an Gewicht verloren, während die zu wenig eingeweichten Körner Wasser aufnahmen und Gewicht zulegten. Aufgrund von Experimenten dieser Art glaubt man, dass ein ungerichtetes Gebet dann erhört worden ist, wenn der Organismus sich in Form und Funktion auf solche Zustände hinbewegt, die für ihn am gesündesten sind.[17]

Ich bin mir nicht sicher, inwieweit man diese Schlussfolgerungen auf Menschen ausdehnen kann. »Das Beste für das Individuum« kann manchmal der Tod sein, nicht das Leben, etwa wenn jemand unter furchtbaren Schmerzen leidet, mit Sicherheit keine Aussicht auf Heilung mehr besteht und alle schmerzstillenden Medikamente unwirksam geworden sind. In einer solchen Lage könnte meines Erachtens die Antwort auf ein ungerichtetes Gebet für diese Person darin bestehen, dass sie stirbt.

Es ist nicht leicht, eine Strategie des ungerichteten Betens anzuwenden. Wenn unsere Gesundheit versagt, zögern wir gewöhnlich nicht lange, dem Universum zu sagen, was zu tun ist. Wir möchten, dass der Krebs verschwindet, der Schmerz nachlässt und der hohe Blutdruck zurückgeht. Selbst wenn wir uns um ein ungerichtetes Vorgehen *bemühen,* haben wir vielleicht doch eine versteckte Absicht: »Ich werde ungerichtet beten, aber eine Heilung wäre doch ganz gut!«

Auf diese Art und Weise wird, wie die Wissenschaftler Ann und Barry Ulanov es in ihrem Buch über das Beten *Primary Speech* [Ursprache] beschreiben, »Gott ein großes Glücksspiel-Gebetsrad und unsere Gebete die Münzen, die die Maschine in Gang setzen«. Aber das »Glücksspiel-Gebetsrad« spielt nicht immer nach unserer Wahl: »Die Antwort auf Gebete besteht manchmal in noch mehr Mühsal, indem wir in Situationen hineingeworfen werden, in denen wir mehr riskieren müssen, als wir je zuvor gewagt haben.«[18]

Aus den Spannkraft-Experimenten lassen sich wichtige Schlüsse ziehen für solche Situationen, wo wir einfach nicht wissen, wofür wir beten sollen. Angenommen wir wollten unsere Physiologie in der Weise kontrollieren, dass die Heilung eines bestimmten Problems gefördert wird. Sollten wir für eine Zunahme oder eine Abnahme des Blutflusses zu einem bestimmten Organ beten oder sie imaginieren? Oder für die Zunahme oder Abnahme einer bestimmten Art von Blutzellen? Oder für den Anstieg oder das Fallen der Konzentration einer bestimmten chemischen Substanz im Blut? Diese Fragen können sogar für Spezialisten verwirrend sein, geschweige denn für Laien. Die Spannkraft-Experimente sind in diesem Punkt beruhigend. Sie zeigen, dass es nicht immer nötig ist zu wissen, wie der Körper sich verhalten sollte, damit eine Heilung stattfindet. Man muss nur für das beten, was »am besten« ist – das »Dein-Wille-geschehe-Verfahren«.«

Wenn ich diese Ergebnisse in Vorträgen und Seminaren vortrage, stelle ich fest, dass viele Leute, die bisher die *gerichtete* Art des Betens und der Visualisation bevorzugt hatten, oft vorschnelle Schlüsse ziehen, wenn sie von den *Spindrift-Experimenten* hören. Sie sagen sich dann: »Ich muss wohl auf die falsche Art beten. Ich sollte zur ungerichteten Methode überwechseln.« Das geht an der Sache vorbei. Spindrifts äußerst wichtiger

Beitrag weist nach, dass Beten zwar wirksam ist, aber nicht jeder auf die gleiche Art und Weise beten, imaginieren und visualisieren sollte.

Es kann durchaus sein, dass bei den Spannkraft-Experimenten ein paar subtile Faktoren unberücksichtigt blieben, etwa die Persönlichkeit der Betenden. Nachdem ich persönlich einige der Versuchsleiter von Spannkraft kennengelernt habe, habe ich den Eindruck gewonnen, dass sie im Großen und Ganzen wunderbar introvertiert sind. Daher scheint es mir ganz verständlich, dass die ungerichtete Methode am besten funktionierte, weil diese nach ihrem Empfinden am natürlichsten und ursprünglichsten war. Wenn man diese Experimente mit Extrovertierten anstelle von Introvertierten wiederholen würde, würde sich vielleicht die *gerichtete* Art zu beten als überlegen erweisen. Es wäre also die schlechteste Art, diese Untersuchungen anzuwenden, wenn man sagen würde: »Die Wissenschaft hat jetzt bewiesen, dass es »eine beste Art« zu beten gibt.« Die wichtigsten Lehren sind die, dass Gebete wirken, *es aber keine Formel gibt*, keine »einzig beste Art« zu beten, die jeder anwenden sollte.

UNGERICHTETE GEBETE: DIE BEDEUTUNG DER HINGABE

Dr. phil. Janet Quinn, von der Fakultät für Pflege der Universität von Colorado, ist eine geprüfte Krankenschwester und führende Forscherin auf dem Gebiet des berührungslosen »Therapeutic Touch« und in der Theorie der Pflege-Arbeit. Sie verfügt über große Erfahrung bei der Arbeit mit Schwerkranken aller Art, einschließlich von AIDS-Kranken. Dr. Quinn hat bei diesen Patienten den Wert der *Hingabe* entdeckt, die ein wichtiges Element bei der ungerichteten Methode ist, die wir untersucht haben. Sie bemerkt, dass die Patienten, wenn sie zum ersten Mal zu ihr kommen

> »unbedingt die Kontrolle behalten [wollen] und die Verantwortung [übernehmen][...] [Aber AIDS] ist äußerst unberechenbar [...] Es gibt viele Arten der Reaktion [...] Eine Möglichkeit ist, völlig die Hoffnung zu verlieren und aufzugeben. Die andere ist sich hinzugeben [...] Hingabe gibt unglaublich Kraft, weil sie eine Handlung ist. Aufgeben dagegen bedeutet, jede Handlung zu verweigern. Man gibt auf, wenn man sagt, es gibt nichts mehr, was ich tun kann [...] Hingabe ist absolut

aktiv und erfordert, dass man immer und immer wieder handelt. Hingabe erledigt man nicht ein für allemal. Man kann nicht sagen: »Heute gebe ich mich AIDS hin [...] oder ich gebe mich Gott hin.« Man ist Minute für Minute gefordert. Sich hinzugeben heißt, dass man in seinem Prozess außerordentlich aktiv wird [...] Hingabe hebt die Lebensqualität [...] und die Qualität des Sterbens. Damit geht ein innerer Frieden einher [...] gegenüber der Verzweiflung, die mit dem Aufgeben einhergeht.«[19]

Obwohl ungerichtete Gebetsstrategien kein bestimmtes Ziel anvisieren, darf man sie nicht mit einem völlig leeren Geisteszustand gleichsetzen, der total frei ist von allen Bildern, Visualisationen, Einstellungen oder Gedanken. Manche buddhistische Schulen befürworten zum Beispiel den »klaren Geist« als ein Meditationsziel. Dennoch wenden sie Techniken an, die reich an mentalen Bildern sind. Bei einer solchen Übung zur Klärung des Geistes wird man aufgefordert sich vorzustellen, man säße still an einem Fluss. Wenn ein Gedanke in unser Bewusstsein tritt, soll man sich vorstellen, er sei ein dahintreibender Ast, der uns gerade in den Blick kommt. Wir beobachten, wie der Ast näherkommt, ohne dass wir an ihm festhalten oder uns irgendwie mit ihm beschäftigen. Wir lassen ihn vorbeitreiben, bis wir ihn schließlich flussabwärts aus den Augen verlieren. Das Ziel bei dieser Technik ist es nicht, die Bilder zu bekämpfen oder sich zu bemühen, sie vollständig zu vertreiben, sondern einfach nur zu erreichen, dass man nicht mehr von ihnen bestimmt und dominiert wird.

Genausowenig ist es für das ungerichtete Gebet erforderlich, dass unser Geist völlig rein ist. Wir können immer noch Gefühle, Emotionen und bildliche Vorstellungen erleben, aber nicht im Sinne von bestimmten Zielen oder erwünschten Ergebnissen.

UNIVERSELLE TECHNIKEN BEI GEBET UND IMAGINATION

»Will man aus der Ferne Einfluss nehmen auf ein System, so lässt sich diese Absicht am wirkungsvollsten dadurch erreichen, dass man zielgerichtet und gründlich vorgeht, ohne sich zu sehr anzustrengen oder zu Ich-bezogen zu sein. Übergroße Anstrengung scheint zusätz-

liche Ablenkungen oder Störungen hervorzurufen, die die Erreichung des Zieles behindern. Die Effizienz dieser Art von Ausrichtung weist auf die Wirklichkeit eines wahrhaft teleonomischen, zielgerichteten Prozesses in der Natur hin, der den vertrauteren prozessorientierten, kausalen Prinzipien komplementär gegenübersteht.«
William G. Braud[20]

Zu den bemerkenswertesten Laborversuchen zum Nachweis der menschlichen Fähigkeit, ihre Umgebung bewusst zu verändern, zählen die Forschungen zur inneren Verbundenheit von Menschen an der *Mind-Science-Foundation* in San Antonio, Texas. Wir haben einige dieser Arbeiten im 2. Kapitel untersucht und gesehen, dass einzelne Personen aus der Ferne signifikante Veränderungen bestimmter körperlicher Funktionen bei anderen Personen herbeiführen können, mit denen kein sinnlicher Kontakt möglich war.

Wie machen sie das? Welche mentalen Techniken wenden sie an? Bei genauer Betrachtung kann man diese Strategien *weder* gerichtet *noch* ungerichtet nennen. Zusätzlich dazu, ob man Ziele oder erwünschte Ergebnisse im Sinn hat, scheinen noch andere Faktoren daran beteiligt zu sein. Dr. William G. Braud zählt fünf einfache, aber kraftvolle Methoden auf, welche die Konzepte der Gerichtetheit versus Ungerichtetheit beim Beten beträchtlich erweitern und auf unsere Art des Betens direkt anwendbar sind: Entspannung und Stille, Übung der Aufmerksamkeit, Imagination und Visualisation, Verfolgung einer Absicht und starke positive Gefühle. Braud merkt an, dass diese Techniken häufig von Mystikern verwendet werden und seit Jahrhunderten in ihre Gebetsmethoden einbezogen wurden.[21]

Entspannung und Stille

Bei so gut wie allen ihren Versuchen fangen die Forscher damit an, dass sie die Teilnehmer einfach bitten, sich zu entspannen. Dazu gibt es viele Methoden; die Bücher zum Umgang mit Stress sind voll davon. Entspannung ist eine Fähigkeit, die man durch Übung entwickeln kann. Sie ist nicht einfach nur eine bewusste Empfindung. Sie leitet eine Vielfalt physischer Veränderungen im ganzen Körper ein, die einen Zustand niedriger physiologischer Erregung anzeigen.

Übung der Aufmerksamkeit

Seine Aufmerksamkeit auf irgendein Objekt zu lenken, sei es nun ein materieller Gegenstand oder der Gegenstand eines Gebetes, eine bildliche Vorstellung oder eine Visualisation, klingt einfach, aber es ist ziemlich schwer, sie für längere Zeit aufrechtzuerhalten. Jeder, der es versucht hat, merkt schnell, dass unser Geist anfängt, wild herumzuirren, vergleichbar mit der Hl. Theresa von Avila, wenn sie auf einem bockenden Pferd reitet. Aber durch Übung kann man die Fähigkeit erwerben, seine Aufmerksamkeit aufrechtzuerhalten und zu konzentrieren. Wenn dies geschieht, dann entwickelt sich häufig ein Gefühl der Verbindung und der Einheit zwischen der Person, die betet, imaginiert oder visualisiert und dem Objekt oder der Person, auf die diese Anstrengungen gerichtet sind.

Leute, die in Laborversuchen erfolgreich Imagination, Visualisation oder Gebete anwenden, beschreiben häufig ein Gefühl, als ob sie tatsächlich mit dem Objekt verbunden wären, das sie beeinflussen wollen, sei es eine Maschine, ein Tier oder ein Mensch. Bei den frühesten Biofeedback-Versuchen an der Medizinischen Fakultät von Harvard wurden die Versuchspersonen oft gefragt, wie sie es fertigbrächten, körperliche Prozesse zu kontrollieren, die gewöhnlich still und unsichtbar ablaufen – Blutdruck, Herzschlag, Hauttemperatur und so weiter. Sie waren nicht in der Lage, in Worten auszudrücken, wie sie es machten. Aber als die Forscher sie fragten, wie sie sich dabei *fühlten,* begannen sie Aussagen zu machen, die echt mystisch klangen: »Einswerden« mit den Biofeedback-Geräten, die die körperlichen Prozesse maßen, »Verschmelzung« mit der gesamten Umgebung und so weiter.

In Brauds Analyse erzeugt die zentrierte Aufmerksamkeit mehr als Gefühle von Einheit und Verbundenheit. Er sagt dazu: »Wenn man seine Aufmerksamkeit auf ein Objekt zentriert, stellt man einen wechselseitigen Kommunikationskanal zu diesem Objekt her, einen Kanal, den man nutzen kann, um Wissen über dieses Objekt zu erwerben oder um es zu beeinflussen.«[22] Nachdem man diesen Kanal geöffnet hat, dienen die bildlichen Vorstellungen als Transportmittel, um Information durch diesen Kanal hin und her zu tragen.

Innere Bilder und Visualisation

Was sind bildliche Vorstellungen? Die Psychophysiologin Jeanne Achterberg hat eine der besten Definitionen gegeben: Denken ohne Worte.[23] »Bildliche Vorstellungen« wird oft synonym gebraucht mit »Visualisation«, aber es gibt Unterschiede. Die Forscherin und Ärztin Patricia Norris vom Voluntary Controls Laboratorium an der Menninger Klinik in Topeka, Kansas, sagt dazu, dass zwar beide mit geistigen »Bildern ohne Worte« zu tun haben, man unter Visualisation aber speziell absichtlich erzeugte wortlose Gedanken versteht, die auf ein erwünschtes Ziel gerichtet werden.[24]

Wie geschildert, haben die Spannkraft-Experimente eine heilsame Diskussion darüber entfacht, ob beim Beten zielfreie oder zielgerichtete Visualisationen am besten wirken. Aber anstatt eine Methode gegenüber der anderen zu verklären, sollte man sich wiederum unbedingt klar machen, dass *beides* funktioniert. Es ist wichtig, dass man die Methode wählt, die sich intuitiv am besten *anfühlt*. Überdeutliche, zielgerichtete Gebete erscheinen vielen Menschen, die es für unangebracht halten, »Gott zu sagen, was er tun soll«, unnatürlich, ja sogar arrogant. Andere bevorzugen eine aktive, kraftvolle »Mach, dass es geschieht!« Herangehensweise, zu der hochspezifische und zielgerichtete Gebete und Visualisationen gehören. Wie wir schon gesehen haben, sind an diesen Vorlieben zweifellos Persönlichkeitsfaktoren beteiligt, zum Beispiel wie groß das Ausmaß an Introversion und Extroversion in der Psyche ist. Diese Persönlichkeitsmerkmale sind äußerst widerstandsfähig gegenüber Veränderungen und bleiben im Allgemeinen das ganze Leben hindurch stabil. Wir sollten sie so annehmen, wie sie sind, und in unsere persönliche Gebetsstrategie einbeziehen.

Absichtlichkeit und starke positive Emotionen

Die westlichen Kulturen haben eine Form der Verfolgung von Absichten höher geschätzt als alle anderen: Den kraftvollen, aktiven, »Hol's dir!-Stil«. Sogar beim Spiel fordert man uns auf, entschieden und energisch zu sein. Aber andere Kulturen, insbesondere die des Ostens, erkennen seit Jahrtausenden einen mühelosen Weg an, um Veränderungen in der

Welt herbeizuführen – ein »Tun, ohne zu tun«, wobei man mit der natürlichen Ordnung zusammenarbeitet, anstatt zu versuchen, sie zu verändern. Diese Seinsweise lässt es zu, dass auf geheimnisvolle Art »kontrollierte Zufälle« geschehen: Der Pfeil des Bogenschützen trifft das Schwarze, der Künstler erlangt ästhetische Vollendung und so weiter.

Es ist wichtig, auf welche Art wir unsere Absicht verfolgen, aber das gilt auch für unsere emotionale Stärke. Einfach ausgedrückt: Starke Gefühle für eine Sache helfen uns, sie zu erreichen. »Stark« bedeutet aber nicht, dass man seine Gefühle äußerlich demonstrativ zur Schau stellt. Starke Emotionen kann man still und innerlich fühlen. Wie die großen Strömungen in den Tiefen der Ozeane, brauchen sie die Oberfläche nicht aufzurühren.

DIE KRAFT DER GERICHTETEN ART DES BETENS

Wenn wir unsere Untersuchung von Gebetsmethoden an dieser Stelle abschließen würden, wäre unsere Analyse unvollständig. Jeder hat von dramatischen Beispielen von Heilungen gehört, bei denen ganz gezielte, *gerichtete* Strategien der Imagination und des Betens angewandt wurden. In einem wohlbekannten Beispiel stellte sich die Betreffende ihren Krebs als ein Stück roten Fleisches vor und ihre Immunzellen als eine Horde gieriger Wölfe, die das Fleisch angriffen und zerstörten. Ein anderes erfolgreiches Vorstellungsmotiv besteht in der Visualisation von Krebszellen als hilflose, furchtsame Fische und von Immunzellen als gefräßige Haie, die sie fressen.

Obwohl diese Geschichten Anekdoten sind und nicht zu den harten Fakten zählen, wäre es unklug von uns, sie zu ignorieren; denn sie werden von umfangreichem, solidem wissenschaftlichen Datenmaterial unterstützt, das nachweist, dass gezielte und sehr spezifische bildliche Vorstellungen körperliche Veränderungen herbeiführen können. Dr. Howard Hall von der Pennsylvania State Universität hat zum Beispiel gezeigt, dass Personen, die Hypnose verwenden, eine aktive Immunreaktion herbeiführen können, wenn sie sich ihre weißen Blutzellen als »starke, mächtige Haie« vorstellen.[25] Die Psychophysiologin Jeanne Achterberg und der Psychologe G. Frank Lawlis zeigten bei ihrer Arbeit mit 126 Krebspatienten, dass die klinische Reaktion der Patienten – zukünftiges Wachstum oder Rückbildung des Tumors – eine direkte Beziehung hatte zu der Genauigkeit, Lebendigkeit, Stärke und Klarheit ihrer mentalen Bilder. Die Arbeit von Achterberg und Lawlis, Pioniere der klinischen Anwendung bildlicher Vorstellungen, bietet damit einen zusätzlichen Aspekt zu der Diskussion darüber, ob gerichtete oder ungerichtete Imaginations- und Gebetsstrategien am besten funktionieren.[26]

In mehreren weiteren Studien waren die Versuchspersonen in der Lage, das Verhalten mancher Immunzellen zu beeinflussen und das anderer nicht, wobei sie sich die Aktivität dieser verschiedenen Zellen auf sehr konkrete Art vorstellten. Zum Beispiel untersuchten Dr. J. Achterberg und Dr. Mark S. Rider, inwieweit Versuchspersonen in der Lage waren, ganz speziell die Zahl bestimmter Typen von weißen Blutzellen, Neutrophile und Lymphozyten, im Blut zu beeinflussen. (Neutrophile und Lymphozyten machen etwa 85 bis 90 Prozent aller weißen Zellen im Blut aus). Dreißig Personen wurden zufällig auf eine »Neutrophile«- und eine »Lymphozyten«-Gruppe verteilt und einem sechswöchigen Trainingsprogramm unterzogen, in dessen Verlauf sie sich auf Bilder der Gestalt, des Aufenthaltsortes und der Bewegungsmuster dieser Zelltypen konzentrierten. Musik wurde eingesetzt zur Verstärkung der bildlichen Vorstellung. Vor und nach der abschließenden zwanzigminütigen Imaginationssitzung wurde eine Zählung der verschiedenen Typen weißer Blutzellen durchgeführt. Die Ergebnisse zeigten, dass die neutrophilen Zellen (aber nicht die Lymphozyten) in der neutrophilen Gruppe signifikant abgenommen hatten, wohingegen in der Lymphozyten-Gruppe die Lymphozyten deutlich abgenommen hatten, die neutrophilen Zellen aber nicht. Die Autoren zogen daraus den Schluss, dass diese stark gelenkten bildlichen Vorstellungen zellspezifisch waren, das heißt sie wirkten auf die Zellen ein, die beabsichtigt waren, und auf die anderen nicht.[27]

Dr. Richard G. Smith und seine Kollegen vom medizinischen College der Universität von Arkansas berichteten über das vielleicht erste Mal, dass ein Fall vollständig dokumentiert wurde, in dem ein Mensch in gezielter Absicht sein Immunsystem veränderte. Es handelte sich um eine neununddreißig Jahre alte Frau, die in der Lage war, ihren positiven Hauttest für *varicella zoster* (den Windpocken-Virus) willentlich zu verändern, von positiv zu negativ, und dann wieder zu positiv, eine Leistung, die sie sechs Wochen später wiederholte. Sie benutzte eine ganz bestimmte Form bildlicher Vorstellung, und zwar stellte sie sich vor, dass die Rötung und Schwellung um den Hauttest herum kleiner und kleiner werden würde, während sie in diesen Bereich »Heilenergie« schickte.[28]

Die experimentellen Nachweise der Wirksamkeit geistiger Bilder im Allgemeinen und gerichteter, spezifischer Vorstellungen im Besonderen sind zu umfangreich, um sie hier alle aufzuzählen. Zusammenfassende Überblicke über dieses Material sind jetzt aus vielen Quellen erhältlich. Besonders wertvoll sind die oben erwähnten, international bekannten Werke von Achterberg und Lawlis und von Anees A. Sheik, Professor und Leiter der psychologischen Abteilung der Marquette Universität und ehemaliger Präsident der Amerikanischen Gesellschaft zur Untersuchung mentaler Vorstellungsbilder.[29]

BETEN: LAUT ODER LEISE?

> Warum ist Beten so laut?
> Anne N., drei Jahre

Der Glauben an die Kraft von Worten ist universal und ist weltweit Bestandteil von Schöpfungsmythen. »Am Anfang war das Wort«, sagen wir im Westen. Nach einer uralten ägyptischen Schöpfungsgeschichte bestand die erste Handlung des Schöpfers darin, ein Schilfrohr zu pflücken, seine Spitze aufzuschlitzen und die Welt schreibend entstehen zu lassen. Die australischen Ureinwohner beschreiben, wie der Schöpfer zuerst der gestaltlosen Leere entstieg und dann die Welt durch seinen Gesang entstehen ließ – also durch Worte mit Musik. Diese Mythen stellen eine Beziehung her zwischen Wort und Welt; und damit waren viele Traditionen der Auffassung, dass wir, um Gott zu erkennen, uns selbst mit Worten befassen müssen, mit der Sprache Gottes.

Doch hat es immer auch einen entgegengesetzten Standpunkt gegeben, der nicht den Wert der Worte hervorhebt, sondern den der Stille. Nach dieser Sichtweise verhindern Worte eine tiefere Verbindung mit dem universalen Geist. Chuang Tzu, der im alten China vor über zweitausend Jahren die Grundsätze des Taoismus mitentwickelte, meinte, dass die tiefgründigsten Formen der Kommunikation über Worte hinausgehen. Auf seine typische provokative Art sagte er: »Wörter existieren wegen ihrer Bedeutung; hat man einmal die Bedeutung erfasst, kann man die Wörter vergessen. Wo kann ich einen Mann finden, der die Wörter vergessen hat, auf dass ich ein paar Worte mit ihm wechseln kann?«[30]

Woher sollten wir modernen Zeitgenossen auch wissen, welcher Wert in wortloser Stille liegt? Stille ist in unserer Zeit ein seltenes Gut. Wir scheinen Lärm zu *brauchen*. Diese Tatsache wurde mir deutlich vor Augen geführt, als meine Arztkollegen und ich eine neue Praxis entwarfen. Wir diskutierten, ob wir das Wartezimmer und andere öffentliche Bereiche mit Musik berieseln sollten oder nicht. Wir konnten uns nicht einig werden und luden schließlich einen Vertreter für eingebaute Klangsysteme ein, der uns die Vorteile darlegen sollte. Er warf sich voller Selbstvertrauen in Positur und spielte seinen letzten Trumpf aus, das Argument, das alle unsere Einwände hinwegfegen sollte. »Meine Herren«, verkündete er feierlich, »sie verstehen nicht, dass *das Allerschlimmste in der Welt die Stille ist!*«

Weil wir so wenig Toleranz für die Stille haben, scheinen Schweigen und Beten für viele Menschen nicht zusammenzupassen, und Gebet ohne Worte ist ein Widerspruch in sich. Das war nicht immer so. Der anonyme Autor von *Die Wolke des Nichtwissens* empfahl zwar nicht direkt das Beten ohne Worte, legte aber doch nahe, dass man sich kurz fassen solle:

»Ein Mann oder eine Frau, die plötzlich von Feuer oder Tod oder was auch immer bedroht sind, werden plötzlich in ihrer äußersten Not von ihrer Bedrängnis getrieben um Hilfe zu rufen oder zu beten. Und wie tun sie das? Sicherlich nicht mit einem Redeschwall; noch nicht einmal mit einem zweisilbigen Wort! Warum? Er oder sie würde zu viel Zeit verbrauchen, um ihre Notlage oder ihr Entsetzen auszudrücken. Deshalb stoßen sie vor Schrecken ein kleines Wort heraus, wie »Feuer!« oder »Hilfe!«

So wie dieses kleine Wort den Zuhörern in die Ohren dringt und sie alarmiert, so ist es auch mit einem kleinen einsilbigen Wort, wenn es nicht nur gesprochen oder gedacht wird, sondern auch aus der Tiefe unseres Geistes unsere Absicht ausdrückt [...] Und es dringt schneller an das Ohr des allmächtigen Gottes als ein langer Psalm, der gedankenlos abgespult wird. Deshalb steht geschrieben: »Kurze Gebete erreichen den Himmel.«[31]«

Wenn wir mit Angst, Schmerz oder Krankheit konfrontiert sind, wenn wir das Gefühl haben, dass wir beten *müssen*, dann werden wir vermutlich nicht lange überlegen, ob wir eine spezifische oder eine unspezifische Methode anwenden sollen oder ob stilles oder lautes Beten angemessen ist. In der Unmittelbarkeit des Augenblickes werden wir einfach *beten*. Wie die Psychobiologin Joan Borysenko es in ihrem bedeutenden Buch *Guilt is the Teacher, Love is the Lesson* ausdrückt:

> »Wenn wir absolut elend dran sind, ist das Gebet keine trockene mechanische Wiederholung mehr. Es wird ein lebendiger und tönender Hilferuf. Es wird authentisch. Im Schmerz vergessen wir die förmliche Anrede [im Englischen »thee« und »thou«. Anmerkung des Übersetzers], die uns von Gott getrennt hält, und gelangen zu einem neuen Zustand der Nähe, der daher rührt, dass wir auf unsere eigene Art mit Gott sprechen und sagen, was unser Herz bewegt.«[32]

KAPITEL 6
LIEBE UND HEILUNG

Der Hauptgrund für Heilung ist Liebe.
Paracelsus (1493-1541)

Wenn Wissenschaftler plötzlich ein Medikament entdecken würden, das so stark die Gesundheit fördern würde wie die Liebe, würde es als medizinischer Durchbruch gepriesen und über Nacht vermarktet werden – besonders wenn es so wenig Nebenwirkungen hätte und so wenig kosten würde wie die Liebe. Liebe steht mit Gesundheit in enger Beziehung. Das ist keine sentimentale Übertreibung. Bei einer Erhebung ergab sich, dass von zehntausend Männern mit Herzkrankheiten diejenigen eine fünfzig Prozent geringere Häufigkeit von Schmerzen in der Brust (Angina) hatten, die ihre Frauen als unterstützend und liebevoll empfanden.[1]

Die Macht der Liebe, körperliche Veränderungen herbeizuführen, ist sprichwörtlich. Davon künden Märchen und Sagen, der gesunde Menschenverstand und die alltägliche Erfahrung. Liebe bringt das Fleisch in Bewegung. Sie beeinflusst die Materie – wie das Erröten und Herzklopfen von Verliebten beweist. Im Verlauf der Geschichte wurde »liebevolle Fürsorge« immer einhellig als wertvoller Faktor der Heilung erkannt.

Dr. David McClelland von der medizinischen Fakultät von Harvard wies die Kraft der Liebe zur Heilung des Körpers nach durch den, wie er es nannte, »Mutter-Teresa-Effekt«. Er zeigte einer Gruppe von Studenten eine Dokumentation über Mutter Teresa, wie sie Kranken liebevoll beisteht, und maß den Immunglobulin-A-Spiegel (IgA) in ihrem Speichel, bevor und nachdem sie den Film gesehen hatten. (IgA ist ein Antikörper, der gegen Virusinfektionen, wie Erkältungen, aktiv ist.) Der IgA-Spiegel der Studenten stieg signifikant an, sogar bei denen, die Mutter Teresa für »zu religiös« oder für nicht ganz echt hielten. Um diese Wirkung auf anderem Wege zu erzielen, ließ McClelland später den Film weg und bat seine Diplomanden einfach, an zwei Dinge zu denken: Augenblicke in der Vergangenheit, wo sie sich von jemandem sehr geliebt und umsorgt gefühlt hatten, und an eine Zeit, zu der sie einen anderen Menschen geliebt hatten. McClelland hatte selbst die Erfahrung gemacht, dass er mit dieser Methode Erkältungen loswerden konnte. Als Ergebnis seiner persönlichen Erfahrungen und Forschungen wurde er zum Befürworter der Rolle der Liebe bei der modernen Heilung.[2] Einmal sagte er zu einer Gruppe von ärztlichen Kollegen:

> »Ich kann ein wenig davon träumen, die Krankenhaus-Umgebung so zu verändern, dass sie entspannend wirkt, dass man liebevoll und fürsorglich behandelt wird und von dem ständigen Bedürfnis, alles zu kontrollieren und in Gang zu halten, befreit wird. Eine heilsame Umgebung. Manche Ärzte, Krankenschwestern, Sozialarbeiter, alle von uns, können lernen, […] dass es der Gesundheit anderer gut tut, wenn sie mit ihnen liebevoll umgehen, und ihrer eigenen Gesundheit wahrscheinlich auch.«[3]

Aber kann Liebe und Fürsorge mehr tun, als *in* einem Menschen zu wirken? Ist sie stark genug, auch aus der Ferne *zwischen* Individuen zu wirken? Kann sie räumliche oder womöglich sogar zeitliche Trennung überwinden? Kann Liebe Menschen über geographische Entfernungen vereinen, auch wenn der »Empfänger« nichts davon weiß, dass ihm Liebe entgegengebracht wird? Damit stellt man die Frage, ob Gebete wirken; denn wenn jemand für das Wohlergehen eines anderen betet, dann übermittelt der Betende Mitgefühl, Anteilnahme und Liebe. Können diese Qualitäten wirklich »übergreifen«?

Einer der größten Gelehrten und Forscher in der Geschichte der Parapsychologie, F. W. H. Myers, war betroffen von der Tatsache, dass Menschen, die in »telepathischer« Verbindung standen und Gedanken über große Entfernungen einander mitteilen konnten, häufig eine starke, liebevolle emotionale Beziehung zueinander hatten. Myers schloss daraus, dass Liebe, Anteilnahme und Mitgefühl dem Bewusstsein irgendwie die

Überschreitung der Körpergrenzen ermöglichen. Liebe war in diesem Prozess so wichtig, dass Myers sie zu dem ehrenvollen Rang eines Natur-»Gesetzes« erhob. Wie er es ausdrückte: »Liebe ist eine Art höherer, aber unspezialisierter Telepathie, der einfachste und allgemeingültigste Ausdruck gegenseitiger Anziehung oder geistiger Verbundenheit, was die Grundlage des telepathischen Gesetzes bildet.«[4]

Praktisch alle geistigen Heiler, die Gebete verwenden, stimmen darin überein. Sie sagen einhellig aus, dass Entfernung kein Faktor bei der Heilkraft des Betens ist, und die meisten weisen mit Nachdruck darauf hin, dass Liebe die Kraft ist, die es ihnen ermöglicht, in die Ferne zu wirken und zu heilen. Während sie versuchen zu heilen, fühlen sich Heiler im Allgemeinen von Liebe erfüllt und durch Fürsorge transformiert. Dieses Gefühl tritt so deutlich hervor, dass sie es typischerweise als »Einswerden« beschreiben mit der Person, für die sie beten. In seiner bahnbrechenden Untersuchung des geistigen Heilens *The Medium, the Mystic, and the Physicist* berichtete Lawrence LeShan, der die vielleicht größte lebende Autorität auf diesem Gebiet ist, was einige berühmte Heiler bemerkt haben:

> »Mit den Worten von Agnes Sanford: »Nur Liebe kann das heilende Feuer erzeugen.« Ambrose und Olga Worrall haben gesagt: »Wir müssen Anteil nehmen. Wir müssen an anderen Anteil nehmen in aller Tiefe und Dringlichkeit, ganz und unmittelbar. Unser Bewusstsein, unser Geist muss zu ihnen hinüberreichen.« Stewart Grayson, ein ernsthafter Heiler der *Ersten Kirche der Religionswissenschaft*, sagte: »Wenn dieses Verstehen nur mental ist, dann ist es leer und steril« und »das Gefühl ist der Antrieb zur Heilung«. Sanford schrieb: »Wenn wir in Übereinstimmung mit dem Gesetz der Liebe beten, dann beten wir in Übereinstimmung mit dem Willen Gottes.««[5]

Zu der Überzeugung von Heilern, dass Liebe die Voraussetzung dafür ist, dass Gebete »durchdringen« und Heilung ermöglichen, kommt noch umfangreiches Material, sowohl anekdotisches als auch experimentell gewonnenes, das darauf hinweist, dass irgendwie gefühlsmäßige Verbindungen über Entfernungen hinweg zwischen Organismen existieren. Diese Wesen können von vielfältiger Art sein, von Mikroorganismen bis hin zu Menschen. Diese Tatsache ist wichtig. Wenn Mitgefühl wirklich eine große Vielfalt lebender Wesen miteinander verbindet, dann ist es vielleicht ein der natürlichen Welt innewohnender Wesenszug, nicht nur ein menschlicher Spleen oder vielleicht eine falsche Beobachtung.

GEFÜHLSVERBINDUNGEN

Anteilnahme, Mitgefühl und Liebe scheinen buchstäblich ein Band – eine Resonanz oder einen »Klebstoff« – zwischen Lebewesen zu bilden. Die folgenden Beobachtungen zeigen, dass Gefühle eines Wesens auch von einem anderen mitempfunden werden können, wenn Gefühlsverbindungen vorhanden sind, und zwar trotz beträchtlicher räumlicher Trennung.

J. B. Rhine und Sara Feather vom Parapsychologischen Institut an der Duke Universität sammelten vierundfünfzig Fälle »heimkehrender Tiere«. Einige davon sind sehr erstaunlich, weil es nicht ersichtlich ist, woher sie den Weg nach Hause hätten wissen können. Es handelt sich hier nicht um die Fähigkeit heimzufinden wie bei Tauben. Ein Beispiel ist der Fall von Bobbie, einem jungen weiblichen Collie. Sie war mit ihrer Familie unterwegs von Ohio nach Oregon, wo ihr neues Haus stand. Die Familie hatte diese Reise zwar schon einmal gemacht, Bobbie aber nicht. Während einer Rast in Indiana streunte Bobbie umher, verlief sich und konnte nicht wiedergefunden werden. Schließlich gab die Familie die Suche auf und fuhr weiter. Fast drei Monate später tauchte Bobbie an der Eingangstür des neuen Hauses in Oregon auf. Sie war nicht eine »ähnlich aussehende« Hündin; sie trug immer noch ihr Halsband mit ihrem Namen und konnte zudem an mehreren Merkmalen und Narben identifiziert werden.[6]

In einem anderen Fall fand ein Junge namens Hugh Brady, der Brieftauben als Haustiere hielt, eine verwundete Taube im Garten seines Hauses und nahm sich ihrer an. Er pflegte den Vogel gesund und brachte an ihm eine mit #167 gekennzeichnete Marke an. Im nächsten Winter wurde Hugh plötzlich krank, wurde in ein zweihundert Meilen entferntes Krankenhaus gebracht und operiert. In einer bitterkalten Schneenacht, während er sich noch von der Operation erholte, hörte er, wie etwas ans Fenster tippte. Hugh rief eine Krankenschwester und bat sie, es zu öffnen. Herein flog eine Taube, die mit Geflatter auf Hughs Brust landete. Er erkannte sofort seinen Vogel und wurde durch die Zahl auf der Marke bestätigt. Das Heimfindevermögen von Tauben ist natürlich wohlbekannt. Aber #167 kam ja nicht nach Hause. Sie war an einen Ort geflogen, wo sie noch nie gewesen war.[7]

Mitgefühl beeinflusst nicht nur die Beziehungen zwischen Lebewesen, es kommt offenbar auch bei Interaktionen zwischen Mensch und Maschine vor. In einer Versuchsreihe, die sich über die letzten zehn Jahre erstreckte, untersuchten Forscher am *Princeton Engineering Anomalies Research* (PEAR) Laboratorium an der Universität Princeton die menschliche Fähigkeit zur Beeinflussung von physikalischen Zufallsereignissen, wie sie bei verschiedenen mechanischen Geräten auftreten, beispielsweise beim Mikroelektronischen Zufallsgenerator (REG). Dieses Gerät erzeugt eine Reihe von binären Zufallszahlen, und zwar 1000 Bits pro Sekunde, in Versuchsreihen von jeweils zweihundert Bits, und zählt die Zahl, die eine negative oder positive Veränderung anzeigt. Ein menschlicher Operator sitzt vor diesem Gerät und beobachtet an einem Sichtgerät die Abfolge der Zahlen, wobei er versucht, die Verteilung der ausgegebenen Zahlen entweder in positiver oder in negativer Richtung zu beeinflussen. In anderen Worten, er versucht, den Output der Maschine willentlich aufwärts oder abwärts zu steuern. Zusätzlich zum REG werden bei den Versuchen des PEAR-Labors viele andere Geräte verwendet.[8] Über die Jahre wurden fünfzehn Paare von Versuchspersonen getestet. Dabei gab es 256.000 Versuche, das REG zu beeinflussen. Ihre Ergebnisse wurden verglichen mit denen von einundneunzig Einzelpersonen, die 25.210.000 Durchgänge an demselben Gerät durchführten. Die Ergebnisse zeigen ganz klar, dass sowohl Einzelpersonen als auch gemeinsam vorgehende Paare das REG beeinflussen können, indem sie dessen Output von einer reinen Zufallsverteilung auf ein bestimmtes Muster hin steuern können. Am erfolgreichsten sind Paare, die gefühlsmäßig stark verbunden sind und miteinander fühlen, sogenannte »verbundene« Paare.

Dies ist das umfangreichste Datenmaterial dieser Art, das je gesammelt wurde. Es liefert den eindrucksvollen Beweis dafür, dass Mitgefühl und emotionale Nähe eine Kraft entstehen lässt, die in der Lage ist, physikalische Ereignisse in der Welt »da draußen« zu gestalten. Dieses Material stützt die obigen Behauptungen der Gebetsheiler: »Liebe [Anteilnahme, Mitgefühl, Fürsorge, Bindung] ist der Antrieb zur Heilung.«

In den Versuchen von Princeton sind gefühlsmäßige Wirkungen nicht auf verbundene Paare beschränkt. Einzelne Versuchspersonen beschreiben auch eine emotionale Verbindung mit den Maschinen, die sie zu beeinflussen suchen. Manche sagen, sie würden mit dem Gerät »einswerden«, während sie versuchen, es zu beeinflussen.

Die PEAR-Versuche zeigen deutlich, dass *die Wirkungen von Gefühlsbindungen den Raum überschreiten*. Es macht keinerlei Unterschied, ob der Operator vor dem Instrument im selben Zimmer in der Universität Princeton sitzt, ob er oder sie sich am anderen Ende der Welt befindet oder irgendwo dazwischen (diese Experimente wurden tatsächlich über weltweite Entfernungen durchgeführt). Die Versuchsperson ist gleichermaßen erfolgreich, unabhängig von der räumlichen Entfernung von dem Gerät.

Diese Untersuchungen zeigen auch, dass *die Wirkungen von Gefühlsverbindungen die Zeit transzendieren*. Bei einer bemerkenswerten Variante dieser Versuche forderten die Experimentatoren von PEAR die Versuchspersonen auf, den Output des REG-Gerätes zu beeinflussen, *bevor* es tatsächlich lief. Die Ergebnisse waren dieselben, als wenn sie vor dem Gerät gesessen hätten, um sein Verhalten unmittelbar während es lief zu beeinflussen. Sie forderten die Versuchsperson auch auf, den Output der Maschine zu beeinflussen, *nachdem* sie gelaufen war. Das heißt, die Maschine lief und die Versuchsperson versuchte, ihren Output zu einem *späteren* Zeitpunkt zu beeinflussen. Die Ergebnisse waren identisch mit den in der Gegenwart durchgeführten. Das ist erschütternd – ein Beispiel für eine Ursache, die der Wirkung *folgt* – weil wir annehmen, dass vergangene Ereignisse festliegen und nicht beeinflusst werden können.

Die PEAR-Experimente sind nicht die einzigen ihrer Art. Sie werden von ähnlichen experimentellen Ergebnissen des Physikers Helmut Schmidt gestützt, der zeigte, dass Versuchspersonen den Output eines Mikroelektronischen Zufallsgenerators beeinflussen können, *nachdem* die Maschine gelaufen war (siehe Kapitel 7).

Trägt Mitgefühl dazu bei, dass ein Gebet »ankommt«? »Ankommen« setzt voraus, dass es so etwas gibt wie eine einzelne Person, die grundsätzlich isoliert und getrennt von jeder anderen ist. Diese Vorstellung könnte falsch sein. Wie der bedeutende parapsychologische Forscher Stanley Krippner gesagt hat:

»Man könnte eine andere Haltung einnehmen [...] nämlich die, dass *jegliches* Bewusstsein im Grunde »Gruppenbewusstsein« ist. Das Bewusstsein, die Aufmerksamkeit, das Gedächtnis usw. eines Individuums ist ein soziales Konstrukt. Ohne Gruppeninteraktion würde ein Einzelner nie zu einer »Identifikation« mit irgendjemandem oder irgendetwas kommen. Aus dieser Sicht ist »Gruppenbewusstsein« die fundamentale Matrix, aus der das »individuelle Bewusstsein« hervorgeht.«[9]

Wir haben uns so lange als separate Persönlichkeiten definiert, dass wir wie unter einem hypnotischen Bann glauben, dass Trennung und nicht Einheit die zugrundeliegende Wirklichkeit ist. Aber wenn *Einheit und nicht Trennung die Grundlage wäre,* dann würde auf einer seelischen Ebene *nichts* »ankommen«, weil es keine getrennten Teile gibt, wo etwas ankommen könnte.

Wenn das so ist, dann ist die Verbindung, die wir während des Gebetes zu anderen spüren, »nichts Besonderes«. Wir müssen diese Verbindung nicht herstellen oder erfinden, weil sie schon vorhanden ist. Beten ist keine neue Erfindung, es ist ein Prozess des Erinnerns, wer wir wirklich sind und wie wir verbunden sind. Aus dieser Sicht gibt es gute Gründe, das Gebet zu befreien von seiner Aura, die es zu einem seltenen Zustand macht, den wir nur zu bestimmten Gelegenheiten einnehmen. Wenn die Einheit, auf die es sich bezieht, nicht die Ausnahme ist, sondern die Regel, dann sollte man das Beten nicht mit einem himmlischen Heiligenschein umgeben.

Daraus folgt auch, dass es auf bestimmten seelischen Ebenen keine »Fern«-Heilungen gibt, weil es keine trennenden Entfernungen zwischen Menschen gibt, die überwunden werden müssten. Das heißt, dass die Heilung eines anderen gewissermaßen eine Selbstheilung ist, denn die räumliche Trennung zwischen »selbst« und »anderen« ist nicht grundsätzlich. Vielleicht fühlt es sich deswegen immer so gut an, jemanden zu lieben, und vielleicht sind unsere Gebete für andere deswegen auch so gut für uns.

PARADOXIEN DER LIEBE

»Der Mensch kann versuchen, die Liebe zu benennen, indem er sie mit allen Namen überschüttet, die ihm zur Verfügung stehen, und doch wird er sich in endlosen Selbsttäuschungen verfangen. Wenn er ein Körnchen Weisheit besitzt, wird er seine Arme ruhen lassen und das Unbekannte mit dem benennen, was noch unbekannter ist ... mit dem Namen Gottes.«
C. G. Jung[10]

Unter all den trivialisierten sogenannten New Age-Begriffen bezieht sich der vielleicht wichtigste auf die Liebe. Zahllose Bücher ergießen sich aus den Federn von wohlmeinenden Patienten und Ärzten, welche die gleichermaßen phänomenale Heilkraft der Liebe bezeugen. Liebe schmilzt Tumore weg, heilt Süchte, vertreibt Furcht, bewirkt Wunder, transformiert das Leben – das alles wird uns *ad infinitum* erzählt. Wenn wir nur lernen könnten, zu lieben und uns selbst und anderen zu vergeben und alle Ängste, allen Groll und Hass fallenzulassen, wäre unsere Gesundheit besser. Der Satz von Paracelsus: »Die Hauptursache der Heilung ist Liebe« wird häufig verzerrt zu »Die *einzige* Ursache der Heilung ist Liebe«. Der aufgeregte Rummel um die Liebe hat zu einer der größten Ironien des New Age geführt, dass nämlich eine bedeutende Anzahl kranker Menschen sich im Namen der Liebe Schuldgefühle einreden lässt, weil es ihnen nicht gut geht.

Etwa vor zehn Jahren bildete sich bei einer meiner Patientinnen ein Brustknoten. Ein Mammogramm und eine Gewebeprobe der Brust zeigten, dass es sich um Krebs handelte. Ziemlich erschüttert suchte sie Hilfe bei einem psychologischen Berater, der wohlbekannt dafür war, dass er sich mit neu diagnostizierten Krebspatienten befasste. Dieser Mann war der tiefen Überzeugung, dass alle körperlichen Leiden emotionale und spirituelle Mängel widerspiegelten. Als meine Patientin diesen Berater zum ersten Mal besuchte, stellte er unvermittelt fest, ohne sich die Mühe gemacht zu haben, sie ausführlich nach ihrer Geschichte und ihrer psychologischen Verfassung zu befragen: »Es gibt nur drei mögliche Gründe dafür, dass Sie Krebs haben. Entweder *lieben* Sie sich selbst nicht genug oder Sie haben eine tiefsitzende *Furcht*, mit der Sie nicht in Kontakt sind, oder Sie *vertrauen* sich selbst und den anderen nicht genug!« Da sie über die Fähigkeit zur Innenschau verfügte, empfand meine Patientin die Bemerkungen des Beraters als schlichtweg falsch. »Krebs zu haben, ist schwer genug, auch ohne den Schuldtrip«, sagte sie. Sie lehnte seine Analyse ab und fand anderswo Hilfe. Sie wandte eine orthodoxe Krebstherapie an und führte zugleich ihre innere psychologische Arbeit weiter. Nach zehn Jahren hatte sie keine Spur der Krankheit mehr.

Das soll nicht heißen, dass ich nicht an die Rolle der Liebe bei der Heilung glaube. Wie ich dargelegt habe, halte ich sie für äußerst wichtig, besonders bei der Heilung durch Beten. Ich möchte nur hervorheben, dass Liebe nicht als ein magisches, monolithisches Prinzip bei der Gesundheit und Heilung verklärt werden sollte; denn dann muss der Kranke dafür zahlen.

Manchmal möchte man aufstehen und alle, die uns die Liebe derart verkaufen wollen, auffordern zu sagen, was sie mit Liebe *meinen*. In holistischen Gesundheitskreisen neigt man dazu, sie einfach als ein Gefühl zu betrachten, das etwas zu tun hat mit bedingungsloser Fürsorge, Mitgefühl und Anteilnahme. So weit, so gut; aber das ist nur ein Teil des Bildes. Die alten Griechen glaubten zum Beispiel, dass Liebe das Reich des Eros sei – und Eros war letztlich mysteriös und paradox. Jung erklärte es so: »In der klassischen Zeit, als man solche Dinge noch richtig verstand, wurde Eros als ein Gott betrachtet, dessen Göttlichkeit unsere menschlichen Grenzen überschreitet, und der deshalb weder verstanden noch irgendwie dargestellt werden kann.«[11] Im Gegensatz zu den meisten New Age-Anhängern erkannten die Griechen, dass viele Eigenarten des Eros ganz entschieden nicht nett waren. Jung stimmte dem zu. Er hatte die wirkende Kraft des Eros im Leben und in den Träumen von Tausenden seiner Patienten beobachtet und kam zu dem Schluss, Eros sei ein »Daimon, dessen Aktionsradius sich von den endlosen Räumen des Himmels bis zu den tiefsten Abgründen der Hölle erstreckt [und der] unberechenbare Paradoxien [in sich birgt]«.[12]

Ein Großteil der New Age-Literatur hat die Liebe ihrer Komplexität beraubt und sie bereinigt zu etwas Nettem, aus dem man eine einfache Formel machen kann, die für jedermann verständlich ist. Die geheimnisvollen dunkleren Qualitäten der Liebe werden zu den Schatten verbannt oder völlig ignoriert.

Die Geschichte von Hiob, im Alten Testament, handelt von der Schattenseite der Liebe und wie man von einem liebenden Gott gequält werden kann. Hiobs Geschichte sollte unbedingt von denen gelesen werden, die heute darauf bestehen, dass spirituelle Perfektion und Gesundheit zusammengehören, denn sie zeigt, dass untadeligen Menschen furchtbare Dinge widerfahren können. Die zur Zeit beliebten Liebesformeln sind für die Gesundheit schrecklich unvollständig.

Zu Beginn erfahren wir, dass Hiob »rechtschaffen und aufrichtig« (Hiob 1,1) war. In anderen Worten, er tat nichts, womit er sein Schicksal verdient hätte. Doch trotz Hiobs Makellosigkeit ließ Gott zu, dass ihm Schreckliches widerfuhr: Seine zehn Kinder kamen um, sein Wohlstand wurde vernichtet, seine Gesundheit wich einer entstellenden, schmerzhaften Krankheit. Wenn wir glauben, dass »Gott Liebe ist«, dann müssen wir schließen, dass Liebe ein äußerst komplexes Phänomen ist – Jungs »Daimon« in Aktion.

Die Dinge haben sich nicht sehr verändert seit der Zeit Hiobs. Menschen, die hochspirituell, Gott-verwirklicht und 'erleuchtet' sind, werden trotzdem krank. Um »Gottes Weste sauber zu halten«, wie Alan Watts es einmal ausgedrückt hat, hören wir diverse Rationalisierungen für diese beunruhigenden Vorfälle. Manche sagen, der Kranke *scheine* nur liebevoll, vertrauensvoll und furchtlos zu sein, aber tief unten gebe es echte Probleme, mit denen er oder sie nicht »in Berührung« sei. Oder dass die Kranken ihr Karma auslebten und für Verfehlungen in früheren Leben »bezahlen müssten«. Oder dass sie diese Krankheit in einem früheren Leben »gewählt« hätten, und so weiter. Man hat den Eindruck, dass es sich dabei um verzweifelte Versuche handelt, das »Liebesmodell der Gesundheit« zu retten, anstatt sich dem zu stellen, was offensichtlich ist: Das Modell ist fehlerhaft. Liebe ist keine Garantie für Gesundheit, Langlebigkeit oder sonst etwas, sondern ein paradoxes und tiefes Mysterium.

Was *wissen* wir wirklich über die Rolle der Liebe bei der Heilung? Was können wir sagen ohne übertriebene Furcht vor Widersprüchen? Wir können experimentell demonstrieren, dass Liebe, Mitgefühl, Fürsorge und Anteilnahme Heilungen fördern und diese Kräfte auch über große Entfernungen und außerhalb der Zeit wirksam sind. Wir wissen aber auch, dass Liebe vereinbar ist *mit* Krankheit – in demselben Sinne, wie Jesus sagte: »Liebet Eure Feinde«, und nicht »Habt keine«.

Die Liebe nimmt bei der Heilung einen vornehmen Platz ein. Sie liegt außerhalb von Raum und Zeit, sie ist ein lebendiges Gewebe der Wirklichkeit und ein Band, das uns alle eint.

KAPITEL 7
ZEITVERSETZTE GEBETE: WENN GEBETE ERHÖRT WERDEN, BEVOR SIE STATTFINDEN

> Und es soll geschehen, ehe sie rufen, will ich antworten.
> Jesaja 65,24

> »Aber was ist jetzt? So etwas gibt es nicht in der Physik [...] Kein physikalisches Experiment ist je durchgeführt worden, bei dem man das Verstreichen von Zeit festgestellt hätte. Das größte aller Rätsel ist die Tatsache, dass keine Zeit vergeht, was auch immer wir mental erleben mögen, noch gibt es eine Vergangenheit, eine Gegenwart und eine Zukunft [...] die Vorstellung einer sich bewegenden Zeit ist praktisch sinnlos... trotz der Tatsache, dass sie unsere Sprache, unsere Gedanken und unser Handeln beherrscht.«
> Paul Davies, *Other Worlds, Space and Time in the Modern Universe*

Unsere Vorstellungen vom Beten folgen den Regeln der klassischen Newtonschen Physik, in der Geist und Bewusstsein keine Rolle spielen. Alle Ereignisse werden von blinden, neutralen Naturgesetzen gelenkt, und die Ursache geht immer der Wirkung voraus im gleichmäßig fließenden Strom der Zeit.

Die »Neue Physik« weicht auf vielfältige Weise von dieser klassischen Sicht ab, aber besonders merkwürdig ist ihre Vorstellung davon, wie subatomare Ereignisse ablaufen. Nehmen wir ein radioaktives Teilchen A, das sich in einem Kasten befindet, der vor unserer Sicht abgeschirmt ist. Wir wissen von früheren Experimenten, dass A im Verlauf einer Minute entweder ein Teilchen B oder ein Teilchen C freisetzt. Wir warten diese Minute ab und fragen dann: Welches Teilchen wurde freigesetzt? B oder C? Nach der allgemein akzeptierten Interpretation der Quantenphysik ist diese Frage nicht entscheidbar, bevor wir nicht in den Kasten *hineinschauen.* Vorher gibt es nur eine »Superposition« [Überlagerung] der Wahrscheinlichkeiten von B *und* C. Wenn es kein physikalisches Instrument wie einen Geigerzähler gibt, mit dem man das *anschauen* oder aufnehmen kann – oder, wie manche sagen, wenn kein Mensch da ist, der die Aufnahme untersucht – dann wird dieses Ereignis nie zum Abschluss kommen, auch wenn wir für immer darauf warten würden. Bevor wir nachsehen, können wir nur von Wahrscheinlichkeiten reden, nicht von tatsächlichen Ereignissen. Man sagt, es sei der Beobachtungsvorgang, der alle potenziellen Ereignisse zu einem einzigen Ergebnis bringt, das man dann das tatsächliche Ereignis nennen kann.

Seit einigen Jahrzehnten fragen sich Forscher, ob die Wirklichkeit, wenn sie an die Handlungen menschlicher Beobachter gebunden ist, eine gewisse Flexibilität besitzt und womöglich mental geformt werden kann. Der Physiker Helmut Schmidt von der *Mind Science-Stiftung* in San Antonio, Texas, entwickelte einige der ersten und präzisesten Experimente, bei denen Probanden den Output eines Zufallsereignisgenerators (REG) zu beeinflussen versuchten. Diese Geräte funktionieren auf der Grundlage vom tatsächlich zufälligen radioaktiven Zerfall oder von elektronischem Rauschen, das in Halbleitern auftritt. Man kann diese Geräte so einrichten, dass sie ihre Zufallsereignisse in Folgen von Einsen und Nullen ausdrücken, die dann in Licht- und Klangsignale übertragen werden, welche wiederum die Versuchspersonen zu beeinflussen versuchen. Das ist eine indirekte Art der Beeinflussung der Natur auf der subatomaren Ebene.

Die über viele Jahre hin durchgeführten Versuche von Schmidt machen deutlich, dass Menschen auf mentalem Wege das Verhalten oder den Output von Zufallsgeneratoren beeinflussen können. Wie gut sind die Daten von H. Schmidt? Der prominente Psychologe und Statistiker Hans Eysenk und der Forscher Carl Sargent aus Cambridge schätzen die Wahrscheinlichkeit eines rein zufälligen Zustandekommens der Ergebnisse H. Schmidts auf eins zu einigen Millionen.[1] Sogar Skeptiker waren beeindruckt. Ray Hyman, ein wohlbekannter Kritiker der Parapsychologie, sagte über die Arbeit von Schmidt:

»Welchen Maßstab man auch anlegen mag, die Arbeit von H. Schmidt ist die größte Herausforderung, der Kritiker wie ich je begegnet sind. Sein Vorgehen lässt viele der früheren Einwände gegen die parapsychologische Forschung gegenstandslos werden. [Ich bin] überzeugt von seiner Ehrlichkeit und Aufrichtigkeit und seinem Bemühen, so wissenschaftlich wie möglich vorzugehen [...] der feinsinnigste Parapsychologe, dem ich je begegnet bin. Wenn es in seiner Arbeit Fehler geben sollte, dann sind es sicher keine offensichtlichen und üblichen.«[2]

Schmidts Arbeit wurde von anderen unabhängigen Forschern nachvollzogen. Die Forscher Dean Radin und Roger D. Nelson analysierten die Ergebnisse von über achthundert Arbeiten mit Zufallsereignisgeneratoren, die zwischen 1959 und 1987 durchgeführt wurden. Ihre Ergebnisse wurden in der angesehenen Zeitschrift *Foundations of Physics* veröffentlicht und lieferten den einhelligen Beweis für eine zuverlässig replizierbare, direkte mentale Beeinflussung dieser natürlichen Zufallsereignisse. Sie zeigten weiterhin, dass diese Wirkung auch bei zunehmend ausgefeilteren Versuchen bestehen blieb und die Ergebnisse nicht mit dem »Schubladen-Effekt« wegerklärt werden konnten, bei dem Experimentatoren nur von positiven Versuchen berichten und neutrale oder negative Ergebnisse übergehen.[3]

In einer erstaunlichen Versuchsreihe fand der Physiker Schmidt Hinweise darauf, dass diese Einflüsse auch zeitlich verschoben sein können. Seine Probanden versuchten, den Output eines REG *in der Vergangenheit* zu beeinflussen. Sie versuchten also auf Zufallsereignisse einzuwirken, die zuvor schon aufgenommen, aber noch nicht bewusst angeschaut worden waren. Das Resultat: »Anscheinend war es möglich, mit geistigen 'Bemühungen' in der Gegenwart vergangene Ereignisse zu beeinflussen, über die 'die Natur sich noch nicht entschieden hatte'.«[4]

H. Schmidts Versuche zeigen offenbar, dass vergangene subatomare Ereignisse formbar sind. Man kann sie mental beeinflussen, auch wenn sie schon stattgefunden haben und schon irgendwie festgehalten worden sind, *so lange man sie noch nicht bewusst wahrgenommen hat*. In einer faszinierenden Variante seiner REG-Experimente schaut sich eine dritte Partei die zuvor aufgenommenen subatomaren Ereignisse in der Zeit zwischen ihrer Aufnahme und der Sitzung an, bei der der Versuch einer mentalen

Beeinflussung unternommen wird. Die Ergebnisse zeigen, dass eine direkte mentale Beeinflussung vergangener Ereignisse verhindert oder behindert werden kann, wenn diese schon zuvor mit hinreichender Intensität wahrgenommen worden sind. Die Tatsache, dass durch Beobachtung »die Vergangenheit festgelegt werden« kann, ist auch in einigen Fällen geprüft worden, wo nicht nur Menschen, sondern auch Hunde und Goldfische die Beobachter waren![5]

KÖNNEN WIR AUF UNSERE »MEDIZINISCHE VERGANGENHEIT« EINWIRKEN?

Der überzeugendste experimentelle Nachweis einer Einwirkung auf die Vergangenheit stammt aus dem subatomaren Bereich, wie auch die Versuche mit Zufallsereignissen von Schmidt und anderen. Das könnte bedeuten, dass diese zeitlich verschobenen Wirkungen *nur* auf unsichtbaren, entlegenen Ebenen auftreten und nichts mit der Welt von der Größenordnung menschlicher Körper und Organsystemen zu tun haben. Doch in den letzten Jahren sind die experimentelle Physik und die medizinische Wissenschaft näher zusammengerückt. Wir erkennen jetzt, dass viele Krankheiten mit Störungen auf der subatomaren Ebene anfangen. So kann sich zum Beispiel ein Melanom, ein Hautkrebs, entwickeln, wenn übermäßige ultraviolette Strahlung eine Mutation in den Atomen der Haut auslöst. Abnorme »Kanäle« in einigen Geweben können den Durchfluss von Kalzium und anderen ionisierten Teilchen hemmen und zu Herzkrankheiten, Bluthochdruck und anderen Problemen führen. Während Krankheiten also *scheinbar* in ganzen Organen ausgelöst werden, wie in den Lungen, im Herz oder in den Nieren, liegt ihr eigentlicher Ursprung in der subatomaren Dimension.

Diese Perspektive bietet eine bislang in der Medizin unvorstellbare Möglichkeit: Wenn wir 1. auf die dynamischen Eigenschaften subatomarer Teilchen durch unsere Beobachtung einwirken können, wie einige Physiker behaupten; wenn 2. diese Bemühungen in die Vergangenheit hineinreichen und unbemerkte Ereignisse, die schon stattgefunden haben, verändern können, solange »die Natur sich noch nicht entschieden hat«, wie sich in den obigen Versuchen gezeigt hat; und wenn 3. das Verhal-

ten subatomarer Teilchen mit der Verursachung von Krankheiten zusammenhängt, was wir mit Sicherheit wissen, dann könnten wir 4. *in der Lage sein, unsere »medizinische Vergangenheit« auf geistigem Wege so umzugestalten, dass sie zur Gesundheit führt statt zur Krankheit.*
Science Fiction? Der Psychologe William G. Braud von der *Mind-Science-Stiftung* untersuchte die Fähigkeit einer Versuchsperson, »in die Vergangenheit einzugreifen« und zeitverschoben Einfluss auf seinen zuvor aufgenommenen psychogalvanischen Reflex, also die Leitfähigkeit der Haut gegenüber elektrischen Impulsen, zu nehmen. Obwohl der Versuch keine statistisch signifikanten Ergebnisse erbrachte, stellte man faszinierende Ereignisse fest. Als man die Versuchsperson daran erinnerte, dass sie in einem anderen Labor bei Versuchen zur zeitlichen Verschiebung erfolgreich gewesen war (was sie vergessen hatte), verbesserte sich ihre Trefferquote deutlich. Dagegen fiel sie stark ab, als sie sich einmal bemühte, die Aufgabe absichtlich *schlecht* zu erfüllen.[6]

Wenn man Zeitverschiebung bewusst einsetzen könnte, würde das bedeutende Auswirkungen auf die moderne Gesundheitsvorsorge haben. Man denke an die üblichen jährlichen Vorsorgeuntersuchungen. Regelmäßige Untersuchungen leuchten unmittelbar ein, weil sie Probleme aufdecken, bevor sie sich manifestieren. Viele von uns kennen jemanden, bei dem bei der jährlichen Untersuchung ein Krebsknoten festgestellt wurde, den man dann entfernte, bevor er Gelegenheit hatte, sich auszubreiten. Oder jemand, dessen Diabetes im Frühstadium entdeckt wurde, bevor er die Nieren, das Herz und die Blutgefäße zerstörte. Aber obwohl jährliche Vorsorgeuntersuchungen sinnvoll sind und von fast allen Ärzten empfohlen werden, gibt es kaum einen statistischen Beweis dafür, dass sie die Langlebigkeit in der Bevölkerung insgesamt fördern. Wenn sie in individuellen Fällen so eindeutig nützlich sind, warum sollte es dann so schwierig sein, ihren Nutzen statistisch nachzuweisen?

Die jährliche Gesundheitsvorsorge und die dazugehörenden ausführlichen Laboruntersuchungen sind die wesentlichen »Beobachtungsvorgänge« in der modernen Medizin. In der Quantenphysik werden, wie wir gesehen haben, Möglichkeiten und potenzielle Ereignisse durch Beobachtung und Betrachtung in tatsächliche Ereignisse verwandelt und *legen* diese unwiderruflich *fest*. Könnte es sein, dass dasselbe auch bei der körperlichen Untersuchung geschieht? Obwohl der Krebsknoten manchmal frühzeitig entdeckt und entfernt wird, könnte die heilsame Wirkung eines solchen Eingriffs womöglich von anderen schwerwiegenderen Krankheitsprozessen überschwemmt werden, die gerade durch Untersuchungs- und Beobachtungsvorgänge, die zur Vorsorge gehören, »festgehalten« und fixiert werden? Das wäre eine Erklärung dafür, warum es so schwierig ist, die Effektivität der jährlichen Vorsorgeuntersuchungen insgesamt nachzuweisen.

Ich erinnere mich an einen Fall, der den meisten Ärzten aus ihrer eigenen Erfahrung vertraut sein dürfte. Eine arme, ungebildete Frau kam in die Notaufnahme mit einem offensichtlichen Brustkrebs im fortgeschrittenen Stadium. Die Geschwulst hatte die Größe einer Pampelmuse, war infiziert und hatte sich auf die Lymphknoten in ihren Achselhöhlen, im Hals und auf andere Stellen ausgebreitet. »Wie lange haben Sie das schon?«, fragte ich sie. »Seit fünfzehn Jahren«, sagte die arme Frau. Ich war schockiert. Ich wusste aus der Statistik, dass man keine fünfzehn Jahre am Leben bleibt, nachdem ein Brustkrebs sichtbar geworden ist, wenn man ihn unbehandelt lässt. Sie war jedoch ihrer Sache sicher, und ihre Familie unterstützte sie darin. »Warum haben Sie keinen Doktor aufgesucht, um das behandeln zu lassen?« »Wenn ich das getan hätte«, sagte sie, »hätte der Doktor ihn ausgeschnitten. Damit wäre Luft an den Krebs gekommen, er wäre »freigesetzt« worden und ich wäre gestorben.« Ihre Vorahnung erwies sich als richtig. Die Frau wurde operiert und starb kurz darauf.

Wie kam es, dass sie fünfzehn Jahre, nachdem der Krebs aufgetreten war, überleben konnte, und das ohne irgendeine Behandlung? Viele moderne Behandlungsmethoden sind nicht annähernd so wirkungsvoll. Sie meinte offenbar, dass ihr Schicksal so lange nicht feststünde, wie keine formale Behandlung durchgeführt würde. So lange, wie alles verhüllt und unbekannt bliebe, hätte sie eine Chance, aber wenn man es betrachten, untersuchen und eingreifen würde, würde man einen tödlichen Verlauf einleiten.

Es gibt verschiedene mögliche Erklärungen für den Fall dieser Frau. Ihre Verleugnung des Krebses könnte tatsächlich dazu beigetragen haben, dass sie überlebte, wie in den Fällen des Metastasen bildenden Brustkrebses, die wir im Kapitel 3 untersucht haben. Ihre eigenen, die Operation betreffenden Ängste könnten eine sich selbst erfüllende Prophezeiung erzeugt haben, die dann zum Tod führte. Könnte hier zusätzlich dazu eine Analogie zu den zeitlich verschobenen Wirkungen vorliegen, die der Physiker Schmidt nachgewiesen hat? Dort waren die Versuchspersonen in der Lage gewesen, auf die Entwicklung vergangener Ereignisse einzuwirken, bevor man sich die entsprechenden Daten angesehen hatte. Scheinbar muss diese Frage verneint werden, weil der Krebs ja tatsächlich von der Frau festgestellt *wurde*. In Wirklichkeit wissen wir ja durchaus nicht immer, was bei Krebs den Tod verursacht. Manche Leute leben ein normales, gesundes Leben, obwohl sie eindeutig Krebs haben, und manchmal verschwindet Krebs auch von alleine. Bei Krebs kann im »natürlichen Verlauf der Krankheit« alles passieren, wie wir Ärzte sagen. Vielleicht sind die kritischen Aspekte dieser Prozesse *nicht* beobachtbar und laufen nicht in dem Krebsgewebe selbst ab, sondern haben ihren Ursprung in den unsichtbaren subatomaren Vorgängen, die letztlich allen physiologischen Prozessen zugrunde liegen. Solange man diese Vorgänge ungestört und unbeobachtet lässt, hat die betreffende Person vielleicht eine größere Chance, sie im Sinne ihrer Gesundheit unter Kontrolle zu halten, ihr Fortschreiten zu verzögern oder sie vielleicht insgesamt zu neutralisieren. Wir mögen die Einstellung dieser Frau mit Brustkrebs für unaufgeklärt und abergläubisch halten; aber Warnungen von führenden Experten vor Untersuchungen im Labor tauchen seit einem Jahrhundert immer wieder auf. In den vierziger Jahren lenkte der legendäre Diagnostiker und Herausgeber eines vielgerühmten Lehrbuchs der Medizin, Tinsley Harrison, die Aufmerksamkeit auf die »gegenwärtige Tendenz, auf eine fünfminütige Krankengeschichte eine fünftägige Batterie spezieller Untersuchungen folgen zu lassen, in der Hoffnung, dass das Kaninchen der Diagnose plötzlich aus dem Hut des Labors herauskommt«.[7] Obwohl sich Harrison nicht auf die Beobachtungseffekte bezieht, die wir untersuchen, sondern auf das immer stärkere Abgehen von einer medizinischen Versorgung, bei der der Patient im Mittelpunkt steht, könnte seine Warnung doch passender sein, als er ahnte. Was würde er erst heute sagen, wenn eine Patientin manchmal *weniger* als fünf Minuten Zeit hat, um ihre Geschichte zu erzählen, und die Untersuchungen beträchtlich länger als fünf Tage dauern können?

Die Amerikaner von heute sind die am meisten medizinisch untersuchte Bevölkerung, die je gelebt hat. Niemals wurde so viel sondiert, geröntgt, Gewebe entnommen und gescannt wie bei uns. Gibt es eine Schattenseite dieser vermeintlichen Segnungen? Kann eine Untersuchung wirklich als »Blockade« gegenüber heilsamen Wirkungen des Bewusstseins auf die Vergangenheit dienen? Löscht die »medizinische Betrachtung« in all ihren Formen die Formbarkeit kritischer physiologischer Ereignisse, die man für schon abgelaufen hält? Das würde uns helfen zu erklären, warum die Menschen vieler anderer Völker, die viel weniger »untersucht« werden als wir, sich eines besseren Gesundheitszustandes erfreuen als wir und länger leben.

Um es deutlich zu sagen: Ich spreche mich nicht gegen jährliche Untersuchungen und Tests aus. Ich habe ihre lebensrettende Wirkung zu oft gesehen, um dafür zu plädieren sie aufzugeben. Ich habe mich persönlich seit Jahren regelmäßig untersuchen lassen und habe die Absicht, das auch beizubehalten. Aber ich glaube, dass es hier mehr gibt, als das Auge erkennen kann oder vielleicht erkennen *soll*, bevor man bestimmte Vorsichtsmaßnahmen ergriffen hat, die ich im Laufe der Jahre zusätzlich zu den Besuchen bei meinem Hausarzt ergriffen habe.

Wie können diese Vorsichtsmaßnahmen wirken? Nehmen Sie zum Beispiel eine Frau, die bei sich einen Brustknoten entdeckt. Dieser wird von einem Arzt bei der Untersuchung bestätigt und er empfiehlt ein Vorgehen, zu dem schließlich eine Mammografie und eine Gewebeentnahme gehören. Vor den Tests *kennt niemand* die »wirkliche« Situation – es gibt nur Möglichkeiten.

In dieser Phase vor der Überprüfung könnte sich eine interessante Situation ergeben, wenn wir die Möglichkeit ernst nehmen, dass wir in die Vergangenheit eingreifen können und auf die Entwicklung subatomarer Ereignisse, die der Krankheit vorausgehen, einwirken können. Die Patientin kann sich diese Möglichkeit zunutze machen und mit ihren Gebeten, Vorstellungsbildern und Visualisierungen anfangen. Sie könnte auch ihre Freunde anleiten, dasselbe zu tun, nämlich alles zu versuchen, um die kritischen Prozesse in ihrem Körper zu beeinflussen, *bevor* sich ein Krebs tatsächlich entwickelt. Erst nachdem das gründlich geschehen ist, würde man ein weiteres Vorgehen durch Tests, Untersuchungen und Deutungen – wodurch das Geschehen *festgelegt* wird – zulassen.

Eine andere Option wäre, nichts zu tun – keine Untersuchung, keine Tests, keine Begutachtung irgendeiner Art. Diese Entscheidung hatte die Frau im oben beschriebenen Fall getroffen, die ihre statistische Überlebenschance für Brustkrebs weit übertroffen hat. Viele Leute verhalten sich heutzutage ebenso, aus dem Gefühl heraus, dass medizinische Tests immer verkehrt sind. Ich bin da anderer Meinung. Tatsache ist, dass viele Menschen, warum auch immer, ihre medizinische Vergangenheit *nicht* ändern und sich keinen günstigen Ausgang sichern *können*. Deswegen kann eine medizinische Untersuchung das Leben retten.

Wir könnten diese Maßnahmen ergreifen, bevor *irgendeine* Art »medizinischer Inspektion« stattfindet, egal ob es sich um körperliche Untersuchungen, Röntgenaufnahmen, Mammogramme, Elektrokardiogramme, Stress-Belastungstests, Sonogramme oder diverse Arten von Scans handelt. Die Anwendung dieser Interventionen muss die medizinische Auswertung nicht komplizieren oder verzögern. In allen nicht so dringenden Situationen kann man diese vorbeugenden Maßnahmen jedoch ergreifen, bevor man in die Arztpraxis oder ins Krankenhaus geht.

Das mag zu phantastisch erscheinen; aber die Beweise zeigen, wie wir gesehen haben, dass es möglich *ist*, in die Vergangenheit einzugreifen und auf sich entwickelnde Prozesse auf der subatomaren Ebene einzuwirken, bevor man sie bewusst wahrnimmt, und damit das spätere Geschehen zu beeinflussen. Ich meine, dass es zumindest den Versuch wert ist, *insbesondere* da es keinen Schaden anrichten kann.

EINE NEUE ART VON PRÄVENTIVMEDIZIN?

Beten, bildliche Vorstellungen und andere Arten mentaler Aktivität, die rückwirkend mikrokosmische Ereignisse zu verändern suchen, fügen dem Begriff der »Präventivmedizin« eine neue Dimension hinzu. Wenn wir verhindern wollen, dass etwas geschieht, dann handeln wir üblicherweise in der *Gegenwart*, in der Hoffnung, die *Zukunft* auf eine ganz bestimmte Art zu beeinflussen. Die oben dargestellten Möglichkeiten zeigen eine weitere Seite der Prävention, nämlich den Versuch, unsere »medizinische Gegenwart« zu formen, indem wir in der *Vergangenheit* in subatomare Prozesse eingreifen, bevor sie durch einen Beobachtungsvorgang unwiderruflich festgelegt werden.

Gibt es Menschen, die derartige Handlungen vielleicht unbewusst schon durchführen? Vertreter der heilenden Berufe fänden es schwer, mit so jemandem umzugehen. Der Patient würde sich ständig in die »Beobachtungen« des Arztes einmischen, würde Untersuchungen und Auswertungen verschiedenster Art auf ein günstiges Ergebnis hin verdrehen. Ein Test, von dem der Arzt abnorme Ergebnisse erwartet, würde normal ausfallen und seine schlimmsten Voraussagen sich als falsch erweisen. Diese Patienten würden rechthaberisch erscheinen und scheinbar Sand in das diagnostische Getriebe und die Behandlungspläne werfen. Der Umstand, dass die Krankheit des Patienten einen günstigen Verlauf nimmt, würde allerdings auf die Ärzte verwirrend wirken, die sich nicht zusammenreimen könnten, warum es diesem gegen jede Wahrscheinlichkeit immer besser geht.

Alle Ärzte kennen solche Leute. Jeanne Achterberg beschreibt eine ihrer Patientinnen, auf die diese Darstellung zutrifft:

»[Sie hat] fünf »gesunde« Jahre mit Lungenkrebs überlebt. Sie macht alle verrückt, weil sie nichts richtig macht. Sie »verweigert«, sie hat keine soziale Unterstützung außer Therapiegruppen, sie geht nicht mehr zur Arbeit, sie zeigt keine Einsicht (sagt man), keinen Lebensinhalt (mit dem sich irgend jemand identifizieren könnte), maßregelnde Eltern, die immer noch emotional auf sie einschlagen, usw., usw. Und sie wendet, soweit ich feststellen kann, keine bildlichen Vorstellungen an, ist zu unruhig, um sich zu entspannen oder zu meditieren und hat entsetzliche Essgewohnheiten. Sie ist stolz auf sich, sie entscheidet selbst über ihre medizinische Behandlung, sie hat nicht zugelassen, dass man ihre Lunge entfernt [...] Sie sucht mich einmal in der Woche auf. Sie bringt mir Dinge bei und verhindert, dass ich wegen meines Fachwissens zu arrogant werde. Ich liebe sie.«[8]

KÖNNEN GEBETE ERHÖRT WERDEN, BEVOR SIE STATTFINDEN?

»Wir sind alle Wesen aus Teilen, gewohnt, dass alles Anfang, Mitte und Ende hat, weil unser Leben solcherart aufgeteilt ist, und unsere Sprache [...] folgt derselben Logik. [...] Aber der Geist ist eins und ungeteilt, ohne Teile, nicht an Anfang, Mitte oder Ende gekettet, und somit nicht abhängig von der logischen Abfolge. [...] Sein Reich, sein Alles ist die Ganzheit.«[9]

Ann und Barry Ulanov, *Primary Speech*

Unsere Vorstellungen vom Beten beinhalten immer, wie wir festgestellt haben, eine bestimmte »Weltanschauung«, eine Anzahl von Glaubenssätzen darüber, wie das Universum funktioniert. Unser Weltbild in den Vereinigten Staaten ist geprägt von der traditionellen, klassischen Physik, wie sie im siebzehnten Jahrhundert von Sir Isaac Newton formuliert wurde. Einer der Grundzüge des Newtonschen Bildes ist, dass die Zeit, ähnlich wie ein Fluss, in eine Richtung fließt. Diese Sicht impliziert, dass etwas, was einmal geschehen ist, nicht ungeschehen gemacht werden kann. Man kann in der Zeit nicht »zurückgehen«; und die Ursachen gehen *immer* den Wirkungen voraus. Gebete, die in der linearen Zeit angesiedelt sind, müssen deshalb abgehalten werden, *bevor* sie erhört werden.

Aber sogar in ferner Vergangenheit, als das Alte Testament geschrieben wurde, verhielt sich die Zeit merkwürdig:

»Da redete Josua mit dem Herrn des Tages, da der Herr die Amoriter dahingab vor den Kindern Israel [...] Sonne, steh still [...]; und Mond [...] Da stand die Sonne und der Mond still, bis dass sich das Volk an seinen Feinden rächte [...] Also stand die Sonne mitten am Himmel, und verzog, unterzugehen, beinahe einen ganzen Tag. Und war kein Tag diesem gleich, weder zuvor noch danach [...]
(*Josua 10,12-14*, übers. v. M. Luther)

Könnte Zeit auch, außer stillzustehen, »abreißen«, derart, dass die Zukunft der Gegenwart vorausginge? Der theoretische Physiker John Archibald Wheeler vom *Institut für theoretische Physik* in Austin, Texas, nimmt das an. Er entwickelte ein sogenanntes »Experiment mit Verzögerungswahl«:

»In einem derartigen Experiment erzeugt der Beobachter nicht nur die augenblicklichen Attribute von Quantengrößen [wie Elektronen], sondern auch Attribute, die diese Größen weit zurück in der Vergangenheit besaßen, die nach herkömmlichem Denken lange Zeit, bevor das Experiment geplant oder gar ausgeführt war, existierten.«[10]

Der Physiker Nick Herbert sagt in seinem bedeutenden Buch *Quantenrealität*:

»Wheelers Experiment mit Verzögerungswahl scheint darauf hinzuweisen, dass die Vergangenheit nicht feststeht, sondern sich nach gegenwärtigen Entscheidungen verändert. [Das deckt sich mit] gewissen östlichen philosophischen Strömungen, [die] zu ähnlichen Schlussfolgerungen im Hinblick auf die schöpferische Kraft der Gegenwart kommen. »Der Augenblick der Schöpfung der Welt liegt sichtlich nicht in einer undenkbar fernen Vergangenheit, sondern in dem ewigen Jetzt.«« [11]

Die Möglichkeit, dass Zeit nicht immer in eine Richtung fließt, könnte tiefgreifende Folgen für unser Verständnis davon haben, wie Gebete erhört werden. Betrachten Sie den folgenden Fall:

»Ein Mann, bei dem Krebs am Dickdarm diagnostiziert worden war, bat seinen Pastor, für seine Genesung zu beten. Er war kein religiöser Mensch und betete selbst nie. Er war auch ein sehr zurückhaltender Mensch und hatte niemandem von dieser Diagnose erzählt, womit Gebete von Freunden und seiner Familie ausgeschlossen waren. Als er ein paar Tage später seinen Arzt wieder aufsuchte, zeigten Folgeuntersuchungen, dass der Krebs vollständig verschwunden war. Er schrieb einen Dankesbrief an seinen Pastor. Als man das Datum der Diagnose, das Datum seiner Bitte um ein Gebet, das des Gebetes des Pastors und das Datum, an dem der Krebs verschwunden war, miteinander verglich, wurde deutlich, dass der Krebs schon verschwunden war, bevor der Pastor tatsächlich für den Mann gebetet hatte. Es war unwahrscheinlich, dass jemand anderes für ihn gebetet hatte, da niemand außer ihm und seinem Arzt, der auch kein religiöser Mensch war und nicht betete, die Diagnose kannte.«

Skeptiker würden einwenden, dass es bei diesem Beispiel keinen Beweis für die Wirksamkeit des Gebetes gibt. Der Krebs hätte ja »von alleine« verschwinden können als Teil »des natürlichen Verlaufs der Krankheit«, oder die Diagnose war von Anfang an falsch. Wenn wir aber zwei Annahmen machen: 1. Beten wirkt, wofür wir später reichlich Belege anführen werden; und 2. Zeit muss sich nicht nur in eine Richtung bewegen – dann stellt dieser Fall möglicherweise ein Beispiel für ein *zeitversetztes Gebet* dar, ein Gebet, das erhört wird, bevor es stattfindet.

In dem Film *Terminator 2* hat ein weltweiter Atomkrieg einen beträchtlichen Teil der Weltbevölkerung ausgelöscht. Dieser Holocaust ist von entfesselten Computern ausgelöst worden, die die Macht an sich gerissen hatten und nicht aufgehalten werden konnten. Um diese Katastrophe zu »verhindern«, die ja schon geschehen war, gingen die Überlebenden in der Zeit zurück. Sie durchkreuzten erfolgreich die Pläne der Computerentwickler, gestalteten die Vergangenheit um und schufen eine neue Zukunft, in der kein Atomkrieg mehr stattfand.

So funktioniert vielleicht auch das zeitverschobene Gebet. Wohlwollende, mitfühlende Gedanken können möglicherweise in die Vergangenheit zurückreichen und Ereignisse wie Herzanfälle oder langwierige schmerzhafte Krankheiten umgestalten oder verhindern. Wie C. S. Lewis es ausdrückte: »So schockierend es klingen mag, ich ziehe den Schluss, dass wir am Mittag daran beteiligt sein können, ein Ereignis auszulösen, das um zehn Uhr morgens eintritt.«[12] Wenn das wie Science Fiction klingt, sollten wir uns vergegenwärtigen, dass diese Möglichkeit *im Prinzip* in der modernen Physik zulässig ist, wie wir gesehen haben.

ZEITVERSETZTE KRANKHEIT

Jeder Stock hat zwei Enden
Altes Sprichwort

Der zuvor beschriebene Fall des Patienten mit Enddarmkrebs illustriert, wie außerhalb der eingleisigen Zeit etwas *Gutes* einzutreten scheint. Wenn etwas Gutes die lineare Abfolge der Zeit verletzen kann, sollten wir jedoch mit der Möglichkeit rechnen, dass dasselbe auch für etwas *Schlechtes* gelten kann.

Zu den schwierigsten Problemen des Arztberufes zählt die Tatsache, dass wir trotz unserer eifrigsten Bemühungen häufig nicht in der Lage sind, die Ursache einer Krankheit festzustellen. Krankheiten, deren Ursachen unbekannt sind, werden »idiopathisch« genannt. Dieses Wort kommt vom Griechischen *idiopatheia*, »ein Gefühl von Selbstmitleid« oder ein Leiden an sich selbst. Weil man die Ursache einer idiopathischen Krankheit nicht kennt, scheint sie aus dem Nichts zu kommen und daher rein zufällig, ungerecht, grundlos und unverdient zu sein. Deshalb rufen idiopathische Krankheiten »ein Gefühl von Selbstmitleid« hervor. Die Geschichte von Hiob im Alten Testament ist unser archetypisches Beispiel einer idiopathischen Krankheit. Hiob suchte einsam und qualvoll nach einem Grund für sein Leiden, wo es anscheinend keinen gab.

Idiopathische Krankheiten können so unerwartet auftreten und ihre Ursachen so verborgen sein, dass sie scheinbar von nirgendwo her ausbrechen. Sie scheinen *eine Wirkung ohne eine Ursache* zu sein. Das verleiht ihnen eine einzigartige Qualität, als ob sie außerhalb des zeitlichen Flusses stünden. In dieser Hinsicht sind sie dem zeitlich verschobenen Gebet ähnlich, allerdings mit einem Unterschied: Anstatt etwas *Gutes*, wie im zeitlich verschobenen Gebet, sind es bei idiopathischen Krankheiten *schlechte* oder *pathologische* Ereignisse, die ihrer Ursache vorausgehen.

Beispiele für Krankheiten, die vor ihrer Ursache aufzutreten scheinen, sind in der medizinischen Praxis äußerst zahlreich. Peter beispielsweise war ein achtundzwanzig Jahre alter Künstler, der seinen Arzt aufsuchte und über chronischen Husten klagte. Er rauchte nicht und hatte auch keine anderen gesundheitsschädlichen Gewohnheiten. Seine medizinische Vorgeschichte war völlig normal. Obwohl Peters Untersuchungsergebnisse nichts Bemerkenswertes erbrachten, zeigte eine Röntgenaufnahme seines Oberkörpers die für Tuberkulose typischen Veränderungen. Obwohl sein Arzt davon überzeugt war, dass die Diagnose TBC sein *musste,* ergaben gründliche Untersuchungen im Labor keinen Beweis für die Diagnose. Alle Kulturen und mikroskopischen Untersuchungen seines Auswurfs nach TBC-Bakterien waren negativ, und ein Hauttest zeigte auch keine Anzeichen für diese Krankheit. Da er keine TBC nachweisen konnte, ließ sich der Arzt auf eine ausgefeilte diagnostische Überprüfung anderer naheliegender Möglichkeiten ein. Die Ergebnisse waren allesamt normal.

Da Peters einziges Symptom ein chronischer Husten war, beschloss der Arzt, ihn einfach einige Wochen lang genau zu beobachten, ohne ihn weiter zu behandeln. Der Husten hielt an, und schließlich beschloss der Arzt, die Untersuchungen zu wiederholen. Diesmal war Peters TBC-Hauttest hochpositiv und in allen Kulturen seines Auswurfs wuchs der Tuberkelbazillus. Man begann mit der Behandlung, und er wurde wieder völlig gesund.

Ging Peters Krankheit ihrer Ursache voraus? War sein Fall eine zeitverschobene Krankheit? Weil es in der Newtonschen Weltanschauung, die die medizinische Wissenschaft beherrscht, keinen Platz für zeitlich verschobene Ereigniss gibt, ist es immer einfacher zu sagen, der Arzt habe einfach beim ersten Mal die Diagnose verfehlt. Die Ursache war zwar da, aber sie blieb eben unentdeckt. Vielleicht. Ärzte *können* Diagnosen verfehlen und Labortests *können* falsch sein. Aber es könnten auch subtilere Vorgänge ablaufen, die ihren Ursprung in der Nichtabsolutheit der Zeit haben.[13]

ZEITLICH VERSETZTE GESUNDHEIT: WENN SCHLECHTEN MENSCHEN GUTES WIDERFÄHRT

Während die Erfahrungen Hiobs uns zeigen, dass gute Menschen ohne Grund *schlimme* Erlebnisse haben können, gibt es auch eine sehr weitverbreitete Kehrseite dieses Bildes: 'Schlechte' Menschen können eine ununterbrochene Folge scheinbar unbegründeter und unverdienter *Glücksfälle* erleben. In der medizinischen Praxis scheinen ständig schlechten Menschen gute Dinge zu widerfahren. Alle Ärzte treffen auf »zur Gesundheit Verurteilte«, Menschen, die alle Gesundheitsregeln brechen, aber niemals krank werden. Sie können drei Schachteln Zigaretten am Tag rauchen, Mengen von Alkohol trinken, abscheuliche Essgewohnheiten haben, sich in jeder Hinsicht riskant verhalten und bleiben »gesund bis ins hundertste Jahr«. Zur *Gesundheit Verurteilte* stellen alle unsere Vorstellungen von Ursache und Wirkung in Frage. Bei ihnen führt Rauchen *nicht* zu Lungenkrebs, Emphysem oder Herzkrankheiten; das Saufen von Unmengen von Alkohol verursacht bei ihnen *keine* Zirrhose; eine fettreiche Ernährung ist *nicht* mit Arteriosklerose verknüpft; rücksichtsloses Sexualverhalten führt *nicht* zu AIDS oder anderen sexuell übertragenen Krankheiten. Unsere »Erklärungen« dieses Sachverhaltes sind oberflächlich. Wir mögen den Kopf schütteln und sagen, dass sie »einfach Glück haben« oder »eines Tages damit auf den Bauch fallen werden«. Es gibt auch die Hypothese der »richtigen Gene«: Sie sind von Geburt aus gesegnet, geschützt durch eine kräftige Konstitution, die einfach »in der Familie liegt«.

Es gibt auch andere mögliche Erklärungen. Jedesmal, wenn wir offensichtliche Verletzungen von Ursache und Wirkung sehen, könnten wir annehmen, dass ein zeitlich verschobenes Ereignis stattfindet. Wie der Enddarmkrebs, der ohne ersichtlichen Grund »einfach verschwand«, als der Pastor *im Nachhinein* für den Patienten betete, könnten sich ähnliche Ereignisse auch in der Zukunft solcher Leute abspielen, die ständig ihre Gegenwart umgestalten, *bevor* aus ihrem zerstörerischen Verhalten eine Krankheit entstehen kann. Das wäre eine interessante Form präventiver Medizin, wobei Menschen, die stark für Lungenkrebs, Emphysem und Herzkrankheiten gefährdet sind, die Entstehung dieser Probleme vermeiden infolge des Einflusses der Zukunft auf die Gegenwart.

Vielleicht gibt es hier wichtige spirituelle Lektionen zu lernen. Weil Gebete die Kategorien von Vergangenheit, Gegenwart und Zukunft verletzen können, scheinen sie zeitlos zu sein. Deshalb könnten sie unter anderem die Funktion haben, uns zum »ewigen Jetzt« zu erwecken, zur Erfahrung der Zeitlosigkeit, die von den Mystikern jeder esoterischen religiösen Tradition beschrieben wird. Vielleicht ist das eine der Lektionen, die eines der universellsten Gebete in sich birgt: »Dein Wille *geschehe*.« Zeitliche Trennungen sind diesem Gebet fern. Es heißt nicht: »Dein Wille geschehe heute oder morgen.« »Geschehe« umfasst die Grenzenlosigkeit in der Zeit, die dem Allmächtigen immer zugeschrieben worden ist. »Dein Wille geschehe« weist auf die ewige Allgegenwart des Göttlichen Willens hin. Vielleicht kann uns das Gebet »Dein Wille geschehe« zu einer neuartigen Betrachtung der Zeit und der Rolle des Betens für die Gesundheit erwecken.

KAPITEL 8
DIE ÜBERZEUGUNGEN IHRES ARZTES UND WARUM SIE VON BEDEUTUNG SIND

> Es ist nicht allein die Rolle des Arztes, wissenschaftliche Erfahrung zu verwalten und anzuwenden, noch ist der Patient ein passiver Empfänger. Wie Norman Cousins sagte: »Letztlich ist es die Achtung des Arztes vor der menschlichen Seele, die über den Wert seiner Wissenschaft entscheidet.«
>
> Paul Roud, *Making Miracles*

Im Jahre 1955 berichtete ein westdeutscher Arzt von eine Reihe merkwürdiger Vorfälle bei drei seiner Patientinnen, für die er mit orthodoxer Schulmedizin nichts mehr tun konnte.

»Eine hatte eine chronische Entzündung der Gallenblase mit Steinen. Die zweite hatte sich von einer schweren Unterleibsoperation nicht mehr erholt und war praktisch ein Skelett, und die dritte lag im Sterben, weil sich ihr Krebs ausgebreitet hatte. Der Arzt gestattete zuerst einem bekannten örtlichen Geistheiler, ohne das Wissen der Patientinnen einen Fernheilungsversuch durchzuführen. Es geschah nichts. Dann erzählte er den Patientinnen von dem Geistheiler, baute ihre Erwartungen über mehrere Tage hinweg auf und versicherte ihnen schließlich, dass dieser sie am nächsten Tag zu einer bestimmten Zeit aus der Ferne behandeln würde. Das war zu einer Zeit, wo er sich sicher war, dass der Heiler NICHT arbeiten würde. Zu der genannten Zeit erholten sich alle drei Patientinnen schnell und drastisch. Die zweite wurde auf Dauer geheilt, die anderen beiden nicht, zeigten aber erstaunliche zeitweilige Reaktionen. Die Krebspatientin, die stark anämisch und deren Gewebe voll Wasser war, schied prompt die ganze angesammelte Flüssigkeit aus, genas von ihrer Anämie und hatte wieder genug Kraft, um nach Hause zu gehen und ihre Pflichten im Haushalt aufzunehmen. Sie blieb bis zu ihrem Tod praktisch symptomfrei. Die Gallenblasen-Patientin verlor ihre Symptome, ging nach Hause und hatte für mehrere Jahre keine Rückfälle.[1]«

Warum hatte sich der Zustand der drei Patientinnen verbessert? Aufgrund unserer bisherigen Betrachtungen in diesem Buch können wir mehrere Möglichkeiten angeben, die allein oder miteinander kombiniert gewirkt haben können:

- Der Placebo-Effekt, die suggestive Kraft in den Patienten selbst, könnte wirksam gewesen sein.
- Die anfängliche Behandlung des Geistheilers könnte eine tatsächliche, aber verzögerte Wirkung gehabt haben.
- Der Geistheiler hat seine Bemühungen vielleicht fortgeführt, obgleich der Arzt gegenteiliger Auffassung war.
- Die Überzeugung des Arztes könnte die Besserung irgendwie herbeigeführt haben.

Richten wir unser Augenmerk auf die letzte Möglichkeit. Weil man allgemein der Auffassung ist, dass die Einstellung eines Patienten ausschlaggebend dafür ist, ob eine Behandlung bei ihm oder bei ihr anspricht, berücksichtigt man gewöhnlich nur die Überzeugungen des *Patienten* zu Beginn der jeweiligen Therapie. Kooperiert er oder sie? Wird er oder sie der Arznei eine Chance geben zu wirken? Hat er oder sie einen Wunsch nach Besserung? Zeigt er oder sie Lebenswillen?

Obwohl es wichtig ist, diese Fragen zu stellen, sind die Überzeugungen des Patienten nur eine Seite der Medaille. Auch die Überzeugungen des Arztes gestalten den Erfolg der Therapie mit, deshalb ist es auch erforderlich, sie bei jeder Behandlung zu prüfen.

Es ist wohlbekannt, dass Ärzte sich täuschen können, wenn sie versuchen herauszufinden, warum das Befinden ihrer Patienten sich bessert. Sie schreiben die Besserung manchmal allein dem verabreichten Medikament zu, obwohl sie tatsächlich eine Folge von Suggestion sein kann. Um diese Verwirrung aufzulösen, wurden verfeinerte experimentelle Methoden entwickelt, von denen der bekannteste der berühmte *Doppelblindversuch* ist.

In einer Doppelblind-Situation wissen die Versuchspersonen nicht, zu welcher Gruppe sie gehören, ob zu der Versuchsgruppe, die das aktive Medikament erhält, oder zu der Kontrollgruppe, die ein Placebo bekommt. Aber auch der Experimentator weiß nicht, welche Gruppe welche ist oder wer was erhält. Das heißt, dass *beide*, Versuchsleiter und Versuchsperson, *blind* sind – daher *Doppelblindversuch*. Ein Experiment, bei dem nur eine von beiden Seiten nicht informiert ist, heißt einfach *blind*, und wenn beide Bescheid wissen, ist das ein *nicht-blinder Versuch*.

Zu den Ergebnissen derartiger Untersuchungen zählt die Entdeckung, wie wirkungsvoll Placebos unter erstaunlich vielfältigen Bedingungen zu drastischen Besserungen führen können. Man sagt immer, dies sei auf die *Überzeugung* des Patienten zurückzuführen, dass er oder sie eine Substanz von starker Wirkung einnimmt. Aber zu jedem Heilungsprozess gehören die Überzeugungen von mindestens *zwei* Personen: Die des Patienten *und* die des Arztes.

Wie steht es mit dem Einfluss der ärztlichen Überzeugungen?

Ärzte können mit ihren Überzeugungen einen mächtigen Einfluss ausüben. Wenn sie zum Beispiel eine Therapie stark favorisieren, können sie deren Wirkungen dem Patienten »einreden«. Diese anfeuernde Begeisterung kann die Erwartungen des Patienten aufblähen und zu drastischen placebo-artigen Reaktionen führen, obwohl die Therapie von sich aus unwirksam wäre. In der wissenschaftlichen medizinischen Forschung kann das problematisch sein. In einfach blinden Versuchen, bei denen die Patienten nicht wissen, ob sie die aktive Medizin oder eine Placebo-Pille einnehmen, kann der Arzt unbewusst mehr Interesse und Begeisterung für die »behandelte« Gruppe an den Tag legen als für die Kontrollgruppe. Das kann wiederum durch Suggestion zu einer Verstärkung der Reaktion auf seiten der Behandlungsgruppe führen, alles aufgrund der *Überzeugung* des Arztes, dass sie besser abschneiden sollten.

Das ist soweit nicht überraschend; denn die Wirkungen der Suggestion sind wohlbekannt. Aber es gibt auch Hinweise darauf, dass die Überzeugungen eines Arztes sogar die Ergebnisse von *Doppelblind*-Versuchen verändern können, bei denen er oder sie nicht weiß, welche Gruppe welche ist.

Der Forscher Jerry Solfvin untersuchte ausführlich die Macht der unterschwelligen ärztlichen Überzeugungen. In drei Doppelblindstudien zur Anwendung von Vitamin E bei der Behandlung von Angina Pectoris, dem mit der Erkrankung der Herzkranzgefäße einhergehenden Schmerz, fand ein enthusiastischer Arzt, der an Vitamin E *glaubte*, heraus, dass es deutlich wirksamer war als ein Placebo,[2] während sich in den beiden anderen Untersuchungen, die von *Skeptikern* durchgeführt wurden, keine Wirkung zeigte.[3]

Betrachten wir im Folgenden den Sachverhalt bezüglich Meprobamat, einer der frühesten schwachen Beruhigungsdrogen, die in den Vereinigten Staaten als Miltown und Equanil vermarktet wurde. Während der fünfziger Jahre gab es widersprüchliche Berichte über ihre Wirksamkeit. Enthusiasten fanden übereinstimmend, dass sie wirkte, während Skeptiker keine über ein Placebo hinausgehenden Wirkungen feststellen konnten. Um diese Situation zu klären, entwarfen Forscher einen Doppelblindversuch, bei dem einer der Ärzte eine »skeptisch-experimentelle« Einstellung zu der Droge hatte, während der andere eine »enthusiastisch-therapeutische« Einstellung zu ihr aufwies. Sie waren völlig im Unklaren darüber, welche Pillen welche waren, Meprobamat oder Placebo. Den Patienten erging es ebenso. Sie wussten nicht einmal, dass sie an einem Experiment beteiligt waren. Das Ergebnis war: Meprobamat erwies sich als signifikant stärker als das Placebo: Aber nur für den Arzt, der daran *glaubte*. Bei den Patienten des skeptischen Arztes zeigte die Droge keine Wirkung.[4]

Diese Untersuchung wurde wiederholt, wobei sie gleichzeitig in den ambulanten psychiatrischen Kliniken dreier Großstädte durchgeführt wurde. Die Ergebnisse konnten in zwei von drei Kliniken reproduziert werden. Insgesamt ergab sich also in drei von vier Meprobamat-Studien ein deutlicher Hinweis darauf, dass die Wirksamkeit der Droge gegenüber einem Placebo mit den sie betreffenden Einstellungen und Überzeugungen der Ärzte korreliert war. Die Überzeugungen des verschreibenden Arztes durchdringen irgendwie die Doppelblindbedingungen des Experimentes und können auf die Aktivität der Droge Einfluss nehmen.[5] Daher meint Solfvin abschließend:

»Untersuchungen mit vielen verschiedenen Behandlungen haben überzeugend bestätigt, dass der Arzt, der sie anwendet, nicht unabhängig ist von den Ergebnissen von Doppelblindversuchen zur Wirksamkeit der Behandlung. [...] *Als allgemeine Regel kann man nicht länger davon ausgehen, dass Doppelblindstudien die Ausschließung nichtspezifischer Effekte der Behandlung garantieren, besonders wenn die tatsächliche Behandlung eine schwache oder variable Wirkung hat.*«[6] [Hervorhebung im Original]

Das bedeutet natürlich nicht, dass Medikamente und andere Therapien nicht »von sich aus« wirken können. Die Wirkungen mancher Therapien sind so stark, dass sie alle anderen Faktoren übertönen, einschließlich die von Überzeugungen. Wenn man jemandem tausend Einheiten schnellwirkendes Insulin spritzt, dann wird derjenige oder diejenige mit überwältigender Wahrscheinlichkeit bewusstlos werden, da der Blutzucker absackt – und zwar gleichgültig, wer was glaubt oder nicht glaubt. Wenn jemand mit Botulinus-Toxin, eine der tödlichsten bekannten Substanzen, vergiftete Nahrung zu sich nimmt, dann ist der Tod praktisch sicher.

Doppelblindversuche sind nicht ohne Wert. Sie waren und bleiben eine wertvolle Hilfe bei der Untersuchung von allen möglichen Therapien. Aber sie sind nicht perfekt, und diese Einschränkungen sollte man zur Kenntnis nehmen. *Der größte Wert der Doppelblindversuche liegt jedoch möglicherweise in ihren Beschränkungen, die etwas Wunderbares über uns offenbaren, dass nämlich die menschliche Psyche in mancher Hinsicht fähig ist, auf Ereignisse in unserer Welt gestaltend einzuwirken.*

WARUM WIRKEN MEDIKAMENTE?

Wenn die Überzeugungen des Arztes die Wirkung von Medikamenten tatsächlich beeinflussen können, wie diese Doppelblindstudien zeigen, wie ist es dann möglich, dass ein bestimmtes Medikament ein einzigartiges, im Allgemeinen kontinuierliches Wirkungsmuster haben kann? Warum gibt es nicht zwei Wirkungsmuster – ein positives für Befürworter und ein negatives für Skeptiker? Medikamente haben generelle Wirkungsmuster. Penizillin wirkt gewöhnlich, wenn Ärzte es in zweckmäßiger Weise verschreiben. Warum beeinflusst die Überzeugung des verschreibenden Arztes nicht seine Wirksamkeit?

Mir fallen mindestens zwei Gründe ein. Wie wir festgestellt haben, sind manche Wirkstoffe so mächtig, dass sie alle anderen Faktoren überdecken, Überzeugungen und Erwartungen eingeschlossen. Penizillin fällt in diese Kategorie, wenn es zum Beispiel in angemessener Weise bei Halsentzündungen durch Streptokokken angewendet wird. Der zweite Grund für die zuverlässige Wirksamkeit von Medikamenten ist der, dass mit der Zeit die sie betreffenden Überzeugungen der Ärzte stabil werden. Es entwickelt sich eine Übereinstimmung, und eine Gemeinschaft von Befürwortern bildet sich, die, wie in den obigen Doppelblindversuchen, Einfluss auf die Wirkung der Droge nimmt.

Seit Jahrhunderten haben Ärzte festgestellt, dass neue Medikamente bei ihrer Einführung hochwirksam erscheinen können, nach einiger Zeit aber unwirksam werden. Dieses Phänomen veranlasste Armand Trousseau, den berühmten französischen Arzt des neunzehnten Jahrhunderts, zu der Bemerkung:»»Man sollte eine neue Medizin so oft wie möglich anwenden, solange sie noch Heilkraft besitzt.«

Wir können uns einen möglichen Ablauf ausmalen, der mit den obigen Doppelblindversuchen übereinstimmt und bei dem die Wirksamkeit einer neuen Medizin abnähme. Es ist typisch für neue Medikamente, dass sie mit sensationeller Übertreibung und lautstarken Ankündigungen vermarktet werden und damit bei Ärzten Begeisterung hervorrufen und positiven Einfluss auf die Wirkungen nehmen. Wenn aber andere Faktoren anfangen, ins Bild zu rücken, wozu die Überzeugungen und Erwartungen von Patienten sowie Informationen über Nebenwirkungen des Medikaments gehören, kommen negative Berichte in Umlauf. Die Gruppe der Befürworter unter den Ärzten wird dadurch zu einem skeptischeren Standpunkt bekehrt. Wenn dann der Glauben an die Medizin zum Negativen umschwenkt, nimmt die Wirksamkeit der Arznei ab.

MEDIZINISCHE VERLEUGNUNG

Wenn uns etwas gefällt, dann wird es uns auch einleuchten. Wenn uns etwas kränkt, irritiert und bedroht, dann werden wir es so einrichten, dass es uns nicht einleuchtet.
Jule Eisenbud[7]

> Wäre ein derartiger Effekt real, würde man alle empirischen Ergebnisse seit Galileo in Zweifel ziehen müssen.
> Martin Gardner[8]

Ärzte und Wissenschaftler reagieren im Allgemeinen mit Entsetzen auf die Möglichkeit eines derartigen »Versuchsleiter-Effektes«. Das obige Zitat von Martin Gardner spiegelt diese Reaktion wider. Die Möglichkeit, dass die Gedanken und Überzeugungen eines Arztes auf die physiologische Reaktion eines Patienten Einfluss nehmen könnten – über eine Entfernung hinweg und auch dann, wenn der Patient sich dessen nicht bewusst ist – ist undenkbar. Das hat in der modernen Medizin zu einer virtuellen Blindheit gegenüber diesem Sachverhalt geführt und zu einem unbewussten Bestreben, erwiesene Tatsachen zu leugnen.

Man kann sich leicht die Gründe vorstellen. Psychologisch gesehen, ist es für einen Arzt oder eine Ärztin viel bequemer, wenn er oder sie die Effekte seiner oder ihrer Gedanken und Überzeugungen bezüglich dessen, was geschieht, *nicht* in Betracht ziehen muss. Dann liegt der Schwerpunkt ganz auf seinem Fachwissen und seiner Technik. Zudem hätte ein Arzt, der die Nachweise ernst nimmt, dass seine oder ihre Überzeugungen auf die körperlichen Reaktionen eines Patienten Einfluss nehmen kann, im Prinzip die Existenz eines echten nicht-lokalen Ereignisses vom Typ der Ära III (siehe Kapitel 2) anerkannt. Das hieße zuzugeben, dass Bewusstsein über eine Entfernung wirken kann, während das Gehirn ortsgebunden wirkt. Das würde einige fundamentale Annahmen, die der ärztlichen Ausbildung und seiner oder ihrer Weltanschauung zugrunde liegen, in Frage stellen.

Im Jahre 1949 verkündete der Psychologe Donald O. Hebb eine Position, die noch heute die Neurowissenschaft dominiert:

> »Die moderne Psychologie hält es für völlig selbstverständlich, dass Verhalten und Funktion des Nervensystems perfekt korreliert sind. Es gibt keine unabhängige Seele oder Lebenskraft, die ab und zu einen Finger ins Gehirn steckt und die Nervenzellen veranlasst, etwas zu tun, was sie sonst nicht tun würden... Man kann logischerweise nicht in der Physik und in der Biologie ein Determinist sein und in der Psychologie ein Mystiker.«[9]

Obwohl das vor fast einem halben Jahrhundert geschrieben worden ist, stellt Hebbs Ansicht, dass Bewusstsein nicht von der Funktionsweise des einzelnen Gehirns getrennt werden kann, nach wie vor einen Eckpfeiler der physiologischen Psychologie dar.[10] Derartige materialistische Positionen gibt es im Überfluss. Sie sind ein Teil des Glaubensbekenntnisses der modernen Medizin. Darin ist kein Platz dafür, dass die Überzeugungen der Ärzte das Resultat einer Therapie nicht-lokal beeinflussen.

Diese Standpunkte sind gewöhnlich in den emotionalen Schichten tief eingeprägt. Sie spiegeln die jeweilige Weltanschauung, Selbstbilder und Grundeinstellungen in Bezug auf das Bewusstsein wider. Damit steht viel auf dem Spiel. Anstatt diese tief empfundenen Überzeugungen zu modifizieren, ist es häufig leichter, die Gültigkeit von allem, was sie in Frage stellen könnte, auszuschließen oder zu leugnen. Das ist nicht überraschend. Wissenschaftler und Ärzte haben, wie wir alle, ein emotionales Bedürfnis zu glauben, dass sie Recht haben, vorurteilsfrei sind und offen für Beweismaterial jedweder Art.[11]

DIE WAHL EINES ARZTES

Die Überzeugungen des Patienten und des Arztes sollten im Idealfall übereinstimmen. Die *bestmögliche* Situation liegt dann vor, wenn beide Teile aufrichtig und ehrlich an die Wirksamkeit einer Therapie glauben. Die *schlimmste*, wenn die Überzeugungen der beiden Parteien aufeinanderprallen oder in Konflikt geraten oder weder der Arzt noch der Patient das Gefühl hat, dass die Therapie erfolgreich sein wird. Im letzteren Fall nehmen die negativen Erwartungen beider einen gestaltenden Einfluss auf den Erfolg der Therapie und können zum Ausgangspunkt einer therapeutischen Katastrophe werden.

Wenn Ärzte die Macht der Überzeugung für den Therapieerfolg anerkennen, könnten sie den Mut aufbringen, ihr Verhalten gegenüber ihren Patienten kritisch zu überprüfen. Viele Ärzte kultivieren ihren Patienten gegenüber eine Haltung, die von Entrücktheit, Distanz und Mangel an Engagement gekennzeichnet ist. Manche erscheinen mürrisch, sogar chronisch depressiv, als ob sie das Schlimmste erwarten würden. Gewöhnlich rechtfertigen Ärzte diese Verhaltensweisen mit ihrer »beruflichen Belastung« oder mit der Behauptung, dass sie nur dann ihr Bestes geben könnten, wenn sie ihre Gefühle ausschalten würden. Es ist auch bei Ärzten üblich, das Schlimmste an die Wand zu malen. Wenn der Erfolg später besser ist als die Vorhersage, ist der Arzt ein Held, und die Patienten sind dankbar. In ihrem Berufsstand ist das bekannt als »hanging crepe« (Krepp aufhängen) – *schwarzen* Flor, wie bei einer Beerdigung. Dazu gehört nicht immer Täuschung. Viele Ärzte *sind* Pessimisten und erwarten von Natur aus das Schlimmste. Ebenfalls verbreitet ist die Sitte, den Patienten im Anschluss an die Diagnose die »nackten Tatsachen« zu präsentieren, wobei sie ihnen mit finsterer Miene ihre statistischen Überlebenschancen bei Krebs, Herzkrankheiten, AIDS und so weiter aufzählen. Viele Ärzte glauben, dass sie tatsächlich ein positives Bild entwerfen, wenn sie »Überlebensdaten« anführen. Aber Patienten, die solche Bemerkungen hören wie: »Sie haben eine fünfundzwanzigprozentige Chance, diesen Krebs zu überleben«, interpretieren das häufig als: »Ich habe eine fünfundsiebzigprozentige Chance zu sterben.«

Wenn die ärztlichen Überzeugungen die Wirklichkeit formen, wie die obigen Untersuchungen nahelegen, dann ist dieser »Arztglauben« an sich schon imstande, großen Schaden zu verursachen. Das heißt, dass Patienten die Überzeugungen eines Arztes sorgfältig überprüfen sollten, bevor sie sich auf ihn oder sie einlassen. Nach meiner Erfahrung tun sie das selten. Patienten achten vielleicht auf die Qualifikation ihres Arztes, auf seine Spezialausbildung und auf seine Berufserfahrung, aber sie forschen kaum jemals weiter nach über sein Glaubenssystem und auf die Wirkung, die es auf ihren Therapieerfolg haben könnte. Eine einfache, aber entscheidende Frage genügt schon: *Fühle ich mich in der Gegenwart meines Arztes oder meiner Ärztin besser oder schlechter als sonst?* Das ist eine sehr einfache, aber höchst effektive Art, das Glaubenssystem eines Arztes zu durchdringen.

Die Wichtigkeit dieses Sachverhaltes wurde mir in einem Brief vor Augen geführt, den ich von einer an AIDS erkrankten Frau erhielt. Sie hatte sich bei ihrem Ehemann mit dieser Krankheit angesteckt und wurde in monatlichen Abständen von einem Fachmann für Infektionskrankheiten behandelt. Der Arzt war ein strenger, humorloser Geselle, der in das klassische Bild eines kühlen, leidenschaftslosen Wissenschaftlers passte. Er hielt viel davon, allen seinen Patienten ein »realistisches« Bild zu präsentieren. Er pflegte die Frau bei jedem Besuch daran zu erinnern, dass es von entscheidender Wichtigkeit für sie sei, ihre Behandlung genauestens durchzuführen, da AIDS ausnahmslos tödlich ende. Die Überzeugung des Arztes hatte verheerende Wirkungen. Sie berichtete:

> »Allmählich wurde mir klar, dass mein Arzt nicht daran *glaubte,* dass ich überleben werde. [...] Ich brauchte zwei Wochen, um mich von einem Besuch bei ihm zu erholen. Danach fühlte ich mich deprimiert und krank. Waren dann die zwei Wochen vorbei, ging es mir wieder blendend. Wenn es dann wieder Zeit für einen Arzttermin war, überkam mich ein Gefühl des Schreckens. Ich musste mich dazu zwingen, meinen Termin einzuhalten. Nach dem Besuch wiederholte sich der Zyklus. [...] Warum habe ich das Gefühl, dass mein Arzt mich *umbringt*?«

Wenn die Doppelblindstudien, die die Macht der Überzeugungen des Arztes nachweisen, gültig sind, kann man das Verhalten des Arztes als unethisch bezeichnen. Er zwingt seiner Patientin möglicherweise einen negativen Ausgang der Therapie auf. Aber wir müssen zugeben, dass diese Situation ziemlich kompliziert ist. Viele Ärzte fühlen sich verpflichtet, ihren Patienten gegenüber völlig aufrichtig zu sein, manchmal gegen ihr besseres Wissen, aus Furcht vor gesetzlichen Sanktionen. Wenn sie kein »realistisches« Bild präsentieren, können sie wegen Irreführung des Patienten angezeigt werden und machen sich schuldig wegen falscher Darstellung. Ohne eine Veränderung im gesetzlichen Klima ist zu bezweifeln, dass viele Ärzte genug Mut zeigen werden, ihre Überzeugung gezielt therapeutisch einzusetzen, selbst wenn sie tatsächlich die Beweise für deren Heilkraft anerkennen.

DIE BEZIEHUNG ZWISCHEN GEBET UND ÜBERZEUGUNG

Die Macht des ärztlichen Glaubenssystems, die Reaktion eines Patienten auf die Therapie zu beeinflussen, ist verwandt mit dem Beten. Gebet und Glauben sind nicht-lokale Manifestationen des Bewusstseins, weil beide aus der Entfernung wirken können, manchmal außerhalb der Wahrnehmung des Patienten. Beides bestätigt, dass »nicht alles körperlich« ist, und beides kann zusätzlich zu anderen Therapieformen angewandt werden.

Wie kann ein Arzt, der aufrichtig und ehrlich skeptisch gegenüber einer Therapie ist, seine Überzeugungen auf positive Art zum Nutzen der Patienten einsetzen? Die erste Regel sollte vielleicht sein, dass man nie eine Therapie wählen sollte, an die man nicht glaubt. Wenn das nicht möglich ist, wenn man sich zum Beispiel in einer fast aussichtslosen Lage für eine Therapie als den »letzten Strohhalm« entscheidet, dann sollte sich der Arzt dennoch weiterhin so hoffnungsvoll und offen wie unter den gegebenen Umständen möglich geben. Das Ziel sollte sein, die Heilung niemals unnötigerweise durch Pessimismus zu behindern. Die Ärzte sollten ihre positiven Überzeugungen zu einer bestimmten Therapie frei fließen lassen, und diejenigen unter ihnen, die an das Beten glauben, sollten es zusätzlich einsetzen. Wenn jemand von der Wirkung des Betens überzeugt ist und wendet es *nicht* an, so ist das, als ob er dem Patienten eine wirksame Medizin oder chirurgische Maßnahme vorenthalten würde.

DER SCHAMANE UND DER INTERNIST

Weil es möglicherweise eine *perfekte* Übereinstimmung zwischen den Überzeugungen eines Arztes und eines Patienten nicht gibt, kann ein Arzt zwei sehr wertvolle Eigenschaften kultivieren, nämlich Flexibilität und Toleranz. Diese Fähigkeiten ermöglichen es einem Arzt, den Standpunkt eines Patienten ernst zu nehmen, auch wenn es nicht sein oder ihr eigener ist. Sie ermöglichen es dem Arzt, eine Vielfalt von Herangehensweisen an ein bestimmtes Problem in Betracht zu ziehen.

Eine meiner anschaulichsten Lektionen in heilerischer Flexibilität begann, als ich eines Tages einen unerwarteten Anruf von Ken, einem engen Freund, erhielt.

»Er hat Schmerzen, und er möchte dich aufsuchen«, sagte Ken. »Schau, er hat wirklich Schmerzen. Was soll das heißen, du bist dir nicht sicher, ob du ihn behandeln solltest. Du bist doch *Arzt*, oder nicht?«

»Ja«, antwortete ich. »Aber er ist ein *Schamane*.«

Der Schamane, von dem hier die Rede ist, war Rolling Thunder, der legendäre indianische Heiler und spirituelle Lehrer aus Nevada. Er kam in den siebziger Jahren zu Ruhm, als Doug Boyd ihn und seine erstaunlichen Heilkräfte in seinem Buch mit dem gleichnamigen Titel vorstellte.[12] Ich hatte das Buch gelesen und war von den Fähigkeiten Rolling Thunders stark beeindruckt. Wie alle Schamanen, konnte er die natürliche Welt auf eine Art und Weise wahrnehmen und beeinflussen, die für die moderne Wissenschaft völlig unerklärbar ist.

Er war in Dallas, um eine Reihe von Vorträgen über schamanisches Heilen zu halten, die Ken mitorganisiert hatte. Doch es lief nicht alles so gut. Rolling Thunder sollte an diesem Abend einen wichtigen Vortrag halten, aber er hatte sich starke Nackenschmerzen zugezogen. Er teilte Ken mit, dass er einen Arzt aufsuchen wolle. Ken war in Sorge, dass der Vortrag ausfallen könne, und mühte sich ab, einen Arzt zu finden, der Rolling Thunder kurzfristig behandelte.

Ich willigte ein, ihn an demselben Nachmittag zu untersuchen, spürte aber ein deutliches Unbehagen, weil die Situation dermaßen paradox war. Warum sollte ein mächtiger Schamane, der mit der Welt der modernen Medizin nichts gemeinsam zu haben schien, einen Internisten wegen Nackenschmerzen aufsuchen wollen? Warum heilte er sich nicht selbst? Warum suchte er nicht einen anderen Schamanen auf, jemanden, der seine Überzeugungen bezüglich des Heilens teile? Warum sollte er aus seinem eigenen System heraustreten?

Als die Stunde des Termins von Rolling Thunder näherrückte, stellte ich bei mir eine zunehmende Nervosität fest. Was sollte ich zu diesem berühmten Heiler sagen? Wenn er sein Problem nicht heilen konnte, welche Chance hatte ich dann, ihm zu helfen?

Zur festgesetzten Stunde schaute ich auf den Gang hinaus und sah, wie eine Krankenschwester eine bunte Gruppe von Indianern, alle in westlicher Kleidung, mit schwarzen Hüten und Gürteln aus Silber und Türkisen heranführte. Rolling Thunder war mit seinen Freunden gekommen, und die Gruppe war recht eindrucksvoll. Die Krankenschwester händigte mir seinen Krankenschein aus (Klinische Regel: *Keiner* kann einen Arzt aufsuchen ohne Krankenschein!). Die Vorstellung von einem berühmten Schamanen mit einem Krankenschein erschien mir lachhaft. Dann warf ich einen Blick auf den Namen auf dem Krankenschein und brach fast in ein Gelächter aus. Er war als »Thunder, Rolling« eingetragen worden – der Nachname immer zuerst!

Thunder Komma Rolling und ich tauschten Freundlichkeiten aus. Ich erzählte ihm, dass ich Boyds Buch über ihn vor vielen Jahren mit großem Gewinn gelesen hätte.

»Man hat mir gesagt, dass es gut sei! Hab's nie selbst gelesen«, sagte er lächelnd. »Vielleicht sollte ich das mal tun.«

Ich führte ihn in mein Sprechzimmer, während seine Freunde im Wartezimmer Platz nahmen. Regel Nummer eins: Nimm eine Krankengeschichte auf. »Was hat Sie zu mir geführt?«, fragte ich.

»Ich habe starke Schmerzen im Nacken.«

»Erzählen Sie mir mehr darüber.«

»Jedesmal, wenn ich einen Vortrag halte, muss ich ein Mikrophon benutzen. Ich stehe aufrecht und bewege meinen Hals nach vorn, um hineinzusprechen. Das ist nicht natürlich. Es belastet meinen Hals, und ich bekomme immer diese Schmerzen.« Er streckte seinen Hals nach vorn, um diese unbequemem Haltung zu demonstrieren, und zeigte mir die Stelle, wo es weh tat.

Regel Nummer zwei: Führe eine körperliche Untersuchung durch. Ich konnte nichts Abnormes finden außer ein paar harten, angespannten Muskeln, die verkrampft waren und sich schmerzhaft anfühlten.

»Gehen wir doch zum Plaudern in mein Büro«, sagte ich. Er folgte mir, und wir setzten uns hin. Unser Gespräch begann frei zu fließen. Wir kamen auf das Buch zurück, sprachen über sein Leben in Nevada, über die Dinge, die er mochte, zum Beispiel in kleinen Flugzeugen zu fliegen. Die ganze Zeit über fragte ich mich, wie ich mit seinem konkreten Problem umgehen sollte.

Einer Eingebung folgend entschied ich mich schließlich, zur Sache zu kommen. »Rolling Thunder, was halten sie von Medikamenten?«

»Was glauben Sie, warum ich gekommen bin?«

Er fuhr fort und erläuterte seine persönliche Philosophie des Heilens. Es gebe eine Zeit für schamanische Gesänge, Gebete und Kräuter, sagte er. Aber auch moderne Verfahren haben einen Platz, und das schließt auch die Anwendung von synthetischen chemischen Medikamenten mit ein. Ein kluger Heiler verwendet das, was wirkt. Er beschränkt sich nicht auf eine einzige Methode. Alles in allem glaubte Rolling Thunder, dass in der augenblicklichen Lage ein Medikament die beste Art der Behandlung für seine Nackenschmerzen sei.

Ich ging zu der Stelle, wo wir die Arzneiproben aufbewahrten, und kehrte mit zwei Medikamenten zurück, mit einem Schmerzmittel und einem Mittel zur Entkrampfung der Muskeln. Ich händigte sie an Rolling Thunder aus, und er strahlte.

»Das wird mir helfen, meinen Vortrag heute abend durchzustehen«, bemerkte er.

Ich begleitete ihn den Flur hinunter zu seinen Freunden. Auf dem Weg gingen wir an Patrick vorbei, einem Gefäßchirurgen. Patrick war der einzige mir bekannte Chirurg, der strenger Vegetarier war.

»Patrick, ich möchte dir meinen Freund Rolling Thunder vorstellen.« Die Männer gaben sich die Hand.

»Es freut mich, Sie kennenzulernen«, sagte Patrick. Rolling Thunder nickte einfach. Er kniff seine Augen zusammen und betrachtete ihn lange prüfend von Kopf bis Fuß. Er schien von Patrick fasziniert zu sein. Er überlegte einige Augenblicke und sagte dann zu Patrick: »Essen sie viel Grünzeug?«

Patrick war sprachlos, während Rolling Thunder lächelte und den Flur hinabschlenderte.

Die Medikamente wirkten. Rolling Thunder war an diesem Abend bei seinem Vortrag gut in Form. Der Saal war gerammelt voll, während er in das verhasste Mikrophon sprach.

KAPITEL 9
WENN BETEN VERLETZT: EINE UNTERSUCHUNG DES »SCHWARZEN GEBETES«

»In den meisten heiligen Überlieferungen nimmt man an, dass beinahe jede Fähigkeit ohne sinnliche Verbindungen übertragen werden kann. Derartige Fähigkeiten [...] können destruktiv genutzt werden. Dieselbe religiöse Glaubensform, die metanormale Übertragungen erleuchteter Zustände feiert, bezeugt auch die Kommunikationsfähigkeiten, die für egozentrische, tyrannische und sogar monströse Zwecke eingesetzt werden. Es wird in fast jeder religiösen Kultur von Eingeweihten erzählt, die ihre besonderen Kräfte für egoistische Ziele nutzen. Diese anekdotische Überlieferung wird von modernen Forschungen gestützt.«
Michael Murphy, *Die Zukunft des Körpers*

Während des Drogenprozesses gegen General Manuel Noriega in Miami, Florida, waren die Geschworenen hoffnungslos festgefahren. Dann hielten sie ein gemeinsames Gebet ab. Am nächsten Morgen kehrten sie mit einem schnellen Schuldspruch zurück. Noriegas Verteidiger schrien »Foul«. Sie behaupteten, dass die Jury durch das Gebet »in unzulässiger Weise beeinflusst« worden sei und das Gebet auf unfaire Weise zur Verurteilung ihres Klienten geführt hätte. Das war eine Ironie, da Noriega selbst von sich behauptet hatte, sich im Gefängnis zur Religion bekehrt zu haben, wozu vermutlich auch das Beten gehörte. Somit gibt es einige Anwälte, die zwar nicht zugeben, dass Beten tatsächlich *Schaden zufü-*

gen, aber doch scheinbar glauben, dass es zumindest *Verwirrung stiften kann.*[1]

Negative Gebete (manchmal auch »schwarze Gebete« genannt) sind die dunkle Seite des Betens, wie wir es im Allgemeinen kennen. Anstatt das Absolute zu bitten, sich wohlwollend in menschliche Angelegenheiten einzumischen, ruft man beim *schwarzen Gebet* die Mächte an, um Schaden zu verursachen oder Zerstörung anzurichten. Obwohl das einige wichtige Fragen aufwirft über die menschliche Natur und die Natur des Bösen, wollen wir uns damit hier nicht befassen. Wir werden stattdessen nachprüfen, ob es wissenschaftliche Beweise dafür gibt, dass Menschen Gebete zum Schaden anderer einsetzen können. Wir werden sehen, dass diese Möglichkeit sich nicht nur auf Überlieferung und Legenden stützt, sondern auch auf aktuelles Beweismaterial aus dem Labor.

Anhänger westlicher Religionen neigen irrtümlicherweise zu dem Glauben, dass Zauberei, Verhexung und Flüche nur von »unzivilisierten« Völkern praktiziert werden. Indessen ziehen sich diese Aktivitäten durch alle Religionen und Kulturen. »Viele Flüche von Heiligen könnte man ohne weiteres in der Bibel finden«, sagt John Carey, Assistenzprofessor für keltische Sprachen und Literatur an der Harvard-Universität. Elisa beispielsweise veranlasste, dass zweiundvierzig Kinder von Bären zerrissen wurden, weil sie sich über seinen Glatzkopf lustig gemacht hatten (2.Könige 2, 23-24). Der Apostel Paulus schlug einen Zauberer mit Blindheit (Apostelgeschichte 13, 11), was an die titanischen Zweikämpfe zwischen Schamanen erinnert. Sogar Christus ließ einen offensichtlich unschuldigen Feigenbaum verdorren, weil er keine Frucht trug (Matthäus 21, 19; Markus 11, 13-14, 20-22).[2]

Was sagt die Wissenschaft zu der Möglichkeit negativer Fernwirkungen? Sie kann sich damit kaum anfreunden. Die zeitgenössische Wissenschaft lehnt pauschal *jede* Fernwirkung ab, ob positiv oder negativ. In seinem epochalen Buch *The Golden Bough* beschreibt Sir James Frazer die Einwände der Naturwissenschaft:

> »Magie ist ein falsches System von Naturgesetzen..., sie ist sowohl eine unwahre Wissenschaft als auch eine missglückte Kunst... Die Magie der Übertragung geht fälschlicherweise davon aus, dass Dinge, die einmal miteinander in Berührung waren, immer miteinander verknüpft

bleiben... [solche Überzeugungen sind typisch für] die grobschlächtige Intelligenz von Wilden gleichwie von ignoranten und dümmlichen Menschen überall.[3]«

Diese Einstellung klingt vielleicht altväterlich oder sogar archaisch, wurde aber zu Anfang des 20. Jahrhunderts niedergeschrieben. Doch hat sich an der unter den meisten Berufsforschern vorherrschenden Auffassung wenig geändert, seit Frazer 1922 über »Magie« und »Wilde« spottete.

NEGATIVE EINFLÜSSE IM LABORVERSUCH

Wenn wir Frazers Urteil beiseite lassen, was können wir an Nachweisen für negative Einwirkungen aus der Entfernung finden? Sehen wir sie uns einmal an!

Olga Worrall: »Ich weigere mich, sie zu verletzen.«

Viele Heiler, die Gebete einsetzen, um anderen zu helfen, geben freimütig zu, dass man damit auch Schaden zufügen kann. Zu ihnen gehörte die unlängst verstorbene Olga Worrall, eine sehr bekannte Geistheilerin. Beverly Rubik, Leiterin des *Center for Frontier Sciences* an der Temple Universität, und die Physikerin Elizabeth Rauscher führten Laborversuche mit Frau Worrall durch, deren Zugang zum Heilen tief spirituell und im Gebet gegründet war. Frau Rubik bat Frau Worrall, auf Bakterien in einer Nährlösung einzuwirken, wobei sie deren Wachstum verhindern oder verlangsamen oder sie töten sollte. Dann sollten die Bakterien gezählt und mit einer Kontrollprobe verglichen werden. Frau Rubik hätte dadurch mit großer Genauigkeit feststellen können, ob Frau Worrall einen wirklichen Einfluss auf lebende Organismen ausüben konnte oder nicht. Frau Worrall widersprach diesem Ansinnen energisch. »Ich weigere mich, sie zu verletzen«, sagte sie. »Ich werde meine Fähigkeiten nur zum Guten einsetzen.« Frau Rubik respektierte ihren Wunsch und veränderte das Experiment so, dass Frau Worrall ihre Kräfte auf positive Art einbringen konnte. Zwei Bakterienproben wurden den toxischen Wirkungen einer antibakteriellen Substanz ausgesetzt, und Frau Worrall »schützte« die eine Probe und die andere nicht. Die Ergebnisse zeigten, dass von den »geschützten« Bakterien tatsächlich eine größere Anzahl überlebte als von der Kontrollprobe, und zwar mit hoher statistischer Signifikanz.[4]

Der Fall der versteinerten Banane

Der Forscher Bernard Grad, der wegweisende Experimente mit bekannten geistigen Heilern an der kanadischen McGill Universität durchführte,[5] erzählt eine Geschichte, die zeigt, dass manche Menschen außergewöhnlich negative Wirkungen auf Lebewesen hervorrufen können. Während seiner Forschungsprojekte hörte ein Mann von Grads Experimenten und stellte sich als Versuchsperson zur Verfügung. Er behauptete, die Fähigkeit zu besitzen, mit seinen Händen eine ungewöhnliche Reaktion bei manchen lebenden Dingen, wie etwa Früchten, auszulösen. Er hielt beispielsweise eine Banane in der Hand, konzentrierte sich in einer ganz bestimmten Art auf sie, worauf sie anfing, zu trocknen, schwarz zu werden und zu schrumpfen. Sie trocknete nicht nur aus und ihre Farbe veränderte sich, sie *versteinerte*. Diese Veränderungen liefen beschleunigt ab, im Laufe von wenigen Stunden, und hatten keinerlei Ähnlichkeit mit den normalen Veränderungen, die bei einer Frucht im Laufe von Tagen ablaufen.

In einem seiner Vorträge erwähnte er diesen merkwürdigen Vorfall beiläufig. Er hatte eine der versteinerten Bananen behalten und sie an einem Schlüsselbund befestigt. Er zog sie aus seiner Tasche hervor und schlug sie kräftig auf das Pult, um ihre Härte zu demonstrieren. Ich sah sie mir nach dem Vortrag an und konnte es kaum glauben – eine steinharte Miniaturbanane, die wie aus Marmor wirkte.

Uri Gellers Überraschung

Vor vielen Jahren führte Zvi Bentwich, ein international bekannter israelischer Forscher auf dem Gebiet der Immunologie, Versuche mit dem berühmten übersinnlich begabten Uri Geller durch. Professor Bentwich berichtet von den folgenden Ereignissen.[6]

Geller wurde vielfach der Täuschung bezichtigt. Bentwichs Team entwarf mehrere ausgeklügelte Laborversuche, um Geller eine Gelegenheit zu geben, seine übersinnlichen Fähigkeiten zu demonstrieren und gleichzeitig Kunstgriffe und Taschenspielertricks auszuschließen. In einem speziellen Versuch hielt Geller seine Hände über einen Behälter mit lebenden Spermien. Sein Ziel war es, ihre Beweglichkeit, ihre Bewegungsmuster zu verändern, was man mit Hilfe des Mikroskops beurteilen konnte. Das Experiment war mit geeigneten Kontrollen versehen, und jeglicher Einfluss der Wärme seiner Hände war ausgeschlossen. Als sie gleich darauf die »behandelten« Spermien untersuchten, entdeckten die Experimentatoren, dass diese völlig *tot* waren, während sich die Kontrollprobe im normalen Zustand befand. Als man das Supernat, die Flüssigkeit, welche die toten Spermien enthielt, aufnahm und normale Spermien zusetzte, zeigte sich keine Wirkung. Damit war die Möglichkeit ausgeschlossen, dass Geller heimlich irgendeine chemische Substanz zugesetzt hatte, welche die Spermien tötete. Geller war, so wurde berichtet, ziemlich erschüttert von diesem plötzlichen und unerwarteten Einblick in seine Fähigkeit, Schaden zuzufügen. Er hatte nur die Absicht gehabt, die Beweglichkeit der Spermien zu verändern, nicht sie zu *töten*. Sein Vermögen, Schaden anzurichten, hat Ähnlichkeit mit negativen Wirkungen des Betens, wie wir sehen werden.

Schwarze Daumen, grüne Daumen

Kontrollierte Laborversuche zeigen, dass gewöhnliche Menschen ihren Geist einsetzen können, um das Wachstum von Mikroorganismen entweder zu behindern *oder* zu fördern.[7] Diese Wirkungen treten auf, wenn der »Einflussnehmende« zwischen einem Meter und fünfundzwanzig Kilometern von den Mikroorganismen entfernt ist.[8] Diese Untersuchungen bestätigen möglicherweise die volkstümliche Idee, dass manche Menschen scheinbar von Natur aus »schlechte Schwingungen« haben, die das Wachstum ihrer Zimmerpflanzen, Blumen usw. sabotieren – das Phänomen des »schwarzen Daumens«. Wir kennen auch das Gegenteil – den Effekt des »grünen Daumens« – wobei Pflanzen offensichtlich in der Gegenwart bestimmter Menschen besonders gut gedeihen. Als ein Beispiel für jemanden, der offenbar Lebewesen auf der genetischen Ebene positiv beeinflussen konnte, zitiert Daniel J. Benor den Forscher Luther Burbank, »der anscheinend eine paranormale Fähigkeit besaß, neue genetische Varianten von Pflanzen hervorzubringen. Er entwickelte in seinem Leben mehr als 800 davon, ein unerreichter Rekord in der Gartenkultur.«[9] Burbank schien überzeugt davon, dass Menschen und Pflanzen sich gegenseitig beeinflussen können. Er bemerkte einmal: »Pflanzen sind ebenso empfänglich für Gedanken wie Kinder.«[10]

Diese Untersuchungen sollten uns nachdenklich stimmen. Wenn Menschen das Wachstum von Mikroorganismen, mit denen wir viele gleichartige biochemische Prozesse teilen, *verzögern* oder *behindern* können, warum sollten sich diese negativen Einflüsse nicht auch auf Menschen erstrecken?

Hypnose aus der Ferne

Die Geschichte der Hypnose ist reichlich gewürzt mit Hinweisen darauf, dass es möglich ist, das Verhalten eines Menschen aus der Ferne zu beeinflussen, ohne dass der »Empfänger« etwas von diesem Vorgang bemerkt. In einigen dieser Fälle scheint der Hypnotiseur fast mit dem Hypnotisierten zu spielen. Als Beispiel mag eine Anekdote aus dem späten neunzehnten Jahrhundert dienen. Eines Tages saß der berühmte Arzt und Hypnotiseur Charles Richet mit seinem Kollegen Landusi im Speisesaal des Beaujon-Krankenhauses. Richet erklärte, er könne eine seiner Patientinnen durch einen reinen Willensakt aus der Ferne in den Schlaf versetzen und sie dazu zwingen, in den Speisesaal zu kommen. Zehn Minuten gingen jedoch vorüber, und niemand kam. Richet und Landusi betrachteten das Experiment als fehlgeschlagen, bis einige Minuten später jemand in den Speisesaal kam und meldete, dass man eine schlafende Patientin gefunden hätte, die in den Gängen des Krankenhauses auf der Suche nach Dr. Richet herumirrte, den sie nicht finden konnte.[11]

Ähnliche Experimente wurden etwa zur selben Zeit in Le Havre von dem bekannten Psychiater Pierre Janet durchgeführt[12] und in den dreißiger Jahren von den hervorragenden russischen Forschern Vasiliev, Platonov, Bechterev, Dubrovski und Tomaschevski.[13]

Deren Ergebnisse, von denen viele in ausgeklügelten Laborversuchen gewonnen wurden, sind ernüchternd. Sie liefern deutliche Hinweise darauf, dass wir die Fähigkeit besitzen, das Verhalten anderer radikal zu verändern, möglicherweise auch zu deren Schaden, ohne dass die Betreffenden etwas davon merken.

BELEGE AUS DER ANTHROPOLOGIE

Weil Anthropologen Kulturen studieren, bei denen dem Vernehmen nach Verhexungen aus der Ferne im Überfluss vorkommen, meinte ich, sie würden wissen, ob solche Dinge sich tatsächlich ereignen oder nicht. Über viele Jahre hinweg fragte ich sie danach, wann immer ich die Gelegenheit hatte. Ihre Antwort war immer ähnlich: »Nein, natürlich geschieht das nicht wirklich«, oder eine Abwandlung davon. Die meisten schienen sich jedesmal, wenn ich diese Frage aufwarf, eindeutig unwohl zu fühlen, und ich kam schließlich zu der Überzeugung, dass sie über dieses Thema einfach nicht sprechen mochten.[14]

Ich ließ die Frage fallen, bis ich mich bei einer Konferenz beim Abendessen am Tisch gegenüber von Professor Michael Harner fand, dem berühmten Anthropologen und Experten für Schamanismus. Mir war klar, dass dies eine Gelegenheit war, von einem echten Gelehrten Auskunft zu erhalten. Harner hatte einige Jahre bei den Jivaro-Indianern verbracht, die am Oberlauf des Amazonas lebten, und ihr Leben studiert. Im Laufe dieser Besuche lernte er ihre Sprache, erhielt Zugang zu ihrer Kultur und wurde mit vielen Aspekten des täglichen Lebens der Jivaro innig vertraut.

»Dr. Harner, sind Sie jemals Schamanen begegnet, die jemanden von fern verhexen konnten, ohne dass das Opfer davon wusste?«, fragte ich.

»In der Jivaro-Kultur wird Verhexung als Tatsache anerkannt«, sagte Harner ohne Zögern. »Viele der Schamanen am Amazonas, die ich untersucht habe, behaupteten, sehr gut darin zu sein. Ich habe keinen Anlass, ihnen das nicht zu glauben.«

»Warum verhexen sie Menschen aus der Ferne?«, fragte ich. »Warum nicht von Person zu Person, wie beim Voodoo?«

»Ihre Überlegung ist ganz einfach«, antwortete Harner. »Wenn das Opfer von der Verhexung nichts weiß, kann es keine Gegenmaßnahmen ergreifen, an dem Schamanen keine Rache nehmen oder gar versuchen, ihn zu töten. Als zusätzliche Sicherheitsmaßnahme führen die Jivaro-Schamanen Verhexungen aus der Ferne im Team zu zweit oder zu dritt durch, nicht alleine. Das bringt rein zahlenmäßig zusätzliche Sicherheit, wenn das Opfer sich zu rächen versucht. Fernverhexung ist in Wirklichkeit eine Sicherheitsmaßnahme.«[15]

Verhexung aus der Ferne oder negatives Beten sind nicht zu verwechseln mit Voodoo-Magie. Bei den magischen Praktiken im Voodoo ist es typisch, dass der Zauberer ein symbolisches Abbild des Opfers manipuliert, sei es nun eine Puppe, Kleidungsstücke der betreffenden Person, körperliche Ausscheidungen, abgeschnittene Fingernägel, Schmutz von den Fußspuren des Opfers oder eine Fotografie. Zudem wird der Betreffende nach Aussage des Physiologen Walter Cannon mit Absicht *in Kenntnis* gesetzt, dass er behext worden ist.[16] Der Umstand, dass das Opfer von dem Fluch weiß, ist die Grundlage der Verhexung. Wenn es merkt, dass es verflucht worden ist, lebt es sein Schicksal aus und kooperiert mit dem Fluch, indem es stirbt. Die Dorfbewohner bemerken ebenfalls, was vor sich geht, und verhalten sich dem Opfer gegenüber so, als ob es tatsächlich sterben würde, was sein Ableben beschleunigt.[17]

Voodoo-Verhexung ist ein *lokales* Geschehen. Das heißt, es findet an einem bestimmten Punkt in Raum und Zeit statt, in dem Hier-und-Jetzt-Erleben des Opfers und seiner oder ihrer Bekannten. Negatives Beten ist kein lokales, sondern ein *nicht-lokales* Ereignis, das fern von dem Betreffenden ausgelöst wird, ohne dass er oder sie es gewahr wird. Voodoo wird durch Sinneseindrücke übermittelt, durch Hören, Sprechen, sichtbare Zeichen, Berührung usw. Bei Fernverhexung oder negativem Gebet ist das Opfer völlig ohne Kenntnis des Fluches und hat keinen sinnlichen Kontakt mit dem Täter. Da es keine bekannten physikalischen Mechanismen gibt, womit das negative Gebet oder der Fluch übertragen werden könnte, ist es wissenschaftlich unmöglich, dass so etwas geschieht. Das ist wahrscheinlich der Hauptgrund, warum akademische Anthropologen davor zurückschrecken, solche Phänomene zu untersuchen oder davon zu berichten.

Holger Kalweit, ein deutscher Ethnologe, der den Schamanismus in Hawaii, dem amerikanischen Südwesten, Mexiko und Tibet untersucht hat, liefert in seinem Buch *Urheiler, Medizinleute und Schamanen* eine fachmännische Sicht der faszinierenden dunklen Seite des Schamanismus.[18] Aus Kalweits Sicht hängen die Wirkungen der schwarzen Magie – »unheilvolle Gedanken, die auf einen Feind übertragen werden« – von drei Grundprinzipien ab:

1. »Das Prinzip eines telepathischen Kommunikationsnetzwerkes und die Verbindung aller Menschen durch ein telepathisches Band [...] das allen Naturvölkern vertraut ist«:

2. das Verständnis, dass »das Universum [...] eine pulsierende Einheit ist, der sich jeder, insbesondere Medizinmänner und -frauen, öffnen kann«; und
3. »das Prinzip der emphatischen Einfühlung – wie es in der Urzeit existierte, als es noch Kommunikation mit allen Lebewesen gab, einschließlich Steinen, Pflanzen und sogar mit Himmel und Erde.«

Das sind dieselben Prinzipien, die, wie wir bereits gesehen haben, dem liebevollen, wohlwollenden Gebrauch von Gebeten zugrunde liegen.

In seinem Buch *Coyote On a Wounded Planet* zeigt Neal Claremon, wie diese Prinzipien gemeinsam alle Aspekte des Lebens zum Guten oder zum Schlechten beeinflussen, insbesondere unsere Beziehung zu anderen. Er macht deutlich, dass wir nicht zu Eingeborenen-Kulturen gehören oder Schamanen sein müssen, damit diese Bewusstseinszustände uns beeinflussen; *sie wirken in Tiefenschichten, mit oder ohne unser Wissen.*[19]

Kalweit führt ein eindrucksvolles Beispiel dafür an, wie Ärger und negative Gedanken außer Kontrolle geraten und einer unschuldigen Person aus der Ferne Schaden zufügen können:

> »John Quinn vom Stamm der Tenino in Oregon wurde von seinen Stammesbrüdern dreier Morde angeklagt. Nur einen Augenblick lang hegte Quinn einen bösen Gedanken gegen einen der Männer, die ihn beschuldigten. Sein Helfergeist verstand diesen Gedanken unmittelbar als einen Befehl, diesen Mann zu töten. Der Geist schoss mit voller Geschwindigkeit los, um diesen Wunsch auszuführen, stieß aber mit einem unschuldigen jungen Mädchen zusammen, das gerade an der Tür vorbeiging. Quinn hatte das nicht bemerkt. Bevor er oder ein anderer Schamane ihr zu Hilfe kommen konnte, starb das Mädchen.«[20]

In einem weiteren Beispiel setzte ein Mann seine schamanische Kraft zur Vergeltung ein:

> »Billy, ein australischer Schäfer in der Nähe der Kijuliji Farm, besaß eine außergewöhnliche Fähigkeit, seine Gedanken zu konzentrieren. Es war ihm nicht gestattet, seine Mahlzeiten mit den Weißen in der Küche der Farm einzunehmen, sondern man reichte ihm sein Essen nach draußen, wo er alleine aß. Als er eines Morgens zu spät aufstand, warf sein

weißer Boss sein Essen auf den Abfallhaufen. Billy ging schweigend zurück zu seinem Lager, aber zuvor holte er gedanklich seine *maulwa* (Schnur) aus seinem Körper und knüpfte sie zu einer Art von Netz zusammen. Dieses warf er über die Türen und Fenster des Hauses von seinem Boss und zog die Schnur hinter sich her, während er zum Lager zurückging. Dann schickte er sein Helfertotem los, den Blitz, der in das Haus einschlug und es in Brand setzte. Als der Koch versuchte, den Herd mit Wasser zu löschen, »sang« Billy das Wasser zu Kerosin, was alles noch schlimmer machte.«[21]

Können wir solche Ereignisse im Labor untersuchen? Die Anthropologin Joan Halifax ist skeptisch. Sie bemerkt: »Obwohl [diese Verhexungs] Fälle ziemlich phantastisch erscheinen, [...] verdienen sie gewiss systematische Erforschung *vor Ort*. Ich halte die Feldforschung für wichtig. [...] Es ist höchst unwahrscheinlich, wenn nicht gar absurd, wenn man versucht, solche Erfahrungen im Labor nachzuvollziehen.«[22]

Ein Problem bei der Untersuchung dieser Phänomene im Labor ist es, dass die Versuchspersonen sterben könnten, wenn die Verhexung funktioniert. Ein Professor, der eine Lehrveranstaltung mit dem Titel »Parapsychologie des Okkulten« abhielt, ging dieses Risiko tatsächlich ein. Einer seiner Studenten behauptete, er hätte die Fähigkeit, den Tod durch Verhexung herbeizuführen. In seiner Semesterarbeit wollte er dieses Talent demonstrieren. Der Professor stimmte zu. »[Aber...] wir konnten nicht zulassen, dass er versuchte, irgendjemanden zu töten, das wäre nicht fair und nicht anständig gewesen«, sagte der Professor. »Also vereinbarten wir, dass er versuchen sollte, mich durch Verhexung zu töten.« Der Professor hinterlegte einen versiegelten Umschlag beim Notar und schrieb darauf: »Bei meinem Tode öffnen, wenn er innerhalb des nächsten Jahres eintritt.« In dem Umschlag befand sich eine Anweisung an den Notar, dem Studenten ein »A« [die beste Note an amerikanischen Schulen und Universitäten, *Anmerkung des Übersetzers*] zu geben, wenn der Professor sterben würde. Der Student erklärte sich damit einverstanden, dass er ein »F« [»nicht bestanden«, schlechteste Note, *d. Übers.*] bekommen würde, falls der Professor nicht stürbe. Der Student fiel durch. Sagte der Professor: »Ich glaube, es gibt viele Menschen hier, mich selbst eingeschlossen, die sich bereit fänden, als Ziele zu dienen für Leute, die von sich behaupten, andere zu Tode hexen zu können ...wir können [diese Hypothese] testen.«[23]

DAS »TODESGEBET«

Im Jahre 1917 kam der Psychologe Max Freedom Long nach Hawaii und nahm eine Stelle als Lehrer in der Nähe des Kilauea-Vulkans an. Er war sein Leben lang an vergleichender Religionswissenschaft interessiert gewesen. Somit begeisterte er sich für die eingeborenen Magier, die *Kahunas* oder »Hüter des Geheimnisses«, zu deren Überlieferungen er mit viel Mühe Zugang finden konnte.[24]

Long gab sich intensiven Studien der Kahuna-Magie hin und empfand schließlich nicht nur Respekt, sondern sogar Bewunderung dafür. »Wenn wir lernen könnten, sie so anzuwenden wie die eingeborenen Magier Polynesiens...«, sagte er, »könnten wir hoffen, die Welt zu verändern.«[25] Er war insbesondere fasziniert von *ana-ana*, hawaiianisch für das »Todesgebet«.

Er fand heraus, dass das »Todesgebet« in der Kahuna-Tradition Polynesiens, die sich auf die Inseln von Hawaii ausgebreitet hatte, einen Versöhnung stiftenden sozialen Wert hatte. Er beschreibt seine Funktion so:

> »Die Kahunas lehrten [...] die Menschen zu leben, ohne andere zu verletzen. Diejenigen, die willentlich andere verletzten, hatten nach ihrer Auffassung den Tod verdient und wurden häufig mit dem Todesgebet bestraft. Dadurch entwickelten sich in Polynesien die freundlichsten und rücksichtsvollsten Menschen der ganzen Welt. Alle früheren Forschungsreisenden waren voller Bewunderung darüber und erwähnten es ausnahmslos in ihren Schriften.«[26]

Die Kahunas waren mit ihrem psychologischen Wissen ihrer Zeit voraus. Sie glaubten, dass jeder Mensch statt einer zwei Seelen oder Geister hat.[27] Diese entsprechen in etwa dem bewussten und dem unbewussten Teil des Geistes. Long bemerkt, dass die frühen Missionare die Vorstellung von zwei Seelen »für ein lächerliches und idiotisches Konzept hielten, gerade recht für Heiden und Wilde. Für sie hatte der Mensch nur eine Seele, und ihre Aufgabe war es, sie nach Möglichkeit zu retten.«[28] Der Gedanke, dass das menschliche Bewusstsein aus Teilen zusammengesetzt sein könnte, kam den Missionaren einfach nicht in den Sinn. Das war 1820, ein halbes Jahrhundert vor Freud.

Diese psychologische Topographie machte das Todesgebet möglich. Die Kahunas wussten, was wir im Westen später erkennen sollten, dass das Unbewusste höchst empfänglich ist für Suggestionen, auch wenn diese absurd und unlogisch sind. Diese Empfänglichkeit machte es möglich, dass die »tödliche Wirkung« in das Unbewusste eingepflanzt werden konnte und den Tod des Opfers verursachte.

Der Schwachpunkt im Schutzpanzer des Unbewussten, der das Eindringen der tödlichen Wirkung zuließ, war gewöhnlich *Schuld*. Long hebt deren Schlüsselrolle beim todbringenden Gebet hervor: Schuld war »das Geheimnis von großer Bedeutung, von dem die Kahunas wussten, wohingegen Religionsanhänger rund um die Welt nur einen blassen Schimmer davon hatten und sie völlig falsch verstanden«.[29] Jemand, der ein tiefes Schuldgefühl hatte wegen einer tatsächlichen oder eingebildeten Sünde, konnte von einem Geist angegriffen werden, der die Absicht hatte, ihn zu bestrafen oder zu töten. Das Unbewusste, von seinem Unwert überzeugt, nahm dann den Angriff aufgrund der Überzeugung, dass es Strafe *verdiente*, ergeben hin.

So weit mag das wie konventionelles Voodoo klingen, wobei der Tod des Opfers als Folge von Suggestion und Kooperation mit dem bekannten Fluch eintritt. Doch anders als beim Voodoo wird das Todesgebet nichtlokal über eine Entfernung übertragen, völlig außerhalb des Gewahrseins des Opfers und ohne dass es irgendeine Information oder einen wahrnehmbaren Hinweis erhält. Long erkannte dieses einzigartige Merkmal und hob es oft hervor. »Keine der üblichen Erklärungen des »Todesgebetes«, wie die Anwendung eines mysteriösen Giftes oder das »Sterben am Aberglauben«, erwiesen sich als wahr«, sagt er. »Das Opfer wusste so gut wie nie, dass es durch Magie getötet werden sollte.«[30]

Die Symptome des Opfers folgten einem typischen Muster. Zuerst »schliefen die Füße ein«, dann kroch die prickelnde Taubheit langsam bis zur Taille hoch. Das wurde von einer »langsamen Lähmung« der unteren Gliedmaßen begleitet. Diesen Symptomen folgte schließlich ein allgemeiner Zusammenbruch und der Tod.[31]

IST DAS UNIVERSUM VERKNÜPFT?

Wir haben zuvor schon die Bemerkung von Sir James Frazer zitiert: »Die Magie der Übertragung geht fälschlicherweise davon aus, dass *Dinge, die einmal miteinander in Berührung waren, immer miteinander verknüpft bleiben*«... [Hervorhebung ist hinzugefügt]. Wie schon bemerkt, zeigen neuere Fortschritte auf dem Gebiet der modernen Quantenmechanik, dass das Phänomen, das Sir James so rundweg abstoßend fand, auf der subatomaren Ebene tatsächlich existiert. Als Folge einer Entwicklung, die man *Bells Theorem* nennt, und vielen daran anknüpfenden Experimenten behaupten die Physiker jetzt, dass subatomare Teilchen, die einmal miteinander in Verbindung standen, in einem bestimmten Sinn immer verbunden bleiben. Eine Veränderung des einen Teilchens ruft gleichzeitig eine Veränderung des anderen hervor, sogar wenn das ganze Universum zwischen ihnen liegt. »Die Magie der Übertragung« scheint in die Struktur des Universums verwoben zu sein!

Dieser Punkt verdient es, hervorgehoben zu werden. Der Physiker Nick Herbert, eine Autorität auf dem Gebiet der Konsequenzen des *Bellschen Theorems*, beschreibt diese Entwicklungen in seinem Buch *Quantenrealität*:

> »Trotz der traditionellen Ablehnung nicht-lokaler Wechselwirkungen von seiten der Physiker, trotz der Tatsache, dass alle bekannten Kräfte unbestrittenermaßen lokal sind, trotz der Einsteinschen Vorbehalte gegen superluminale [schneller als Licht] Verknüpfungen, [...] beharrt Bell auf seinem Standpunkt, dass die Welt voll von unzähligen nicht-lokalen Einflüssen sei. Außerdem sind diese unvermittelten Verknüpfungen nicht nur unter seltenen und fremdartigen Umständen gegenwärtig, sondern liegen allen Ereignissen des alltäglichen Lebens zugrunde. Nicht-lokale Verknüpfungen sind im Überfluss vorhanden, weil die Realität selbst nicht-lokal ist.«[32]

Könnte es sein, dass Menschen auf dieselbe unheimliche Art und Weise verbunden sind wie subatomare Teilchen, und könnte es sein, dass diese Verknüpfung negatives Beten und Verhexung aus der Entfernung möglich macht? Gewiss *beweist* das Bellsche Theorem *nicht,* dass so etwas stattfindet oder auch nur möglich ist. Tatsächlich gibt es unter Anthropologen, wie wir schon festgestellt haben, eine hitzige Debatte darüber, ob solche Dinge überhaupt vorkommen. Zudem bezieht sich das *Bellsche Theorem* auf unsichtbare subatomare Teilchen, nicht auf Menschen, obwohl der Physiker Herbert einen Beweis geliefert hat, der zeigt, dass das Theorem nicht nur auf die unsichtbare Welt der Quantenereignisse anwendbar ist, sondern auch auf unsere vertraute makroskopische Welt. Es könnte vorteilhaft sein, den Begriff der Nicht-Lokalität in diese Debatte einzuführen. Wenn nämlich Anthropologen und andere Forscher zur Kenntnis nehmen würden, dass das *Prinzip* der Nicht-Lokalität heutzutage ein legitimer Bestandteil der modernen Physik, unserer genauesten Wissenschaft, ist, würde sie das vielleicht ermutigen, für diese seltsamen Berichte offener zu bleiben.

Nochmals Frazer: »Die Magie der Übertragung geht fälschlicherweise davon aus, dass Dinge, die einmal miteinander in Berührung waren, immer miteinander verknüpft bleiben.« Aber es gibt kein »fälschlicherweise«, wie Frazer dachte, da das die Art und Weise ist, wie das Universum auf der subatomaren Ebene funktioniert. *Es ist eine interessante Frage, ob damit Gott zum höchsten Ausübenden der Magie der Übertragung wird.*

IST NUR FÜRSORGE ÜBERTRAGBAR?

Daniel J. Benor, dessen Literaturübersicht zum geistigen Heilen im Anhang I enthalten ist, wurde einmal von einem Fragesteller mit dem Einwand konfrontiert, dass das Beten, wenn es auf Menschen positive Wirkungen hätte, auch ebenso negative Wirkungen haben könnte. Benor erwiderte:

> »Ihr Anliegen wird von den meisten Menschen geteilt, die vom geistigen Heilen erfahren. Sie sagen, wenn ein Heiler mich durch Gedanken zum Positiven verändern kann, kann er mich dann auch zum Negativen verändern? Die Berichte von Heilern als auch die von Geheilten weisen eigentlich immer in die positive Richtung, so dass negative Effekte nicht vorkommen. Ich […] habe die Literatur ausgiebig durchgesehen.

> Die einzigen negativen Wirkungen, die berichtet wurden, waren die, dass Schmerzen verschwanden und die Betreffenden besorgt waren, dass sie vielleicht einige Schmerzen haben sollten, um zu erfahren, ob ihre Krankheit fortschreitet oder nicht. Und das war nur eine Mutmaßung. Niemand hat je einen Fall angeführt, wo das Aufhören von Schmerzen sich als gefährlich erwies. Es gibt Berichte von Heilern, die tatsächlich den Tod von Tieren herbeiführten, in einem Fall eine Ratte, in einem anderen Fall eine Kuh... Bakterien wurden von Heilern getötet. [...] Es ist schwer zu sagen, was man von diesen vereinzelten Berichten halten soll.«[33]

Eine Untersuchung aus Südafrika weist darauf hin, dass es eine wohlwollende Kraft im Universum geben könnte, die für ausschließlich positive Ausdrucksformen des Betens sorgt, vor dessen negativer Anwendung aber schützt. In dieser Untersuchung versuchte ein Heiler, das Tumorwachstum bei dreißig Mäusen zu beeinflussen. Während Versuche, die Tumore *kleiner werden zu lassen,* sehr erfolgreich waren, war der Heiler nicht imstande, sie *größer werden zu lassen.*[34]

Es gibt einige feste Merkmale von telesomatischen Fällen (siehe Kapitel 2), die ebenfalls darauf hinweisen, dass diesen Fernwirkungen ein gewisses Wohlwollen zugrunde liegt. Diese Vorfälle ereignen sich gewöhnlich zwischen Menschen, die gefühlsmäßige, liebevolle Verbindungen haben – zwischen Eltern und Kindern, zwischen Partnern, Geschwistern und Liebenden. Sogar wenn Symptome oder Empfindungen von Krankheiten oder Schmerz »übermittelt« werden, dienen diese Gefühle doch meist einem guten oder höheren Zweck; zum Beispiel wenn eine Mutter ein Gefühl des Erstickens erlebt und »einfach weiß«, dass ihr Kind ins Schwimmbecken gefallen ist und nach Hause eilt, um es zu retten.

Wenn also Fürsorglichkeit, Mitleid, Liebe und Mitgefühl die »Funken« sind, welche die Kluft zwischen räumlich getrennten Menschen überbrücken, so verleitet das viele zu dem Glauben, dass Gebete niemals verletzen können. Ich kann verstehen, warum Menschen möchten, dass das wahr ist. Es gibt etwas in der menschlichen Psyche, das Zweideutigkeit verabscheut, das klare Verhältnisse möchte und das sich vom Beten wünscht, dass es hilfreich und wohltuend sein solle, aber niemals schädlich. Ich würde auch gerne glauben, dass es eine schützende, wohlwollende Qualität in der Welt gibt, die davor bewahrt, dass jemandem aus der Ferne durch Gebete willentlich Schaden zugefügt wird. Nachdem ich jedoch das ethnographische und experimentelle Material überprüft habe, glaube ich, dass wir uns auf die Möglichkeit einstellen müssen, dass negative Gebete tatsächlich vorkommen.

Ich kenne in der ganzen Welt keine Behandlungsmethoden, die völlig frei von Nebenwirkungen sind. Ärzte töten jedes Jahr versehentlich Zehntausende von Menschen durch unerwartete Nebenwirkungen von Medikamenten und chirurgischen Maßnahmen. Ebenso können Heiler jeder Art, die ich kenne, Menschen Schaden zufügen, manchmal sogar schweren. Akupunktur-Nadeln haben schon zu Infektionen im Blut und zu Endokarditis (Infektion der Herzklappen) geführt. Eine Vielzahl von Kräutern, von denen weithin behauptet wird, sie seien frei von Nebenwirkungen, weil sie »natürlich« sind, haben zu Reaktionen von Hautausschlag bis zum anaphylaktischen Schock geführt. »Harmlose« Manipulationen des Rückgrates haben schon Tetraplegie [komplette Lähmung aller vier Extremitäten, *Anm. d. Übers.*] verursacht. So kann es auch mit dem Beten sein: Obwohl dessen Heilvermögen sehr groß ist, gibt es eine dunkle Seite, die nicht einmal durch ihre Verbindung mit dem Göttlichen aufgehoben werden kann. Warum sollte sie auch? Schließlich birgt das Göttliche auch eine dunkle Seite in sich: Sogar Luzifer hatte einst seinen Sitz im Himmel.

Als Arzt halte ich es für klug, bei jeder Therapie im Voraus zu fragen: Was ist die Schattenseite? Was sind die Nebenwirkungen? Welcher mögliche Schaden kann entstehen? Ich würde diese Fragen auch beim Gebet stellen. Zu oft haben wir uns schon auf verheißungsvolle Durchbrüche und Wunderheilungen gefreut und sind später enttäuscht worden, als wir die negativen Aspekte der Behandlungsmethoden entdeckt haben. Wir können durchaus von den positiven Wirkungen des Betens begeistert sein – und das zu Recht – aber wir müssen keine blinden Optimisten sein.

TEIL 3

DAS BEWEISMATERIAL

KAPITEL 10
GOTT IM LABOR

> »An Abenden oder Wochenenden nehmen wir teil an unseren Versammlungen, Encounter-Gruppen, Veranstaltungen zu ganzheitlicher Gesundheit, Kampfsport und gemeinschaftlichen religiösen Treffen; und am nächsten Morgen legen wir unsere Arbeitskleidung an und kehren zurück zu einer streng analytischen, zunehmend digitalen, weitgehend unpersönlichen Handhabung unserer geschäftlichen oder beruflichen Pflichten. Unterdessen träumen, hoffen, lieben und beten schwächliche und ängstliche Reste unseres spirituellen Selbst weiter, weggesteckt hinter unseren gestärkten Hemdkragen oder Labormänteln.
>
> Auf die Gefahr hin, wie Mr. Spock von *Star Trek* zu klingen: Ist es logisch, dass Menschen sich in Wünschen, Gebeten oder Liebe ergehen, während sie gleichzeitig die Wirksamkeit dieser Handlungen in Zweifel ziehen? Warum sollten solche Phänomene von wissenschaftlicher Untersuchung ausgenommen sein oder von systematischer Anwendung in den praktischen oder akademischen Bereichen unseres Handelns, wenn doch ihre Wirksamkeit empirisch anerkannt ist? Warum kann unser mystisches und unser mentales Selbst nicht in praktischen und spirituellen Angelegenheiten koexistieren? Warum eigentlich können sie nicht einfach miteinander verschmelzen?«
>
> Robert G. Jahn und Brenda J. Dunne, *Margins of Reality*

Im Frühjahr 1992 wurde ich zu einer Gesundheitstagung in Israel, am Ufer des Toten Meeres, eingeladen. Wie ironisch, dachte ich, dass man am Ufer eines *toten* Gewässers über *Gesundheit* spricht – genau die Art von Paradoxie, die man im Nahen Osten ganz oft findet! Ich besuchte diesen Teil der Welt zum ersten Mal, und ich war von dieser Erfahrung tief beeindruckt. Es geschieht leicht, dass man von einer Wüstenlandschaft ergriffen wird, und von dieser ganz besonders, wo Propheten und Herrscher über Jahrtausende hinweg gegeneinander gewettert haben, wo drei der größten Weltreligionen geboren wurden und einige der grausamsten Kriege der Menschheitsgeschichte getobt haben.

Im Anschluss an die Konferenz fuhr ich nach Jerusalem. Ich wollte insbesondere die *Kotel* besuchen, die westliche Mauer, die man meist als *Klagemauer* kennt, weil die Juden traditionell dort hingehen, um die Zerstörung ihres Tempels zu beklagen. König Salomon, der das *Buch der Sprüche*, das *Buch des Predigers* und das *Hohelied* geschrieben haben soll, baute diesen Tempel um das Jahr 950 v.Chr., zu der Zeit, die man häufig als das Goldene Zeitalter Israels bezeichnet. Die Klagemauer wurde von Herodes dem Großen 20 v. Chr. gebaut, um das Tempel-Plateau abzustützen. Nach einer längeren Belagerung Jerusalems, im Jahre 70 n. Chr., schlug der römische General Titus eine Bresche in die Stadtmauer und zerstörte den Tempel. Die Klagemauer blieb bestehen. Sie erinnert alle Juden eindrücklich an ihre reiche Geschichte, und sie gehört zu den berühmtesten Stätten ganz Israels. Zu jeder Tageszeit kann man chassidische Juden in ihrer charakteristischen schwarzen Kleidung sehen, wie sie sich vor den massigen Steinen der Mauer ruckhaft hin und her bewegen, indem sie den Rhythmus ihrer Gebete in Körperbewegungen übertragen.

Obwohl ich kein Jude bin, fühlte ich mich doch zu der Mauer mit den Chassidim hingezogen. Ich stellte mich still neben sie und bemerkte, dass die Fugen zwischen den gigantischen Steinen vollgepackt waren mit Papierfetzen, auf denen Gebete geschrieben standen. Ich wollte an diesem uralten Ritual teilhaben, zog ein Stück Papier aus meiner Tasche und stand nun mit dem Schreibstift in der Hand bereit, um mein spezielles Gebet aufzuschreiben. Aber mir fiel nichts ein. Obwohl ich von Betenden umgeben war, kam mir buchstäblich nichts in den Sinn, wofür ich beten wollte. Alles schien in diesem Augenblick genau so in Ordnung zu sein, wie es war. Das einzige, was mir noch einfiel, war: *Ich möchte die Wahrheit erkennen.*

Schließlich faltete ich mein unbeschriebenes Papierstückchen zusammen, steckte es in einen Spalt zu Tausenden von schriftlichen Bittgesuchen und ging still weiter. Beim Fortgehen kam mir das Bild einer ganz anderen Mauer in den Sinn – eine Vision von einer Zeit, als die Naturwissenschaft ganz am Anfang stand.

DIE FRÜHE NATURWISSENSCHAFT UND DIE MAUER DER WAHRHEIT

Im Europa des sechzehnten Jahrhundert, wie es der Philosph Jacob Needleman in seinem Buch *A Sense of the Cosmos*[1] beschreibt, war die Kirche die endgültige Entscheidungsinstanz der Wirklichkeit, sie legte für jeden verbindlich fest, wie die Welt funktionierte. Wissenschaft, obwohl es dieses Wort damals noch nicht gab, entstand im Widerstand zu dieser Dominanz. Galileo Galilei (1564-1642), den die Kirche dazu verurteilte, die letzten Jahre seines Lebens unter Hausarrest zu verbringen, ist vielleicht das bekannteste Beispiel dafür. Was für Menschen waren diese frühen Naturwissenschaftler? Sie wollten vor allem eine direkte, unmittelbare Begegnung mit der Wirklichkeit, eine persönliche Erfahrung, ohne bei ihrem Vorgehen von Autoritäten oder Dogmen blockiert zu werden. In Needlemans bildlicher Metapher gingen diese frühen Wissenschaftler *zur Mauer der Wahrheit,* wo sie der Welt alleine gegenüberstanden, und luden das Universum ein, sich ihnen durch ihre einfachen Experimente zu offenbaren.

Dieses Bild von der *Mauer der Wahrheit* der frühen Wissenschaftler schien mir einleuchtend und konkret, als ich die Klagemauer in der Altstadt Jerusalems verließ. Und es hatte eine spezielle Bedeutung für mich. Damals arbeitete ich an diesem Buch über das Beten, und ich kämpfte mit der Frage, ob es *wünschenswert* sei, das Beten wissenschaftlich zu untersuchen. Meine Erfahrung an der Klagemauer gab mir das Gefühl, dass man es nicht nur untersuchen *konnte,* sondern sogar *sollte.* Aber nicht alle sind dieser Meinung.

WARUM MANCHE LEUTE GEGEN EINE WISSENSCHAFTLICHE UNTERSUCHUNG DES BETENS SIND

»Für Naturvölker ist die Suche nach Wissen ein heiliges Unterfangen. Demgegenüber behandeln westliche Wissenschaftler jedes derartige Gefühl wie eine Befleckung und eine potenzielle Verfälschung der wissenschaftlichen Objektivität... »das Bedürfnis, [die Welt] zu entheiligen [ist] eine Abwehr gegen überwältigende Gefühle, insbesondere gegen Gefühle von Demut, Ehrfurcht, Mysterium, Wunder und Ergriffenheit.««

Willis W. Harman[2]

Mehr Menschen als je zuvor kommen zu der Überzeugung, dass einige Dinge der Wissenschaft nicht zugänglich sein sollten. Die wissenschaftliche Mauer der Wahrheit sollte nur so oder so weit reichen. Sie glauben, dass Wissenschaft alles, was sie berührt, herabwürdigt und entweiht. Es ist nicht schwer zu erkennen, woher dieser Glaube kommt. Prominente Wissenschaftler lassen immer wieder verlauten, es sei nichts in der Natur heilig. Sie versichern uns dreist, die Welt treibe ziellos dahin, sei ganz und gar ohne Bedeutung und nichts weiter als unbeseelte Materie in Bewegung. Da man dem, was seelenlos ist, keinen Schaden zufügen kann, ist jede Untersuchungsmethode gerechtfertigt.

Der englische Philosoph Francis Bacon (1561-1626) spielte bei der Entwicklung dieser Einstellung eine zentrale Rolle. In Übereinstimmung mit dem biblischen Gebot glaubte Bacon fest daran, es sei die Bestimmung des Menschen, die Natur zu erobern und Herrschaft über sie auszuüben. Gegen Ende des siebzehnten Jahrhunderts beinhaltete – der Vision Bacons entsprechend – der Besuch der Mauer der Wahrheit nicht mehr, dass man den Objekten der Wahrheit Verehrung entgegenbrachte und sie als heilig achtete.

Der negative Schub dieses seelenlosen Vorgehens hält bis zum heutigen Tag an und hat für die Naturwissenschaft in der öffentlichen Meinung ein schwerwiegendes Problem geschaffen. Viele Menschen glauben, dass die allgemeine Herzlosigkeit der Wissenschaft direkt verantwortlich ist für viele weltweite Probleme, wie etwa die Verschmutzung und Zerstörung der Umwelt. Wenn es um die Frage der wissenschaftlichen Untersuchung des Betens geht, reagieren Leute auf vorhersehbare Art und Weise. Sie möchten nichts mit der wissenschaftlichen Methode zu tun haben und diese zeigen Entsetzen darüber, dass etwas Göttliches durch die schmutzigen Hände und die harten Herzen der Wissenschaftler entwürdigt zu werden droht.

Ich möchte klarstellen, dass Gebete keiner wissenschaftlichen Rechtfertigung oder Legitimation bedürfen. Dennoch glaube ich, dass viele Menschen, die beten, sich wahrscheinlich bestärkt und in ihrem Glauben bestätigt fühlen würden, wenn das Potenzial des Betens wissenschaftlich nachgewiesen werden *könnte*. Zudem macht die Anwendung von Wissenschaft es nicht immer erforderlich, »die Natur auf die Streckbank zu legen« und sie zu foltern, um ihr – so die Vorstellung Bacons – ihre Geheimnisse zu entlocken. Wir können statt dessen den Gegenstand der Forschung *achten* und mit Respekt und Ehrfurcht an ihn herangehen. Aus dieser Sicht bedeutet eine Untersuchung des Betens nicht, »Gott ins Labor zu bringen«, sondern »das Labor zu Gott zu bringen«, indem man das Universum bittet und einlädt, seine Funktionsweisen zu offenbaren.

Als ich vor Jahren meine Suche nach empirischen Beweisen für die Wirksamkeit des Betens aufnahm, war ich so naiv zu glauben, die organisierten Religionen wären entzückt von Experimenten, die zeigten, dass Gebete wirken. Ich kam in Kontakt mit der Arbeit der *Spannkraft-Organisation* (siehe Kapitel 5), die ganz deutlich macht, wie Beten tatsächlich die physische Welt verändern kann. Die Wissenschaftler von *Spannkraft* standen der Kirche der *Christian Science* nahe, und einige waren sogar beglaubigte Heiler. Sie waren von ihren empirischen Untersuchungen begeistert. Hier haben wir einen Labortest, sagten sie, der nicht nur die Macht des Betens nachweisen kann, sondern auch, ob ein bestimmter Heiler die Gabe des Heilens besitzt oder nicht. Die Kirche teilte ihre Begeisterung nicht, sondern reagierte entsetzt. Sie beschuldigte diese Forscher der Ketzerei, ließ verlauten, es sei nicht in Ordnung, »Gott ins Labor zu bringen«, und entzog einem der hauptsächlichen Forscher seine Lizenz als Heiler. Die Einwände gegen eine wissenschaftliche Erforschung des Betens kommen ganz offensichtlich nicht nur von orthodoxen Wissenschaftlern.

Diese Einwände gegen eine empirische Untersuchung des Betens, die sowohl von Wissenschaftlern als auch von Religionsanhängern kommen, scheinen furchtbar *anmaßend* zu sein. Wie können wir glauben, den Geist des Allmächtigen zu erfassen? Weil wir dazu nicht in der Lage sind, können wir auch nicht sagen, was das Absolute mag oder nicht mag. Nach allem, was wir wissen, könnte es für Gott auch das reine Vergnügen sein, wissenschaftlich erforscht und experimentell getestet zu werden.

Trotz dieser Einwände neigen immer mehr Wissenschaftler zu der Auffassung, das Beten *sollte* experimentell untersucht werden. Eines der bedeutendsten Laboratorien, das Bewusstseinsvorgänge untersucht, ist das *Princeton Engineering Anomalies* (PEAR) Programm, das von Robert G. Jahn geleitet wird, dem ehemaligen Dekan des Ingenieurwesens an der Universität von Princeton, sowie von seinen Kollegen, zu denen Brenda J. Dunne und Roger Nelson gehören. Jahn und Dunne sind sich schon seit langem der philosophischen und spirituellen Bedeutung ihrer Arbeit bewusst. Ihre aufgeklärte Einstellung könnte als Leitmotiv dieses ganzen Buches dienen:

»So gut wie alle zeitgenössischen Religionen sowie die meisten ihrer Vorgänger ziehen großen Vorteil aus solchen mystischen Haltungen und Handlungen wie Glauben, Hoffnung, Liebe, Beten und Opfern. Forschungsergebnisse [...] könnten solchen wenig greifbaren metaphysischen Konzepten eine zusätzliche Perspektive hinzufügen. Das Gewicht und die Vitalität der Theologie in einem zunehmend analytischen und technologischen Zeitalter könnte sehr wohl von eigenen angemessenen Formen wissenschaftlicher Forschung profitieren, und zwar auf ganz ähnliche Art und Weise, wie moderne Methoden der Diagnose und der Berechnung das faktische Verständnis und sogar die ästhetische Wertschätzung in traditionell impressionistischen Gebieten wie Kunst, Musik und Literatur gefördert haben...«[3]

Ob Beten letztlich experimentell begründet werden kann, hängt nicht von diesbezüglichen *Meinungen* ab. Diese Frage lässt sich nur dadurch klären, dass man die Experimente tatsächlich durchführt, um zu sehen, ob sich unter Versuchsbedingungen eine Wirkung zeigt oder nicht.

IST BETEN EIN PLACEBO?

Skeptiker sagen, dass es keinen Grund zur Untersuchung des Betens gibt, weil es grundsätzlich nichts zu untersuchen gibt. Beten wirkt einfach nicht. Alle beobachteten Wirkungen sind nur auf Suggestion zurückzuführen – die berühmte Placebo-Wirkung. Das Wort *Placebo* kommt aus dem Lateinischen und heißt »Ich werde Freude bereiten«. Es ist »ein harmloses nicht-medizinisches Präparat, das einem Patienten wie eine Medizin gegeben wird, nur um ihn positiv einzustimmen«.[4]

Ist Beten ein Placebo? Wir können auf diese wichtige Frage mindestens drei Antworten finden.

1. *Beten kann als Placebo wirken.* Allein schon wenn jemand weiß, dass für ihn oder sie gebetet wird, kann das Heilkräfte von eindrucksvoller Stärke mobilisieren. Wenn das geschieht, haben die Wirkungen des Betens ihren Ursprung im Patienten, nicht außerhalb von ihm. Wissenschaftler, die auf dem neuen Gebiet der Psychoneuroimmunologie arbeiten, haben nachgewiesen, dass zwischen den Teilen des Gehirns, die mit Denken und Gefühlen zu tun haben, und dem Nervensystem sowie dem Immunsystem innige Verbindungen bestehen.[5] Gestützt auf diese Entdeckungen wissen wir ohne jeden Zweifel, dass aus Gedanken Biologie werden kann. Das schließt auch den Gedanken ein, dass für einen gebetet wird.
2. *Beten kann schädlich sein.* Die Möglichkeit, dass Beten schädlich sein kann, wird fast nie in Betracht gezogen, weil echte Gläubige meinen, Beten sei immer hilfreich, während Skeptiker einhellig der Überzeugung sind, es sei nutzlos. Aber wenn die suggestiven Wirkungen beim Beten real sind – der Placebo-Effekt – sollten wir automatisch auch von schädlichen Wirkungen des Betens ausgehen, weil Suggestion ein zweischneidiges Schwert ist: Sie kann entweder positiv oder negativ sein.

Wie wir in Kapitel 9 gesehen haben, können Gebete auf zwei Arten Schaden zufügen. Einmal durch negative Placebo-Effekte, was dasselbe ist wie negative Suggestion.[6] Wenn das Opfer weiß, dass ein negatives Gebet auf ihn/sie gerichtet ist, kann es die schädlichen Wirkungen »ausleben« und tatsächlich sterben. Anderseits kann Beten Schaden

zufügen, wenn es *nicht-lokal,* aus der Entfernung, eingesetzt wird, selbst dann, wenn der »Empfänger« von diesem Vorhaben überhaupt nichts weiß – ein Phänomen, das sich prinzipiell nicht mit Suggestion oder Placebo-Effekten erklären lässt.
3. *Beten kann intrinsisch hilfreich sein.* Das soll heißen, dass Gebete an sich positiv wirken und ihre wohltätige Kraft nicht allein auf Suggestion und dem Placebo-Effekt beruht. Das bedeutet nicht, Suggestiv- oder Placebo-Effekte spielten beim Beten niemals eine Rolle. Sie können *immer* ein Faktor sein, wenn jemand für sich selbst betet oder bemerkt, dass ein anderer zu helfen versucht. Dabei ist nicht von Bedeutung, ob der Helfende ein Medikament, eine chirurgische Maßnahme, Gebete oder etwas anderes einsetzt.

Beweise für eine intrinsische, positive Wirkung des Betens gibt es im Überfluss, nicht nur bei Menschen, sondern auch bei Mäusen, Hühnern, Enzymen, Pilzen, Hefe, Bakterien und Zellen verschiedenster Art (siehe Anhang 1). Wir können diese Wirkungen nicht als Suggestiv- oder Placebo-Effekte abtun, da diese sogenannten niederen Lebensformen nicht in irgendeinem herkömmlichen Sinne denken und vermutlich auch nicht empfänglich für Suggestionen sind. Die wissenschaftlichen Beweise zeigen – auf höchst eindrucksvolle Art, wie ich meine – dass die Wirkungen des Betens nicht allein auf Placebo-Effekten beruhen. *Aber,* möchte ich fragen, *selbst wenn es so wäre, was würde das ausmachen?* Angenommen, ein Krebsgeschwür verschwindet und man kann ohne jeden Zweifel beweisen, dass sein Verschwinden »nur« auf Suggestion und Placebo-Effekten beruht? Die Heilung wäre deshalb nicht weniger wirklich und würde dem Patienten deshalb nicht weniger bedeuten.

Skeptiker räumen ein, dass Krankheiten gelegentlich verschwinden, wenn jemand betet. Aber sie fügen schnell hinzu, dies bedeutet nicht, dass die Gebete die Heilung *verursacht* haben. Es sei »einfach so geschehen«, dass diese beiden Ereignisse – die Anwendung von Gebeten und das Verschwinden des Krebsgeschwürs – hintereinander eintraten. Es sei zufällig, sagen sie, und nicht ursächlich bedingt. Wiederum dürfte das dem Patienten egal sein. Er oder sie lässt die Skeptiker und die Gläubigen gern darüber streiten, ob der Zufall oder eine tatsächliche Verursachung dahinter stand.

Doch ist es aus einer anderen Perspektive von *enormer* Bedeutung, ob das Beten tatsächlich bei gesundheitlichen Problemen wirkt. Die Antworten, die wir auf die Fragen um das Gebet herum geben, sind von größter Bedeutung dafür, wie wir unseren Platz in der Welt, unsere Beziehung zum Absoluten, die Natur des menschlichen Bewusstseins, unsere Ursprünge und unsere Bestimmung verstehen. Deswegen behaupte ich, dass wissenschaftliche Untersuchungen des spirituellen Heilens sehr wesentlich sind: Sie können uns helfen, Antworten auf die großen Fragen des Lebens zu geben.

KAPITEL 11
GEBET UND HEILUNG: EIN ÜBERBLICK ÜBER DIE FORSCHUNG

»Wenn es eine Grundregel der Wissenschaft gibt, dann besteht sie darin [...], dass sie sich verpflichtet, die gesamte Wirklichkeit, alles, was existiert, alles, was reell ist, anzuerkennen und zu beschreiben. [...] Sie muss in ihrem Einflussgebiet sogar das akzeptieren, was sie nicht verstehen, nicht erklären kann, das, wofür es keine Theorie gibt, das, was man nicht messen, vorhersagen, kontrollieren oder ordnen kann. [...] Sie umfasst alle Ebenen oder Stufen des Wissens, auch das Unausgegorene, [...] Wissen von geringer Zuverlässigkeit, [...] und subjektive Erfahrung.«
Abraham Maslow

Dieses Kapitel wirft einen gründlichen Blick auf die Forschung, die zur Heilwirksamkeit des Betens durchgeführt worden ist. Bei dem Versuch einer Gratwanderung zwischen einer langatmigen Durchsicht und einer trivialisierten Zusammenfassung habe ich mich bemüht, diesen Abschnitt kurz und bündig, aber dennoch verständlich zu machen. Dieses Kapitel sollte Ihnen einen Eindruck davon vermitteln, wie die Untersuchungen aussehen und sich anfühlen, und Ihnen dazu verhelfen, sich ein eigenes Urteil über das Beweismaterial zu bilden.

UNTERSUCHUNGEN MIT MENSCHEN

Wissenschaftler suchen seit einem Jahrhundert nach Beweisen für die Kraft des Betens. Dabei warfen sie zuerst einen Blick auf den Menschen – und das werden wir auch tun.

Gebete für Könige und Klerus: Die erste Untersuchung

Sir Francis Galton, der herausragende englische Wissenschaftler, Schriftsteller und Pionier der Eugenik, führte die möglicherweise erste objektive Forschungsarbeit zur Wirksamkeit des Betens durch. Sie wurde 1872 im *Fortnightly Review* veröffentlicht.[1]

Galton gibt an, er habe diese Untersuchung durchgeführt »zur Befriedigung [seines] eigenen Gewissens«. Für ihn ist der überzeugendste Grund, an die Wirksamkeit des Betens zu glauben, die unbestreitbare Tatsache, dass jeder es verwendet, Heiden und orthodoxe Gläubige gleichermaßen. Wenn Gebete nicht wirksam sind, warum ist das Gebet dann allgemein gebräuchlich? Oder, fragt Galton, könnte das ein Hinweis auf die »universelle Tendenz des Menschen zu grobem Unglauben« sein?

»Viele Personen mit hoher intellektueller Begabung und kritischem Verstand«, bemerkte Galton, »betrachten es als eine axiomatische Gewissheit, dass sie diese Kraft [des Betens] besitzen, obwohl es ihnen unmöglich ist, irgendein wissenschaftliches Kriterium dafür anzugeben. [...]« Dieser skeptischen Ansicht entsprechend, war es ihm unmöglich, ein einziges Beispiel dafür zu entdecken, »dass ein anerkannter Mediziner die Genesung eines Patienten auf den Einfluss des Betens zurückgeführt hat«. Dieses »beredte Schweigen« von Seiten der Ärzte war sicherlich auffällig. »Hätten Gebete für die Kranken irgendeine erkennbare Wirkung, müsste man davon ausgehen, dass die Ärzte, die immer nach solchen Dingen Ausschau halten, sie beobachtet und ihren Einfluss dem der Priester hinzugefügt hätten, um sie für jeden Kranken einzusetzen.« Es sind nicht nur die Ärzte, die von keiner Wirkung des Betens wussten; wissenschaftliche Beobachter anderer Art schwiegen gleichfalls zu diesem Thema. »Es gibt meines Wissens keinen einzigen Fall, wo Arbeiten, die vor den statistischen Gesellschaften verlesen wurden, den Einfluss des Betens auf Krankheiten oder irgendetwas anderes anerkannt hätten.«

Galton schob diese Bedenken beiseite und nahm seine Zuflucht zu statistischen Vergleichen, um herauszufinden ob Gebete wirken. Er verglich die Lebensdauer von Geistlichen mit der von »materialistischen« Menschen. Wenn Beten die Langlebigkeit fördert, so argumentierte er, dann sollten Geistliche länger leben, da sie die »am meisten zum Beten geneigte« Klasse darstellen und auch zu denen gehören, für die am meisten gebetet wird. Galton wählte eine andere Gruppe zum Vergleich, für deren Gesundheit und langes Leben viel gebetet wurde – die souveränen Staatsoberhäupter. »Das öffentliche Gebet für den Souverän eines jeden Staates, ob Protestant oder Katholik, ist und war vom selben Geiste wie unser eigenes: 'Gewähre ihm ein langes Leben in Gesundheit!'«, bemerkte er.

Galton fand heraus, dass die Geistlichkeit als Ganzes zwar etwas länger lebte als Ärzte und Rechtsanwälte im Allgemeinen, wenn man aber die Lebensspanne von *bedeutenden* Geistlichen mit der von *bedeutenden* Ärzten und Rechtsanwälten verglich, dann war der Klerus die *kurzlebigste* aller drei Gruppen.[2] Noch schützten die Gebete die Staatsoberhäupter: »Herrscher haben buchstäblich die kürzeste Lebensspanne von all denen, die den Vorzug des Wohlstandes genießen.«

Galton verdient Anerkennung dafür, es als Erster für möglich gehalten zu haben, dass Beten für eine empirische Untersuchung geeignet ist. Heutige Forscher würden aber sofort mehrere Probleme bei seiner Untersuchung aufdecken. Sie ist durchsetzt von Annahmen und Mängeln im experimentellen Design, die typisch sind für rückblickende Analysen. Er gab zu, dass seine Vergleiche möglicherweise nicht stimmig seien. So könnte es zum Beispiel zutreffen, dass das Leben von Königen wesentlich ungesünder und »lebensgefährlicher« sei als das anderer Persönlichkeiten. Er räumte ein, dass Gebete einige dieser schädlichen Wirkungen neutralisieren und somit doch wirksam sein könnten. Somit hätten Souveräne zwar ein kürzeres Leben, doch es wäre noch kürzer, wenn man nicht für sie beten würde. Er verwarf aber schließlich diese abschwächenden Überlegungen als eine »sehr fragwürdige Hypothese.«

In seinem Buch *Science and Providence* unterzog John Polkinghorne, Dekan und Kaplan von Trinity Hall, Cambridge, Mitglied der Royal Society und ehemaliger Professor für mathematische Physik an der Universität Cambridge, die wenig schmeichelhaften Feststellungen Galtons über das Beten einer kritischen Prüfung. Er weist darauf hin, welche Faktoren Galton unberücksichtigt ließ. Polkinghorne merkt zum Beispiel an, dass einer der Gründe für die Kurzlebigkeit der Herrscher, die ja über gute Ernährungs- und Wohnmöglichkeiten verfügten, darin lag, dass sie einer der größten Gefahren der damaligen Zeit ausgesetzt waren, nämlich den ständigen Dienstleistungen der Ärzte![3]

Galton räumt ein, dass jemand, der betet, sich dadurch vielleicht besser *fühlt*. Schließlich ist der Drang, »seine Gefühle in Töne zu ergießen, nicht nur dem Menschen eigen«, sondern universal. Er kommt auch bei Tieren vor. Er beschreibt beispielsweise, wie der Hase schreit, kurz bevor er vom Windhund eingeholt wird. Dasselbe tut auch »jede Mutter, die ihr Junges verloren hat. Sie irrt klagend umher und sucht mitleiderregend nach Mitgefühl…, was Menschen dazu veranlasst, in wohlgesetzten Worten zu beten.« Die Welt der Tiere ist in Augenblicken der Angst und des Schreckens von Klagelauten erfüllt. Nur beim Menschen mit seinen »überlegenen intellektuellen Fähigkeiten« heben sich diese Schreie in der Form des Gebetes von denen anderer Kreaturen ab.

In gehobener Prosa, jener Art des Schreibens, die leider aus den wissenschaftlichen Zeitschriften verschwunden ist, bestätigt Galton zuletzt den Wert des Betens. Obwohl es keinen empirischen Nachweis für seine Wirkung gibt, ist das kein Grund, es sein zu lassen. Trotz des negativen Urteils der Wissenschaft ist das Beten um seiner selbst willen gut. »Das Gefühl einer vertraulichen Verbindung mit Gott muss zwangsläufig das Herz erfreuen und stärken und es von kleinlichen Sorgen ablenken«, sagt er. Diejenigen, die ans Beten glauben, können sich auf die zweifelsfreie Tatsache verlassen, dass eine Solidarität zwischen ihnen und ihrer Umgebung existiert […]ihre Herkunft aus endloser Vergangenheit entspringt und sie einer Bruderschaft von allem, was ist, angehören. Jeder trägt einen Teil der Verantwortung für die Zeugung einer endlosen Zukunft. […] [Diese] großartige Idee […] ist von großer Kraft und [kann] ihnen in den Prüfungen des Lebens und im Schatten des herannahenden Todes Gemütsruhe bringen.[4]

Gebete für einen Sohn

Rupert Sheldrake, der in Cambridge ausgebildete Pflanzenbiologe, der wohlbekannt ist für seine Theorie der *Morphogenetischen Felder und der formbildenden Ursachen*, untersuchte die Wirkungen des Betens in Indien in einer Arbeit, die, wie die von Galton, eine retrospektive Analyse ist.[5] Die meisten Menschen in Indien wollen lieber Söhne als Töchter haben, und sie suchen ständig die Tempel auf, wo sie die Heiligen bitten, ihre Ehe zu segnen, damit ihnen ein Sohn geschenkt wird. Ein gewaltiger Aufwand an psychologischer Energie und an Gebeten wird dafür betrieben. Sheldrake untersuchte die Statistik der männlichen Lebendgeburten in Indien und verglich sie mit England, wo Söhne nicht so stark bevorzugt werden. Er fand heraus, dass *sowohl* in England *als auch* in Indien etwa 106 männliche Geburten auf 100 weibliche kommen – wie in fast jedem anderen Land auch. »Wenn dieser gewaltige psychische Aufwand, die Gebete und die Segnungen der Heiligen eine Wirkung hätten, würde man erwarten, dass der durchschnittliche Anteil männlicher Lebendgeburten höher wäre«, stellt Sheldrake fest.

Das Experiment von Redlands

Einer der frühesten Versuche in diesem Jahrhundert, das Beten wissenschaftlich zu untersuchen, war das Gebetsexperiment an der Universität von Redlands in Redlands, Kalifornien, im September 1951. Dieses Experiment wurde durch das viel gelesene Buch *Prayer Can Change Your Life* von Dr. William R. Parker und Elaine St.Jones einer breiten Öffentlichkeit bekannt gemacht.[6] Die Versuchsgruppe umfasste fünfundvierzig Personen zwischen zweiundzwanzig und sechzig Jahren. Ein Drittel davon waren Universitätsstudenten und zwei Drittel waren Hausfrauen, Lehrer, Geschäftsleute und andere aus der Umgebung. Die Versuchspersonen hatten vielfältige Schwierigkeiten, darunter Depressionen, das Gefühl, »inaktiv und ausgebrannt« oder »zerstört« zu sein. Einige hatten »übertriebene Ängste, längere Schatten von Kummer und Depression, die uns alle von Zeit zu Zeit verfolgen«. Andere gehörten zu »den 50-75%, die medizinische Behandlung suchen, obwohl ihnen medizinisch nichts fehlt«.

Die Patienten wurden in drei Gruppen zu je fünfzehn aufgeteilt. Die Gruppe I war die »Nur-Psychologie«-Gruppe. Religion wurde während ihrer Therapie nicht erwähnt. Alle aus dieser Gruppe hatten zu erkennen gegeben, dass sie diese Art von Behandlung bevorzugten, oder sie waren von ihrem Arzt zur Psychotherapie vorgeschlagen worden.

Gruppe II, die »Nur-Gebets«-Gruppe, betete während der neunmonatigen Dauer des Experimentes jede Nacht vor dem Schlafengehen. Sie bestand aus gläubigen, praktizierenden Christen, die sehr starkes Vertrauen zum Beten hatten und psychologische Beratung für überflüssig hielten. Sie glaubten zu wissen, wie man richtig betet, und ihnen wurden keine weiteren Gebetstechniken angeboten. Das Ziel ihrer Gebete war, die vorliegenden Probleme emotionaler oder körperlicher Art zu beseitigen.

Gruppe III, die »Gebetstherapie-Gruppe«, traf sich jede Woche zu einer zweistündigen Gebetssitzung.

Die drei Gruppen hatten keinen Kontakt und keine Kommunikation miteinander. Man unterzog sie vor und nach dem Experiment einigen psychologischen Tests. Alle Tests wurden von einem geübten Psychometriker und Diplompsychologen durchgeführt, der nicht direkt an dem Experiment beteiligt war. Zu den Tests gehörten der Rohrschach- oder »Tintenklecks«-Test, der Einiges über die innere Dynamik der Persönlichkeit enthüllt, der Szondi-Test, der einen tieferen Einblick in gewisse Persönlichkeitssyndrome gibt, der Thematische Apperzeptionstest oder TAT, der die inneren Einstellungen und Gefühle eines Menschen mit Hilfe des freien Ausdrucks einschätzt, und Satzergänzungs- und Wortassoziationstests, die in etwa dasselbe tun.

Die Ergebnisse dieser Tests wurden den Beratern in der Psychotherapie-Gruppe zur Verfügung gestellt, die sie nutzten, um ihre Patienten durch die Therapie zu begleiten. Die Gebetstherapie-Gruppe (Gruppe III) verwendete gleichfalls die Testergebnisse. Jede Woche erhielt jeder Teilnehmer einen verschlossenen Umschlag, der ein Blatt Papier enthielt, auf dem ein nachteiliger Persönlichkeitsaspekt stand, den die Tests gezeigt hatten. Das erlaubte dem oder der Betreffenden, sich auf das negative Merkmal zu konzentrieren, und er oder sie konnte versuchen, es durch ein spezifisches Gebet zu beseitigen. Bei weiteren Treffen der Gebetsgruppe fingen die Teilnehmer an, einander die Ergebnisse ihrer Tests, ihre Hemmungen beim Umgang damit, aber auch ihre Erfolge mitzuteilen. Die Testergebnisse waren auch dem Psychologen und seinen Assistenten, die das Gesamtexperiment leiteten, bekannt.

Neun Monate später wurden alle Tests noch einmal von einem bisher unbeteiligten Psychologen durchgeführt. Die Ergebnisse wurden von den Forschern wie folgt beschrieben: Gruppe I, die Psychotherapie-Gruppe, hatte sich um 65% verbessert. Gruppe II, die für sich selbst betenden, zeigte keine Verbesserung. Und Gruppe III, die Gebetstherapie-Gruppe, zeigte eine Verbesserung um 72%.

Bei ihrer Bewertung dieser Resultate äußerten die Forscher sich erfreut über das Ergebnis. Sie waren davon überzeugt, dass sie eine »Totalheilung« von mehreren Teilnehmern in der Gruppe III, der Gebetstherapie-Gruppe, beobachtet hätten. Zu den betreffenden Störungen zählten Migräne-Kopfschmerzen, Stottern, Geschwüre und Epilepsie. Für sie war die Kraft des Betens, wenn die Versuchspersonen noch zusätzlich über die Resultate ihrer psychologischen Tests informiert wurden, augenscheinlich.

Oberflächlich betrachtet, ist die Begeisterung der Forscher über die Ergebnisse der Gruppe III schwer nachzuvollziehen. Selbst wenn die Einschätzung der Besserung genau war, was sich deswegen schwer verifizieren lässt, weil keine festen Endpunkte gemessen wurden, hatte die Gebetstherapie-Gruppe III nur um 7% besser abgeschnitten als die Gruppe I ohne Gebete – ein sehr mageres Ergebnis.

Zudem gibt es keine Möglichkeit, in Erfahrung zu bringen, auf was ihre Besserung zurückzuführen ist. Zumindest drei Faktoren wirkten mit: Gebet, Gruppentherapie und individuelle Rückmeldung über die Ergebnisse ihrer psychologischen Tests. Es ist nicht möglich, die Wirkung dieser Variablen zu trennen. Jeder dieser Faktoren könnte entscheidend gewesen sein, mitentscheidend oder bedeutungslos. Wir wissen es einfach nicht.

Warum sollte Gott nur die Ergebnisse der Gruppe III erhört haben? Warum sollte es für ihn notwendig sein, dass die Leute sich in der Gruppe versammeln und mit dem Wissen über ihre psychologischen Testergebnisse unterstützt werden, damit er ihre Gebete erhört? Man könnte argumentieren, die Resultate der Gruppe III zeigten, statt die *Macht* des Betens nachzuweisen, vielmehr die Begrenztheit Gottes oder seine Launenhaftigkeit.

Warum gab es bei der Gruppe II, den Christen, die privat für sich selbst beteten, keine Besserungen? Die Erklärung der Forscher war, dass »etwas an ihrem Verständnis und an ihrer Praxis des Betens verkehrt war«. Da sie »baten und ihnen nicht gegeben wurde«, mussten sie irgendwie »falsch gebetet« haben, während die Teilnehmer der Gruppe III »baten und ihnen gegeben wurde«. Das ist nicht überzeugend, denn es übersieht die Tatsache, dass den Patienten der Gruppe I, die nicht betete, ebenfalls »gegeben« wurde, obwohl sie nicht einmal darum baten.

Es gibt Anzeichen dafür, dass die Teilnehmer der Gruppe III den Einfluss der Gruppentherapie für äußerst wichtig hielten. Alle wollten im folgenden Jahr wiederkommen und die Gruppe fortsetzen.

Können wir den Daten, die diese Untersuchung hervorbrachte, Glauben schenken? Sind die Prozentsätze der Besserung verlässlich? Wie fast allgemein bekannt ist, sind psychologische Tests bestenfalls allgemeine Indikatoren der in der Psyche wirkenden Kräfte. Sie zum Nachweis präziser Prozentsätze der Besserung zu verwenden, geht wahrscheinlich zu weit. Genaue, empirische Kriterien für die Besserung des Gesundheitszustands fehlen bei diesem Experiment. Man kann zum Beispiel nur erfahren, ob ein festgestellter Krebs tatsächlich geheilt ist, indem man ihn sich auf irgendeine Art und Weise ansieht – mit Röntgenstrahlen oder mit einer optischen Magensonde. Es ist bekanntermaßen wenig zuverlässig, sich auf Symptome zu beziehen: Manche bösartigen Geschwüre sind schmerzfrei, wohingegen manche Patienten geschwürartige Schmerzen haben, ohne dass tatsächlich eine Geschwulst vorliegt.

Der Versuchsleiter der Redlands-Studie zog die folgenden Schlüsse:

> »Wiederholt habe ich unter wissenschaftlichen Testbedingungen – ohne Weihrauch oder starke emotionale Einstimmung – die wohltuenden Ergebnisse [des Betens] gesehen. [...] wir haben mit Gebeten experimentiert unter Bedingungen, die alle Anforderungen des modernen »wissenschaftlichen« Menschen erfüllen. [...] In neun Monaten wurden zum ersten Mal in der Geschichte die Ergebnisse eines kontrollierten Experimentes zum Beten [...] wissenschaftlich gemessen, verglichen und ausgewertet.«[7]

Aber dieses Experiment ist meines Erachtens kein überzeugender Nachweis der Macht des Betens. Es ist mit mehreren Problemen behaftet. Es ist einfach keine gute Wissenschaft.

Leukämie bei Kindern und Beten

Gegenüber dem Beten skeptisch eingestellte Menschen behaupten im Allgemeinen, jeder Beweis für die Wirksamkeit des Betens sei nur auf schlecht geplante Experimente und Beobachtungen zurückzuführen und sei deshalb eine Illusion. Wenn die Experimente »luftdicht« wären, würde der Effekt verschwinden. Beten verletzt die bekannten Gesetze der physikalischen Wirklichkeit. Deshalb wissen wir im Voraus, dass es nicht wirken kann.

Eine Untersuchung, die von Skeptikern zum Beweis dieser Behauptungen oft zitiert wird, ist ein Gebetsexperiment, das mit leukämiekranken Kindern durchgeführt und 1965 veröffentlicht wurde.[8] Ein Experimentator wies mittels zufälliger Auswahl zehn von achtzehn leukämiekranken Kindern einer Gebetsgruppe in der Kirche zur Behandlung zu. Alle achtzehn Kinder erhielten weiterhin ihre reguläre medizinische Behandlung. Zehn Familien wurden gebeten, in der Kirche für die zehn Kinder zu beten, und sie wurden wöchentlich an ihre Verpflichtung zum Gebet erinnert. Weder die Kinder noch ihre behandelnden Ärzte wussten, dass sie an einem Gebetsexperiment teilnahmen, aber auch die betenden Familien wussten nicht, dass ein kontrollierter Versuch stattfand. Die Ergebnisse dieser Untersuchung waren wenig aufschlussreich: Es gab keine signifikanten Unterschiede zwischen den beiden Gruppen.

Gebetsskeptiker scheinen gemeinhin von diesem Ergebnis angetan zu sein und führen es meist als Beweis gegen die Wirksamkeit des Betens an. Aber, wie Dr. med. Daniel J. Benor[9] dazu bemerkte: »Es gibt so viele Schwächen in dieser Untersuchung, dass sie für jeden mit Forschungserfahrung eine Schande wäre.« Tatsächlich ist sie *derart* fehlerhaft, dass sie ein schlechtes Bild auf die Skeptiker wirft, die sich als Wissenschaftler bezeichnen und sie als entscheidenden Beweis gegen das Beten zitieren. Es folgen einige der Gründe, warum diese Untersuchung von Anfang an zum Scheitern verurteilt war:

- Es gab zu wenige Patienten, um daraus Schlüsse ziehen zu können.
- Es wurde keine Einschätzung bezüglich der Vergleichbarkeit der beiden Gruppen vorgenommen. Man konnte also nicht sagen, ob eine Gruppe schwerer erkrankt war als die andere, was das Ergebnis verfälscht hätte.
- Die Patienten hatten nicht einmal dieselbe Erkrankung. Zwei Patienten in der Kontrollgruppe (für die nicht gebetet wurde) hatten myeloische Leukämie, während alle anderen Patienten in beiden Gruppen lymphatische Leukämie hatten. Diese Tatsache ist wesentlich, weil Leukämie keine homogene Krankheit ist. Einige Formen haben eine schlechtere Prognose als andere.
- Es wird keine Information angegeben, was die Vergleichbarkeit der beiden Gruppen bezüglich anderer wichtiger Variablen wie Alter und Geschlecht betrifft.
- Die Kriterien für Besserung sind nicht spezifiziert.
- Es wurde nicht überprüft, ob die Familien, die sich zum Beten verpflichtet hatten, ihre Verpflichtung tatsächlich einhielten und wenn, wie oft sie beteten.
- Wir können nichts über die Variabilität der chemotherapeutischen Behandlung der Kinder sagen, was die Unterschiede in ihren Reaktionen erklären könnte.
- Durch die schlechte Planung dieser Untersuchung sind ihre Ergebnisse, wie beim Experiment von Redlands, wenig schlüssig.

Beten und rheumatische Arthritis

Eine andere wohlbekannte Untersuchung, welche die Macht des Betens bei Patienten mit rheumatischer Arthritis abzuschätzen versuchte, wurde 1965 von einem Londoner Krankenhaus veröffentlicht. Es handelte sich um eine Doppelblindstudie: Weder die Patienten noch die Ärzte wussten, für wen gebetet wurde und für wen nicht. Gebetsgruppen widmeten neunzehn Patienten aus der Ferne ihre Gebete. Deren Krankheitsverlauf wurde mit dem von neunzehn Kontrollpatienten verglichen. Die Forscher glichen beide Gruppen in Bezug auf das Ausmaß ihrer Erkrankung an. Die medizinische Therapie wurde wie üblich sowohl in der Kontrollgruppe als auch in der Experimentalgruppe weitergeführt. Die Patienten wurden zu Beginn des Versuchs und noch einmal nach acht bis achtzehn Monaten sorgfältig untersucht. Nur sechs der achtunddreißig Patienten zeigten eine Besserung. Fünf von ihnen waren in der Gebetsgruppe. Während der ersten Hälfte der Untersuchung besserte sich die Gebetsgruppe mehr als die Kontrollgruppe; in der zweiten Hälfte der Untersuchung dagegen besserte sich die Kontrollgruppe mehr als die Gebetsgruppe. Zwar sind diese Ergebnisse in Hinblick auf eine Wirkung des Betens ermutigend, doch fanden die Forscher in dieser kleinen Untersuchung keine statistische Signifikanz. Alles in allem trägt dieser Versuch für unser wissenschaftliches Verständnis des Betens wenig bei.[10]

Beten und menschliches Gewebe

Wenn unsere Gedanken auf »niedrigere« biologische Systeme einwirken können, wie viele der folgenden Arbeiten zeigen, dann könnte es nach der Meinung einiger Forscher durchaus sein, dass lebendiges menschliches Körpergewebe auf diese Wirkungen noch stärker anspricht. Welches menschliche Gewebe wäre in diesem Fall am empfänglichsten?

Der Neurophysiologe und Nobelpreisträger Sir John Eccles hat behauptet, dass das menschliche Gehirn außergewöhnlich empfindsam auf Gedanken reagiert. Unser Bewusstsein verabreicht den Millionen von Neuronen, aus denen unser Gehirn besteht, ständig »kognitive Streicheleinheiten«, wie er es nennt.[11] Könnte es sein, dass die Empfänglichkeit des Gehirns für Gedanken nicht nur auf unsere inneren Gedanken, sondern auch auf die Einwirkungen anderer Personen, wie etwa Heiler, anspricht, die auch weiter weg sein können?

Es ist schwierig, lebendes Hirngewebe experimentell als ein Fernziel für Gedanken zu verwenden. Wir müssten das Hirngewebe chirurgisch entnehmen, was riskant wäre. Es ist viel leichter, anderes Körpergewebe zu verwenden, zum Beispiel verschiedene Arten von Blutzellen. Manche Blutzellen haben viel mit Hirngewebe gemeinsam. So enthalten zum Beispiel viele weiße Blutzellen identische Rezeptoren für Neurotransmittermoleküle, die ebenso im Gehirn vorkommen, und sie stellen ebenfalls einige dieser Substanzen her. Wenn also das Bewusstsein das Hirngewebe »kognitiv streichelt«, könnte es gleichfalls auf Blutzellen, die funktionell ähnlich sind, einwirken.

Dr. William G. Braud von der *Mind-Science-Stiftung* in San Antonio, Texas, hat diese Frage experimentell untersucht.[12] Er wollte wissen:
1. Ob gewöhnliche Menschen rote Blutzellen mental vor ernsthaft schädigenden Einflüssen schützen können oder nicht;
2. ob man das auch über eine Entfernung tun kann, und
3. ob diese Wirkung »selbstsüchtig« ist, das heißt, ob die mentale Schutzwirkung besser bei den eigenen roten Blutzellen eines Menschen wirkt oder ob man die Zellen anderer in gleicher Weise schützen kann.

In Brauds Experiment versuchten zweiunddreißig Versuchspersonen, siebzehn Frauen und fünfzehn Männer im Alter zwischen dreiundzwanzig und fünfunddreißig Jahren, rote Blutzellen (RBZn) mental vor der Auflösung zu bewahren, nachdem man sie in einem abgelegenen Zimmer in Reagenzgläser mit einer verdünnten Lösung gefüllt hatte. Das bedeutet für RBZn Stress. Sie schwellen allmählich an und platzen, wobei ihr Hämoglobin in die Lösung entweicht. Diesen als Hämolyse bekannten Prozess kann man mit Hilfe eines als Spektrophotometer bekannten Gerätes mit äußerster Genauigkeit messen.

Ungefähr die Hälfte von Brauds Versuchspersonen wurde angewiesen, zu versuchen, ihre *eigenen* Blutzellen zu schützen, während die andere Hälfte die Aufgabe erhielt, die Blutzellen einer *anderen* Person zu schützen. Es ist wichtig anzumerken, dass die Versuchspersonen »blind« waren. Sie wussten also nicht, ob das Blut aus ihrem eigenen Körper kam oder von einem anderen. Während jeder Sitzung wurden die Versuchspersonen in einen ruhigen, behaglichen Raum in einem Teil des Gebäudes gebracht und das Ziel, die Reagenzgläser mit Blut, wurde in einen davon entfernten Raum in demselben Gebäude deponiert. Eine Sitzung bestand aus zwei Kontroll- oder Ruheperioden von jeweils fünfzehn Minuten und zwei fünfzehnminütigen »Schutz«-Perioden. Um ihre Visualisierung und Ausrichtung zu unterstützen, blickten sie auf die Projektion eines Farbdias mit gesunden, funktionierenden RBZn. Während der Kontrollperioden schlossen die Versuchspersonen ihre Augen und dachten über Dinge nach, die nicht mit dem Experiment in Verbindung standen. Der Techniker, der die Hämolyse-Messungen an den RBZn in dem abgelegenen Raum durchführte, war ebenfalls »blind«. Er wusste nicht, ob das Blut von der Versuchsperson stammte oder von jemand anderem, und er wusste auch nicht, ob gerade eine Kontrollsitzung oder eine Schutzsitzung stattfand. Braud gelangte zu zwei wichtigen Schlussfolgerungen. Zum Ersten konnten die Versuchspersonen den Hämolyse-Prozess der RBZn aus der Ferne in einem Maße beeinflussen, was man nicht mit Zufall erklären konnte. Zum Zweiten machte die Herkunft des Blutes in der *Gesamtgruppe* keinen signifikanten Unterschied. Wenn man jedoch das individuelle Abschneiden untersuchte, ergab sich, dass die fünf erfolgreichsten Versuchspersonen des ganzen Experimentes diejenigen waren, die ihr eigenes Blut zu beeinflussen versuchten.

Diese Arbeit zeigt, dass heilende Gedanken über eine Entfernung wirken können und *insgesamt* selbstlos sind. Sie geschehen offenbar unabhängig davon, ob man sie auf sich selbst richtet oder auf einen anderen. Aber obgleich der *Gesamt*effekt selbstlos zu sein scheint, wenn man große Versuchsgruppen untersucht, gibt es offenbar doch Einzelne, die nicht typisch für die Gesamtgruppe sind und deren heilende Gedanken stärker auf sich selbst wirken als auf andere.

Was macht den Unterschied aus? Braud meint, dass vielleicht die mentalen Strategien, die jeder Einzelne anwendet, von Bedeutung sind. In seiner Untersuchung verwendeten einige Teilnehmer bildliche Vorstellungen, bei denen sie sich die RBZn ganz realistisch vorstellten. Andere verwendeten geistige Bilder mit Objekten, die zwar ähnlich, aber nicht identisch mit den RBZn waren. Dafür besaßen sie Eigenschaften, die einer starken, geschützten Zelle zukommen könnten. Braud vermutet auch, dass Persönlichkeitsunterschiede zwischen den Versuchspersonen die Ergebnisse beeinflusst haben könnten. Einige Persönlichkeitstypen fühlen sich vielleicht mit einer ganz deutlichen bildhaften Vorstellung wohler, andere eher mit einer indirekten oder unspezifischen mentalen Strategie.

Beten in der kardiologischen Abteilung

Der Kardiologe Randolph Byrd, ein praktizierender Christ, hat seine Arbeit so entworfen, dass sie die Rolle Gottes bei der Heilung wissenschaftlich auswertet. »Nach vielen Gebeten«, sagt er, »kam mir der Einfall, was ich zu tun hatte.«[13] Über einen Zeitraum von zehn Monaten wurden 393 Patienten, die in die Kardiologische Abteilung am Allgemeinen Krankenhaus von San Francisco eingewiesen worden waren, per Computer zu zwei Gruppen zugeordnet. Gebetsgruppen beteten zu Hause für die eine Gruppe (192 Patienten), während die andere Gruppe (201 Patienten) nicht im Gebet berücksichtigt wurde. Die Untersuchung wurde nach strengen Kriterien entworfen, wie man sie üblicherweise in klinischen Untersuchungen in der Medizin anwendet. Es war ein randomisiertes Doppelblind-Experiment, wobei weder die Patienten noch die Krankenschwestern oder Ärzte wussten, in welcher Gruppe die Patienten waren. Byrd konnte verschiedene religiöse Gruppen dafür gewinnen, für die Mitglieder der Gruppe zu beten, die zur Fürbitte ausgewählt worden war. Die Gebetsgruppen erhielten zunächst die Namen ihrer Patienten sowie eine kurze Beschreibung ihrer Diagnose und ihres Zustands. Sie wurden aufgefordert, jeden Tag zu beten, erhielten aber keine Anweisungen, wie sie das tun sollten.»Jeder betete für viele verschiedene Patienten, und jeder am Versuch beteiligte Patient hatte zwischen fünf und sieben Leute, die für ihn oder sie beteten«, erklärte Byrd.

Diese Patienten zeigten Abweichungen in mehreren Bereichen:
1. Die relative Häufigkeit der Anwendung von Antibiotika betrug bei ihnen ein Fünftel von der der Vergleichsgruppe (drei Patienten im Vergleich zu sechzehn Patienten).
2. Die relative Häufigkeit des Auftretens von Lungenödem, eine Erkrankung, bei der sich die Lungen mit Flüssigkeit füllen, weil das Herz nicht mehr richtig pumpt, betrug bei ihnen ein Drittel gegenüber der Vergleichsgruppe (sechs Patienten gegenüber achtzehn).
3. Keiner aus der gebetsgestützten Gruppe benötigte endotracheale Intubation, wobei eine künstliche Luftröhre in den Hals eingeführt und an einem mechanischen Ventilator angebracht wird, wohingegen zwölf aus der Vergleichsgruppe die Hilfe eines solchen Ventilators brauchten.
4. Weniger Patienten in der gebetsgestützten Gruppe starben (obwohl das statistisch nicht signifikant war).

Wäre die untersuchte Methode ein neues chirurgisches Verfahren oder eine neue Droge gewesen, hätte man sie höchstwahrscheinlich als »Durchbruch« gepriesen. Sogar einige hartgesottene Skeptiker akzeptierten die Signifikanz von Byrds Ergebnissen. Dr. William Nolan, der Autor eines Buches, in dem Heilung durch den Glauben als Scharlatanerie entlarvt wird, räumte ein: »Es sieht so aus, als ob diese Untersuchung einer genaueren Prüfung standhält. [...] Vielleicht sollten wir Ärzte auf unsere Rezeptformulare schreiben »dreimal täglich beten«. Wenn es hilft, dann hilft es.«[14]

Als die Ergebnisse der Arbeit von Dr. Byrd bekannt gegeben wurden, erregten sie großes Aufsehen. Jeder größere Sender in den Vereinigten Staaten berichtete über den Versuch. Die Gläubigen hatten den Eindruck, dass endlich in einer sorgfältigen Untersuchung eine tiefgreifende Wirkung des Betens nachgewiesen worden war. Die Skeptiker wären endgültig zum Schweigen gebracht und die Wissenschaftler insgesamt davon überzeugt, dass Beten wirkt. Das sollte nicht sein. Seit ihrer Veröffentlichung wurde die Arbeit scharfer Kritik unterzogen. Einige der Einwände sind die Folgenden.

Der Überzeugungsfaktor

Bei der Untersuchung wurden nur überzeugte Christen eingesetzt, die zu ihrem Christen-Gott beten sollten. Sie führten »ein aktives christliches Leben, wie sich an ihren täglichen hingebungsvollen Gebeten und ihrer aktiven Mitgliedschaft bei einer örtlichen Kirche zeigte«. Mehrere protestantische Kirchen und die Römisch-Katholische Kirche waren vertreten. Einige Kritiker dieser Arbeit fragten sich angesichts dieser Auswahlkriterien, ob Byrd vielleicht religiöse Vorurteile hatte, ob er die versteckte Absicht verfolgte, die Überlegenheit seiner eigenen Religion zu beweisen.

Wurde tatsächlich gebetet?

Die Betenden oder Fürbittenden erhielten die Anweisung, »täglich für eine schnelle Genesung zu beten und dafür, dass Komplikationen und der Tod nicht eintreten würden, außerdem für alles andere, was sie für hilfreich hielten für den Patienten«. Doch es gab keine Kontrolle darüber, ob die Gebetsgruppen wirklich beteten oder nicht.

Gebetsstrategien

Die Betenden oder Fürbittenden waren nur angewiesen worden zu beten, aber nicht, *wie* sie beten sollten, und sie wurden auch nicht über die von ihnen angewandten Methoden befragt. Daher wissen wir wenig über ihre Gebetsstrategien. Aber, wie wir schon zuvor gesehen haben, ist Beten

»nicht gleich« Beten. Viele Faktoren sind an dem Ergebnis des Betens beteiligt, unter anderem wie sehr es spezifisch oder gerichtet ist. So fanden zum Beispiel die *Spannkraft-Forscher*, dass eine *ungerichtete* Form des Betens, bei der kein bestimmtes Ziel oder Ergebnis damit verknüpft ist (die »Dein Wille geschehe«-Haltung), zwei- bis viermal wirksamer war als die gerichtete Methode (siehe Kapitel 5). Andere Experten haben darauf hingewiesen, dass Gebetsmethoden auf die jeweilige Persönlichkeit zugeschnitten sein sollten, um wirksam zu sein (siehe Kapitel 5). Diese Faktoren blieben bei der Untersuchung von Byrd ungeprüft. Das magere Ergebnis dieser Arbeit könnte deshalb eher die Art und Weise ihrer Planung widerspiegeln als dem Gebet innewohnende Effekte.

Der Einfluss der Erfahrung
Die Geübtheit und Erfahrung von Betenden einzuschätzen, scheint bei jeder Untersuchung über das Beten wichtig zu sein, so wie man die Erfahrung eines Internisten oder Neurochirurgen bei einem medizinischen Experiment für entscheidend wichtig halten würde. Das Material der *Spannkraft-Forschungen* zeigt, dass manche Menschen beim Beten einfach erfolgreicher sind als andere. Erfahrung zählt – worüber wir in Byrds Experiment nichts wissen.

Persönliche Vertrautheit und Beten
Die *Spannkraft-Experimente* haben auch gezeigt, dass Beten um so wirksamer ist, je vertrauter der Betende mit dem Gegenstand seiner Gebete ist. Obwohl die Fürbittenden in dem Experiment von Byrd den Vornamen, die Diagnose und ein wenig über den klinischen Zustand der Patienten, für die sie beteten, wussten, kannten sie die Kranken nicht persönlich, waren also nicht wirklich mit ihnen vertraut. Wenn man nach den *Spindrift-Experimenten* urteilt, dann könnte das die beobachteten Ergebnisse signifikant geschmälert haben.

Der Einfluss des Vornamens
Weil jeder Patient in der Gebetsgruppe drei bis sieben Fürbittenden zugewiesen wurde, denen der Vorname des Patienten, seine Diagnose und jeweilige Veränderungen seines Allgemeinzustandes mitgeteilt wurden, haben einige Skeptiker hervorgehoben, dass damit das Doppelblindkon-

zept des Experimentes verletzt worden sei. Bei einer echten Doppelblinduntersuchung hätten die Fürbittenden völlig im Ungewissen sein müssen. Obwohl das technisch gesehen ein gültiger Einwand ist, erscheint es als Kritik doch ziemlich trivial. Wenn Beten tatsächlich wirkt, wen sollte es da interessieren, ob der Betende den Zustand des Patienten kennt?

Wenn man den Fürbittenden die Vornamen der Patienten mitteilt, entsteht möglicherweise eine interessante Schwierigkeit. Angenommen es gäbe unter den insgesamt 393 Patienten mehrere mit denselben Vornamen. Was wäre, wenn Johns und Marys *sowohl* in der Kontrollgruppe *als auch* in den Gebetsgruppen vorkämen? Wenn ein Fürbittender für »John« oder »Mary« betet, *welcher* John oder *welche* Mary würden das Gebet empfangen? Könnte es sein, dass die Gebete aus Versehen auf alle Johns und Marys in der Kontrollgruppe gerichtet waren statt nur auf die Gebetsgruppe, wie es beabsichtigt war? Ist also möglicherweise wegen dieser Verwechslung die Wirkung der Gebete in die Kontrollgruppe »hineingesickert«? Wir gehen davon aus, dass Gott den Unterschied kennt, aber warum wurde dieser offensichtliche Faktor nicht von Anfang an aus dem Versuchsentwurf entfernt, etwa dadurch, dass man alle Namen weggelassen hätte und den Patienten stattdessen Initialen oder Nummern zugeordnet hätte? Man muss dabei an eine Bemerkung von C. S. Lewis in seinen *Letters to Malcolm: Chiefly on Prayer* denken: »…Warum Sie es für so wichtig halten, für andere unter Verwendung ihrer Vornamen zu beten, kann ich mir nicht vorstellen. Ich gehe immer davon aus, dass Gott auch ihre Nachnamen kennt.«[15]

Unterschiede bei den Ärzten
Wir wissen auch nichts über die Fähigkeiten der verschiedenen Ärzte, die die Patienten versorgten. Das Fachwissen von Ärzten ist natürlich ebenso wie das von Krankenschwestern und anderen Mitgliedern des Fürsorgepersonals unterschiedlich. Manche Ärzte neigen mehr zur Verabreichung von Medikamenten als andere. Manche sind schneller dabei, ihre Patienten über eine künstliche Luftröhre mechanisch zu beatmen. Einige behalten ihre Patienten länger in der kardiologischen Abteilung als andere. Da alle diese Faktoren bei der Einschätzung der Gebetswirkungen Anwendung fanden, wäre eine Bewertung der Behandlungsgewohnheiten der beteiligten Ärzte wünschenswert gewesen. Wenn Ärzte, die weniger zur

Anwendung von Diuretika und Antibiotika neigten, sich hauptsächlich um die Patienten der Gebetsgruppe gekümmert hätten, würde womöglich die seltenere Anwendung dieser Medikamente *nicht* die Wirkung des Betens widerspiegeln, sondern die konservativen Verschreibungsgewohnheiten der Ärzte. Freilich wäre es äußerst mühsam oder sogar unmöglich gewesen, diese Informationen zu beschaffen, aber das macht sie deshalb nicht weniger bedeutsam.

Effekte der psychischen Verdrängung
Es wurde kein Versuch zur Einschätzung der Mechanismen unternommen, mit denen die Patienten der Kardiologischen Abteilung (KA) psychologisch ihre Situation bewältigen. Das stellt möglicherweise einen wesentlichen Mangel des Experimentes dar. Aufgrund von Untersuchungen an der Medizinischen Fakultät von Harvard wissen wir, dass die wirksamste psychische Bewältigungsstrategie während der ersten vierundzwanzig Stunden nach einem Herzanfall die *Verleugnung* ist. Menschen, die zu Beginn in der KA verdrängen, was geschieht, erleben weniger Angst, weniger Herzrhythmus-Störungen und haben eine niedrigere Mortalitätsrate.[16] Wenn in der Gebetsgruppe mehr Verdränger vorhanden waren, wäre es dieser Faktor gewesen, der anstelle des fürbittenden Gebetes für die Besserungen verantwortlich war.

Gebete »außerhalb«
Wir wissen nicht, ob und wie viel die Patienten in der Kontrollgruppe für sich selbst beteten oder ob ihre Verwandten für sie beteten. Da wir annehmen dürfen, dass *einige* von ihnen für sich selbst beteten oder ihre Verwandten für sie, heißt das im Endeffekt, dass es *keine* Kontrollgruppe gab, keine Gruppe, für die *nicht* gebetet wurde. Da dieser Faktor nicht abgeschätzt wurde, könnte es nach allem, was wir wissen, sein, dass für die Kontrollgruppe *mehr* gebetet wurde als für die formale Gebetsgruppe. Das würde heißen, dass die Gruppe, für die am meisten gebetet wurde, schlechter abschnitt. Damit könnte man die ganze Untersuchung nicht als ein Beweis dafür interpretieren, dass Beten wirkt, sondern dass es tatsächlich schädlich ist.

Byrd erkennt die Schwierigkeit an, den Faktor des Betens zu kontrollieren. »[Es wurde kein] Versuch unternommen, Gebete in der Kontrollgruppe einzuschränken«, sagt er. »Ein solches Vorgehen wäre sicherlich unethisch und wahrscheinlich auch unmöglich durchzuführen«, was auch meine Auffassung ist.

Göttliche Macht oder Göttliche Begrenztheit?

Trotz der Gebete für eine schnelle Genesung gab es weder in Bezug auf die Gesamtzahl der Tage im Krankenhaus noch in der Kardiologischen Abteilung einen Unterschied. Auch in der Zahl der an die Patienten in den beiden Gruppen ausgegebenen Medikamente gab es keinen Unterschied. Ebenfalls ergab sich in der Mortalitätsrate kein statistischer Unterschied: Dreizehn Patienten, für die gebetet wurde (7%), und siebzehn Patienten aus der Kontrollgruppe (8,5%) starben. Auch in den Bereichen, wo statistische Signifikanz festgestellt werden konnte, war die Überlegenheit der Gebetsgruppe nicht überwältigend: Nur 7% weniger Antibiotika und 5% weniger Diuretika waren erforderlich; und es gab 6% weniger Fälle von durch Blutstau verursachtem Herzversagen und 5% weniger Fälle von Herz-Lungen-Versagen.

Bei insgesamt 85% der Gebetsgruppe wurde der Krankheitsverlauf nach ihrer Einlieferung ins Krankenhaus als »gut« bewertet, bei der Kontrollgruppe im Vergleich dazu bei 73%. Der eindrucksvollste Unterschied zeigte sich bei der erforderlichen Zahl der Intubationen und mechanischen Beatmungen: Bei keinem Patienten, für den gebetet wurde, war dies erforderlich, während zwölf aus der Kontrollgruppe diese Behandlung erfuhren. Das heißt, außer in einer Kategorie der klinischen Reaktion *erreichten die Patienten aus der Gebetsgruppe nur eine 5- bis 7-prozentige Besserung gegenüber der Kontrollgruppe.* Wenn Beten wirkt, warum sind diese Unterschiede dann so klein? Einige Zyniker haben festgestellt, dass diese geringfügigen Verbesserungen, falls sie real sind, nicht auf die Macht Gottes, sondern auf seine Schwäche hinweisen.

Dr. Gary Posner, ein Internist in Tampa, Florida, ist gegenüber den Ergebnissen von Byrd skeptisch und hat sie aus unterschiedlichen Gründen angegriffen. Die Patienten in der Kontrollgruppe, sagt er, verdienten genauso geheilt zu werden wie die in der Gebetsgruppe, und wenn Gott eine Gruppe gegenüber der anderen bevorzugen würde, würfe das einen Schatten auf seine Allwissenheit und sein Mitleid.[17]

Man könnte sich fragen, ob jemand, der ernsthaft an die Heilkraft des Betens glaubt, sich auf einen streng kontrollierten Versuch mit Menschen überhaupt einlassen könnte. Der Kontrollgruppe die Gebete vorzuenthalten, würde einem solchen Gläubigen gleichbedeutend damit erscheinen, dass man ihnen die Behandlung mit einem starken Medikament oder einen chirurgischen Eingriff versagen würde. Das wäre aber offenbar unethisch und unmoralisch.

Trotz der Schwierigkeiten und Probleme mit dieser Untersuchung meine ich, dass man Byrd zu seinem Mut beglückwünschen muss, ein solches Experiment in einer modernen medizinischen Umgebung durchzuführen. Die meisten medizinischen Forscher wären vor dieser Aufgabe zurückgeschreckt. Die Durchführung von Gebetsforschung ist kaum ein Weg, seine Karriere zur fördern; man erreicht damit wenig für sein Fortkommen oder seine Stellung und man verbessert damit auch seine Position unter seinen Kollegen nicht. Es spricht für Byrd, dass er mit seinen Ergebnissen nicht missionarisch auftritt. Er zieht nur den Schluss, die Daten »ließen vermuten«, dass fürbittende Gebete eine Wirkung auf Patienten haben, die in die Kardiologische Abteilung eingeliefert wurden.

Aber was haben wir daraus gelernt? Wissen wir infolge dieses Experimentes mehr über die Wirkungen des Betens? Ich fürchte, die Antwort ist Nein. Zugegebenermaßen ist die Tatsache, dass keiner der Patienten, für die gebetet wurde, Intubation und mechanische Atemhilfen benötigte, im Vergleich zu zwölf in der Kontrollgruppe, *äußerst* eindrucksvoll. Während nur vier Patienten weniger in der Gebetsgruppe starben (dreizehn gegenüber siebzehn), würde es uns, wenn wir zu den Überlebenden zählten, doch wenig ausmachen, dass dieser Unterschied keine statistische Signifikanz erreicht. Für uns wäre es *hoch*signifikant, am Leben zu sein: Verdammte Statistik! Dennoch wird man das Gefühl nicht los, dass diese Untersuchung ihr Ziel verfehlt hat. Der Hauptgrund dafür ist der: Wenn Gebete wirken, würde man deutlichere Beweise erwarten als ein paar wenige Prozentpunkte der Besserung. Wir würden gerne statistisch signifikante Leben-oder-Tod-Effekte sehen, die aber einfach nicht aufgetreten sind.

Wenn es um den Beweis der Macht des Betens geht, wollen wir mehr als einen siebenprozentigen Vorteil haben. Wir wollen mehr als eine »Vermutung«, dass Beten hilft.

Byrds Arbeit könnte, wie oben erwähnt, in vielfacher Hinsicht verbessert werden. Aber einige davon wären hoffnungslos schwierig abzuschätzen. Es könnte beispielsweise schon möglich sein sicherzustellen, dass die Fürbittenden die Gebete durchführen, aber wie könnten wir je erfahren, ob sie aufrichtig sind und es wirklich »so meinen«? Wie können wir ihre Übung und ihre Erfahrung dabei beurteilen? Wie können wir die verschiedenen Strategien, die von all den Fürbittenden angewandt werden, überprüfen? Wie steht es mit der Schlüsselrolle der ärztlichen und pflegerischen Fertigkeiten? Diese Anforderungen sind sehr kompliziert, und sie werden wohl auch jede zukünftige Untersuchung des menschlichen Betens erschweren.

Nach meinem Eindruck ist der Versuch von Byrd nicht schlüssig und im Wesentlichen unklar. Er birgt einfach zu viele Probleme in sich, die keine klaren Rückschlüsse über die Macht des Betens zulassen. Tatsächlich zählen *alle* Untersuchungen des menschlichen Betens zu dieser Kategorie.

Angesichts dieser Schwierigkeiten halten viele Forscher es für einfacher, die Wirkungen von Gebeten auf *nicht-menschliche* lebende Systeme zu untersuchen. Gebetsexperimente an einfachen Lebensformen sind viel weniger zweideutig, umfassen viel weniger Variable und sind leichter zu interpretieren. Deswegen sind sie so wichtig.

Wirkungen auf Menschen

In einer weiteren an der *Mind Science Stiftung* durchgeführten Untersuchung befassten sich die Forscher William G. Braud und Marilyn Schlitz mit der Fähigkeit von zweiundsechzig Menschen, zweihunderteinundsiebzig Versuchspersonen physiologisch zu beeinflussen. Die Versuchspersonen wurden von den Einflussnehmenden isoliert in getrennten Räumen desselben Gebäudes untergebracht. Die Teilnehmer waren zwischen sechzehn und fünfundsechzig Jahre alt und waren aus einem Kreis von Freiwilligen aus dem Ort San Antonio ausgewählt worden. Sie hatten aus Anzeigen und Artikeln in den örtlichen Tageszeitungen, aus Berichten und Vorträgen von Mitarbeitern der Stiftung und durch Bemerkungen anderer Teilnehmer von den Experimenten erfahren. Es waren etwa gleich viele Männer und Frauen beteiligt.

Dreizehn Versuche wurden durchgeführt. Die Teilnehmer wurden nicht aufgrund irgendwelcher besondere körperlicher, physiologischer oder psychologischer Merkmale ausgewählt, sondern nur aufgrund ihres Interesses an der Forschung. Nur in einem Versuch wurden »besondere« Versuchspersonen eingesetzt, solche, die einen physiologisch »beruhigenden« Einfluss nötig hatten. Das heißt, dass diese Personen eine überdurchschnittliche Aktivierung des sympathischen autonomen Nervensystems aufwiesen, was sich zeigte in stressartigen Beschwerden, überzogener Emotionalität oder Aktivität, Spannungskopfschmerzen, hohem Blutdruck, Geschwüren sowie geistiger oder körperlicher Hyperaktivität. Vor dem Experiment wurde mit Hilfe von Tests überprüft und bestätigt, dass bei ihnen tatsächlich eine überdurchschnittliche Erregung des sympathischen Nervensystems vorlag.

Die Personen, deren Physiologie die Einflussnehmenden zu verändern suchten, wurden an empfindliche Instrumente angeschlossen, welche die elektrische Aktivität der Haut maßen, also die Fähigkeit der Haut, einen elektrischen Strom zu leiten. Das ist ein Indikator für die Aktivität des sympathischen Teils des autonomen Nervensystems. Auf ein bestimmtes Zeichen hin versuchte der Beeinflussende einen *beruhigenden* oder *aktivierenden* Einfluss auf die räumlich entfernte Versuchsperson auszuüben, die von diesem Unterfangen nichts wusste. In jeder Sitzung führte der Beeinflussende zwanzig Versuche zu je dreißig Sekunden aus. Während dieser »Beeinflussungsperioden« setzte der oder die Beeinflussende mentale Bildvorstellungen und selbstregulierende Techniken zur Herbeiführung des beabsichtigten Zustandes (entweder Entspannung oder Aktivierung, wie es das Versuchsprotokoll verlangte) *bei sich selbst* ein. Dann zielte er oder sie in ihrer Vorstellung auf eine entsprechende Veränderung der Versuchsperson von ferne ab. Dann stellte sich der oder die Beeinflussende die erwünschten Ergebnisse vor, wie sie vom Stift des Polygraphen aufgezeichnet wurden – wenige kleine Ausschläge bei ruhigen Phasen und viele große Ausschläge bei Aktivierungsphasen.

Die Zielvorgaben schienen zu den Versuchspersonen »durchzudringen«. Der Effekt erwies sich als durchgängig, wiederholbar und stabil. Die Forscher merkten dazu an: »Unter bestimmten Bedingungen kann sich die transpersonale Wirkung einer bildlichen Vorstellung in vorteilhafter Weise an die Wirkung einer bildlichen Vorstellung auf die eigene Physiologie angleichen.«

Bei einigen der Versuche hatte es den Anschein, dass bestimmte Bilder von den Beeinflussenden auf die Versuchspersonen übertragen wurden. Ein Teilnehmer berichtete beispielsweise spontan, dass er während der Sitzung ganz deutlich den Eindruck gewann, der ihn Beeinflussende sei in sein Zimmer gekommen, hinter seinen Stuhl getreten und habe diesen heftig geschüttelt. Dieser Eindruck war so stark, dass er nur schwer glauben konnte, dieses Ereignis habe nicht in Wirklichkeit stattgefunden. Der ihn Beeinflussende hatte in dieser Sitzung genau so ein Bild eingesetzt, um die Versuchsperson aus der Ferne zu aktivieren.

Zu Beginn einer Sitzung bemerkte der Experimentator gegenüber einem der Beeinflussenden, die Aufzeichnungen des elektrischen Hautwiderstandes einer Versuchsperson seien sehr genau kontrolliert worden und hätten ihn an die deutsche Musikgruppe *Kraftwerk* erinnert. Als der Experimentator am Ende der Sitzung in das Zimmer der Versuchsperson ging, war deren erste Bemerkung, ihr sei zu Beginn der Sitzung ohne ersichtlichen Grund Gedanken über die Gruppe *Kraftwerk* in den Sinn gekommen. Der Betreffende hätte die vorangehende Bemerkung des Experimentators nicht mitgehört haben können. »Solche Übereinstimmungen waren nicht selten.«

Aus diesen dreizehn Experimenten, an denen insgesamt 333 Beeinflussende und Versuchspersonen beteiligt waren, konnten bestimmte Lehren gezogen werden:
- Die Wirkung transpersonaler Bildvorstellungen stimmt in ihrer Stärke gut mit der Wirkung überein, die Gedanken, Gefühle und Empfindungen einer Person auf ihre eigene Physiologie haben.
- Diese Fähigkeit ist offensichtlich in der Bevölkerung weitverbreitet.
- Sie kann sich über eine Entfernung von zwanzig Metern erstrecken (größere Entfernungen wurden nicht überprüft).
- Personen, die den Einfluss nötiger hatten, also diejenigen, für die die Beeinflussung heilsam war, schienen empfänglicher dafür.
- Diese Wirkung kann ohne das Wissen der Versuchsperson eintreten.
- Die Teilnehmer dieser Versuche schienen nicht darüber besorgt zu sein, man könnte mit diesem Effekt Schaden anrichten, und tatsächlich gab es keine Hinweise darauf, dass etwas Schädliches passierte.

- Transpersonale Bildvorstellungen wirken nicht uneingeschränkt. Die Zielpersonen scheinen in der Lage zu sein, die Wirkung zu verhindern oder sich abzuschirmen, wenn sie unerwünscht ist.
- Die Forscher vermuten, dass für den Erfolg der Bildvorstellungen bestimmte psychologische Voraussetzungen bei der Versuchsperson, dem Beeinflussenden oder dem *Versuchsleiter* eine Rolle spielen könnten. Faktoren wie Zuversichtlichkeit, Glauben, positive Erwartungen, Motivation, das Ausmaß an Spontaneität, Stimmung und Einverständnis zählen zu den Faktoren, die den Erfolg dieser Übertragungsversuche möglicherweise beeinflusst haben.

Welche Beziehung gibt es zwischen transpersonalen Bildern und Beten? Beide haben gemeinsam, über eine Entfernung vorteilhafte Veränderungen im Körper anderer herbeiführen zu können, ohne dass die Betreffenden sich dessen bewusst sind. Wenn Gott in die »Schleife« einbezogen ist, führt das dann zu einer Verstärkung der Gesamtwirkung, und wird das Beten dadurch wirksamer als bildhafte Vorstellungen ohne Gott? Oder gibt sich Gott damit zufrieden, durch Bildvorstellungen und Visualisation zu wirken, ohne sich dabei explizit zu erkennen zu geben? Diese Fragen wurden bei keiner der betrachteten Forschungen beantwortet.

VERSUCHE MIT NICHT-MENSCHLICHEN WESEN

Als ein Beispiel für die Befangenheit, die gegenüber der geistigen Heilung in medizinischen Einrichtungen besteht, betrachten wir folgende wahre Geschichte. Einige Krankenschwestern zeigten sich daran interessiert, »Therapeutic Touch« zu erlernen, eine Technik, die von der Krankenschwester und Akademikerin Dolores Krieger von der Universität von New York entwickelt worden ist. Diese Technik, eine Abwandlung der uralten Praxis des Handauflegens, wurde in mehreren sorgfältig kontrollierten Experimenten wissenschaftlich untersucht. Diese Krankenschwestern besuchten an einem Wochenende einen Lehrgang in dieser Methode, was den Direktor des Pflegedienstes offensichtlich in Wut versetzte. Als die Krankenschwestern am Montagmorgen frisch vom Lehrgang zur Arbeit zurückkehrten, fanden sie einen großen Zettel am schwarzen Brett in der

Pflegeabteilung vor mit dem Hinweis: IN DIESEM KRANKENHAUS WERDEN KEINE HEILUNGEN STATTFINDEN!

Eines der bestgehüteten Geheimnisse in der medizinischen Wissenschaft ist die Existenz umfangreicher experimenteller Beweise für »Geistige Heilung«. Dr. med. Daniel J. Benor, ein in England arbeitender amerikanischer Psychiater, hat alle derartigen Untersuchungen, die vor 1990 in englischer Sprache veröffentlicht wurden, gesichtet. Er definierte »Geistige Heilung« als »gezielte Einflussnahme einer oder mehrerer Personen auf ein anderes lebendes System ohne die Anwendung bekannter physikalischer Mittel«. Er stieß bei seiner Suche auf 131 Arbeiten, wovon die meisten nicht bei Menschen durchgeführt worden waren. Bei sechsundfünfzig dieser Untersuchungen war die Wahrscheinlichkeit, dass die positiven Ergebnisse zufällig zustande gekomen waren, weniger als eins zu hundert. Bei weiteren einundzwanzig Arbeiten war die Möglichkeit eines zufälligen Zustandekommens zwischen zwei und fünf zu Hundert.[18]

Warum ist dieser Sachverhalt relativ unbekannt? Medizinische Zeitschriften weigerten sich bis vor kurzem, Arbeiten über Heilungen zu veröffentlichen. Einer der Gründe Benors, diese ausführliche Übersicht vorzunehmen, war, dass er diesen Forschungskomplex an einer Stelle zusammenfassen wollte, damit die Ärzteschaft ihn in Augenschein nehmen konnte. Auszüge aus diesen Arbeiten sind im Anhang I zu finden. Wir können sie nicht alle betrachten und werden deshalb nur ein paar von den sechsundfünfzig, die zu positiven Ergebnissen führten, auswählen. Ich hoffe, diese Beispiele machen das Wesen der Forschung auf diesem Gebiet deutlich.

Wirkungen auf Pilze, Hefen und Bakterien

Eine Anzahl von Arbeiten hatten die Wirkung von Heilungen auf Pilze, Hefen oder Bakterien zum Gegenstand. Im Folgenden sind einige Ergebnisse aufgeführt.

- Zehn Personen bemühten sich bewusst, das Wachstum von Pilzkulturen im Labor zu verzögern, indem sie sich aus einer Entfernung von etwa anderthalb Metern auf sie konzentrierten. Den Kulturen wurden dann mehrere Stunden Zeit zur Inkubation gegeben. Von 194 Schälchen mit Kulturen wiesen 151 verlangsamtes Wachstum auf.[19]

- Bei einer Wiederholung dieser Arbeit zeigte eine Gruppe von Versuchspersonen dieselbe Wirkung (die Behinderung des Wachstums von Pilzen) in sechzehn aus sechzehn Versuchen, wobei sie zwischen einer und fünfzehn *Meilen* von den Pilzkulturen entfernt war.[20]
- Sechzig Versuchspersonen ohne bekanntes Heilvermögen waren in der Lage, das Wachstum von Bakterienkulturen sowohl signifikant zu verzögern *als auch* anzuregen.[21]
- In einem ähnlichen Versuch hielten zwei Heiler eine Flasche Wasser dreißig Minuten lang in ihren Händen. Ein Teil dieses Wassers wurde dann zu Lösungen von Hefezellen in Reagenzgläsern zugesetzt. Nach der Inkubation wurde die von den Hefekulturen abgegebene Menge von Kohlendioxid gemessen, womit das Ausmaß der metabolischen Aktivität angezeigt wird. In vier aus fünf Versuchen wurde ein statistisch signifikanter Zuwachs der Kohlendioxid-Produktion bei denjenigen Hefekulturen beobachtet, denen das »behandelte« Wasser zugesetzt worden war.[22]
- Sechzig Universitätsangehörige ohne bekanntes Heilvermögen wurden aufgefordert, die genetische Fähigkeit eines Stammes von *Escherichia coli*-Bakterien zu verändern. Diese mutieren normalerweise mit bekannter Geschwindigkeit vom Unvermögen, Milchzucker zu metabolisieren (»Laktose-negativ«), zur Fähigkeit, ihn zu verwenden (»Laktose-positiv«). Die Versuchspersonen versuchten, neun Reagenzgläser mit Bakterienkulturen zu beeinflussen – drei auf eine verstärkte Mutation von Laktose-negativ zu Laktose-positiv hin, drei auf eine verminderte Mutation von Laktose-negativ zu Laktose-positiv hin. Drei Röhrchen blieben zur Kontrolle ohne Beeinflussung. Die Ergebnisse zeigten, dass die Bakterien tatsächlich in die von den Versuchspersonen gewünschte Richtung mutierten.[23]

Diese Versuche lassen Schlussfolgerungen für Gesundheit und Krankheit zu. Dazu gehören:
1. Es könnte manchmal hilfreich sein, das Wachstum von pathogenen Mikroorganismen zu behindern, zum Beispiel bei Infektionen. Andererseits befinden sich in unserem Körper hilfreiche symbiotische Mikroorganismen, deren Wachstum manchmal verstärkt werden müsste,

zum Beispiel nach einer Behandlung mit Antibiotika, welche die »guten« Bakterien ebenso töten wie die krankmachenden. Die Fähigkeit, das Wachstum von Bakterien oder Hefekulturen zu behindern oder zu fördern, könnte eine wertvolle Gesundheitsressource darstellen.
2. Wenn genetische Mutationen durch bewusste Anstrengungen anderer beeinflusst werden können, wie in den oben angeführten Arbeiten geschehen, dann können die Gene nicht die absoluten Kontrolleure sein, als die sie immer dargestellt werden. Biologie ist also nicht gleich Schicksal.

Für die Menschen hat das Wort »Mutation« einen negativen Klang, wie wenn ein normales Gen zu einem krebserzeugenden mutiert. Neuere Erkenntnisse zeigen aber, dass auch das Umgekehrte geschehen kann: Anomale Gene können zu normalen mutieren. Man hat entdeckt, dass dieses Phänomen, das man »umgekehrte Mutation« nennt, bei der myotonischen Dystrophie auftritt, einer Krankheit, die schwere Muskelschwäche verursacht und einen von achtzigtausend Menschen befällt.[24]

Wissenschaftler wissen nicht, was »gute« Mutationen verursacht. Ist möglicherweise das Bewusstsein beteiligt? Der oben genannte Sachverhalt legt nahe, dass wir die Möglichkeit nicht ausschließen sollten.
3. Viele, die an spirituelle Heilung glauben, behaupten, die Betreffenden müssten den aktiven Willen dazu haben, damit sie eintreten kann. Diese Arbeiten sprechen dagegen. Wir können annehmen, dass die Mikroorganismen nicht wussten, dass mit ihnen ein Versuch durchgeführt wurde. Die beobachteten Wirkungen hängen nicht davon ab, was die Versuchsperson denkt.
4. Diese Experimente stützen die generelle Auffassung von Heilern, dass spirituelle Heilung aus der Ferne genauso kraftvoll wirkt wie aus der Nähe.
5. Aufgrund dieser Untersuchungen sieht es so aus, als ob gewöhnliche Menschen die Fähigkeit haben, biologische Veränderungen bei anderen lebenden Organismen herbeizuführen. Das lässt vermuten, dass jeder angeborene Heilkräfte haben könnte, jedenfalls in einem bestimmten Maße.
6. Bei den obigen Versuchen wurden negative Effekte (Hemmung des Wachstums) ebenso beobachtet wie positive Effekte (Förderung des

Wachstums). Das unterstreicht die Möglichkeit, dass es, wie schon in Kapitel 9 dargestellt, eine dunkle Seite der Heilung geben könnte.

7. Obwohl Skeptiker spirituelle Heilung oft mit dem Argument kritisieren, sie sei einfach das Ergebnis von Suggestion oder ein Placebo-Effekt, zeigen die obigen Versuche, dass das nicht wahr sein kann, es sei denn, die Skeptiker möchten Bakterien und Hefen ein hohes Bewusstsein zuschreiben. Diese Ergebnisse zeigen, dass die Wirkungen spiritueller Heilung völlig unabhängig von der »Psychologie« des zu Heilenden sind.

Wirkungen auf Zellen

Krebszellen haften normalerweise an der Oberfläche des Behälters, in dem sie gezüchtet werden. Veränderungen in ihrem Stoffwechsel, Verletzung oder Tod führen dazu, dass sie sich ablösen und in das sie umgebende Medium abgleiten. Wissenschaftler können die Anzahl der Zellen in dem Medium zählen und damit den allgemeinen Gesundheitszustand der Zellkultur beurteilen.

Der englische Geistheiler Matthew Manning hielt seine Hände an Fläschchen, die Krebszellen enthielten, und versuchte, ihr Wachstum zu hemmen. Er war in der Lage, zwischen 200 und 1200 Prozent Änderung in ihrer Wachstumsrate herbeizuführen, die wie beschrieben abgeschätzt wurde. Er konnte sie sogar beeinflussen, wenn sie sich in einem anderen, entfernten Zimmer befanden, das gegen elektrische Einflüsse abgeschirmt worden war.[25]

Wirkungen auf die Bewegung einfacher Organismen

Mehrere Experimente haben die Fähigkeit von Personen untersucht, nicht auf das Wachstum, sondern auf die Bewegung einfacher Organismen einzuwirken. Die Beweglichkeit und Schnelligkeit einzelliger Algen und Pantoffeltierchen und die Bewegungseigenschaften von Mottenlarven konnten in einer Vielzahl von Versuchen in signifikantem Maße willentlich beeinflusst werden.[26]

Wirkungen auf Pflanzen

Dr. Bernard Grad von der McGill Universität hat in einer wohlbekannten Versuchsreihe den Heiler Oskar Estebany untersucht, der von sich behauptete, er könne seine Heilkraft mittels Papier, Wasser und anderer Materialien übertragen. Grad schädigte Gerstenkörner, indem er sie in einer einprozentigen Salzlösung wässerte, was ihre normale Wachstumsrate verlangsamte. Er fand heraus, dass die schädigende Wirkung des Salzes verhindert werden konnte, wenn Estebany den Behälter mit der Salzlösung fünfzehn Minuten lang hielt.[27]

Benor bemerkt dazu: »Heilungen mit Hilfe sekundärer Materialien [hier die Salzlösung], die die Heilwirkung in sich zu tragen scheinen, kennt man schon seit biblischen Zeiten. Es hat den Anschein [...], dass diese Behauptungen begründet sein könnten.« Aber wenn spirituelle Heilung möglich ist, wie diese vielen Experimente zeigen, warum sollte der Heiler sich dann nicht direkt mit dem Betreffenden befassen? Warum sollte man sekundäre Materialien als »Vermittler« verwenden? Der Grund dafür könnte in der Persönlichkeit des Heilers liegen. Der Psychologe LeShan hat als Erklärung angeboten, dass manche Heiler sich nicht wohl dabei fühlen, mit ihrem Klienten »eins zu werden«. Die Verwendung eines sekundären Materials, wie etwa Wasser, macht es ihnen möglich, bei dem Heilvorgang Distanz zu halten.

Heilwirkungen auf Tiere

Viele Versuche sind durchgeführt worden, um die Wirkungen von Heilmethoden auf Tiere zu bestimmen. Einige Ergebnisse davon werden im Folgenden dargestellt.

- In einer oft zitierten klassischen Untersuchung untersuchte Dr. Bernard Grad die Fähigkeit von Estebany, künstlich zugefügte operative Wunden zu heilen, an achtundvierzig Mäusen, im Vergleich mit einer Kontrollgruppe, die in gleicher Weise verletzt worden waren (die Wunden wurden den Mäusen beigebracht, indem man ihnen am Rücken ein 2 x 5 cm großes Hautstück entfernte, nachdem man sie zuvor betäubt hatte). Estebany hielt die Käfige der

Versuchsgruppe fünfzehn Minuten zweimal täglich vierzehn Tage lang in den Händen. Diese Gruppe heilte signifikant schneller als die verletzten Mäuse, deren Käfige nicht gehalten wurden. Diese gründliche Arbeit zeigt uns wieder einmal, dass Heilung wirkt und nicht nur auf Einbildung beruht.[28]

- In einem weiteren Experiment rief Grad bei Mäusen Kropf hervor, indem er ihnen jodfreie Nahrung und zusätzlich Thiouracil gab, eine kropferzeugende Droge. Estebany hielt die Käfige der einen Gruppe zweimal täglich fünfzehn Minuten. Das verhinderte offensichtlich eine Vergrößerung ihrer Schilddrüsen. Im Vergleich zu einer Kontrollgruppe wuchsen die Drüsen der behandelten Gruppe signifikant langsamer als bei der Kontrollgruppe.[29]

- In einem anschließenden Versuch überprüfte Grad Estebanys Behauptung, dass Heilwirkungen durch sekundäre Materialien übertragen werden könnten. In einem ähnlichen Versuch wie oben hielt Estebany etwas Wolle oder Baumwolle in den Händen, die dann eine Stunde lang in die Mäusekäfige gelegt wurde, jeweils morgens und abends, sechs Tage in der Woche. Die Schilddrüsen der so behandelten Mäuse wuchsen signifikant langsamer als die der Kontrollgruppe; und wenn die Mäuse wieder jodhaltige Nahrung erhielten, schrumpften sie schneller auf ihre normale Größe zurück als bei der Kontrollgruppe.[30]

- In einundzwanzig im Verlauf von mehreren Jahren durchgeführten Experimenten versuchten Heiler, Mäuse schneller aus einer Vollnarkose aufzuwecken. Diese Experimente wurden ständig ausgefeilter. In einer Abwandlung davon wurde dem Heiler, der sich in einem anderen Zimmer befand, nur das Bild der Versuchsmaus auf einem Fernsehbildschirm gezeigt. Er versuchte dann, über das Bild Einfluss zu nehmen. Neunzehn von den einundzwanzig Untersuchungen erbrachten hoch signifikante Ergebnisse: Die »behandelten« Mäuse erholten sich schneller von der Betäubung. Die Experimentatoren konnten in dieser Versuchsreihe eine merkwürdige »Nachwirkung« feststellen. Es zeigte sich Folgendes: Wenn eine Seite eines Tisches von den Heilern zur Behandlung ihrer Mäuse benutzt wurde, und wenn man gleich, nachdem sie weggegangen waren, weitere betäubte Ratten auf diese Seite des Tisches legte,

dann erholten diese sich schneller als die Kontrollgruppe an der anderen Seite des Tisches.[31]
- Bei einem weiteren Experiment wurde einer Gruppe von Mäusen entweder Malaria-Erreger oder sterile Kochsalzlösung injiziert. Denen, die die Injektionen durchführten, sagte man, dass diese entweder eine »hohe Dosis« oder eine »niedrige Dosis« der Mikroorganismen enthielten. Man teilte ihnen auch mit, dass ein Heiler versuchen würde, einige der Mäuse zu heilen, andere aber nicht. In Wirklichkeit wurden die Ausführenden aber getäuscht: *Es gab keine hohen oder niedrigen Dosen* (die Malaria-Injektionen waren gleich) und *es wurde kein Heiler eingesetzt*. In einer Phase des Experimentes zeigten die Ergebnisse eine Tendenz in die Richtung der Erwartungen der Ausführenden: Den Mäusen, von denen sie *glaubten,* sie hätten hochdosierte Injektionen erhalten, ging es schlechter, und denjenigen, von denen sie *glaubten,* sie hätten niedrig dosierte Injektionen erhalten, ging es besser. Außerdem ging es denjenigen Mäusen besser, die angeblich zur Heilung bestimmt waren, als denjenigen, die nicht zur Heilung bestimmt waren, obwohl den Ausführenden nicht mitgeteilt worden war, welche Gruppen zur Heilung bestimmt waren. Es hätte auch keine Unterschiede zwischen den »hochdosierten« und den »niedrigdosierten« Gruppen geben dürfen, da die Injektionen nicht unterschiedlich stark waren. Es hätte auch keinen Unterschied zwischen den »geheilten« und den »ungeheilten« Gruppen geben dürfen, da es ja auch keinen Heiler gab.[32]

Dieses Experiment wirft tiefgründige Fragen dazu auf, ob die in der medizinischen Forschung verwendeten Doppelblind-Versuchsanordnungen so narrensicher sind, wie man bisher glaubte. In Doppelblindversuchen wissen weder die Versuchsleiter noch die Versuchspersonen, wer die untersuchte Behandlung, etwa ein neues Medikament, erhält und wer nicht. Da die Versuchspersonen nicht wissen, ob sie das Medikament oder ein Placebo erhalten, sind sie nicht so empfänglich für suggestive Wirkungen. Da die Versuchsleiter nicht wissen, wer das Medikament erhalten hat und wer nicht, neigen sie bei der Beurteilung irgendwelcher Wirkungen, die sie bei den Versuchspersonen beobachten, weniger zu Vorurteilen. Wir nehmen an, dass durch diese Vorsichtsmaßnahmen suggestive und erwartete Effekte sowohl bei den Forschern als auch bei den Versuchspersonen ausgeschaltet werden. In der obigen Untersuchung an mit Malaria infizierten Mäusen reichten die Doppelblind-Maßnahmen jedoch nicht aus: Das Versuchsergebnis spiegelte den Glauben und die Erwartungen der Labormitarbeiter wider.

Ähnliche Resultate wurden bei Doppelblind-Versuchen mit Menschen beobachtet, wie wir in Kapitel 8 gesehen haben. Anscheinend kann man Doppelblind-Versuche manchmal in die Richtungen steuern, die den Gedanken und Einstellungen der Experimentatoren entsprechen. Das könnte vielleicht ein Licht auf die Frage werfen, warum es skeptischen Experimentatoren offenbar nicht gelingt, die Ergebnisse der »gläubigen« nachzuvollziehen, und warum »wahre Gläubige« offensichtlich zu positiveren Ergebnissen kommen. Die Gültigkeit experimenteller Ergebnisse der medizinischen Forschung von Jahrzehnten müsste neu bewertet werden, wenn man beweisen könnte, dass das Bewusstsein »die Daten manipuliert«.

KAPITEL 12
WAS IST HEILUNG?

> Pythagoras sagte, dass die Heilkunst die göttlichste aller Künste sei. Und wenn die Heilkunst am göttlichsten ist, muss sie sich mit der Seele ebenso befassen wie mit dem Körper; denn kein Geschöpf kann gesund sein, solange sein höherer Teil kränkelt.
> Apollonius von Tyana

Wie findet Heilung statt? Bei den Untersuchungen, die wir im Kapitel 11 betrachtet haben, nahm der Heiler fast immer eine kontemplative Haltung ein, wenn er nicht im eigentlichen Sinne betete. Das ist einer der Gründe, weswegen Heiler wechselweise die Begriffe »Spirituelle Heilung« und »Gebetsheilung« verwenden. Auch der Ausdruck »Zentrierung« wird von Heilern häufig verwendet, um diesen inneren Zustand zu beschreiben. Zur Zentrierung ist es erforderlich, fremde, ablenkende Gedanken und Gefühle auszuschließen und die Aufmerksamkeit auf den unbewegten inneren Wesenskern zu konzentrieren.[1]

Deshalb wird bei fast allen Arten spiritueller Heilung ein kontemplativer, meditativer Bewusstseinszustand eingesetzt. Dabei nimmt der Heiler gegenüber dem Kranken eine gelassene, liebevolle und mitfühlende Haltung ein. Lawrence LeShan, der sich ausgiebig mit spirituellen Heilern befasst hat, beschreibt diese Einstellung als ein Gefühl der Selbstlosigkeit, eine Art des *Seins* anstelle des *Tuns*:

> »Man kann sich nur dann vollständig in diesem Zustand befinden, wenn man wenigstens für einen Augenblick alle Wünsche und Sehnsüchte, die einen selbst (da kein getrenntes Selbst existiert) und andere

(da sie ja auch nicht getrennt existieren) betreffen, aufgegeben hat und sich einfach erlaubt zu sein und dadurch mit der Gesamtheit der Existenz verbunden zu sein [...] Jede Form des aktiven Bewusstseins oder der Wunsch zu handeln unterbricht diesen Zustand.«[2]

Dieses Vergessen und Überschreiten des individuellen Selbst – das Gefühl, miteinander und mit dem Ganzen vereint zu sein – wurde von den Heilern, die LeShan untersuchte, häufig beschrieben. Ein weiterer wesentlicher Aspekt, den sie gemeinsam haben, ist ein starkes fürsorgliches Mitgefühl für jene, die der Heilung bedürfen.[3] Während der Heiler oder die Heilerin sich in diesem Zustand befindet, betrachtet er oder sie sich nicht als die Quelle der Heilung, sondern nur als einen Kanal, durch den die von einer höheren Kraft kommende Heilung hindurchfließt.

Entfernung, Zeit und Energie

Während bei einigen Untersuchungen, die Benor begutachtete, die Heiler nur einige Zentimeter von ihren Patienten entfernt waren, betrug die Entfernung bei anderen wiederum bis zu fünfundzwanzig Kilometern. Der Forscher William G. Braud sagt dazu: »Die ›charakteristische Wirkweise‹ der Fernwirkung ist keine [...] Funktion der räumlichen Entfernung oder der Zeit, und sie wird nicht wesentlich beeinflusst durch materielle Hindernisse, Abschirmungen oder die besondere Eigenart des Systems, auf das man ›abzielt‹.«[4]

Das heißt, dass keines der bis jetzt erörterten Experimente durch bekannte physiologische Mechanismen, welche die bewusste Wahrnehmung und die Wirkungen des Bewusstseins in den Gehirnen und Körpern der jeweiligen Personen lokalisieren, erklärt werden kann.

Wir wissen einfach nicht, wie ein Mensch geistig »über eine Entfernung wirken« kann, um bei einem anderen gesundheitliche Veränderungen herbeizuführen. Doch reden Heiler ständig so, als wüssten sie es. Zumeist beschreiben sie ihre Handlungen in der Sprache der klassischen Physik und sprechen davon, dass heilende »Energie geschickt« wird. Aber konventionelle Energieformen sind eine unzureichende Erklärung für das, was wir bei spirituellen Heilungsversuchen beobachten. Bei diesen nimmt die »Energie« mit zunehmender Entfernung nämlich nicht ab, und sie kann auch nicht abgeschirmt werden, wie zu erwarten wäre, wenn es sich um gewöhnliche Energieformen handeln würde.

Braud stellt fest, dass die einzige konventionelle Energie, die möglicherweise zur Übertragung einer Fernheilung in Frage kommt, in elektromagnetischen Wellen extrem niedriger Frequenz (ELF) besteht. Man weiß, dass ELF-Wellen ein ausgezeichnetes »Durchdringungsvermögen« haben und mit der Entfernung kaum schwächer werden. Einige Experimentatoren, wie Michael A. Persinger, haben ernsthaft ELF-Felder als mögliche Übertragungsmechanismen von Ereignissen wie die oben erörterten vorgeschlagen.[5]

Wie Braud bemerkt, führt diese Vorstellung aber zu Schwierigkeiten. Erstens »müssten sich ELF-Felder hinsichtlich der *Zeit* höchst ungewöhnlich verhalten, damit man sich die zeitlich versetzten Wirkungen erklären könnte, die bei bestimmten Experimenten zu beobachten waren«. (Zum Beispiel bei den Jahn-Dunne-Versuchen, wo der Empfänger von dem Absender ein komplexes geistiges Bild, bis zu drei Tage *bevor* es von einem Computer ausgewählt und von dem Absender »abgeschickt« wird, »empfängt«.) Zweitens müssten ELF-Felder »mehr Information übertragen als sie offensichtlich zu übertragen vermögen«. Drittens »müssten sie vom Gehirn (oder von anderen körperlichen Prozessen) des Beeinflussenden kodiert werden und von dem Gehirn (oder anderen körperlichen Prozessen) des Empfängers dekodiert werden, und zwar in einer Art und Weise, die wir nicht verstehen und für die wir keine bekannten Mechanismen haben. Deshalb bleibt eine Übertragung durch ELF-Wellen [als eine Erklärung für die Wirkung von Fernheilungen] eine höchst unwahrscheinliche Hypothese, wenngleich es nicht gänzlich unmöglich sein mag.«[6]

Robert G. Jahn und Brenda J. Dunne, die Forscher von Princeton, deren Experimente wir schon untersucht haben, haben offen zugegeben, dass wir nichts darüber wissen, wie das Bewusstsein mit der materiellen Welt wechselwirkt. Dazu gehört auch unser fehlendes Verständnis für durch Gebete bewirkte spirituelle Heilung und dafür, wie jemand mental aus der Ferne auf den Körper eines anderen einwirken kann. Sie stellen dazu fest:

»In der Literatur der parapsychologischen Forschung gibt es eine Fülle von Versuchen, verschiedene physikalische Formalismen [zur Erklärung dieser Effekte] zu übernehmen: elektromagnetische Modelle, thermodynamische Modelle, mechanische Modelle, Modelle der statistischen Mechanik, Modelle des Hyperraumes, quantenmechanische Modelle und andere. [...] Obwohl diese Bemühungen insgesamt durchaus interessant sind, scheint doch keine davon ganz zutreffend zu sein. [...] Tatsächlich ist es offenbar unwahrscheinlich, dass irgendeine einfache Anwendung der gegenwärtigen physikalischen Theorien als Erklärungsmodell Gültigkeit hat. Um die beobachteten Wirkungen zu erfassen, wird man ein sehr viel grundlegenderes theoretisches Modell entwickeln müssen, das die Rolle des Bewusstseins bei der Definition der physikalischen Wirklichkeit deutlicher hervorhebt.«[7]

Wir wissen nicht, wie geistige Heilung funktioniert, ob aus der Nähe oder aus der Ferne. Viele Skeptiker meinen, das sei Grund genug, sie über Bord zu werfen, sie sogar als Möglichkeit völlig zurückzuweisen. Aber angesichts des Beweismaterials zugunsten der geistigen Heilung wäre das ein naiver und rücksichtsloser Standpunkt.

Wenn man in der Medizin zugibt, dass man nicht weiß, wie etwas wirkt, ist das nicht besonders schädlich. Keiner wusste, wie Penizillin wirkt (oder dass es überhaupt existiert), als Fleming die berühmte Entdeckung machte, dass das Wachstum von Bakterien durch Pilze aufgehalten wird. Wenn die wissenschaftliche Gemeinschaft seine Entdeckung mit der Begründung zurückgewiesen hätte, man wisse nichts darüber, wie das geschehe, wäre die Einführung lebensrettender Antibiotika verzögert worden. Ähnliche Beispiele gibt es in Hülle und Fülle. Seit Jahrhunderten weiß man, dass Colchizin [ein aus den Samen der Herbstzeitlose gewonnener giftiger Wirkstoff, *Anm. d. Übers.*] eine wunderbar schmerzlindernde Wirkung hat bei Gicht, eine der stärksten Formen menschlichen Leidens. Niemand hat eine Vorstellung über dessen Wirkungsweise – bis zur heutigen Zeit. Dasselbe gilt für die schmerzlindernde und entzündungshemmende Wirkung von Aspirin. Die erste Frage, die jemand, der an einer Infektion, an Gicht oder an einer Entzündung leidet, stellt, ist nicht »*Wie* wirkt es?«, sondern »*Wirkt* es?« Wie die Geschichte zeigt, kommen die umfassenden Erklärungen häufig später. So mag es wohl auch beim Beten und bei der geistigen Heilung sein.

WARUM LEHNEN WISSENSCHAFTLER HEILUNG DURCH GEBETE AB?

Wissenschaftliches Beweismaterial, das geistige Heilung unterstützt, gibt es in beträchtlichem Umfang. Zusätzlich zu den 131 kontrollierten Experimenten zur »spirituellen«, »geistigen« oder »Psi«-Heilung durch Gebete, die von Benor besprochen wurden, überprüfte der Psychologe William G. Braud 149 Experimente mit lebenden »Objekten« – Menschen, Säugetiere oder Fische zum Beispiel – wobei deren Verhalten offenbar in unterschiedlicher Art und Weise durch telepathische Einwirkungen beeinflusst wurde.[8] Braud fand, wie Benor, dass etwa die Hälfte dieser Studien statistisch signifikant waren. Obwohl die von Braud durchgesehenen Experimente sich nicht eigentlich mit Heilung befassen, leisten sie doch einen wesentlichen Beitrag zu der Auffassung, dass man mit geistigen Methoden lebende Organismen aus der Ferne beeinflussen kann, wie bei der Heilung. Warum werden diese Ergebnisse, es handelt sich um fast dreihundert Studien, die bis in die frühen sechziger Jahre zurückreichen, von den meisten Wissenschaftlern ignoriert oder abgelehnt?

Ich glaube, dass die Antwort weniger mit der Qualität der Daten als vielmehr mit der Psychologie der Wissenschaftler selbst zu tun hat. Ich teile Benors Vermutung, dass »viele Kritiker lieber das Beweismaterial durch irgendwelche Ausreden vernebeln würden, als entweder diese Phänomene zu überprüfen oder aber ihr eigenes Unbehagen, das sie ihnen gegenüber haben, zuzugeben«. Benor ist wohl qualifiziert, eine solche Aussage zu machen, ist er doch zusätzlich zu seiner Forschertätigkeit auf dem Gebiet der geistigen Heilung als Psychiater ausgebildet.

Benor bietet mehrere Gründe an, warum Wissenschaftler und Skeptiker wissenschaftliche Belege für Fernheilung zurückweisen.[9] Dazu zählen:

1. *Westliche materialistische Glaubensvorstellungen schließen die Möglichkeit der Heilung durch Beten aus.* Weil unser modernes wissenschaftliches Paradigma keinen Platz hat für Fernheilung, mag es einfacher sein, das Beweismaterial für Geistheilung zu ignorieren als es zu berücksichtigen, nach der Art des »was nicht sein kann, das geschieht auch nicht«. Die moderne wissenschaftliche Medizin ist gleichbedeutend mit materieller Wissenschaft geworden, wie man an

unserer fast ausschließlichen Anwendung von Medikamenten, Chirurgie, Bestrahlung und so weiter sehen kann. Die Möglichkeit, dass es nicht-materielle Formen der Heilung geben könnte, ist so gut wie undenkbar.
2. *Es liegt in der menschlichen Natur, sich gegen Veränderung zu wehren.* Es ist emotional beruhigend zu glauben, dass unsere Ansichten darüber, wie die Welt funktioniert, richtig sind. Wenn wir mit Sachverhalten konfrontiert werden, die dem widersprechen, lehnen wir uns natürlicherweise dagegen auf.
3. *Kognitive Dissonanz* ist ein psychologischer Begriff, der das Unbehagen beschreibt, das Menschen empfinden, wenn es einen Konflikt zwischen ihren Wahrnehmungen und ihrem Glaubenssystem gibt. Bei manchen Wissenschaftlern wird diese innere Spannung ausgelöst, wenn sie sich das Beweismaterial zur Fernheilung ansehen. Dieses Unbehagen kann man dadurch loswerden, dass man die Heilung abwertet oder abstreitet, ohne die Belege richtig gewürdigt zu haben.
4. *Geistige Heilung* wird oft mit »Mystizismus« gleichgesetzt. Nach der psychoanalytischen Theorie bemühen wir uns als Kinder, zwischen den inneren geistigen Welten und der äußeren »materiellen« Welt zu differenzieren, und dann versuchen wir, die beiden zu integrieren. In unserer Kultur heißt das fast immer, dass wir der äußeren Welt einen größeren Stellenwert beimessen als der inneren Welt. Viele intellektuell orientierte Menschen, wozu auch Wissenschaftler gehören, fürchten offenbar, in dem inneren Raum der Mystik, den sie unbewusst mit Leere, Nichts, Auflösung und Tod gleichsetzen, verlorenzugehen. Der Mystiker dagegen empfindet den leeren Raum als die Quelle oder das *Plenum* (lateinisch für »Fülle«, *Anm. d. Übers.*). Es heißt: »Der Mystiker schwimmt in dem Meer, in dem der Nicht-Mystiker ertrinkt.«
5. *Gebetsheilung geschieht manchmal ohne bewusste Kontrolle.* Das kann für jemanden, der die meiste Zeit über bewusst Kontrolle behalten möchte und der sich überhaupt vor unbewussten Vorgängen fürchtet, beunruhigend oder furchterregend sein.
6. *Es kann sich um Furcht vor der »Macht anderer« handeln.* Wenn jemand seine »geistige Kraft« aus der Ferne im wohltätigen Sinne einsetzen kann, dann könnte sie genausogut auch im negativen Sinne eingesetzt werden. Damit wäre man, ohne es zu merken, den Einflüssen

von unzähligen anderen Menschen ausgesetzt – und diese Vorstellung kann Angst erzeugen.
7. *Man kann sich vor den eigenen Heilkräften fürchten.* Wenn Einflüsse aus der Ferne auf einer unbewussten Ebene einwirken können, was für ein Unheil könnte ich dann anrichten, ohne es zu wissen? Es kann leichter sein, die Existenz von Heilkräften zu leugnen, als Verantwortung für ihre Anwendung zu übernehmen.
8. *Man glaubt, dass nur Menschen, die seltsam und fremdartig sind, Heilkräfte besitzen.* Menschen, denen Heilkräfte unheimlich sind, schreiben diese medial veranlagten Leuten, geistigen Führern, Channeling-Medien [Menschen, die Durchgaben von anderen Wesenheiten erhalten, die durch sie sprechen, *Anm. d. Übers.*], Exzentrikern, Spinnern und religiösen Fanatikern zu. Sie mögen nicht glauben, dass durchschnittliche Individuen wie sie selbst diese Gaben besitzen. Deswegen übergehen sie solche wissenschaftlichen Arbeiten, die zeigen, dass unerfahrene, gewöhnliche Menschen Anlagen zum Heilen besitzen.
Konfrontiert man sie mit wissenschaftlichem Material, das das Heilvermögen gewöhnlicher Menschen belegt, dann werden sie in Abwandlung dieses Abwehrverhaltens übertrieben strenge Kriterien aufstellen, um sich selbst zu beweisen, dass Heilungen für gewöhnliche Menschen letztlich doch unmöglich sind. Sie bestehen dann zum Beispiel darauf, dass Heiler auf Kommando oder auf ein Stichwort, unter genauer Beobachtung der Öffentlichkeit oder in einer ablenkenden und sterilen Umgebung, tätig werden. Mit einer solchen Taktik, bemerkt Benor, »stellen sie sicher, dass sie mit großer Wahrscheinlichkeit keine Erfahrung machen müssen, die sie beunruhigen könnte«.
9. *Heilphänomene sind nicht beliebig wiederholbar.* Das und ihr unregelmäßiges Auftreten unter klinischen Bedingungen dient oft als Rechtfertigung dafür, wissenschaftliche Studien von vornherein abzulehnen. Es ist wahr, dass Heiler meist nicht in der Lage waren, mit Zuverlässigkeit und Beständigkeit Ergebnisse zu erzielen. Ein Heiler könnte einige Male Erfolg haben, dann aber bei den nächsten Versuchen kläglich scheitern. Forscher haben noch keine kritischen Variablen herausgearbeitet, die erklären oder gar vorhersagen können, wann eine Heilung eintreten wird und wann nicht. »Daher behaupten

Naturwissenschaftler«, bemerkt Benor, »dass Heilphänomene wahrscheinlich auf zufällige Schwankungen in der Krankheit, auf »spontane Genesungen« oder andere unbemerkte Faktoren zurückzuführen sind, nicht aber als Folge des Eingreifen eines Heilers.«

Damit übersieht man, was offensichtlich ist: Die fast dreihundert oben besprochenen Arbeiten, von denen über die Hälfte auf statistisch signifikantem Niveau sind, zeigen, dass Menschen von ferne Heilwirkungen auf andere Organismen ausüben können. Einige dieser Arbeiten *sind* wiederholt worden.

Wir müssen diese »Unvorhersagbarkeit« im Zusammenhang sehen. Die Wissenschaft akzeptiert viele Phänomene, die ihrem Wesen nach unvorhersagbar sind, von Elektronen bis zu Erdbeben. Die Tatsache, dass es jetzt gerade vor meinem Fenster schneit und die Meteorologen das *nicht* vorhergesagt haben, kann die Wirklichkeit nicht leugnen. Wenn ein Heiler nicht auf vorhersagbare Art und Weise oder auf Zuruf heilen kann, beudetet diese Tatsache nicht, dass er es überhaupt nicht kann.

Worauf ist diese Unvorhersagbarkeit zurückzuführen? »Ich vermute«, erklärt Benor, »dass variable Einflüsse von Langeweile, von Ansichten und von Bedürfnissen der Teilnehmer bei den Ergebnissen zu den beobachteten Mustern führen, zusammen mit zahlreichen äußeren Faktoren.«

10. *Die Gesetzmäßigkeiten der Heilung unterscheiden sich offenbar von denen anderer Wissenschaften.* Wissenschaftler vertreten die Auffassung, dass alle Phänomene denselben Gesetzen gehorchen und man infolgedessen erwarten sollte, sie würden im experimentellen Sinne »alle durch dieselben Reifen springen«. Aber das läuft darauf hinaus, dass man »prokrusteische Anforderungen«[10] an die Erforscher des Heilens stellt«, sagt Benor. »Es ist lächerlich, wenn Wissenschaftler aus anderen Gebieten verlangen, dass man ihre Regeln der Beweisführung auch auf dem Gebiet der Heilung anwendet. [...] Es wäre sicher netter, ordentlicher und weniger kompliziert, wenn das funktionieren würde. Die Tatsache, dass es so nicht funktioniert, bedeutet nicht, dass es keine Heilungen gibt.«

Manche Forscher auf dem Gebiet des Heilens haben dennoch versucht, diesen Erwartungen zu entsprechen. Einige haben sich beispielsweise bemüht, eine »Standarddosis« der Heilung festzusetzen und zur Verfügung zu stellen, die ein Heiler über einen festen Zeitraum überträgt. Dem liegt die Annahme zugrunde, dass Heilung ähnlich funktionieren sollte wie Medikamente oder Bestrahlungen, die in standardisierten Dosierungen abgegeben werden. Obwohl einige dieser Versuche zu positiven Ergebnissen geführt haben, lehnen die Heiler selbst diese Vorgehensweise ab. Sie erkennen die Tatsache an, dass die zur Heilung erforderliche Zeit von Patient zu Patient drastisch variiert, können aber nicht sagen, warum. Ich teile die Auffassung Benors, der glaubt, dass wir diese Einschränkungen als solche akzeptieren müssen. »Es ist an der Zeit zu akzeptieren, dass Heilung ist, was sie ist«, hebt er hervor.

»Sie wird offensichtlich von vielen Faktoren beeinflusst, von so vielen, dass es in der Tat so gut wie unmöglich ist, ein wiederholbares Experiment einzurichten, bei dem alle Faktoren mehr als einmal in derselben Kombination auftreten würden. Da es schwierig ist, einzelne davon zu kontrollieren, geschweige denn alle zusammen, darf man sich nicht wundern, dass bei Experimenten mit mehreren Durchgängen nur annähernd gleiche Ergebnisse erzielt wurden. Wir werden uns mit unseren menschlichen Beschränkungen abfinden und mit annähernden Ergebnissen bescheiden müssen, die als Wahrscheinlichkeiten über eine große Anzahl von Versuchen gemessen werden. Dazu bedarf es keiner Rechtfertigung. Diese Beschränkungen gehören zum Heilen.«

11. *Heilungen werden oft mit bestimmten Religionen in Verbindung gebracht, die Glauben und Vertrauen hervorheben.* C. S. Lewis sagte einmal: »Die großen Religionen wurden als Erste verkündet, und sie wurden lange Zeit in einer Welt ohne Chloroform ausgeübt.«[11] Daraus folgt, dass Schmerz, Leiden und religiöser Eifer Hand in Hand gehen. Da aber jetzt durch das Aufkommen der Naturwissenschaft die Medizin transformiert worden ist, gibt es keinen wirklichen Grund dafür, Medizin und Religion zu vermischen. Wenn man die Rolle des Glaubens und des Vertrauens bei der Heilung hervorhebt, erscheint das den meisten Wissenschaftlern wie ein geschichtlicher Rückschritt, und das rechtfertigt für sie eine Ablehnung der Gebetsheilung.

12. *Karrieren und finanzielle Investitionen stehen auf dem Spiel.* Fast alle Forschungsstipendien, Professuren und Gesundheitsprodukte sind an der physikalisch begründeten Sicht der Wirklichkeit ausgerichtet. Es ist also kaum verwunderlich, dass die an diesen Aktivitäten beteiligten Wissenschaftler Experimente, die diese Voraussetzungen in Frage stellen, nicht gleich begeistert aufnehmen.

Die folgende allegorische Geschichte illustriert die Vergeblichkeit weiterer Diskussionen über viele dieser Themen: Ein Psychiater behandelt einen Paranoiden, der behauptet, er sei tot. Nachdem sich alle üblichen Argumente erschöpft haben, fragt der Psychiater, ob der Patient weiß, dass Tote nicht bluten. Dieser widerspricht sofort und gestattet, dass der Psychiater seinen Finger mit einer Nadel sticht, worauf Blut austritt. »Sehen Sie, Sie sind lebendig!«, erklärt der Psychiater triumphierend. »Falsch!«, ruft der Patient. »Tote bluten *doch*!«

Benor, der diese Geschichte erzählt, weist darauf hin, dass »diejenigen, die die Wahrhaftigkeit des Heilens spüren, nicht viel Zeit damit verschwenden, um mit denen, die das nicht tun, zu diskutieren, sondern lieber damit weitermachen, Heilung zu gewähren, zu erhalten und/oder zu erforschen.«

Ich bin, im Ganzen gesehen, weniger pessimistisch. Skeptiker ändern gelegentlich *doch* ihre Meinung, wenn man sie mit den Tatsachen konfrontiert. Sie verändern ihren Standpunkt insbesondere dann, wenn sie persönlich paranormale Erfahrungen machen, was nicht ungewöhnlich ist.

Letztlich ist es eine geschichtliche Tatsache, dass die Wissenschaft voranschreitet, oftmals trotz der Auffassungen der Wissenschaftler. Der Physiker Max Planck, dessen Entdeckungen den Übergang von der klassischen Physik zur modernen Physik auslösten, drückte es so aus: »Die Wissenschaft verändert sich, von Beerdigung zu Beerdigung.«

BETEN UND HEILEN: WIE GEHT ES WEITER?

Anknüpfend an unsere bisherigen Betrachtungen, möchte ich einige Vorhersagen für die Zukunft machen:

- Weiterhin wird man experimentelle Belege dafür sammeln, dass nicht-lokale Ereignisse überall im menschlichen Erfahrungsbereich auftreten. Dazu werden auch die verschiedenen Formen der Fernwirkung des Bewusstseins gehören, einschließlich des Betens.

- Indem Ärzte zunehmend mit der Nicht-Lokalität als einem legitimen wissenschaftlichen Begriff vertrauter werden, werden sie damit anfangen, nicht-lokale Interventionen sowohl in der Diagnose als auch in der Therapie gezielt zu verwenden. Damit wird sich die Tür für eine »nicht-lokale Medizin« der Ära III weit öffnen, und das Erscheinungsbild dieses Berufsstandes wird sich ändern. Die nicht-lokale Medizin wird weder die technologischen, mechanistischen Verfahren der Ära I noch die seelisch-körperlichen Therapien der Ära II ablehnen, sondern sie mit einbeziehen. Das Ergebnis wird eine Medizin sein, die zugleich effektiver und menschlicher ist, eine Medizin, die besser wirkt und sich besser *anfühlt*.

- Wenn erst einmal nicht-lokale Konzepte in der medizinischen Wissenschaft zu Hause sind, wird man auch das Beten als eine starke Kraft in der Medizin anerkennen, und es wird in ihre Hauptrichtung eingegliedert werden.

- Die Anwendung des Betens wird in den meisten medizinischen Einrichtungen das Standardverfahren der medizinischen Wissenschaft werden.

- Seine Anwendung wird so allgemeingültig sein, dass man es eines Tages als ärztliche Fehlbehandlung ansehen wird, wenn man es unterlässt, Gebete als einen festen Bestandteil medizinischer Versorgung zu empfehlen.

- Das nicht-lokale Wesen des Bewusstseins wird von der Schulwissenschaft aufgrund schlüssiger Beweise anerkannt werden. Man wird in zunehmendem Maße erkennen, dass das Bewusstsein Dinge zustande bringt, die das Gehirn nicht leisten kann.

- Wenn erst einmal wissenschaftlich bestätigt ist, dass Bewusstsein dem Wesen nach nicht-lokal ist, werden Wissenschaftler und Ärzte eher bereit sein zuzulassen, dass sich in ihrem eigenen Leben Nicht-Lokalität manifestiert. Diese »subjektiven Beweise« werden mit den objektiven wissenschaftlichen Untersuchungen, die die Nicht-Lokalität des Bewusstseins nachweisen, übereinstimmen und sie bestätigen.

- Ein neues Bild des menschlichen Bewusstseins wird entstehen. Man wird es nicht länger als ein exklusives Nebenprodukt des Gehirns ansehen, das dazu bestimmt ist, mit dem Körper zu sterben.

- Die Erkenntnis, dass es einen Aspekt der menschlichen Psyche gibt, der seinem Wesen nach nicht-lokal ist, wird zu einer Transformation unserer Vorstellungen davon führen, wer wir sind. Wir werden einsehen, dass dieser nicht-lokale Aspekt von uns nicht sterben kann. Denn wenn er nicht-lokal ist, ist er unbegrenzt in Raum und Zeit, und daraus folgt, dass er allgegenwärtig und unsterblich ist.

- Diese der Seele entsprechende Qualität menschlicher Wesen wird nicht mehr nur von den Religionen behauptet, und sie muss nicht mehr blindgläubig akzeptiert werden. Man wird sie als legitime Schlussfolgerung rationaler, empirischer Wissenschaft betrachten.

- Die Anerkennung einer der Seele ähnlichen Qualität des Bewusstseins, durch die Wissenschaft einerseits und durch die Religion andererseits, wird eine Brücke zwischen diesen beiden Bereichen bilden. Dieser Berührungspunkt wird dazu beitragen, die bittere Spaltung zwischen diesen beiden Bereichen zu heilen. Niemand wird sich mehr gezwungen fühlen, sich bei der Planung seines Lebens zwischen beiden zu entscheiden. Endlich werden Wissenschaft und Religion Seite an Seite stehen und sich gegenseitig ergänzen, und sie werden nicht mehr versuchen, sich einander zu bemächtigen.

- Durch die Erkenntnis, dass es einen von Natur aus nicht-lokalen Teil von uns gibt, der nicht sterben kann, werden sich die Ziele der Medizin neu gestalten. Wir werden schließlich verstehen, dass die uns innewohnende Nicht-Lokalität eine allgegenwärtige radikale Heilung – Unsterblichkeit – für die Große Krankheit, den körperlichen Tod, darstellt.

- Diese Erkenntnis wird uns nicht von dem Versuch abhalten, Krankheiten zu beseitigen und das Leben zu verlängern. Wir können das auch weiterhin tun, wenn wir es wollen. Aber dann werden wir nicht mehr aus der Verzweiflung und aus der Furcht vor der endgültigen Vernichtung im Augenblick des Todes heraus handeln. Vielmehr werden wir das aus Weisheit tun, wobei wir uns immer vergegenwärtigen, dass der wesentlichste Teil von uns nicht sterben kann, nicht einmal im Prinzip.

- Diese Einsicht kann zu einer Transformation bei der Art und Weise unseres Betens führen. Wir werden nicht mehr ständig *um irgendetwas* bitten, etwa um Gesundheit, sondern unsere Gebete werden hauptsächlich *Dankbarkeit* und *Danksagung* zum Inhalt haben. Das ist unsere angemessene Reaktion, wenn wir erkannt haben, dass die Welt ihrem innersten Wesen nach wundervoller, gütiger und freundlicher ist, als wir bislang angenommen haben.

NACHWORT

Einer meiner Patienten lag mit Lungenkrebs im Sterben. Am Tag vor seinem Tode saß ich mit seiner Frau und seinen Kindern an seinem Bett. Er wusste, dass er nur noch wenig Zeit hatte und wählte seine Worte sorgfältig, indem er heiser flüsternd sprach. Obwohl er kein religiöser Mensch war, verriet er uns, dass er vor kurzem begonnen hatte, häufig zu beten.
»Wofür beten Sie?«, fragte ich.
»Ich bete nicht für irgendetwas«, erwiderte er. »Woher sollte ich wissen, worum ich bitten sollte?« Das war überraschend. Es musste doch *irgendeinen* Wunsch geben, den dieser sterbende Mann hatte.
»Wenn Beten nicht bedeutet, dass man für etwas bittet, *wozu* dient es dann?«, fragte ich beharrlich nach.
»Es ist nicht »für« etwas«, sagte er bedächtig. »Es erinnert mich vor allem daran, dass ich nicht alleine bin.«
Jiddu Krishnamurti, einer der großen spirituellen Lehrer des 20. Jahrhunderts, fragte einmal eine kleine Gruppe von Zuhörern, was sie einem guten Freund, der im Sterben liegt, sagen würden. Bei ihren Antworten ging es um Beteuerungen, Worte über Anfang und Ende und verschiedenartige Ausdrucksformen des Mitgefühls. Krishnamurti unterbrach sie. Es gibt nur eines, was Sie sagen können, um wirklichen Trost zu spenden, erklärte er. Sagen Sie ihm, dass mit seinem Tod ein Teil von Ihnen stirbt und mit ihm geht. Wo er auch hingeht, dahin gehen Sie auch. Er wird nicht alleine sein.[1]
Mit dem Beten ist es ähnlich. Es ist unsere Verbindung mit dem Absoluten, eine Erinnerung an unsere nicht-lokale, grenzenlose Natur, an den Teil von uns, der ohne Grenzen ist in Raum und Zeit – und der göttlich ist. Es ist die Bestätigung des Universums, dass wir unsterblich sind und ewig – und nicht alleine.

Wir wissen nicht, warum das Beten sich in wissenschaftlichen Versuchen offenbart, aber wir haben gesehen, dass das der Fall ist. Und wenn das nicht so wäre? Wäre es dann weniger wirklich?

Obwohl die Naturwissenschaft den Ruf hat, der mächtigste Richter über die Wirklichkeit zu sein, ist es doch nirgendwo festgeschrieben, dass sie das einzige oder das beste Tor zu dem ist, was wirklich ist. Wir haben die wissenschaftliche Methode *erfunden*; sie ist nicht vom Himmel gefallen. Sogar wenn das Urteil der Wissenschaft über das Beten völlig negativ ausfiele, wäre die Angelegenheit damit noch nicht unbedingt erledigt. Aber wir sollten uns nicht täuschen lassen: Obwohl die Wissenschaft viel über das Beten zu sagen hat, wirft sie doch mehr Fragen auf, als sie beantwortet. Die Mysterien des Betens bleiben nicht nur bestehen, sie werden sogar noch tiefer.

Wenn wir das »Wissenschaft-und-Beten-Spiel« spielen, wie wir es in diesem Buch gespielt haben, sollten wir uns immer daran erinnern, dass es *nur ein Spiel* ist, eine Art zu spielen. Um ein echtes Spiel zu sein, muss es leichten Herzens geschehen und sollte keine Absicht verfolgen. Deshalb misslingt es gewöhnlich, wenn wir uns *bemühen*, Spaß zu haben. Das ist auch ein Grund, warum der Versuch, »das Beten zu beweisen«, unbefriedigend sein kann, trotz der positiven Resultate so vieler kontrollierter Experimente. Letztlich können Statistiken nicht zufriedenstellend sein und Zahlen nicht nährend. Deshalb werden wir trotz der positiven wissenschaftlichen Entdeckungen über das Beten weiterhin über das Labor hinausblicken, um Bestätigung für die Wichtigkeit und die Bedeutung des Betens in unserem Leben zu finden.

Wenn wir um die Erlösung von Schmerz und Leiden oder von einer der vielen anderen Prüfungen des Lebens beten, aber das Gebet nicht erhört wird, dann tröstet uns der Gedanke an die »statistische Signifikanz« des Betens bei hundert Laborversuchen keineswegs. In solchen Augenblicken ist es nur *unser* »Experiment«, das zählt. Warum, so klagen wir dann vielleicht, ist die Wirkung von Gebeten nicht besser vorhersagbar, stärker und zuverlässiger? In solchen Zeiten müssen wir uns daran erinnern, dass Beten in seiner Funktion als Brücke zum Absoluten *niemals misslingt*. Es wirkt in hundert Prozent der Fälle – außer wir verhindern diesen Erfolg, indem wir es in Vergessenheit geraten lassen.

Wir mögen uns fragen, warum das Beten so paradox und unvorhersagbar ist, aber die erstaunlichste Tatsache ist einfach die, dass es überhaupt wirkt, und nicht nur so, dass man es in Laborversuchen überprüfen kann, sondern auf die wundervollste und hilfreichste Art und Weise, die man sich nur vorstellen kann – als eine Erinnerung an unseren Ursprung und unsere Bestimmung: Das Absolute, das Universelle, das Göttliche.

ANHANG 1
HEILVERSUCHE
IN KONTROLLIERTEN EXPERIMENTEN

Das Ergebnis einer Durchsicht von Studien über Geistheilung veröffentliche Dr. med. Daniel J. Benor 1990 in englischer Sprache in der Zeitschrift *Complementary Medical Research* und wurde in Benors 1993 erschienenem Buch *Healing Research*[1] erweitert und auf den neuesten Stand gebracht.

Benor definierte Heilen als die *absichtliche Einflussnahme einer oder mehrerer Personen auf ein anderes lebendes System ohne Verwendung bekannter physikalischer Maßnahmen.* Seine Ergebnisse:

- Es gibt 131 kontrollierte Versuche, die von Forschern durchgeführt wurden.
- Sechsundfünfzig davon weisen statistisch signifikante Ergebnisse auf einem Wahrscheinlichkeitsniveau < 0,01 oder besser auf (das heißt, dass die Wahrscheinlichkeit eines zufälligen Zustandekommens der Ergebnisse kleiner ist als eins zu hundert).
- Einundzwanzig Arbeiten zeigen Ergebnisse auf einem Wahrscheinlichkeitsniveau von 0,02 bis 0,05 (das heißt, dass die Wahrscheinlichkeit eines zufälligen Zustandekommens der Ergebnisse zwischen zwei und fünf zu hundert liegt).
- Diese Experimente befassen sich mit Heilwirkungen auf Enzyme, Zellen, Hefen, Bakterien, Pflanzen, Tiere und Menschen.

Wie steht es mit der Qualität dieser Studien? Zehn sind unveröffentlichte Dissertationen, zwei sind Diplomarbeiten und der Rest wurde hauptsächlich in parapsychologischen Zeitschriften veröffentlicht. Diese Schriften haben dieselben strengen Auswahlkriterien wie viele medizinische Fachzeitschriften. Dazu gehören das *Journal of the American Society for Psychical Research*, das *Journal of Parapsychology*, das *Journal of the Society for Psychical Research* und das *European Journal of Parapsychology*. *Research in Parapsychology* ist eine Sammlung von inhaltlichen Zusammenfassungen des jährlichen Treffens der Parapsychologischen Gesellschaft. Diese Zusammenfassungen werden von Fachkollegen zur Präsentation bei der Konferenz ausgewählt, wenn auch die Kriterien nicht so streng sind wie bei den anderen Fachzeitschriften. Forscher auf diesem Gebiet veröffentlichen aus dem Grunde nicht in den medizinischen Standardzeitschriften, weil diese bis vor kurzem die Veröffentlichung von Arbeiten über Geistheilung abgelehnt haben.

Weitere Bemerkungen über die Qualität der Forschung auf diesem Gebiet finden sich im Anhang 3.[1]

---

1 *Anmerkung des Verlags:* Da Benors Buch *Healing Research* bei dem deutschen Medizinverlag (Helix Verlag GmbH, München) erschienen und so in Deutschland für jeden wissenschaftlich interessierten Leser zugänglich ist, verzichten wir in der deutschen Ausgabe auf die Tabellen und die Anmerkungen zu den Originalarbeiten, die der Autor in der amerikanischen Ausgabe dem Anhang 1 beigefügt hat.

ANHANG 2
SPONTANE RÜCKBILDUNG VON KREBS

In diesem Abschnitt werden die Fälle spontaner Rückbildung von Krebs ausführlicher untersucht, die 1975 von Yujiro Ikemi und seinen Kollegen an der medizinischen Fakultät der Kyushu Universität in Fukuoka, Japan, berichtet wurden.[1] Diese Fälle sind bemerkenswert wegen der offensichtlichen Rolle der Spiritualität bei der Heilung.

DIE FÄLLE

Fall 1

Dieser Fall wurde im 1. Kapitel erörtert.

Fall 2

K.N. wurde 1894 auf einem japanischen Bauernhof geboren. Er wurde mit neunzehn Jahren Mitglied einer Religionsgemeinschaft und wurde mit dreiundzwanzig Jahren zum Lehrer einer Kirche ernannt. Sein Eifer war vorbildlich, und er erhielt für seinen Dienst einen Staatspreis.

Im April 1970, im Alter von siebenundsiebzig, begann K.N. ein Völlegefühl und stumpfen Schmerz im Magen zu spüren. Eine Untersuchung, die mit Hilfe einer Magenspiegelung und Gewebeentnahme aus dem betroffenen Bereich des Magens durchgeführt wurde, bestätigte die Diagnose eines Adenokarzinoms.

K.N. wurde geraten, sich den Magen chirurgisch entfernen zu lassen, aber er weigerte sich. Zur Zeit der Diagnose war er sehr frustriert. Er hatte erwartet, dass sein Sohn seine kirchlichen Pflichten übernehmen würde, doch dieser war zum Leiter einer weit entfernten Kirche ernannt worden. K.N. war enttäuscht darüber, dass er damit seinen Nachfolger verloren hatte und die ganze anstrengende kirchliche Arbeit alleine leisten musste.

Als er von seiner Diagnose erfuhr, rief er einen Familienrat zusammen. Er teilte allen mit, dass er für den Rest seiner Tage Gott dienen wolle und wann immer Gott sein Leben nehmen wolle, damit zufrieden sein werde. Er verkündete seinen Wunsch, sich nicht operieren zu lassen. Er gab zu verstehen, dass er seine tägliche Arbeit fortführen und wie gewohnt weiter Sake trinken wolle. Alle seine Verwandten stimmten zu und pflichteten ihm bei. Von dieser Zeit an klagte er seltener über Magensymptome und führte seine kirchliche Arbeit wie gewohnt fort, wobei er sogar Missionsreisen und Pilgerfahrten unternahm.

Bei einer weiteren Magenspiegelung und Gewebeentnahme im Jahr 1974 zeigte sich, dass der Krebs sich spontan zurückgebildet hatte. Als Ikemi 1974 seinen Bericht verfasste, bestätigte er, dass die Vitalität und Gesundheit von K.N. ausgezeichnet sei und er zehn Jahre jünger aussehe, als er sei.

Fall 3

K.A., eine japanische Hausfrau, wurde 1935 auf einem Bauernhof geboren. Sie wurde Mitglied einer Religionsgemeinschaft, als sie noch die höhere Schule besuchte. Mit vierundzwanzig heiratete sie und bekam einen Sohn. Ihr Ehemann erwies sich als schwierig. Er pflegte »bis spät in die Nacht seinen Geschäften nachzugehen«, wobei er sich an ausgedehnten Saufereien beteiligte. K.A. reagierte auf diese Probleme, indem sie ihren Ärger unterdrückte.

Im März 1966 suchte sie wegen Magenschmerzen, Gewichtsverlust und allgemeiner Unpässlichkeit, die sie einem Magengeschwür zuschrieb, einen Arzt auf. Nach einer gründlichen Untersuchung kam es zu einer Operation. Als der Chirurg den Unterleib öffnete, fand er zahlreiche daumengroße Metastasen an der Magenwand und an den Lymphknoten. Die Diagnose eines Adenokarzinoms wurde mikroskopisch bestätigt.

Der Chirurg entfernte zwei Drittel des Magens und führte eine Maßnahme durch, von der er hoffte, sie würde eine Verstopfung verhindern. Er schloss den Unterleib wieder und rührte die anderen Metastasen nicht an. Der Krebs war so weit fortgeschritten, dass er die Familie informierte, K.A. hätte höchstens noch drei Monate zu leben.

»Offen gesagt«, bekannte sie, »ich hatte keine Angst vor Krebs, weil ich meinen religiösen Glauben besaß. Ohne ihn aber wäre ich in Angst vor dem Krebs gefallen.« Sie fuhr fort:

>»Ich litt an Krebs, lange bevor ich das sogenannte »Krebsalter« erreichte. Dadurch wurde ich frühzeitig dazu gezwungen, geistig zu erwachen. Ich war ein eigensinniger Mensch gewesen, und ich glaube, dass meine Ecken und Kanten dadurch geglättet wurden, dass ich Krebs hatte. Glauben bedeutet für mich nicht, mich nur mit dem Wunsch ans Leben zu klammern, gerettet zu werden, sondern Dankbarkeit gegenüber Gott [sic], der meinen Geist gerettet hat. Von dieser Zeit an begann ich, ein wahrhaftiges Leben zu führen.«

Neun Jahre nach der Operation erfreute sie sich ausgezeichneter Gesundheit. Eine körperliche Untersuchung und Röntgenaufnahmen zeigten keine verbleibenden Hinweise auf Krebs und keine Anzeichen von Metastasen.

Fall 4

K.K. wurde 1896 auf einem Bauernhof in Japan geboren. Im Alter von sechzehn wurde er ein Anhänger der buddhistischen Nichiren-Sekte. Er arbeitete eine Zeit lang als Grundschullehrer und heiratete mit achtundzwanzig Jahren.

K.K. und seine Frau lebten während des zweiten Weltkrieges in Nordchina. Als sie nach Japan zurückkehrten, waren die Lebensumstände sehr schwierig. Er baute auf einer Farm Reis an, und sie zog im Land umher und verkaufte Kurzwaren, um ein Auskommen zu finden. Das Leben war extrem schwierig, und sie hatten niemanden, bei dem sie Hilfe suchen konnten.

In dieser Situation, im Alter von siebenundvierzig Jahren, stellte er bei sich ein Afterbluten fest, das er für Hämorrhoiden hielt. Bei einer Untersuchung im Universitätskrankenhaus entdeckte man jedoch eine ringförmige Krebsgeschwulst am unteren Mastdarm. Der Arzt riet zur Operation, aber K.K. lehnte ab, weil er es sich nicht leisten konnte. Es war kurz nach dem Ende des Zweiten Weltkrieges, und Japans Sozialversicherungssystem war noch nicht aufgebaut worden. Das hieß, dass er für die Operation aus eigener Tasche hätte bezahlen müssen. Aber da er niemanden hatte, von dem er sich die riesige Summe leihen konnte, beschloss er einfach, »hart zu arbeiten, so lange es ihm vergönnt war zu leben, auch wenn es nur ein oder zwei Jahre waren«.

Er litt zunehmend an Unterleibs- und Rückenschmerzen und an Auszehrung. Allmählich begannen diese Symptome jedoch zu verschwinden.

Drei Jahrzehnte später, im Jahre 1973 und im Alter von sechsundsiebzig Jahren, zeigten sich neue Symptome, darunter ein Völlegefühl im Magen. Bei einer Untersuchung wurde eine Magenbiopsie mit Hilfe einer Gastrokamera vorgenommen, und man entdeckte einen äußerst bösartigen Krebs. Wiederum lehnte er jede Art von Behandlung ab. Zur Zeit von Ikemis Bericht im Jahre 1975 war er immer noch am Leben – und es ging ihm gut.

K.K. sagte aus, dass sein buddhistischer Glaube ihm am meisten Kraft gab im Laufe seines schwierigen Lebens. Er verkörperte offenbar den buddhistischen Glaubenssatz, dass alle Arten von »Anhaftungen« die Wurzel allen Leidens sind, denn sein ganzes Leben über waren ihm Ehrgeiz und weltliche Ziele völlig gleichgültig gewesen.

Fall 5

Y.Y. wurde 1920 in Japan geboren und heiratete im Alter von einundzwanzig Jahren einen Bauern. Die Familie, in die sie hineinheiratete, hatte in der vorangehenden Generation große Schulden gemacht. Man erwartete nun von ihr Hilfe bei deren Abzahlung, in der Hoffnung, den Bauernhof der Familie, der verkauft worden war, wiederzuerwerben. Es kam häufig vor, dass sie schon um 4.00 Uhr morgens aufstand, um auf den Feldern zu arbeiten, und um 1.00 Uhr nachts zu Bett ging. Wenn sie nicht auf dem Bauernhof arbeitete, verkaufte sie tagsüber Gemüse und machte abends die Arbeiten im Haus. Sie hatte nicht nur eine sehr strenge Schwiegermutter, der sie unbedingt zu gehorchen hatte, sie war auch mit einem diktatorischen, egozentrischen Mann verheiratet. Sie war gleichermaßen in der Lage, ihre negativen Gefühle zu unterdrücken und mit allem zurechtzukommen sowie harte körperliche Arbeit zu leisten. Y.Y. beschrieb ihr Leben später als »bitter wie der Tod«.

Während sie mehr als dreißig Jahre lang unvorstellbare Härten ertrug, blieb sie bei guter Gesundheit und hatte nicht einmal einen Schnupfen. Jedoch mit achtundfünfzig Jahren spürte sie auf einmal Schmerzen im Unterleib, die sie der übermäßig harten Arbeit auf dem Hof zuschrieb. Sie begann, aus dem Verdauungstrakt Blut zu verlieren und wurde so schwach und anämisch, dass mehrere Bluttransfusionen erforderlich waren. Nach einer medizinischen Untersuchung wurde sie am Unterleib operiert, wobei man in der Magengegend und an anderen Stellen in der Unterleibshöhle ausgedehnte Metastasen fand. Eine Biopsie ergab ein Adenokarzinom des Magens, und die Ärzte entfernten als schmerzlindernde Maßnahme einen Teil ihres Magens. Ihr Fall wurde als hoffnungslos betrachtet, und man teilte ihrer Familie mit, dass sie nur noch ein bis drei Monate zu leben haben würde.

Y.Y. reagierte auf diese Ereignisse weder mit Furcht noch mit Depression. Nach der Operation gewann sie allmählich ihre Kraft wieder, und vier Monate später wurde sie bei ständiger Besserung ihres Gesundheitszustandes aus dem Krankenhaus entlassen.

Zu der Zeit, als sie krank wurde, begann gerade eine drastische Veränderung in ihrem Leben einzutreten. Die Einstellung ihrer ganzen Familie änderte sich. Sie hatte ihr Leben für sie geopfert und wurde jetzt von allen derartigen Pflichten freigestellt. Zudem bot ihre Familie ihr jetzt mit liebevoller Fürsorge und Mitgefühl Schutz. Aber auch ihre eigene Einstellung begann sich zu verändern. Sie gewann Einblick in ihre »naive, religiös orientierte Persönlichkeit« und fing an, die egozentrische Haltung in Frage zu stellen, die bisher ihre zwischenmenschlichen Beziehungen beherrscht hatte. Sie begann, sich an Freizeitaktivitäten außer Haus zu beteiligen, wie etwa kurze Reisen mit ihren Freundinnen. Sie schloss sich einer Gruppe an, die sich mit dem Vortragen chinesischer Gedichte beschäftigte, was ein wirksames Ventil für ihre unterdrückten Emotionen darstellte. Fünf Jahre nach ihrer Operation erfreute sie sich ausgezeichneter Gesundheit und meinte, sie könne immer noch so hart arbeiten wie jede andere Frau.

CHARAKTERISTISCHE MERKMALE DER JAPANISCHEN KREBSFÄLLE

Ikemi und seine Kollegen waren von mehreren gemeinsamen Merkmalen dieser Fälle tief beeindruckt.

1. Alle fünf Patienten erkrankten an Krebs, während sie eine schwere existenzielle Krise durchmachten. Nachdem sie selbst die Verantwortung für die Lösung der Krise übernommen hatten, kam es zu einer spontanen Rückbildung ihres Krebses.
2. Nach ihren Diagnosen zeigten sie in bemerkenswerter Weise keinerlei Furcht und Depression. In den ersten vier Fällen spielte offensichtlich der leidenschaftliche religiöse Glauben der Patienten eine maßgebliche Rolle, wodurch diese emotionalen Reaktionen verhindert wurden. Bei dem fünften Fall war das Leben davor so schrecklich gewesen (»bitter wie der Tod«), dass Krebs im Vergleich dazu als geringfügiges Übel erschien.
3. Alle diese Patienten stellten sich völlig dem Willen Gottes anheim, nachdem sie von ihrer Krebserkrankung erfahren hatten. Das war nicht Passivität, Resignation oder Aufgabe, sondern vielmehr eine Verpflichtung, die zu einer erneuten Hingabe an frühere Aktivitäten oder zu neuen Interessen in ihrem Leben führte. Sie hatten offensichtlich ein Gespür für einen größeren Plan und eine umfassendere Bedeutung der Ereignisse des Lebens – einschließlich der Krebserkrankung – als ob jetzt mehr, nicht weniger von ihnen verlangt würde.
4. Alle fünf Patienten ergriffen Maßnahmen, um ihre Beziehungen mit anderen Menschen neu zu gestalten. Das bedeutete, dass sie eigene Persönlichkeitsmerkmale zur Kenntnis nahmen, die zu ihren Schwierigkeiten mit anderen beigetragen hatten, wie zum Beispiel Rigidität oder Selbstbezogenheit.
5. Eine religiöse oder spirituelle Einstellung spielte eine große Rolle im Leben dieser Patienten, besonders bei den ersten vier.

Spontane Rückbildung: Die neuesten Ergebnisse

Als dieses Buch in den Druck ging, hatte das *Institute of Noetic Sciences* (IONS) in Sausalito, Kalifornien, gerade die umfassendste Untersu-

chung von spontaner Genesung veröffentlicht, die je durchgeführt wurde
– *Spontaneous Remission: An Annotated Bibliography*. Dieses fünfzehnjährige Projekt war die Arbeit des Biochemikers Caryle Hirshberg und des Forschers Brendan O'Regan. Sie durchkämmten 3500 Quellen aus mehr als achthundert Zeitschriften in zwanzig Sprachen. Dieser Bericht befasst sich nicht nur mit Krebs, sondern auch mit spontaner Genesung bei vielen anderen Krankheiten. Er stellt die größte Datensammlung der Welt von Berichten über spontane Genesungen in der Medizin dar. Einige der wichtigsten Ergebnisse:

- Spontane Genesung ist ein gut dokumentiertes Phänomen, höchstwahrscheinlich verbreiteter, als gemeinhin angenommen wird.
- Spontane Genesung ist ein äußerst vielversprechendes Forschungsgebiet. Untersucht man die daran beteiligten psychobiologischen Vorgänge, wird man vielleicht wichtige Hinweise zum Verständnis der Selbstregulierungsprozesse des Körpers und deren Zusammenbruch erhalten, der dem Ausbruch vieler Krankheiten vorausgeht.
- Datenmaterial über Genesungen kann einen wichtigen Einfluss darauf haben, wie mit Patienten umgegangen wird und wie man sie behandelt, wenn bei ihnen eine zum Tode führende Krankheit diagnostiziert wurde. Die Wiederherstellung einer »ethischen Hoffnung« kann dazu beitragen, den »Kampfgeist« zu wecken, ein wichtiger Faktor bei der Gesundung von einer Krankheit.

Das Buch *Spontaneous Regression: An Annotated Bibliography* kann man beziehen über das *Institute of Noetic Sciences*, Box 909, Sausalito, Kalifornien 94966-0909, USA.

ANHANG 3
WIE GUT IST DAS BEWEISMATERIAL? BETEN, MEDITATION UND PARAPSYCHOLOGIE

BETEN

Beten hat viel gemeinsam mit Parapsychologie, dem Teilgebiet der Psychologie, das übersinnliche Phänomene wie Telepathie und Hellsichtigkeit erforscht. Beten hat auch Ähnlichkeit mit Meditation und lässt sich nicht genau davon abgrenzen. Sowohl Parapsychologie als auch Meditation sind in den vergangenen Jahren von Skeptikern scharf kritisiert worden, und Beten wird wohl dieselbe Behandlung erfahren, wenn die Beweise seiner Wirksamkeit in weiteren Kreisen bekannt werden.

Einer der schärfsten Einwände gegen die Art von Phänomenen, die in diesem Buch untersucht werden, kommt vom *National Research Council* (NRC, Nationaler Forschungsrat, *Anm. d. Übers.*), einer Einrichtung der Regierung, die häufig damit beauftragt wurde, bestimmte Wissenschaftsgebiete zu begutachten. 1988 und 1991 gab das NRC unter anderem Berichte über Meditation und Parapsychologie heraus.[1] Weil die Schlussfolgerungen der NRC-Berichte sich von denen in diesem Buch unterscheiden und weil diese Berichte großen Einfluss auf die öffentliche Meinungsbildung ausgeübt haben, halte ich es für wichtig, diese unterschiedlichen Auffassungen zu kommentieren. Ich hoffe damit denjenigen zu helfen, die Interesse am Beten haben, wenn sie ähnlicher Kritik begegnen.

MEDITATION

Der NRC-Bericht von 1991 stellte fest: »Zusammenfassend führt uns unsere Auswertung der wissenschaftlichen Forschung über Meditation (hauptsächlich »Transzendentale Meditation« [TM]) zu der Schlussfolgerung, dass sie nicht wirksamer zu sein scheint als die gebräuchlichen Entspannungstechniken; es ist nicht gerechtfertigt, der Meditation an sich irgendwelche besonderen Wirkungen zuzuschreiben.«[2] Der NRC-Bericht stützte sich bei diesem Schluss hauptsächlich auf zwei frühere Gesamtüberblicke. Einer davon, der von D. S. Holmes, erfasste weniger als die Hälfte der relevanten Arbeiten zur Transzendentalen Meditation, die zur Zeit seiner Erstellung verfügbar waren.[3] Der andere, von J. Brener und S. R. Conally, scheint ebenfalls einen Großteil der verfügbaren Forschung zu diesem Thema übergangen zu haben.[4]

Meta-Analyse, ein mächtiges analytisches Werkzeug der Statistiker, ermöglicht ihnen im Wesentlichen, viele kurze Experimente zu einem langen zu kombinieren. Durch die Anwendung dieser Methode können sie zur statistischen Analyse Arbeiten, die sich mit derselben Frage befassen, zusammenbringen, auch wenn bei den einzelnen Untersuchungen verschiedene Versuchsmethoden und eine unterschiedliche Zahl von Versuchspersonen eingesetzt und unterschiedliche Ergebnisse hervorgebracht wurden. Das ermöglicht eine quantitative Gesamteinschätzung der Stärke des untersuchten Effektes.[5] Eine Meta-Analyse der TM-Forscher M. C. Dillbeck und D. W. Orme-Johnson über die Wirkungen von Meditation kam zu einer anderen Schlussfolgerung, wurde aber in dem NRC-Bericht nicht erwähnt. Deren quantitatives Verfahren zeigte, dass die Stärke der Wirkung auf den Hautwiderstand und die Atemfrequenz bei der TM mehr als doppelt so groß war wie beim stillen Ruhen.[6]

K. R. Eppley, A. I. Abrams und J. Shear stützten sich auf psychologische und physiologische Messungen der Furchtsamkeit und zeigten, dass TM üblicherweise eine doppelt oder dreifach stärkere Verringerung chronischer Stresseffekte hervorruft im Vergleich zu anderen Meditations- oder Entspannungstechniken.[7] Doch im NRC-Bericht stand: »Es gibt kein Beweismaterial, das die Auffassung stützt, dass [...] Meditation jemandem ermöglichen würde, mit einem Stressfaktor besser fertig zu werden.«

Meta-Analyse lässt auch den Vergleich von Untersuchungsergebnissen zu, die von Versuchsleitern durchgeführt wurden, die der TM mit Wertschätzung, neutral oder negativ gegenüberstehen. Die Meta-Analyse von Eppley et al. wies nach, dass die positiven Schlussfolgerungen bei den Untersuchungen der TM nicht das Ergebnis von selektiver Berichterstattung waren und die Kennzeichnung von Forschern, die selbst Meditation ausüben, als vorurteilsbehaftete »Anhänger« jeder Grundlage entbehrt. Die Meta-Analyse von Eppley et al. widersprach auch der Behauptung von Brener und Conally, dass die Meditationsforschung an »schlechter Versuchsplanung« kranke, wobei sie einen quantitativen Nachweis lieferte, dass die Ergebnisse nicht auf selektive Auswahl der Versuchspersonen, Voreingenommenheit des Versuchsleiters, Erwartungen oder atmosphärische Effekte zurückgeführt werden können.

Der NRC-Bericht birgt einige falsche Annahmen über Meditation in sich. Er drückt die Erwartung aus, dass Meditation die »Reaktionsbereitschaft auf Herausforderungen [senken] solle«, das heißt, man würde dadurch weniger empfänglich für Stressfaktoren, vielleicht durch »Ablenkung« oder durch das Aufsuchen eines »ruhigen Plätzchens«. Aber das ist weder das traditionelle noch das ausdrückliche Ziel der TM, die »ruhige Aufmerksamkeit, einen Zustand, der Einswerdung möglich macht«, anstrebt.[8] Diese Missverständnisse beruhen möglicherweise auf der Tatsache, die vom NRC anerkannt wurde, dass keiner in ihrem Komitee persönlich die *Erfahrung* irgendeiner der von ihnen untersuchten Meditationspraktiken gemacht hatte. Das Komitee räumte auch die dadurch entstandenen Schwierigkeiten ein: »Es scheint uns angebracht, auf die Beschränkungen hinzuweisen, die Kultur, Hintergrund und persönliche Lebenserfahrung dem Standpunkt des Komitees gegenüber dem Gebiet der Meditation auferlegen.«[9]

Besonders auffällig ist bei dem NRC-Bericht die Auslassung einer umfangreichen Datensammlung (mehr als vierzig veröffentlichte Berichte) über die gesellschaftlichen Auswirkungen dessen, was die TM-Forscher das *Bewusstseinsfeld* nennen. Die dieser Forschung zugrundeliegende Theorie besagt, dass das Feld, wenn es von einer ausreichenden Zahl von Meditierenden aufrechterhalten wird, bei der gesamten Bevölkerung die vorteilhaften Wirkungen der Meditation hervorruft. Das ist eine nicht-lokale Wirkung, eine Art von Fernwirkung, und die TM-Forscher sprechen bei ihren Bemühungen, die Ergebnisse dieser Arbeiten zu erklären, von einer Entsprechung zu bestimmten Aspekten der Quanten-Nicht-Lokalität.

Positiv hervorzuheben ist, dass der NRC-Bericht eine Anzahl sehr vernünftiger Forschungsvorschläge macht. In einer allgemeinen Betrachtung heißt es: »Wenn jemand lernt, sich zu entspannen und gute Gefühle zu genießen, können dadurch positive Veränderungen in ihrer oder seiner Arbeit und persönlichen Situation ausgelöst werden [...] es kann durchaus sein, dass Meditation und Entspannung [...] kognitive Veränderungen bewirken.«[10]

PARAPSYCHOLOGIE

In seinem Bericht von 1988 steht das NRC der Parapsychologie, die sich mit nicht-lokalen Ereignissen wie denen, die wir zum Beispiel beim Beten und bei der Geistheilung kennengelernt haben, befasst, sehr kritisch gegenüber. Das NRC unterstrich seine Auffassung, dass über 130 Jahre Forschung keinerlei Beweise für parapsychologische Phänomene erbringen konnten.

D. L. Radin und R. D. Nelson berichteten von der größten jemals durchgeführten Meta-Analyse parapsychologischer Ergebnisse. Es handelte sich um 832 Arbeiten von achtundsechzig Forschern, die sich mit der Beeinflussung mikroelektronischer Systeme durch menschliches Bewusstsein befassten.[11] Das Resultat: »Radins und Nelsons Meta-Analyse weist nach, dass die Ergebnisse *stabil* und *wiederholbar* sind. Wenn die Kritiker nicht gerade ein heimliches Einvernehmen zwischen allen über sechzig Experimentatoren unterstellen wollen oder annehmen, es handele sich um ein methodologisches Artefakt, das Hunderten von Versuchen über einen Zeitraum von fast drei Jahrzehnten gemeinsam sei, kann man sich der Schlussfolgerung nicht entziehen, dass diese Effekte tatsächlich möglich sind.«[12]

Die Meta-Analyse wurde auch auf die Forschungsarbeiten zur Präkognition (Die Fähigkeit, Ereignisse im Voraus wahrzunehmen, *Anm. d. Übers.*) angewandt, wobei üblicherweise eine Versuchsperson Karten erraten sollte, *bevor* sie überhaupt vorbereitet worden waren. C. Honoton und D. C. Ferrari fanden 309 Studien in englischsprachigen Veröffent-

lichungen von zweiundsechzig Forschern, wobei über 50.000 Versuchspersonen beteiligt waren und über zwei Millionen Versuchsdurchgänge stattfanden. Deren Resultate:
- Dreißig Prozent der Arbeiten ergaben statistisch signifikante Ergebnisse (wo rein zufallsbedingt nur fünf Prozent zu erwarten gewesen wären). Die Wahrscheinlichkeit für ein zufälliges Zustandekommen dieses Resultates liegt etwa bei 1 zu 1024.
- Die Ergebnisse konnten nicht damit erklärt werden, dass die Forscher es versäumt hätten, Arbeiten mit negativem Resultat zu veröffentlichen (der »Schubladeneffekt«).
- Die methodologisch anspruchsvollsten Untersuchungen führten eher zu *besseren* Ergebnissen (genau das Gegenteil von dem, was die Kritiker behaupteten).
- Die Stärke des Effektes blieb über den Untersuchungszeitraum von mehr als fünfzig Jahren konstant.[13]

Häufig wird gegenüber der Parapsychologie und den nicht-lokalen Phänomenen, die wir in diesem Buch untersucht haben, der Vorwurf gemacht, die Qualität der Forschung auf diesen Gebieten sei niedrig oder unterdurchschnittlich. In seinem Bericht aus dem Jahre 1988, der sich mit Parapsychologie befasste, beauftragte das NRC den Psychologen Robert Rosenthal von der Harvard-Universität damit, eine Einschätzung verschiedener umstrittener Gebiete vorzubereiten, darunter auch der Parapsychologie. Der Parapsychologie-Forscher Richard S. Broughton beschreibt, was geschah:

> Rosenthal wird weithin als einer der führenden Fachleute der Welt angesehen, wenn es um die Begutachtung kontroverser Forschungsstandpunkte in den Sozialwissenschaften geht. Er hat einen Großteil seiner Laufbahn damit verbracht, Methoden zur objektiven Einschätzung widersprüchlicher Daten zu entwickeln. Weder Rosenthal noch seine Mitautorin Monica Harris hatten zuvor öffentlich zur Parapsychologie Stellung bezogen. [...] Der Bericht von Harris und Rosenthal kam zu dem Schluss, dass die »Forschungsqualität« der parapsychologischen Forschung von allen untersuchten Gebieten am höchsten war. [...] Unglaublicherweise [...] forderte der Vorsitzende des Komitees [...] Rosenthal auf, den Abschnitt über Parapsychologie aus seinem Bericht zu

entfernen. Rosenthal weigerte sich. In dem abschließenden Dokument wird der Bericht von Harris und Rosenthal nur in den Abschnitten zitiert, die sich nicht mit parapsychologischen Themen befassen. In dem Abschnitt über Parapsychologie wird er nicht erwähnt.[14]

Naturwissenschaft ist ein ruppiges Geschäft, zu dem auch die kraftvolle, gesunde Auseinandersetzung gehört. Aber diese Diskussion sollte nicht nur scharf, sondern auch frei von Vorurteilen sein.

ANHANG 4
HEILUNG UND GEIST: EIN RESÜMEE

TABELLE 3 HEILUNG UND GEIST

Lokale Wirkungen (über die Sinnesorgane vermittelt)		Nicht-lokale Wirkungen (nicht durch die Sinnesorgane vermittelt)	
Intrapersonal	**Interpersonal**	**Transpersonal**	**Transpersonal**
Positiv/Negativ	Positiv/Negativ	Positiv	Negativ
Bewusste und unbewusste Gedanken, Einstellungen, Gefühle, Empfindungen, Meinungen, wahrgenommene Bedeutungen, Selbstsuggestionen, bildhafte Vorstellungen und Visualisierungen, die *in* einem Menschen stattfinden.	Bewusste und unbewusste Suggestionen, Aussagen, Verhaltensweisen, sowohl verbal als auch nonverbal, die *zwischen* Individuen stattfinden.	*Material in Form von Einzelberichten:* Fern-, Geist- und spirituelle Heilung, Fürbittegebet, telesomatische Ereignisse. *Material aus Laborversuchen:* Transpersonale Bilder, kontrollierte Versuche sowohl bei Menschen als auch bei vielen nichtmenschlichen Spezies, wobei Gebete oder gebetsähnliche Zustände („Andacht") eingesetzt wurden.	*Anthropologisches Material:* Beobachtungen von „Fernverhexungen", wie bei dem polynesisch-hawaiianischen „Todesgebet". *Labormaterial:* Viele nichtmenschliche Spezies, die in kontrollierten Versuchen geschädigt oder gehemmt wurden.

© Larry Dossey, M.D.

Geist und Körper können sich auf vielfältige Art und Weise gegenseitig beeinflussen und dabei Gesundheit oder Krankheit hervorbringen, wie wir in diesem Buch immer wieder gesehen haben. Wenn wir gegenüber diesen Wechselwirkungen den größtmöglichen Blickwinkel einnehmen, tauchen bestimmte Muster auf, die in Tabelle 3 gezeigt werden.

Wie schon bemerkt, ist alles bekannte körperlich-geistige Geschehen seinem Wesen nach entweder *lokal* oder *nicht-lokal*. Lokale Ereignisse werden durch die Sinne übermittelt, Sprache, Hören, Berührung, Geruch, Sehen und so weiter, und können mit den bekannten Gesetzen der Physik und der menschlichen Physiologie beschrieben werden. Sie finden im Hier und Jetzt statt. Sie können *intrapersonal (innerpersönlich)* sein, also innerhalb eines Individuums stattfinden, oder *interpersonal (zwischenpersönlich)*, also zwischen zwei oder mehr Personen ablaufen. Es ist wohl bekannt, dass innerpersönliche Wirkungen entweder positiv oder negativ sein können: Unsere Gedanken, Einstellungen, Gefühle und Meinungen sind ein zweischneidiges Schwert, das uns heilen oder schaden kann. Die Worte und Verhaltensweisen anderer können uns ebenfalls helfen oder schaden. Deshalb können auch zwischenpersönliche Wirkungen ebenso positiv wie negativ sein.

Das am besten bekannte »lokale, zwischenpersönliche und negative« geistig-körperliche Geschehen ist möglicherweise die Voodoo-Magie. Aber weniger dramatische Beispiele sind in der medizinischen Praxis weitverbreitet, beispielsweise die bedauerliche Angewohnheit von Ärzten, die man »Trauerflor aufhängen« nennt. Diese Bezeichnung ist von der Sitte abgeleitet, bei traurigen Ereignissen, wie bei Begräbnissen, *schwarzen* Trauerflor aufzuhängen. Wenn ein Arzt »Trauerflor aufhängt«, malt er dem Patienten sein Bild in den düstersten Farben. Wenn alles so eintritt, wie er es vorhergesagt hat, ist er klug und gilt als Prophet. Wenn sich die Dinge zum Besseren wenden, ist er ein Held und der Patient ist dankbar. In jedem Fall gewinnt der Arzt. Die ethische Grundlage dieser zerstörerischen Angewohnheit ist sehr fraglich. Wie bei Voodoo-Opfern, können Patienten schreckliche Vorhersagen erfüllen, manchmal bis zum Tode.

Die andere Hauptgruppe geistig-körperlicher Wirkungen ist dem Wesen nach *nicht-lokal*. Nicht-lokale geistig-körperliche Vorgänge finden statt zwischen Personen, die zu weit voneinander entfernt sind, um über ihre

Sinne miteinander zu kommunizieren. Aus diesem Grund sind sie von Natur aus *transpersonal*. Auch sie können entweder positiv oder negativ sein. Wie wir gesehen haben, gibt es eine Fülle anekdotischer Berichte, die die Existenz »nicht-lokaler, transpersonaler und positiver« Vorgänge untermauern, darunter Fernheilung, Geistheilung und spirituelle Heilung, die heilsame Wirkung des Fürbittegebets und telesomatische Ereignisse. Auch experimentelles Beweismaterial für derartige Vorgänge ist reichlich vorhanden, so zum Beispiel die sorgfältigen Untersuchungen zur transpersonalen Bildvorstellung und die kontrollierten Versuche mit Menschen und anderen Wesen, die wir im Teil 3 und im Anhang 1 untersucht haben. Wie wir im Kapitel 9 gesehen haben, gibt es zu diesen Vorgängen auch eine entsprechende »dunkle« Seite – »nicht-lokale, transpersonale und negative« Wirkungen – wie die anthropologischen Berichte über das polynesische und hawaiianische »Todesgebet« gezeigt haben. Es gibt kontrollierte Laborversuche, bei denen lebenden Organismen Schäden zugefügt oder ihre metabolischen Funktionen gehemmt wurden.

Bei genauer Überprüfung können wir sehen, dass diese Unterteilungen keine reinen Zustände darstellen. Nehmen wir zum Beispiel das *Todesgebet*. Es wird in den meisten Fällen von einem Schamanen ausgeführt, der von dem Opfer weit entfernt ist. Es handelt sich eindeutig um ein nicht-lokales, transpersonales Geschehen, das prinzipiell nicht mit sinnlicher Wahrnehmung erklärt werden kann. Wenn jedoch die Lähmung aufsteigt und die körperliche Taubheit anfängt, dann beginnt das Opfer sowohl bewusst als auch unbewusst Furcht und andere negative Gedanken zu empfinden, die ihrem Wesen nach lokal, innerpersönlich und negativ sind. Deshalb haben nicht-lokal ausgelöste geistig-körperliche Ereignisse fast immer lokale Rückwirkungen. Das gilt für alle Beispiele nicht-lokaler Ereignisse, die wir untersucht haben, einschließlich der transpersonalen Bildvorstellung, dem Fürbittegebet und der Fernheilung.

DIE LOKALEN WIRKUNGEN DES BETENS

> Wenn du in Texas Hufschlag hörst,
> denk an Pferde, nicht an Zebras.
> Aphorismus unter Medizinstudenten

Im Verlaufe dieses Buches haben wir wiederholt auf die *nicht-lokalen* Wirkungen des Betens hingewiesen, wenn etwa jemand von Ferne für die Heilung eines anderen betet. Aber es ist bei vielen gesundheitsfördernden Wirkungen des Betens nicht notwendig, nicht-lokale Mechanismen anzunehmen.

Dr. med. Jeffrey S. Levin, ein Epidemiologe von der medizinischen Akademie von Ostvirginia, ist der ursprüngliche Begründer eines Fachgebietes, das »Religionsepidemiologie« heißt und sich noch in der Entwicklung befindet. Er verfügt wahrscheinlich über die umfangreichsten Kenntnisse über die *lokalen* Wirkungen von Gebeten und religiösen Praktiken. Aber Levin stellt nicht-lokale Deutungen keineswegs in Abrede. »Ich habe keinen Zweifel, dass diese [nicht-lokalen] Mechanismen wirklich sind«, bemerkt er dazu. »Ich habe [...] diese Arten von Heilung. [...] erlebt. [Aber] es gibt [für die gesundheitlichen Wirkungen des Betens] natürliche Erklärungen, die keine großen Glaubenssprünge erfordern.«[1]

Bei seinen Forschungen, die durch ein Stipendium der »National Institutes of Health« [NIH, staatliche Gesundheitsbehörde, *Anm. d. Übers.*] gefördert werden, hat Levin *über 250 empirische Untersuchungen entdeckt,* die seit dem neunzehnten Jahrhundert in der epidemiologischen und medizinischen Literatur veröffentlicht wurden und in denen spirituelle und religiöse Praktiken mit bestimmten gesundheitlichen Auswirkungen statistisch in Verbindung gebracht wurden. Dieses Schrifttum, das »vergessen am Rande der medizinischen Forschung liegt«, ist bei den Ärzten praktisch unbekannt und wird an den medizinischen Fakultäten nicht gelehrt. Positive Auswirkungen sowohl auf die Krankheitsanfälligkeit als auch auf die Sterblichkeit wurden festgestellt bei Gefäßerkrankungen, bei hohem Blutdruck, bei Schlaganfällen, bei fast allen Arten von Krebs und bei Entzündungen im Darm. Diese Ergebnisse sind unabhängig davon gültig, wie man Spiritualität definiert und misst, ob nach Glaubensvorstellungen, Verhaltensweisen, Einstellungen, Erlebnissen und so weiter. Über zwei Dutzend Arbeiten weisen gesundheitsfördernde Wirkungen nach, die einfach auf regelmäßigen Besuch der Kirche oder Synagoge zurückzuführen sind.[2] Es hat sich gezeigt, dass diese günstigen Wirkungen weit verbreitet sind. Sie treten bei Untersuchungen von Weißen, Schwarzen und Lateinamerikanern auf, bei älteren Erwachsenen und bei Jugendlichen, bei Amerikanern, Afrikanern und Asiaten, bei vorausgeplanten, rückwirkenden und Fall-Kontrolluntersuchungen bei Protestanten, Katholiken, Juden, Parsen, Buddhisten und Zulus, bei Untersuchungen, die Spiritualität unter anderem als Glauben an Gott und Teilnahme an Gottesdiensten erfassten, bei Untersuchungen akuter gesundheitlicher Einschränkungen, bei tödlichen chronischen Erkrankungen und bei Krankheiten mit längeren, kurzen oder gar keinen Latenzphasen zwischen Ansteckung, Diagnose und Eintreten des Todes. »Kurz gesagt«, bemerkt Levin, »tritt offenbar in diesen Arbeiten ständig etwas in Erscheinung, das es wert wäre, gründlich untersucht zu werden, und das Verständnis des *Was, Wie* und *Warum* dieses offensichtlichen spirituellen Faktors der Gesundheit [...] könnte für die Linderung von Leiden und die Genesung von Kranken von entscheidender Bedeutung sein.«

Wie beeinflussen Gebete und spirituelle Übungen *lokal* die körperliche Gesundheit? Es gibt viele Möglichkeiten:

- Viele spirituellen Wege oder Glaubenssysteme verlangen von ihren Jüngern bestimmte Formen der Disziplin, die gesund sind. Mormonen, Adventisten und orthodoxe Juden sind, wie auch andere, angehalten, bestimmte Vorschriften einzuhalten, die sich auf ihre Diät, Alkohol, Hygiene und andere *die Gesundheit betreffende Verhaltensweisen* beziehen und von denen man weiß, dass sie die Anfälligkeit für Krankheiten und die Sterblichkeit herabsetzen.
- Der gemeinschaftliche Aspekt spiritueller Praktiken bietet *soziale Unterstützung,* die nachgewiesenermaßen ein starker Schutzfaktor gegen Krankheit ist.
- Die *Psychodynamik religiöser Glaubensvorstellungen und Rituale* kann ebenfalls die Gesundheit fördern. Rituale wie das Gebet können beispielsweise vielfältige Emotionen auslösen, was wiederum durch positive Beeinflussung des Immunsystems und des Herz- und Gefäßsystems zu gesundheitlichen Veränderungen führt.
- Die *Psychodynamik des Glaubens* kann manchmal vom Placebo-Effekt nicht unterscheidbar sein, wenn man die Segnungen Gottes erwartet (oder vom Nocebo oder »negativen Placebo«-Effekt, wenn man mit Gottes Zorn und Strafe rechnet!).[3]

- Das Erlebnis der Anwesenheit eines oder mehrerer Heiler kann ein Gefühl der Zugehörigkeit oder der Unterstützung begünstigen, das, wie die Forschung zeigt, die Gesundheit fördert.
- Die vorbereitenden Maßnahmen zur Heilung (zum Beispiel vorangehende Feste, Meditation, Enthaltsamkeit der einen oder anderen Art) können an sich schon gesundheitsfördernd wirken.[4]

Diese Ergebnisse wurden bezüglich der *geistigen* Gesundheit von dem NIH-Forscher und Arzt David B. Larson und Susan S. Larson bestätigt. Sie arbeiteten zwölf Jahrgänge des *American Journal of Psychiatry* und der *Archives of General Psychiatry* durch und fanden bei der Erfassung der Teilnahme an religiösen Zeremonien, sozialer Unterstützung, des Betens und der Beziehung zu Gott, dass zweiundneunzig Prozent der Arbeiten einen Zugewinn an geistiger Gesundheit nachwiesen, vier Prozent neutral waren und vier Prozent nachteilige Wirkungen zeigten.[5] F. C. Craigie und seine Kollegen kamen 1990 bei einer Durchsicht von zehn Jahrgängen des *Journal of Family Practice* zu ähnlichen Ergebnissen bezüglich der *körperlichen* Gesundheit: Dreiundachtzig Prozent der Arbeiten ergaben vorteilhafte Wirkungen, siebzehn Prozent neutrale und keine schädliche Wirkungen.[6]

Es gibt Hinweise darauf, dass die Wissenschaftler und die Ärzteschaft allmählich gegenüber dem anwachsenden wissenschaftlichen Beweismaterial, das wir in diesem Buch untersucht haben, offener wird. So hat zum Beispiel das neu gegründete »Office of Alternative Medicine« der »National Institutes of Health« seine Arbeitsgruppe für seelisch-körperliche Behandlungsmethoden angewiesen, das Material, das sich mit der Wirksamkeit von Gebets- und Geistheilung befasst, zu überprüfen.

Diejenigen, die auf Gebete vertrauen, könnten dafür beten, dass diese Entwicklung weitergeht.

ANMERKUNGEN

Vorwort

1. sharecropper = Farmpächter, der die Pacht in Form eines Ernteanteils bezahlt.
2. Diese Untersuchungen werden in Anhang 1 zusammengefasst.
3. Inzwischen wurden viele Bücher veröffentlicht, die diese Entwicklungen beschreiben. Ein ausgezeichnetes Beispiel ist Willis W. Harman, *A Re-Examination of the Metaphysical Foundation of Modern Science* (Sausalito, CA.: Institute of Noetic Sciences, 1991).

Einleitung

1. Father Andrew Greeley, »Keeping the Faith: Americans Hold Fast to the Rock of Ages«, *OMNI* 13:11 (August 1991), 6. Siehe auch Kenneth L. Woodward, et al., »Talking to God«, *Newsweek* January 6, 1992), 38-44.
2. Stanley Krippner and Patrick Welch, *Spiritual Dimensions of Healing. From Native Shamanism to Contemporary Health Care* (New York, Irvington Publishers, 1992), 196.
3. Lawrence LeShan, *From Newton to ESP* (Wellingborough, Northamptonshire, England: Turnstone Press, 1984), 172. Später neu veröffentlicht unter dem Titel: *The Science of the Paranormal: The Last Frontier* (Wellingborough, Northamptonshire, England: The Aquarian Press, 1987).
4. LeShan, *From Newton to ESP*, 174.
5. C. S. Lewis, *Letters to Malcom: Chiefly on Prayer* (New York: Harcourt Brace Jovanovich, 1964), 28.
6. R. J. Foster, *Prayer: Finding the Heart's True Home* (San Francisco: Harper-San Francisco, 1992), vii.
7. Ann Ulanov and Barry Ulanov, *Primary Speech: A Psychology of Prayer* (Atlanta: John Knox Press, 1982), vii.
8. Eugene C. Kreiden, »Learning and Teaching Prayer«, in Paul R. Sponheim, ed., *A Primer on Prayer* (Philadelphia: Fortress Press, 1988), 143.
9. Lewis, *Letters to Malcolm*, 63.
10. Kathleen Raine zitiert in: »Interview«, *Gnosis* (Spring 1992), 52.
11. André Malraux, zitiert in: »Interview with Michel de Salzman«, *Parabola* 8, no. 1 (January 1983).

1. Heilige und Sünder, Gesundheit und Krankheit

1. Nacherzählt aus: John White, *The Meeting of Science and Spirit: Guidelines for a New Age* (New York, Paragon House, 1990), 100.
2. Ein berühmter Geistlicher sagte einmal: »Gott hat an viel mehr Dingen Interesse als an Theologie.« Angesichts der zahlreichen Erkrankungen, die bei Heiligen und Mystikern auftreten, könnten wir hinzufügen, dass er offenbar an viel mehr Dingen interessiert ist als an Gesundheit.
3. Zwei hervorragende Darstellungen über das komplexe Wechselspiel von Gesundheit und Krankheit sind kürzlich erschienen: Arthur Franks *At the Will of the Body: Reflections on Illness* (Boston: Houghton Mifflin, 1991) ist außerordentlich einfühlsam und klug. Frank, ein Professor der Soziologie, erlitt innerhalb von zwei Jahren einen Herzanfall und eine Krebserkrankung und überlebte beides. Kat Duffs *The Alchemy of Illness* (NewYork: Pantheon, 1993) beschreibt ihren Kampf mit dem Chronischen Ermüdungssyndrom. Dieser aufschlussreiche Bericht ist zugleich ein schönes literarisches Werk.
4. Es ist an dieser Stelle vielleicht von Interesse, darauf hinzuweisen, dass Campbell an Krebs starb. Siehe

A *Fire in the Mind: The Life of Joseph Campbell* (New York: Doubleday, 1991) von Stephen Larsen und Robin Larsen.
5. Michael Toms, Interviews with Joseph Campbell. New Dimensions Radio, 475 Gate Five Road, Suite 206, Sausalito, CA 94966.
6. Rainer Maria Rilke, *Letters to a Young Poet*, translated by M. D. Herter Norton (New York: W W Norton, 1934), 69-70; dt.: *Briefe an einen jungen Dichter* (Frankfurt: Insel, 1949, S. 49-50).
7. Adaptiert aus Natalie Goldberg, *Wild Mind: Living the Writer's Life* (New York: Bantam, 1990).
8. Nacherzählt von John White, *The Meeting of Science and Spirit. Guidelines for a New Age* (New York: Paragon House, 1990), 105.
9. Raymond B. Blakney, trans., *Meister Eckhart* (NewYork: Harper& Row, 1941), 249-50.
10. Clifton Wolters, trans., *The Cloud of Unknowing* (Baltimore: Penguin Books, 1961), 76; dt.: *Die Wolke des Nichtwissens* (Einsiedeln: Johannes, 1980).
11. »Höhere Gesundheit« ist ein Thema, das sich durch mein Buch *Beyond Illness. Discovering the Experience of Health* (Boston: Shambhala, 1984) zieht; dt.: *Wahre Gesundheit finden* (München: Scherz, 1986).
12. Zitiert in: »Sunbeams«, *The Sun* 192 (November 1991), 40.
13. Zitiert in: Ernest Kurtz and Katherine Ketcham, *The Spirituality of Imperfection: Modern Wisdom from Classic Stories* (New York: Bantam, 1992), 221-22. Kurtz and Ketcham weisen auf die wenig bekannte Tatsache hin, dass das Wort »Islam« »Unterwerfung« bedeutet. Die Geschichte ist nacherzählt aus: Idries Shah, *The Way of the Sufi* (New York: E.P. Dutton, 1968), 190.
14. Persönliche Kommunikation, April 1992, Quelle anonym.
15. Zitiert in »Sunbeams«, *The Sun* 198 (May 1992),40.
16. Geschichte erzählt von Ananth Krishnan, Grand Blanc, Michigan, Februar 1991.
17. William Boyd, *The Spontaneous Regression of Cancer* (Springfield, IL:Charles C. Thomas, 1966), 5 und 89.
18. Boyd, *The Spontaneous Regression of Cancer*, 8-9.
19. T. C. Everson and W H. Cole, *The Spontaneous Regression of Cancer* (Philadelphia: Saunders, 1966).
20. Eine Besprechung der sich verändernden Haltungen zu dieser Sache im Laufe der Geschichte finden Sie in: Lawrence LeShan, *Cancer As a Turning Point* (New York: E.P.Dutton, 1989).
21. Yujiro Ikemi, Shunji Nakagawa, Tetsuya Nakagawa, and Mineyasu Sugita, »Psychosomatic Consideration on Cancer Patients Who Have Made a Narrow Escape from Death«, *Dynamic Psychiatry* 31 (1975), 77-92.
22. Nikos Kazantzakis, *The Saviors of God*, translated by Kimon Friar (New York: Simon & Schuster, 1960), 128-29; dt.: *Rettet Gott* (New York: 1960).
23. Manly P. Hall, zitiert in Stephan A. Hoefler, »The Spirit in Health and Disease«, *Gnosis* (Spring 1991), 8-9.
24. Lewis Thomas, zitiert in Patricia Norris, »Self-Regulation Through Imagery«, *ISSSEEM Newsletter* (The International Society for the Study of Subtle Energies and Energy Medicine) 3:2 (Summer 1992), 4-8.
25. Rachel Naomi Remen, »Your Emotions and Your Health«, *Unity* 172, no.10 (October 1992), 48-54.
26. James Hillman, interviewt von Sy Syfransky, »The Myths of Our Therapy Culture«, *Yoga Journal* 104 (May/June 1992), 52 ff.
27. Sucht man nach einer schlagkräftigen Kritik dieses Standpunktes, sind die Schriften des transpersonalen Psychologen Ken Wilber unabdingbar. Besonders empfehlenswert ist sein bewegendes Buch über den Kampf seiner Frau mit Krebs: *Grace and Grit* (Boston: Shambhala, 1991); dt.: *Mut und Gnade* (München: Scherz, 1992).
28. H. Morgenstern, G. A. Gellert, S. D. Walter, A. M. Ostfeld, and B. S. Siegel, »The Impact of a Psychosocial Support Program on Survival with Breast Cancer: The Importance of Selection Bias in Program Evaluation«, *Journal of Chronic Disease* 37: 273. Siehe auch G. A. Gellert, R. M. Maxwell, and B.S. Siegel, »Survival of Breast Cancer Patients Receiving Adjunctive Psychosocial Support Therapy: A 10-Year Follow-up Study«, *Journal of Clinical Oncology* 2:1, (1993), 66-69.
29. Henry Dreher, »Behavioral Medicine's New Marketplace of Clinical Applications: A Report on a Conference«, *Advances* 8, no.2 (Spring 1992), 46-69.
30. Susan Ertz, zitiert in: »Sunbeams«, *The Sun* 196 (March 1992), 40.

2. Die Reichweite des Bewusstseins

1. I. Regardie, *The Philosopher's Stone* (St.Paul, MN: Llewellyn Publications, 1970), 90. Zitiert in: Randolph Severson, »The Alchemy of Dreamwork. Reflections on Freud and the Alchemical Tradition«, *Dragonflies* (Spring 1979), 109.
2. P. B. Amar, ed., *Standards and Guidelines for Biofeedback Applications in Psychophysiological Self-*

Regulation, Applications Standards Committee of the Association for Applied Psychophysiology and Biofeedback (Wheat Ridge, CO.: Association for Applied Psychophysiology and Biofeedback, 1992). Siehe auch: R. Shellenberger, P. B. Amar, C. Schneider, and R. Steward, *Clinical Efficacy and Cost Effectiveness of Biofeedback Therapy* (Wheat Ridge, CO: Association for Applied Psychophysiology and Biofeedback, 1989).
3. Erwin Schrödinger, *What is Life? and Mind and Matter* (London: Cambridge University Press, 1969), 145; dt.: *Mein Leben, meine Weltsicht* (Wien, Hamburg: Zsolnay, 1985)
4. Carl Sagan, zitiert in *Brain/Mind Bulletin* 6:5 (February 16, 198 1), 1.
5. C. Norman Shealy and Caroline M. Myss, *The Creation of Health: Merging Traditional Medicine with Intuitive Diagnosis* (Walpole, NH: Stillpoint, 1988).
6. Shealy and Myss, *The Creation of Health,* 73 ff.
7. Die Blitzdiagnose wurde von einigen der größten Ärzte der damaligen Zeit angewandt. Dieser Sachverhalt konnte nie vollständig erklärt werden. Für die moderne wissenschaftliche Medizin, die abstreitet, dass so etwas möglich ist, stellt sie eine Art von historischer Peinlichkeit dar. Die Blitzdiagnose wirft tiefgreifende Fragen darüber auf, wie Ärzte zu ihren Diagnosen kommen und legt die Vermutung nahe, dass ihr Vorgehen möglicherweise nicht immer so rational ist, wie man annimmt.
8. F. H. Garrison, *History of Medicine,* 4th ed. (Philadelphia: W. B. Saunders, 1928), 757.
9. Dolores Krieger, *Foundations of Holistic Health: Nursing Practices* (Philadelphia: J. P. Lippincott, 1981). Siehe auch: Dolores Krieger, *The Therapeutic Touch* (Englewood Cliffs, NJ: Prentice Hall, 1979). Siehe auch: Dolores Krieger, *Accepting Your Power to Heal* (Santa Fe: Bear & Company Publishing, 1993).
10. Daniel P. Wirth, »The Effect of Non-contact Therapeutic Touch on the Healing of Full Thickness Dermal Wounds«, *Subtle Energies* 1: 1, 1-20. Siehe auch die Pionierarbeit von Janet Quinn, »Therapeutic Touch as Energy Exchange. Testing the Theory«, *Advances in Nursing Science* 6 (1984), 42-49, und Janet Quinn, *An Investigation of the Effects of Therapeutic Touch Done without Physical Contact on State Anxiety of Hospitalized Cardiovascular Patients.* Doctoral dissertation, (New York University, 1982, University Microfilm #DA8226788).
11. Zur Wirkung des »Therapeutic Touch« auf den Hämoglobinspiegel siehe: D.Kriegers »Therapeutic Touch: The Imprimatur of Nursing«, *American Journal of Nursing* 7 (1975), 784-867. Zur Wirkung des »Therapeutic Touch« für die Heilung von ausgewachsenen Hautwunden siehe Wirth, »Unorthodox Healing«. Zur Wirkung des »Therapeutic Touch« auf Spannungskopfschmerzen siehe: E. Keller and V. M. Bzkek, »Effects of Therapeutic Touch on Tension Headache Pain«, *Nursing Research* (1986), 101-4. Zur Wirkung des »Therapeutic Touch« auf postoperative Schmerzen siehe: T.C. Meehan, *An Abstract of the Effect of Therapeutic Touch on the Experience of Acute Pain in Post-Operative Patients,* unpublished Ph. D. dissertation, New York University, 1985. Zur Wirkung des »Therapeutic Touch« auf Angst siehe: P. Heidt, *An Investigation of the Effect of Therapeutic Touch on the Anxiety of Hospitalized Patients,* unpublished Ph.D. dissertation, New York University, 1979. Siehe auch: Janet F. Quinn, *An Investigation of the Effect of Therapeutic Touch done without Physical Contact on State Anxiety of Hospitalized Cardiovascular Patients,* Ph. D. dissertation, New York University, 1982; C. K Ferguson, *Subjective Experience of Therapeutic Touch (SETTS): Psychometric Examination of an Instrument,* unpublished Ph.D. dissertation, University of Texas at Austin, 1986; R. B. Fedoruk, *Transfer of the Relaxation Response: Therapeutic Touch as a Method for the Reduction of Stress in Premature Neonates,* unpublished Ph. D. dissertation, University of Maryland, 1984; J.W. Collins, *The Effect of Non-Contact Therapeutic Touch on the Relaxation Response,* unpublished Master's thesis, Vanderbilt University, 1983; G. L. Randolph, *The Differences in Psychological Response of Female College Students Exposed to Stressful Stimulus, When Simultaneously Treated by Either Therapeutic Touch or Casual Touch,* unpublished Ph.D. dissertation, New York University, 1979; and B. S. Parkes, *Therapeutic Touch as an Intervention to Reduce Anxiety in Elderly Hospitalized Patients,* unpublished Ph. D. dissertation, University of Texas at Austin, 1985.
12. Jeanne Achterberg, *Imagery in Healing* (Boston: New Science Library, 1986); dt.: *Gedanken heilen* (Reinbek: Rowohlt Taschenbuch, 1990).
13. William G. Braud and Marilyn Schlitz, »A Method for the Objective Study of Transpersonal Imagery«, *Journal of Scientific Exploration* 3, no.1 (1989), 43-63.
14. Robert G. Jahn and Brenda J. Dunne, *Margins of Reality: The Role of Consciousness in the Physical World* (NewYork: Harcourt Brace Jovanovich, 1987).
15. Franz Hartmann, *Paracelsus: Life and Prophecies* (Blauvelt, NY: Steinerbooks, 1973), 133; dt.: *Theophrastus Paracelsus von Hohenheim* (München: Schatzkammer, 1983). Siehe auch Robert J. Sardelle, »Samuel Hahnemann and the Alchemical Tradition«, *Artifex* 10 (1992), 17-28.
16. Berthold E. Schwarz, »Possible Telesomatic Reactions«, *The Journal of the Medical Society of New Jersey* 64, no. 11: 600-603.

17. E. Gurney, E.W.H. Myers, and F. Podmore, *Phantasms of the Living* (London: Trübner, 1886), 188-89.
18. Louisa E. Rhine, »Psychological Processes in ESP Experiences. Part I. Waking Experiences«, *Journal of Parapsychology* 29 (1962), 88-111.
19. J. H. Rush, »New Directions in Parapsychological Research«, *Parapsychological Monographs* No. 4 (New York: Parapsychology Foundation, 1964), 18-19.
20. T. Blaksley, »Impression«, *Journal of the Society for Psychical Research* 5 (1892), 241.
21. Eine der besten Analysen dieser Ereignisse finden Sie in: Ian Stevenson, *Telepathic Impressions: A Review of 35 New Cases* (Charlottesville: University Press of Virginia, 1970).
22. Schwarz, »Possible Telesomatic Reactions«, 600-603.
23. Rhine, »Psychological Processes in ESP Experiences. Part I. Waking Experiences«, 123-24.
24. Stevenson, *Telepathic Impressions*, 14-15.
25. Jean Lanier, »From Having a Mystical Experience to Becoming a Mystic – Reprint and Epilogue«, *ReVision* 12, no. 1 (Summer 1989), 41-44.
26. Lanier, »From Having a Mystical Experience to Becoming a Mystic«, 41.
27. Helen Tworkov, *Zen in America* (San Francisco: North Point Press, 1989), 225. Eine brillante Erörterung der Beziehung zwischen parapsychologischen Erfahrungen und spirituellem Wachstum finden Sie in: Donald Evans, *Spirituality and Human Nature* (Albany, NY: State University of New York Press, 1993).
28. Ian Stevenson, *Telepathic Impressions*, 144.

3. Beten und das Unbewusste

1. Nacherzählt aus: Larry Dossey, *Meaning & Medicine* (New York: Bantam, 1991), 29-30.
2. David Spiegel, »A Psychosocial Intervention and Survival Time of Patients with Metastatic Breast Cancer«, *Advances* 7, no. 3 (Summer 1991), 10-19.
3. Spiegel, »A Psychosocial Intervention«, 15.
4. Zur Besprechung der »Nebenwirkungen« des »Positiven Denkens« und den Problemen im Zusammenhang mit dem »zwanghaften Füttern der Hoffnung« siehe: Karen Ritchie, »Guilt and the Cancer Patient«, *The Cancer Bulletin 43, no. 5* (of the University of Texas M.D. Anderson Cancer Center, Houston, Texas, 1991), 430-32; und Ross E. Gray and Brian D. Doan, »Heroic Self-Healing and Cancer: Clinical Issues for the Health Professions«, *Journal of Palliative Care* 6, no. 1 (1990), 32-41.
5. Zur Besprechung der Rolle des unbewussten Geistes siehe: Daniel Goleman, *Vital Lies, Simple Truths. The Psychology of Self-Deception* (New York: Touchstone, 1985).
6. Thomas P. Hackett and Jerrold E. Rosenbaum, »Emotion, Psychiatric Disorders, and the Heart«, in Eugene Braunwald, *Heart Disease: A Textbook of Cardiovascular Medicine* (Philadelphia: W B. Saunders, 1980), 1923-43.
7. Alexander Leaf, »Preventive Medicine for Our Ailing Health Care System«, *Journal of the American Medical Association* no. 5 (February 3, 1993), 616-18.
8. Shelly E. Taylor, *Positive Illusions. Creative Self-Deception and the Healthy Mind* (New York: Basic Books, 1989).
9. Bruce Bower, »Anxiety Before Surgery May Prove Helpful«, *Science News* 141 (June 20, 1992), 406-7.
10. ibid., 406-7.
11. Jayne Gackenbach and Jane Bosveld, *Control Your Dreams* (New York: Harper Perennial, 1990), 108-9.
12. William G. Braud, »Consciousness Interactions with Remote Biological Systems: Anomalous Intentionality Effects«, *Subtle Energies* (Journal of the International Society for the Study of Subtle Energies and Energy Medicine), 1-46.
13. Siehe Brendan O'Regan, »Healing, Remission and Miracle Cures«, *Institute of Noetic Sciences Special Report* (May 1987), 3-14.
14. Gary Snyder, »The Etiquette of Freedom«, *Sierra* 74, no. 5 (September-October 1989), 75 ff. Siehe auch Haniel Long, *The Marvelous Adventure of Cabeza de Vaca* (Clear Lake, CA: The Dawn Horse Press, 1992).
15. Will Steger, »Six Across Antarctica«, *National Geographic* 1785 (November 1990), 67-93. Ein vollständiger Bericht über den Treck steht in Will Steger und Jon Bowermaster, *Crossing Antarctica* (New York: Alfred A. Knopf, 1991).
16. Adaptiert aus Gary Snyder, »The Etiquette of Freedom«, *Sierra* 74, no.5 (1989), 75 ff.
17. P. W Bridgman, *The Way Things Are* (Cambridge: Harvard University Press, 1966), 154.
18. R. Davenport, *An Outline of Animal Development* (Reading, MA: Addison-Wesley, 1979), 353.
19. Richard J. Foster, *Prayer. Finding the Heart's True Home* (San Francisco: Harper San Francisco, 1992), 117.
20. Foster, *Prayer*, 117.

21. Gackenbach and Bosveld, *Control Your Dreams*, 190.
22. Gackenbach and Bosveld, *Control Your Dreams*, 190-91.
23. Gackenbach and Bosveld, *Control Your Dreams*, 195-96.
24. Gackenbach and Bosveld, *Control Your Dreams*, 197.
25. Sandra Ingerman, *Welcome Home. Life After Healing* (San Francisco: HarperSanFrancisco, 1993). Siehe auch Sandra Ingerman, *Soul Retrieval. Mending the Fragmented Self* (San Francisco: HarperSanFrancisco, 1991).
26. »Letters: Readers' Tales of Trauma and Typewriters«, *Brain/Mind Bulletin and Common Sense*, vol. 18, no. 7, (April 1993), 8.
27. Jeanne Achterberg, *Imagery in Healing* (Boston: Shambhala, 1985); dt.: Gedanken heilen (Reinbek: Rowohlt, 1990).
28. Gackenbach and Bosveld, *Control Your Dreams*, 101.
29. Gackenbach and Bosveld, *Control Your Dreams*, 100-101.
30. L. L. Vasiliev, *Experiments in Distant Influence* (New York: E. P. Dutton, 1963), 84 ff.
31. Vasiliev, *Experiments in Distant Influence*, 92-93.
32. R. Desoille, »De quelques conditions auxquelles il faut satisfaire pour réussir des expériences de télépathie provoquée«, *Revue Métapsychique*, no. 6 (1932). Siehe Vasiliev, *Experiments in Distant influence*, 95.
33. Sigmund Freud, »The Unconscious«, in J. Strachey, ed. and trans., *The Standard Edition of the Complete Psychological Works of Sigmund Freud* vol. 14 (London: Hogarth Press, 1957; originally published in 1915), , 159-215; (dt: Das Gesamtwerk von Sigmund Freud ist erschienen im Fischer Verlag, Frankfurt.) Zitat aus: Christine M. Comstock, »The Inner Self Helper and Concepts of Inner Guidance: Historical Antecedents, Its Role within Dissociation, and Clinical Utilization«, *Dissociation* 4, no. 3 (September 1991), 170.
34. Comstock, »The Inner Self Helper«, 170.
35. Montague Ullman and Stanley Krippner, with Alan Vaughan, *Dream Telepathy: Experiments in Nocturnal ESP*, 2d ed. (Jefferson, NC: McFarland, 1989), 111-12. Siehe auch: Stanley Krippner and Patrick Welch, *Spiritual Dimensions of Healing* (New York: Irvington, 1992), 188-89.
36. Lawrence LeShan, *The Medium, the Mystic, and the Physicist* (New York: Viking, 1974), p. 125.
37. Das macht derartige Versuche erheblich komplizierter, weil die Gruppe, für die gebetet wird, für suggestive Wirkungen – den Placebo-Effekt – empfänglicher wird, da sie ja *weiß*, dass für sie gebetet wird.
38. Lawrence LeShan, *The Medium, the Mystic, and the Physicist* (New York: Viking, 1974), 120.
39. Zitiert in »Sunbeams«, *The Sun* 198 (May 1992), 40.
40. Gerhard Adler and Aniela Jaffé, eds., *Jung's Letters*, vol. 1 (Princeton: Princeton University Press, 1973), 377.

4. Wohin gehen Gebete?

1. Nick Herbert, *Quantum Reality* (New York: Anchor Books, 1987), 214; dt.: Quantenrealität (Birkhäuser: Basel, 1987).
2. Herbert, *Quantum Reality*, 249. Siehe auch Amit Goswami, »The Idealistic Interpretation of Quantum Mechanics«, *Physics Essays* 2, no. 4 (1989), 385-400. Goswami ist ein theoretischer Physiker am physikalischen Institut der Universität von Oregon und am Institut für Theoretische Naturwissenschaft. Dieser Artikel liefert eine ausgezeichnete Erklärung für die Auffassung vieler theoretischer Physiker, dass das Bewusstsein nicht-lokal ist – grenzenlos, einheitlich und in gewisser Hinsicht Eins.
3. Larry Dossey, *Recovering the Soul* (New York: Bantam, 1989).
4. Siehe N. D. Mermin, *Physics Today* 38 (1985), 38, und Heinz R. Pagels, *The Cosmic Code* (New York: Simon and Schuster, 1982), 160-76.
5. Herbert, *Quantum Reality*, 249-50.
6. Kenneth Woodward, et al., »Talking to God«, *Newsweek* (January 6, 1992), 38-44.
7. Woodward, et al., »Talking to God«, 44.

5. Wie soll man beten und wofür?

1. Siehe Jean Gill, *Pray as You Can: Discovering Your Own Prayer Ways* (Notre Dame, IN: Ave Maria Press, 1989). Auch zitiert in Richard J.Foster, *Prayer. Finding the Heart's True Home* (San Francisco: HarperSanFrancisco,1992), 1.
2. Eine Zusammenfassung der religiösen Worte und Formulierungen, die in westlichen Traditionen gebraucht werden und die Benson wirksam fand, findet sich in: Herbert Benson, M.D., *Beyond the Relaxa-*

tion Response (New York: Times Books, 1984). Siehe auch Aldous Huxley, »Ritual, Symbol, Sacrament« und »Spiritual Exercises«, in: *The Perennial Philosophy* (New York: Harper & Row, 1944), 262-92; dt.: *Die ewige Philosophie* (München: Piper, 1987)
3. Stephen Keisling and T. George Harris, »The Prayer War«, *Psychology Today*, (October 1989), 65 ff.
4. Joan Borysenko, *Fire in the Soul: A New Psychology of Spiritual Optimism* (New York: Warner Books, 1993), 161-88.
5. Jon Kabat-Zinn, *Full Catastrophe Living. Using the Wisdom of Your Body and Mind to Face Stress, Pain and Illness* (New York: Delacorte Press, 1990).
6. Siehe Chester P. Michael and Marie C. Norrisey, »Discovering Your Personality Type«, in *Prayer and Temperament – Different Prayer Forms for Different Personality Types* (Charlottesville, VA: The Open Door, 1984), 121-26.
7. Eine der besten Beschreibungen von Jungs Psychologie, die für Laien geschrieben wurde, ist Laurens van der Post, *Jung and the Story of Our Time* (New York: Vintage/Random House, 1977).
8. June Singer, *Boundaries of the Soul. The Practice of Jung's Psychology* (New York: Anchor/Doubleday, 1972), 184.
9. Singer, *Boundaries of the Soul*, 184-85.
10. Singer, *Boundaries of the Soul*, 186-87.
11. Aldous Huxley, *The Perennial Philosophy* (New York: Harper&Row, 1944), 225-26; dt. *Die ewige Philosophie* (München: Piper, 1987).
12. Chester P. Michael and Marie C. Norrisey, *Prayer and Temperament – Different Prayer Forms for Different Personality Types* (Charlottesville, VA: The Open Door, 1984), 126.
13. Evelyn Underhill, *Mysticism* (New York: E. P. Dutton, 1961).
14. Richard Jerome, »Born Shy«, *The Sciences* (September/Oktober 1991), 6.
15. Spindrift kann erreicht werden über Spindrift, Inc. P.O. Box 3995, Salem, OR 97302-0995.
16. Robert Owen, *Qualitative Research: The Early Years* (Salem, OR: Grayhaven Books, 1988), 22-23.
17. Robert Owen, *Qualitative Research*, 89.
18. Ann and Barry Ulanov, *Primary Speech: A Psychology of Prayer* (Atlanta: John Knox Press, 1982), 102-3.
19. Dennis Gersten, M.D., Interview with Janet Quinn, R.N., Ph.D., »AIDS, Hope and Healing«, Part II, *Atlantis: The Imagery Newsletter* (Februar 1992), 3ff.
20. William G. Braud, »The Influence of Conciousness in the Physical World: A Psychologist's View«, Paper presented to the Second International Symposium *Science and Consciousness*, (Athen, Griechenland, 3.-7. Januar 1992)
21. William G. Braud, »Human Interconnectedness: Research Indications«, *ReVision* 14, no. 3 (Winter 1992), 140-48.
22. Braud, »Human Interconnectedness«, 2.
23. Jeanne Achterberg, *Imagery in Healing* (Boston: Shambala, 1985); dt.: Gedanken heilen, a.a.O.
24. G. Porter and Patricia Norris, *Why Me?* (Walpole, NH: Stillpoint, 1986), 94.
25. Dies bezieht sich auf das Werk von Dr. Howard Hall von der Pennsylvania State University. Siehe: Steven Locke and Daniel Colligan, *The Healer Within* (New York: E. P. Dutton, 1986), 187-88.
26. Jeanne Achterberg and G. Frank Lawlis, *Imagery and Disease* (Champaign, IL: Institute for Personality and Ability Testing, 1984). Siehe auch: Jeanne Achterberg, *Imagery in Healing: Shamanism and Modern Medicine* (Boston: Shambala/New Science Library, 1985); dt.: Gedanken heilen, a.a.O.
27. Mark S. Rider and Jeanne Achterberg, »Effect of Music-Associated Imagery on Neutrophils and Lymphocytes«, *Biofeedback and Self-Regulation* 14, no. 3 (1989), 247-57. Eine mögliche Erklärung dafür, dass die Anzahl weißer Blutzellen in derartigen Experimenten gewöhnlich eher abzunehmen als zuzunehmen scheint, liegt darin, dass sie sich vielleicht im Rahmen ihrer natürlichen Überwachungsfunktion aus dem Blutstrom heraus in das Körpergewebe hineinbewegen. Wenn man dann eine Blutprobe nimmt, sind sie nicht mehr zur Zählung verfügbar. Das wäre eher eine gesunde Reaktion auf mentale Bildvorstellungen als eine ungesunde, was man aufgrund einer »fallenden« Zählung weißer Blutzellen annehmen könnte. Siehe auch C.W. Smith, J. Schneider, C. Minning, und S. Whitcher, *Imagery and Neutrophil Function Studies: A Preliminary Report*, unpublished manuscript, (Michigan State University, 1983).
28. G. Richard Smith, et al, »Psychological Modulation of the Human Immune System Response to Varicella Zoster«, *Archives of Internal Medicine* 145 (1985), 2110-12.
29. Zusätzlich zu den Arbeiten von Achterberg und Lawlis, die oben zitiert sind, sind die folgenden Werke von Sheikh wertvolle Nachschlagewerke zu der ausgezeichneten Arbeit auf diesem Gebiet: Anees A. Sheikh, ed., *Imagery: Current Theory, Research and Application* (New York: Wiley, 1983); *Imagination and Healing* (Farmingdale, NY: Baywood, 1984); *Anthology of Imagery Techniques* (Milwaukee: American Imagery Institute, 1986); Anees A. Sheikh and J. T. Shaffer, eds., *The Potential of Fantasy and Imagination* (New York: Brandon House, 1979); Anees A. Sheikh and Katharina S. Sheikh, eds.,

Eastern and Western Approaches to Healing: Ancient Wisdom and Modern Knowledge (New York: Wiley, 1989); *Death Imagery* (Milwaukee: American Imagery Institute, 1991).
30. Chuang Tzu, *Chuang Tzu Basic Writings*, Burton Watson, trans. (New York: Columbia University Press, 1964), zitiert in *Parabola* 8, no. 3 (August 1983), 70. dt.: Dschuang Dse, *Das wahre Buch vom südlichen Blütenland*, übers. von Richard Wilhelm (Düsseldorf, Köln: Diederichs, 1979). »Eines der fünf Bücher, die ich auf die berühmte einsame Insel mitnehmen würde.« (Richard Wilhelm)
31. Clifton Wolters, trans., *The Cloud of Unknowing and Other Works* (Harmondsworth, England: Penguin Books, 1964, zitiert in *Parabola* 8, no. 3 (August 1983), 64; dt. *Die Wolke des Nichtwissens*, a.a.O.
32. Joan Borysenko, *Guilt Is the Teacher, Love is the Lesson* (New York: Warner Books, 1990), 181-82.

6. Liebe und Heilung

1. H. Medalie and U. Goldbourt, »Angina Pectoris Among 10,000 Men II: Psychosocial and Other Risk Factors as Evidenced by a Multivariate Analysis of Five-year Incidence Study«, *American Journal of Medicine* 60 (1976), 910-21.
2. Joan Borysenko, »Healing Motives: An Interview with David McClelland«, *Advances* 2 (1985), 29-41.
3. Steven Locke and Douglas Colligan, *The Healer Within: The New Medicine of Mind and Body* (New York: E. P. Dutton, 1986), 211.
4. Zitiert in: Robert G. Jahn and Brenda J. Dunne, *Margins of Reality: The Role of Consciousness in the Physical World* (New York: Harcourt Brace Jovanovich, 1987), 343.
5. Lawrence LeShan, *The Medium, the Mystic, and the Physicist* (New York: Viking, 1974), 107.
6. Joseph Banks Rhine and Sara R. Feather, »The Study of Cases of 'Psi-trailing' in Animals«, *The Journal of Parapsychology* 26, no. 1 (March 1962), 1-21.
7. Vida Adamoli, »Incredible Animals«, *Good Housekeeping* (April 1991), 116. Aus: Vida Adamoli, *The Dog that Drove Home, the Snake-Eating Mouse, and Other Exotic Tales from the Animal Kingdom* (New York: St. Martin's Press, 1991).
8. Die Details dieser Maschinen und ihre Funktionsweise ist für uns hier nicht von Bedeutung. Sie werden in dem Buch von Robert G. Jahn und Brenda J. Dunne, *Margins of Reality* (New York: Harcourt Brace Jovanovich, 1987) beschrieben.
9. Stanley Krippner, »The Synergy Project: A Worthy Enterprise in Need of Clarification«, *ICIS Forum* 22, no. 2 (April 1992), 9-10.
10. Carl G. Jung, *Memories, Dreams, Reflections*, edited by Aniela Jaffé, translated by Richard and Clara Winston (New York: Vintage, 1965), 354; dt.: *Erinnerungen, Träume, Gedanken* (Freiburg/Olten: Walter, 1971).
11. Jung, *Memories, Dreams, Reflections*, 353.
12. Jung, *Memories, Dreams, Reflections*, 353.

7. Zeitversetzte Gebete: Wenn Gebete erhört werden, bevor sie stattfinden

1. Hans Eysenk and Carl Sargent, *Explaining the Unexplained* (London: Weidenfeld and Nicolson, 1982), 39.
2. Ray Hyman, zitiert in Jeremy W Hayward, *Shifting Worlds, Changing Minds* (Boston: Shambhala, 1987), 172.
3. Dean Radin and Roger Nelson, »Consciousness-Related Effects in Random Physical Systems«, *Foundations of Physics* 19 (1989), 1499-1514.
4. William G. Braud and Marilyn J. Schlitz, »Time-Displaced Effects?« in »Consciousness Interactions with Remote Biological Systems: Anomalous Intentionality Effects«, *Subtle Energies* 2, no. 1 (1992), 1-46. Siehe H. Schmidt, »PK Effect on Pre-recorded Targets«, *Journal of the American Society for Psychical Research* 70 (1976), 267-91; H. Schmidt, »Can an Effect Precede Its Cause?« *Foundations of Physics* 8 (1981), 463-80; H. Schmidt, »Addition Effect for PK on Pre-recorded Targets«, *Journal of Parapsychology* 49 (1985), 229-44.
5. H. Schmidt, »Superposition of PK Effects by Man and Dog«, *Research in Parapsychology*, 1983, edited by R. White and R. Broughton (Metuchen, NJ: Scarecrow Press, 1984), 96-98. See also H. Schmidt, »Human PK Effort on Pre-recorded Random Events Previously Observed by Goldfish«, *Research in Parapsychology* 1985, edited by D. Weiner and D. Radin (Metuchen,NJ: Scarecrow Press, 1986), 18-21; und H. Schmidt, »The Strange Properties of Psychokinesis«, *Journal of Scientific Exploration* 1, no. 2 (1987), 103-18.

6. W. G. Braud, G. Davis, and R. Wood, »Experiments with Matthew Manning«, *Journal of the Society for Psychical Research* 50, no. 782 (1979), 199-223.
7. T. R. Harrison, »The Value and Limitation of Laboratory Tests in Clinical Medicine«, *Journal of the Medical Association of Alabama* 12 (1944), 381-84, zitiert in Stanley Joel Reiser, M.D., »The Era of the Patient«, *Journal of the American Medical Association* 269, no. 8 (February 24, 1993), 1012-17.
8. Jeanne Achterberg, persönliche Kommunikation mit dem Autor, Februar 1992.
9. Ann and Barry Ulanov, *Primary Speech: A Psychology of Prayer* (Atlanta: John Knox Press, 1982), 103-4.
10. Nick Herbert, *Quantum Reality* (Garden City, NY: Anchor Press/Doubleday, 1987), 164-66; dt.: Quantenrealität (Basel, Boston: Birkhäuser, 1987), 220.
11. Herbert, *Quantum Reality*, 166-67; dt.: Quantenrealität, a.a.O., 223.
12. C. S. Lewis, *Miracles* (New York: Collier/Macmillan, 1960), 179.
13. Zur weiteren Erörterung siehe: Joan Borysenkos »Why Bad Things Happen« *Fire in the Soul: A New Psychology of Spiritual Optimism* (New York: Warner, 1983), 15-34.

8. Die Überzeugungen Ihres Arztes und warum sie von Bedeutung sind

1. H. Rehder, »Wunderheilungen: Ein Experiment«, *Hippokrates* 26 (1955), 577-80, zitiert in Jerry Solfvin, »Mental Healing«, in *Advances in Parapsychological Research*, Volume 4, edited by Stanley Krippner (Jefferson, NC: McFarland and Company, 1984), 52.
2. W. M. Toone, »Effects of Vitamin E: Good and Bad«, *New England Journal of Medicine* 289 (1973), 689-98.
3. T. W Anderson, »Vitamin E in Angina Pectoris«, *Canadian Medical Association Journal* 110 (1974), 401-6; and R. Gillian, B. Mondell, and J. R. Warbasse, »Quantitative Evaluation of Vitamin E in the Treatment of Angina Pectoris«, *American Heart Journal* 93 (1977), 444-49.
4. E. H. Uhlenhuth, A. Cantor, J. O. Neustadt, and H. E. Payson, »The Symptomatic Relief of Anxiety with Meprobamate, Phenobarbital and Placebo«, *American Journal of Psychiatry* 115 (1959), 905-10.
5. E. H. Uhlenhuth, K Rickels, S. Fisher, L. C. Park, R. S. Lipman, and J. Mock, »Drug, Doctor's Verbal Attitude and Clinical Setting in the Symptomatic Response to Pharmacotherapy«, *Psychopharmacologia* 9 (1966), 392-418.
6. J. Solfvin, »Mental Healing«, in *Advances in Parapsychological Research, Volume 4*, edited by Stanley Krippner (Jefferson, NC: McFarland and Company, 1984), 55-56. Siehe auch: D. M. Engelhardt and R.Margofis, »Drug Identity, Doctor Conviction and Outcome«, in H. Brill, ed., Proceedings of the Fifth International Congress of Neuropsychopharmacology (Amsterdam: Excerpta Medica Foundation, 1967); P. E. Feldman, »The Personal Element in Psychiatric Research«, *American Journal of Psychiatry* 113 (1956), 52-54; C.R.B.Joyce, »Differences Between Physicians as Revealed by Clinical Trials«, *Proceedings of the Royal Society of Medicine* 55 (1962), 776; W. Modell and R. W. Houde, »Factors Influencing the Clinical Evaluation of Drugs: With Special Reference to the Double-Blind Technique«, *Journal of the American Medical Association* 167 (1958), 2190-99; M. Williams and T. F. McGee, »The Bias of the Drug Administration in Judgments of the Effects of Psychopharmacological Agents«, *Journal of Nervous and Mental Disease* 135 (1962), 569-73.
7. Jule Eisenbud, *Psi and Psychoanalysis* (New York: Grune & Stratton, 1970).
8. Martin Gardner, »Water With Memory? The Dilution Affair«, in: *The Hundredth Monkey*, edited by Kendrick Frazier (Buffalo, NY: Prometheus Books, 1991), 364.
9. Donald O. Hebb, *Organization of Behavior. A Neuropsychological Theory* (New York: Wiley, 1949), xiii.
10. Barry L. Beyerstein, »The Brain and Consciousness: Implications for Psi Phenomena«, in Frazier, *The Hundredth Monkey*, 44.
11. Marcello Truzzi, Professor für Soziologie an der Eastern Michigan Universität in Ypsilanti, Michigan, und Direktor des »Center for Scientific Anomalies Research« (Zentrum zur Erforschung naturwissenschaftlicher Anomalien, *Anm. d. Übers.*) in Ann Arbour, Michigan, hat zur Psychologie von Naturwissenschaftlern Folgendes bemerkt: »Viele Untersuchungen zur Psychologie der Wissenschaft deuten darauf hin, dass Wissenschaftler mindestens so dogmatisch und autoritär und mindestens so verblendet und unlogisch sind wie alle anderen, auch wenn sie Wissenschaft betreiben.« Marcello Truzzi in Simona Solovey »Reflections on the Reception of Unconventional Claims in Science«, *Frontier Perspectives* (Publication of The Center for Frontier Sciences at Temple University) 1, no. 2 (Fall/Winter 1990), 12 ff.
12. Doug Boyd, *Rolling Thunder* (New York: Random House, 1974); dt.: *Rolling Thunder* (München: Trikont, 1976).

9. Wenn Beten verletzt: Eine Untersuchung des »schwarzen Gebets«

1. Sam Vincent Meddis, »Noriega Jurors Will Be Quizzed About Prayers«, *USA Today* (May 28, 1992), 3A.
2. John Carey, »Wrath, Sanctity, and Power: The Cranky Saints of Ireland«, *Gnosis*, no. 24, (Summer 1992), 43-47.
3. Sir James Frazer, *The Golden Bough: A Study in Magic and Religion* (NewYork: Macmillan, 1922), 13-14.
4. E.K. Rauscher and B. A. Rubik, »Effects of Motility Behavior and Growth Rate of *Salmonella typhimurium* in the presence of Olga Worrall«, in *Research in Parapsychology* (Metuchen, NJ, and London: Scarecrow Press, 1980), 140-42. Siehe also E. A. Rauscher and B. A. Rubik, »Human Volitional Effects on a Model Bacterial System«, *Psi Research* 2:1 (1983), 38.
5. B. Grad, »A telekinetic effect on plant growth« I-II, *International Journal of Parapsychology* 5 (1963), 117-34; 6 (1964), 473-98. Teil III: Presented to the Seventh Annual Convention of the Parapsychological Association, Oxford University, 1964. Siehe auch: B. Grad, »Some biological effects of laying-on of hands: a review of experiments with animal and plants«, *Journal of the American Society for Psychical Research* 59 (1965), 95-127. Siehe weitere Anmerkungen zu Grad in Anmerkungen für Kapitel 11, Nr. 22 und 27-30.
6. Persönliche Kommunikation des Autors, Juni 1992.
7. C. B. Nash, »Test of Psychokinetic Control of Bacterial Mutation«, *Journal of the American Society for Psychical Research* 78, no. 2 (1984), 145-52. Siehe auch C. B. Nash, »Psychokinetic Control of Bacterial Growth«, *Journal of the American Society for Psychical Research* 51 (1982), 217-21.
8. J. Barry, »General and Comparative Study of the Psychokinetic Effect on a Fungus Culture«, *Journal of Parapsychology* 32 (1968), 237-43.
9. Daniel J. Benor, »Survey of Spiritual Healing Research«, *Complementary Medical Research* 4:3 (September 1990), 10-11.
10. Luther Burbank zitiert in: Robert Peel, *The Years of Authority* (New York: Holt, Rinehart and Winston, 1977), p. 348.
11. C. Flammarion, *L'Inconnu et les problemes psychiques* (Paris:1900); berichtet in L.L.Vasiliev, *Experiments in Distant Influence* (New York: E. P Dutton, 1976), 108-27 und 209-14.
12. Vasiliev, *Experiments in Distant Influence*, 108.
13. Vasiliev, *Experiments in Distant Influence*, 109.
14. Es ist nicht schwer zu verstehen, warum diese Fragen bei Anthropologen und vielen anderen Geisteswissenschaftlern beträchtliche Magenbeschwerden verursachen. Verhexung von Ferne deutet auf eine »Fernwirkung« hin, aber aus der Ferne ausgelöste Ereignisse ohne ein dazwischenliegendes Medium sind im Prinzip verboten, weil es keine wissenschaftliche Erklärung für ihr Auftreten gibt. Weil sie *nicht auftreten können*, bestehen viele Wissenschaftler darauf, dass sie *nicht auftreten*. Deshalb werden gegenteilige Aussagen oft abgetan, ohne dass man sie überhaupt zur Kenntnis nimmt.
15. Weil die negativen Berichte über derartige Verhexungen *so* spektakulär sind, verliert man leicht die viel weiter verbreiteten, positiven und wohltuenden Anwendungen des Schamanismus aus den Augen. Diese werden in *Soul Retrieval*, einem bemerkenswerten Buch der modernen Psychologin und Schamanin Sandra Ingerman, dargestellt. Sie wendet die traditionelle schamanische Reise an und erzielt damit bei ihren Patienten außergewöhnliche körperliche und psychologische Heilerfolge. Siehe Sandra Ingerman, *Soul Retrieval* (San Francisco: HarperSanFrancisco, 1991).
16. Walter Cannon, »Voodoo Death«, *American Anthropologist* 44 (1942), 169-81.
17. Siehe »Voodoo Death: The 'No Exit' Syndrome«, in Larry Dossey, *Meaning & Medicine* (New York: Bantam, 1991), 57-61. Siehe auch Joan Halifax-Grof, »Hex Death«, in Allan Angoff and Diana Barth, eds., *Parapsychology and Anthropology*, proceedings of an international conference held in London, England, August 29-31, 1973 (Parapsychology Foundation, 1974), 59-79; and J. K. Boitnott, »Clinicopathological Conference: Case Presentation«, *Bulletin of Johns Hopkins Hospital*, no. 120 (1967), 186-87.
18. Holger Kalweit, *Shamans, Healers, and Medicine Men* (Boston: Shambhala, 1992); dt.: *Urheiler, Medizinleute und Schamanen – Lehren aus der archaischen Lebenstherapie* (München: Kösel, 1987).
19. Neal Claremon, *Coyote On a Wounded Planet: Ways of Knowing, Healing, and Connecting*, unveröffentlichtes Manuskript.
20. Gekürzt aus Kalweit, *Shamans, Healers, and Medicine Men*, 184.
21. Gekürzt aus Kalweit, *Shamans, Healers, and Medicine Men*: 184-85. Kalweit zitiert R. M. Berndt, »Wuradjeri Magic and 'Clever Men'«, *Oceania* 17 (1946-47), 327-65, and 18 (1947-48), 60-86.
22. Halifax-Grof, »Hex Death«, 68.

23. Halifax-Grof, »Hex Death«, 76.
24. Max Freedom Long, *The Secret Science Behind Miracles: Unveiling the Huna Tradition of the Ancient Polynesians* (Marina Del Rey, CA: DeVorss & Company, 1976); dt.: *Geheimes Wissen hinter Wundern* (Freiburg: H. Bauer, 1982).
25. Long, *The Secret Science Behind Miracles*, 1.
26. Long, *The Secret Science Behind Miracles*, 188-89.
27. Siehe Goethe: »Zwei Seelen, ach, wohnen in meiner Brust.«
28. Long, *The Secret Science Behind Miracles*, 81.
29. Long, *The Secret Science Behind Miracles*, 279.
30. Long, *The Secret Science Behind Miracles*, 87.
31. Die Ähnlichkeit dieser Symptome mit dem Guillain-Barré-Syndrom, einer neurologischen Krankheit, ist verblüffend. Die Ursache dieser Krankheit ist unbekannt. Das wirft interessante Fragen auf: Könnte es sein, dass moderne »Krankheiten unbekannten Ursprungs« bisweilen durch bösartige Einwirkungen, die man nicht entdecken kann, von Ferne nicht-lokal ausgelöst werden? Wenn wir unser Weltbild in der modernen Medizin nicht wenigstens so weit erweitern, dass wir diese Möglichkeit *zulassen*, werden wir das vielleicht nie wissen.
32. Nick Herbert, *Quantum Reality* (New York: Anchor Books, 1987), 214; dt.: *Quantenrealität*, 281f.
33. Daniel J. Benor, »Research in Psychic Healing«, in Betty Shapin and Lisette Coly, eds., *Current Trends in Psi Research*, proceedings of an international conference in New Orleans, Louisiana, 1984 (New York. Parapsychological Foundation, 1986), 96-119.
34. B. Onetto and G. H. Elguin, »Psychokinesis in Experimental Tumorogenesis« (Abstract), *Journal of Parapsychology* 30 (1966), 220.

10. Gott im Labor

1. Jacob Needleman, *A Sense of the Cosmos* (New York: E. P. Dutton, 1977).
2. Willis W. Harman, *A Re-Examination of the Metaphysical Foundations of Modern Science* (Sausalito, CA: Institute of Noetic Sciences, 1991), 71.
3. Robert G. Jahn and Brenda J. Dunne, *Margins of Reality: The Role of Consciousness in the Physical World* (New York: Harcourt Brace Jovanovich, 1987), 329-30.
4. *Webster's New World Dictionary*, Second College Edition, David B. Guralnik, Editor in Chief (New York: Prentice Hall 1984), 1087.
5. Ein Überblick über dieses Gebiet für Laien gibt: Harris Dienstfrey, *Where the Mind Meets the Body* (New York: Harper Collins, 1991), sowie Steven Locke, M.D. und Douglas Colligan, *The Healer Within: The New Science of Mind and Body* (New York: E. P. Dutton, 1986).
6. In der Medizin nennt man eine Substanz, die keine bekannte biologische Wirkung hat, die aber bei einem Patienten zu Schäden führt, ein *Nocebo*, im Gegensatz zu einem *Placebo*, das wohltuend wirkt.

11. Gebet und Heilung: Ein Überblick über die Forschung

1. Francis Galton, »Statistical Inquiries into the Efficacy of Prayer«, *Fortnightly Review* 12 (1872), 125-35. Auszüge aus Galtons Schrift sind in »Does Prayer Preserve?«, abgedruckt *Archives of Internal Medicine* 125 (April 1970), 580-87.
2. »Bedeutende« Personen waren solche, die sich so weit ausgezeichnet hatten, dass über ihr Leben in einem »Biographischen Wörterbuch« berichtet wurde. Man ging davon aus, dass für solche Geistliche mehr gebetet wurde, die sich innerhalb ihres Berufsstandes auszeichneten, als für solche, die weniger bekannt waren.
3. John Polkinghorne, *Science and Providence: God's Interaction with the World* (Boston: New Science Library, 1989), 75.
4. Galton, »Statistical Inquiries«, in: *Archives of Internal Medicine*, 587.
5. Zu Sheldrakes Theorien siehe: Rupert Sheldrake, *A New Science of Life: The Hypothesis of Formative Causation*, new ed. (London:Anthony Blond, 1982); dt.: *Das schöpferische Universum – Die Theorie des morphogenetischen Feldes* (München: Meyster, 1983) und Rupert Sheldrake, *The Presence of the Past. Morphic Resonance and the Habits of Nature* (NewYork: New York Times Books, 1988); dt.: *Das Gedächtnis der Natur – Das Geheimnis der Entstehung der Formen der Natur* (München: Scherz, 1990).
6. William R. Parker and Elaine St.Johns, *Prayer Can Change Your Life* (New York: Prentice Hall Press, 1957).
7. William R. Parker and Elaine St.Johns, *Prayer Can Change Your Life* (New York: Prentice Hall Press, 1986 edition), ix.

8. P. J. Collipp, »The Efficacy of Prayer: A Triple Blind Study«, *Medical Times* 97, no. 5 (1969), 201-4.
9. Benor überprüfte 131 kontrollierte Untersuchungen über Geistheilung in der englischen Fachliteratur, von denen 56 statistisch signifikante Resultate zeigten. Siehe Daniel J. Benor, »Survey of Spiritual Healing Research«, *Complementary Medical Research* 4, no. 3 (September 1990), 9-33. Siehe auch Anhang 1.
10. C. R. B. Joyce and R. M. C. Welldon, »The Objective Efficacy of Prayer: A Double-Blind Clinical Trial«, *Journal of Chronic Disease* 18 (1965), 367-77.
11. Sir John Eccles, »The Human Person in Its Two-way Relationship to the Brain«, in J. D. Morris, W. G. Rofl, and R. L. Morris, eds., *Research in Parapsychology* 1976 (Metuchen, NJ: Scarecrow Press, 1977), 251-62.
12. William G. Braud, »Distant Mental Influence of Rate of Hemolysis of Human Red Blood Cells«, *Journal of the American Society for Psychical Research* 84, no. 1 (January 1990), 1-24.
13. Howard Wolinsky, »Prayers Do Aid Sick, Study Finds«, *Chicago Sun-Times* (January 26, 1986), 30. Byrds Originalstudie wurde veröffentlicht in Randolph C. Byrd, »Positive Therapeutic Effects of Intercessory Prayer in a Coronary Care Unit Population«, *Southern Medical Journal* 81:7 (July 1988), 826-29.
14. Wolinsky, »Prayers Do Aid Sick, Study Finds«, 30.
15. C. S. Lewis, *Letters to Malcolm: Chiefly on Prayer* (New York: Harcourt Brace Jovanovich, 1964), 18.
16. Thomas P. Hackest, et al., »The Coronary Care Unit: An Appraisal of Its Psychological Hazards«, *New England Journal of Medicine* 279 (1968), 1365. Siehe auch Thomas P. Hackest and Jerrold F. Rosenbaum, »Emotion, Psychiatric Disorders, and the Heart«, in Eugene Braunwald, ed., *Heart Disease: A Textbook of Cardiovascular Medicine* (Philadelphia: W. B. Saunders, 1980), 1923-43.
17. Gary P. Posner, »God in the CCU?«, *Free Inquiry* (Spring 1990), 44-45.
18. Daniel J. Benor, »Survey of Spiritual Healing Research«, *Complementary Medical Research* 4, no. 1 (September 1990), 9-33.
19. J. Barry, »General and Comparative Study of the Psychokinetic Effect on a Fungus Culture«, *Journal of Parapsychology* 32 (1968), 237-43.
20. W. Tedder and M. Monty, »Exploration of Long-distance PY: A Conceptual Replication of the Influence on a Biological System«, *Research in Parapsychology* 1980 (1981), 90-93.
21. C. B. Nash, »Psychokinetic Control of Bacterial Growth«, *Journal of the American Society for Psychical Research* 51 (1982), 217-21.
22. B. Grad, »A Telekinetic Effect on Plant Growth: III. Stimulating and Inhibiting Effects.« Research brief presented to the *Seventh Annual Convention of the Parapsychological Association*, Oxford University, (1964).
23. C. B. Nash, »Test of Psychokinetic Control of Bacterial Mutation«, *Journal of the American Society for Psychical Research* 78, no. 2, (1984), 145-52.
24. Tim Friend, »Human Genes Can Mutate to Correct Defects«, *USA Today* (February 18, 1993).
25. W. G. Braud, G. Davis, and R. Wood, »Experiments with Matthew Manning«, *Journal of the American Society for Psychical Research* 50, no. 782 (1979), 199-223.
26. (a) N. Richmond, »Two Series of PK Tests on Paramecia«, *Journal of the American Society for Psychical Research* 36 (1952), 577-78; (b) C. M. Pleass and N. D. Dey, »Using the Doppler Effect to Study Behavioral Responses of Motile Algae to Psi Stimulus«, *Parapsychological Association Presented Papers* (1985), 373-405; (c) L. Metta, »Psychokinesis on Lepidopterous Larvae«, *Journal of Parapsychology* 36 (1972), 213-21.
27. B. Grad, »Some Biological Effects of Laying-on of Hands: A Review of Experiments with Animals and Plants«, *Journal of the American Society for Psychical Research* 59 (1965), 95-127.
28. B. Grad, R. J. Cadoret, and G. I. Paul, »The Influence of an Unorthodox Method of Treatment on Wound Healing in Mice«, *International Journal of Parapsychology* 3 (1961), 5-24. Siehe auch B. Grad, »Some Biological Effects of Laying-on of Hands: A Review of Experiments with Animals and Plants«, *Journal of the American Society for Psychical Research* 59 (1965), 95-127; and B. Grad, »The 'Laying-on of Hands' Implications for Psychotherapy, Gentling and the Placebo Effect«, *Journal of the Society for Psychical Research* 61, no.4 (1967), 286-305.
29. Grad, et al., »The Influence of an Unorthodox Method«; Grad, »Some Biological Effects«; and Grad, »The 'Laying on of Hands'.«
30. Grad, et al., »The Influence of an Unorthodox Method«; Grad, »Some Biological Effects«; and Grad, »The 'Laying on of Hands'.«
31. (a) G. K. Watkins and A. M. Watkins, »Possible PK Influence on the Resuscitation of Anesthetized Mice«, *Journal of Parapsychology* 35, no.4 (1971), 257-72; (b) G. Y. Watkins, A. M. Watkins, and R. A. Wells, »Further Studies on the Resuscitation of Anesthetized Mice«, *Research in Parapsychology* 1972 (1973), 157-59; (c) R. Wells and J. Klein, »A Replication of a 'Psychic Healing' Paradigm«, *Journal of Parapsychology* 36 (1972), 144-47; (d) R. Wells and G. Watkins, »Linger Effects in Several PK Experiments«, *Research in Parapsychology* 1974 (1975). 143-47.

32. G. F. Solfvin, »Psi Expectancy Effects in Psychic Healing Studies with Malarial Mice«, *European Journal of Parapsychology* 4, no. 2 (1982), 160-97.

12. Was ist Heilung?

1. Daniel J. Benor, »Believe It and You'll Be It: Visualization in Psychic Healing«, *Psi Research* (March 1985), 42-43.
2. Lawrence LeShan, zitiert in Benor, »Believe It and You'll Be It«, 21-56.
3. Benor, »Believe It and You'll Be It«, 36.
4. William G. Braud, »Healing Analog Research and Human Connectedness«, paper presented at the Annual Meeting of the Society for the Scientific Study of Religion and the Religious Research Association, Virginia Beach, Virginia, November 9-11, 1990.
5. M. A. Persinger, »ELF Field Mediation in Spontaneous Psi Events: Direct Information Transfer or Conditioned Elicitation?« in Charles Tart, Harold Puthoff, and Russell Targ, eds., *Mind at Large* (New York: Praeger, 1979), 191-204.
6. Braud, »Healing Analog Research and Human Connectedness«, 12.
7. R. G. Jahn, B. J. Dunne, and R. D. Nelson, »Engineering Anomalies Research«, *Journal of Scientific Exploration* 1, no. 1 (1 987), 21-50.
8. Willam G. Braud, »Using Living Targets in Psi Research«, *Parapsychology Review* 20, no. 6 (1989), 1-4.
9. Daniel J. Benor, »A Psychiatrist Examines Fears of Healing«, in *Newsletter of the Consciousness Research and Training Project*, Inc., edited by Joyce Goodrich, Ph. D., 15, no.1 (August 1991), 5-16. Address of Consciousness Research and Training Project, Inc.: 3215 East 68th Street, Box 9G, New York, NY 10021. Die Zitate von Benor im Rest dieses Kapitels stammen aus dieser Quelle.
10. Prokrustes war ein mythologischer König, der seine Gäste je nachdem zurechtstutzte oder streckte, damit sie genau in sein Gästebett passten. (*Anm. d. Übers.*)
11. C. S. Lewis, *The Problem of Pain* (London: Willam Collins and Sons, 1977), 4.

Nachwort

1. Pupul Jayakar, *Krishnamurti. A Biography* (San Francisco: Harper & Row, 1986), 485-86.

Anhang 1. Kontrollierte Experimentelle Versuche zu Heilen

1. Daniel J. Benor, »Survey of Spiritual Healing Research«, *Complementary Medical Research* 4: 1, (September 1990), 9-33; and Daniel J. Benor, *Healing Research* (München: Helix Verlag GmbH, 1993. Adresse des Verlags: Volpinistr. 4, 80638 München, Tel.: 089 / 719 37 25).

Anhang 2. Spontaner Rückbildung von Krebs

1. Yujiro Ikemi, Shunji Nakagawa, Tetsuya Nakagawa und Mineyasu Sugita, »Psychosomatic Consideration on Cancer Patients Who Have Made a Narrow Escape from Death«, *Dynamic Psychiatry* 31 (1975), 77-92.

Anhang 3. Wie gut ist das Beweismaterial?
Beten, Meditation und Parapsychologie

1. D. Druckman and R. A. Bjork, eds., *In the Mind's Eye: Enhancing Human Performance* (Washington, D.C.: National Academy Press, 1991); D. Druckman and J. A. Swets, eds., *Enhancing Human Performance: Issues, Theories, and Techniques* (Washington, D.C.: National Academy Press, 1988).
2. Druckman and Bjork, *In the Mind's Eye*, 122.
3. D. S. Holines, »Meditation and Somatic Arousal Reduction: A Review of the Experimental Evidence«, *American Psychologist* 39, no. 1 (1984), 1-10.
4. J. Brener and S. R. Connally, »Meditation: Rationales, Experimental Effects, and Methodological Issues.« Paper prepared for the U.S.Army Research Institute for the Behavioral and Social Sciences, European Division. Department of Psychology, University of Hull, London, England, 1986.
5. Eine ausgezeichnete Zusammenfassung der Methoden der Meta-Analyse, angewandt auf verschiedene

parapsychologische Datensammlungen, findet sich bei Jessica Utts: »Replication and Meta-Analysis in Parapsychology«, *Statistical Science* 6, Nr. 4: (1991), (363-403).
6. M. C. Dillbeck and D. W Orme-Johnson, »Physiological Differences Between Transcendental Meditation and Rest«, *American Psychologist* 42 (1987), 879-81. Siehe auch: C. N. Alexander, M. V Rainforth, and P. Gelderloos, »Transcendental Meditation, Self Actualization, and Psychological Health: A Conceptual Overview and Statistical Meta-analysis«, *Journal of Social Behavior and Personality* 6, no. 5: 189-247.
7. K. R. Eppley, A. I. Abrams, and J. Shear, »Differential Effects of Relaxation Technique on Trait Anxiety: A Meta-analysis«, *Journal of Clinical Psychology* 45, no. 6 (1989), 957-74.
8. Dillbeck and Orme-Johnson, »Physiological Differences Between Transcendental Meditation and Rest«, 879-81. Auch: Alexander, Rainforth, and Gelderloos, »Transcendental Meditation, Self Actualization, and Psychological Health«, 189-247.
9. Das Datenmaterial zeigt, dass der TM-geübte Körper auf einem niedrigeren Grundniveau aktiviert ist und über mehr Anpassungsreserven verfügt. Daher kann der Meditierende auf eine Stressbelastung kraftvoller reagieren und sich schneller davon erholen.
10. Die obigen Feststellungen zum NRC-Bericht über Meditation basieren auf einem Manuskript von D.W. Orme-Johnson und C. N. Alexander: »Critique of the National Research Council's Report on Meditation.« Das Manuskript ist erhältlich bei dem erstgenannten Autor, Department of Psychology, MIU, Fairfield, Iowa 52557-1034.
11. D. L. Radin and R. D. Nelson, »Consciousness-Related Effects in Random Physical Systems«, *Foundations of Physics* 19 (1989), 1499-1514.
12. R. S. Broughton, *Parapschology: The Controversial Science* (New York: Ballantine Books, 1991), 291.
13. C. Honorton and D. C. Ferrari, »'Future Telling': A Meta-analysis of Forced-choice Precognition Experiments, 1935-1987«, *Journal of Parapsychology* 53 (1989), 281-308.
14. Broughton, *Parapsychology: The Controversial Science*, 323-24.

Anhang 4. Heilung und Geist: Ein Resümee

1. Jeffrey S. Levin, »Esoteric v. Exoteric Explanations for Findings Linking Spirituality and Health«, persönliche Kommunikation, 21. Juni 1993; erscheint auch in *Advances. The Journal of Mind-Body Health*. Auch: Jeffrey S. Levin, *Religion in Aging and Health: Theoretical Foundations and Methodological Frontiers* (Los Angeles: Sage Publications, 1993).
2. J. S. Levin and H. Y. Vanderpool, »Is Frequent Religious Attendance *Really* Conducive to Better Health? Toward an Epidemiology of Religion«, *Social Science and Medicine* 24, (1987), 589-600.
3. J. S. Levin, »Religion and Health: Is There an Association, Is it Valid and Is it Causal«, *Social Science and Medicine*, in press. Also, J. S. Levin and P. L. Schiller, »Is There a Religious Factor in Health?« *Journal of Religion and Health* 26, (1987), 9-36.
4. J. S. Levin, »Esoteric v. Exoteric Explanations for Findings Linking Spirituality and Health«, persönliche Kommunikation, 21. Juni 1993; der Text wird erscheinen in: *Advances. The Journal of Mind-Body Health*.
5. D. B. Larson und S. S. Larson: »Religious Commitment and Health: Valuing the Relationship«, *Second Opinion: Health, Faith, and Ethics* 17:1, (1991), 26-40. Larson und Larson haben ein Unterrichtsmodul zusammengestellt, mithilfe dessen Ärzte erfolgreich mit den delikaten Themen der Spiritualität und der religiösen Praktiken ihrer Patienten umgehen können, ohne als Befürworter einer bestimmten religiösen Tradition oder Anschauung zu erscheinen: »The Forgotten Faktor in Physical and Mental Health: What Does the Research Show? An Independent Study Seminar« (Washington, D.C.: National Institute for Healthcare Research, 1992). Interessanterweise erzielten offenbar diejenigen Ärzte, die nicht religiös waren, bessere Ergebnisse bei der Untersuchung als ihre religiösen Kollegen.
6. F. C. Craigie, Jr., D. B. Larson, and I. Y. Liu, »References to Religion« *The Journal of Family Practice* 30: 4, (1990), 477-80.

Anmerkung des Autors

1. Clifton Wolters, trans., *The Cloud of Unknowing* (Baltimore: Penguin Books, 1961), 59; dt.: Anonym: *Die Wolke des Nichtwissens* (Einsiedeln: Johannes, 1980).
2. Edmund Colledge and Bernard McGinn, trans., *Meister Eckhart* (New York: Paulist Press, 1981), 204-5.
3. Raymond B. Blakney, trans., *Meister Eckhart* (New York: Harper & Row, 1941), 243; dt.: J. Quint (Hrsg.), *Meister Eckhart, Predigten und Traktate* (München: Hanser, 1984).

DANKSAGUNG

Jedem, der es unternehmen will, ein Buch über das Gebet zu schreiben, empfehle ich, einen Heiligen im Haus zu haben. Das ist ungemein hilfreich. Deshalb bin ich meiner Frau Barbara zutiefst dankbar.

Ich habe am meisten über Stille und Einsamkeit von meinen Eltern und Großeltern gelernt, die meine ersten Vorbilder im Gebet waren. Mein tiefer Dank gebührt auch Kitty Farmer, die sich jahrelang auf mannigfache Art liebevoll abgemüht hat, meine Arbeit zu verbreiten, und meinem Literaturagenten Muriel Nellis. Robert L. Martin bin ich dafür dankbar, dass er mir den Anstoß gegeben hat, den ich brauchte, um mit dem Projekt anzufangen; auch Jeff Uffelman, dem brillanten Künstler aus Santa Fe, von dem ich viele Buchanregungen habe; Tom Grady, Caroline Pinkus, Robin Seaman, Clayton Carlson, Ani Chamichian, Jo Beaton, Terri Goff, Wendy Wells und Kevin Bentley von HarperSanFrancisco für ihre unermüdliche Aufmerksamkeit für Details.

An Juan und Rosa Ortega geht mein Dank für fast drei Jahrzehnte Unterricht in zwangloser Spiritualität, den sie meist an Lagerfeuern in der Nähe der Baumgrenze gaben.

Aber es gibt mehr Leute, denen ich für die Entwicklung dieses Buches dankbar bin, als ich überhaupt aufzählen kann. Ich entbiete ihnen allen ein gemeinsames Dankgebet und hoffe, sie verstehen, dass dieses »unspezifische Verfahren« meine Dankbarkeit nicht schmälert.

ANMERKUNG DES AUTORS

Ich habe in diesem Buch eine Reihe von Begriffen benutzt, um ein Höchstes Wesen zu bezeichnen. In den meisten Fällen habe ich einen möglichst neutralen Ausdruck verwendet, wie etwa »das Absolute«.

Ich neige zu der Ansicht jener weisen Lehrer, die sagen, dass alle Namen Gottes irreführend sind. Alle bedeutenden Traditionen esoterischer Weisheit sagen uns: Das Absolute »kann nicht genannt oder gedacht werden«. Wir haben einfach keine zuverlässigen Bilder des Allmächtigen. Wie ein Aphorismus der Sufis nüchtern feststellt: »Kein lebender Mensch hat Gott gesehen.«

Im vierzehnten Jahrhundert hat ein anonymer englischer Mönch, den man für den Autor von *The Cloud of Unknowing (Die Wolke des Unwissens)* hält, einer exaltierten religiösen Schrift, die das religiöse Leben dieser Zeit stark beeinflusst hat, seine Klage über das vergebliche Bemühen, das universelle Wesen anzusprechen oder auch nur darüber nachzudenken, hinzugefügt. Er sagte: »Doch jetzt wird man mich fragen: Wie kann ich an Gott selbst denken, und was ist er? Und ich kann keine Antwort dazu sagen außer: Ich weiß es nicht! Denn mit dieser Frage habt ihr mich in die Wolke des Unwissens versetzt. Gott selbst ist für keinen Menschen denkbar.«[1]

Der große deutsche Mystiker des dreizehnten Jahrhunderts, Meister Eckhart, bemerkte: »Sofern jemand etwas von Gott erkennt und Ihm dadurch einen Namen beifügt, ist das nicht Gott. Gott ist unaussprechlich.«[2] Und: »Es ist das Wesen Gottes, ohne Wesen zu sein.«[3]

Zu diesem Zeitpunkt der Geschichte, wo wir ein sehr notwendiges Erwachen weiblicher Werte erleben, ist es vielleicht wichtig darauf hinzuweisen, dass man das Problem der Benennung des Absoluten nicht einfach dadurch löst, dass man alle männlichen Namen und Pronomen durch weibliche ersetzt. »Gott« und »Göttin«, er und sie, scheitert gleichermaßen. Das Absolute ist grundlegend jenseits von jedweder Beschreibung, einschließlich des Geschlechts.

Mit diesen Einschränkungen im Sinn, kann der Leser nunmehr jedesmal seinen oder ihren bevorzugten Namen für das Absolute einsetzen, sei es Göttin, Gott, Allah, Krishna, Brahman, das Tao, der Universelle Geist, der Allmächtige, Alpha und Omega oder das Eine.

INDEX

A
Absolute, das 39
Achterberg, Jeanne 35, 66, 93, 125, 126, 127, 151
Aerobic-Gebete 111
AIDS-Kranke 121
Aivanhov, Omraan Mikhael 15
Alkohol 156
Allah 89
Allmächtige, der 102
Andacht 39, 88
Anomalien, schwache 61
Anomalien, starke 61
Antarktisexpedition 83
Anthropologie 178
Apollonius von Tyana 229
Ära I 58, 239
Ära II 58, 239
Ära III 60, 164, 239
Archetypen 77
Ärzte 213
Arztglauben 166
Arztwahl 165
Aufmerksamkeit 123, 124
Augustinus 73
Aurobindo, Sri 28
Avicenna 54
Avila, Theresa von 71, 117, 124

B
Bacon, Francis 191
Baker, Augustine 114
Bechterew, V. M. 94
Beeinflussungsperioden 218
Behandlungsmethoden, moderne 147
Bell, John Stewart 103
Bellsche Lähmung 64
Bells Theorem 103, 184
Benor, Daniel J. 176, 185, 205, 221, 233, 245
Benson, Herbert 110
Bentwich, Zvi 175
Beobachtungsvorgang 150
Bernadette, die Heilige 27
Berufe, heilende 150
Berührung, heilende (siehe auch Therapeutic Touch 65
Besinnlichkeit 42, 43
Bestrahlung 75
Beten, Anwendung in medizinischen Einrichtungen 239
Beten, ein Placebo 194
Beten, Einwände gegen empirische Untersuchung 192
Beten, ethische Fragen 99
Beten, Formen 38, 111

Beten, für andere 210
Beten kann hilfreich sein 195
Beten, Kardiologie 209
Beten, Macht 203
Beten, menschliches Gewebe 207
Beten, nicht-lokal 104
Beten, Praxis 204
Beten, rheumatische Arthritis 206
Beten, Schädlichkeit 194
Beten, Skeptiker 205
Beten und Erfahrung 212
Beten, ungerichtet und gerichtet 123
Beten, Verletzungen durch 172
Beten, Wirksamkeit 121
Beten, Arten 20
Beten im Laborversuch 24
Beten, negatives 178, 184
Beten ohne Worte 129
Beten, spirituelle Implikationen 21
Beten und das Unbewusste 73
Beten, ungerichtetes 120, 212
Beweismaterial 188
Bewusstsein 54, 57, 86, 118, 164, 207
Bewusstsein, Definition 76
Bewusstsein, Gruppenbewusstsein 137
Bewusstsein, lokalisiert im Gehirn 59
Bewusstsein, nicht-lokalisiert im Gehirn 60
Bewusstsein, Nicht-Lokalität 240
Bewusstsein, Seele 240
Bewusstsein, Wechselwirkung mit Materie 231
Bewusstsein 96
Bewusstsein, nicht-lokales 54, 103
Bewusstseinszustand, meditativer 229
Bewusstseinszustand, wacher 76
Bilder, innere 125
Bilder, mentale 81, 122, 127
Bildvorstellungen 61, 66, 219
Biofeedback 124
Blitzdiagnosen 177
Blutzellen, Wirkung von Gebeten 208
Borysenko, Joan 112, 130
Bosveld, Jane 80, 90
Boyd, Doug 170
Boyd, William 44
Brahman 89
Braud, William G. 67, 81, 123, 124, 146, 208, 217, 230, 233
Bridgman, P. W. 85
Brieftauben 134
Brustkrebs 147
Brustkrebs, Überlebenschance 149

Buddha 27

buddhistische Schulen 122
Burbank, Luther 176
Byrd, Randolph 109, 209

C
Cabeza de Vaca 82
Campbell, Joseph 22, 32
Cannon, Walter 179
Carey, John 173
Channelling-Medien 235
Christentum 115
Christus 173
Chuang Tzu 128
Claremon, Neal 180
Cole, W. H. 44
Comstock, Christine M. 73, 96
Corvisart, Jean-Nicolas 64

D
Daimon 139, 140
Dalai Lama 111
Davenport, R. 86
Davies, Paul 142
Denken 112
Diagnosen, intuitive (von Frau Myss) 63
Doppelblindversuch 160, 161, 162, 213, 227
Dualismus 86
dualistische Weltanschauung 86
Dunne, Brenda J. 67, 188, 193, 231

E
Eccles, Sir John 207
Einfühlung 180
Eisenbud, Jule 163
ELF-Wellen 231
Eltern, Liebe und Fürsorge 116
Emerson, Ralph Waldo 85
Emotionen, positive 125
Energie 230
Energie, Wesen von 22
Entfernung 164
Entfernung, Zeit und Energie 230
Entspannung 123
Entspannungsreaktion 111
Entspannungstraining 80
Ereignis, nicht-lokales 179
Ereignisse Beeinflussung von 144
Ereignisse, nicht-lokale 61, 107, 164
Ereignisse, physiologische 149
Ereignisse, telesomatische 67, 70
Erfahrung 86
Erfolgsquote bei Gebeten 18
Erleuchtung 115
Eros 139
Ertz, Susan 52
Erziehungseinflüsse 113
Essgewohnheiten 156

Estebany, Oskar 225
Eugenik 198

Everson, T. C. 44
Existenz, Gesamtplan 52
Experimente, physikalische 107
Extroversion 116, 112, 117, 121, 125
Eysenk, Hans 143

F
Feather, Sara 134
Ferndiagnose 62
Fernheilung 15, 16, 57, 98, 137
Fernheilung durch Gebete 15, 100
Fernheilungen, mögliche Erklärung 231
Fernverhexung 178
Fernwahrnehmung 67
Fernwirkung 173, 230
Fluch 179
Formel 121
Formel für Heilung 47
Foster, Richard J. 20, 88
Frauen, psychosomatische Symptome 71
Frazer, Sir James 173, 184
Freud, Sigmund 76, 96
Fühlen 112
Funatsu 84

G
Gackenbach, Jayne 80, 90
Galileo Galilei 190
Galton, Sir Francis 198, 199
Ganzheitsträume 91
Gardner, Martin 164
Gebet, Definition 20
Gebet in Träumen 20
Gebet, Modelle vom 23
Gebet und Wachbewusstsein 88
Gebet, universelle Techniken 122
Gebet, wohin gehen Gebete 102
Gebete, Befangenheit 106
Gebete, bevor sie stattfinden 151
Gebete, Dankbarkeit 241
Gebete, Form der Energie 102
Gebete, Häufigkeit und Dauer 109
Gebete, Heilung 117
Gebete, Heilwirkungen auf Tiere 225
Gebete in Träumen 91, 97
Gebete, Schaden von 99
Gebete, Traditionen 39
Gebete, Wirkungen auf Pflanzen 225
Gebete, Wirkungen auf Zellen 224
Gebete, Wirkung ohne Bemühung 106
Gebete, negative 173
Gebete, schwarze 172
Gebete, unbewusste 98
Gebete, ungerichtete 121
Gebete, zeitversetzte 142
Gebete, zielgerichtete 125

Gebet, nicht-lokales Ereignis 21
Gebet ohne Worte 129

… Index

Gebetsexperiment mit leukämiekranken Kindern 205
Gebetsexperimente an einfachen Lebensformen 217
Gebetsforschung 216
Gebetsgruppen 210
Gebetsheiler 135
Gebetsheilung 61, 229, 234
Gebetsmethoden 111, 126
Gebetsmethoden, Mystiker 123
Gebetsneurose 114
Gebetsstrategien 25, 110, 120, 122, 127, 211
Gebetsstrategien, nichtspezifische 105
Gebet und Andacht 38
Gebet und Heilung 197
Gebet und Überzeugung 167
Geburt Christi 90
Gedankenkraft 59
Gedanken, negative 180
Gedanken, Übermittlung 96
Gedanken, Wirkung über Entfernung 209
Gefühl von Mystikern 89
Gefühle 49, 191
Gefühle, starke 126
Gefühlsbindungen 136
Gefühlsverbindungen 134
Gegenwart 150
Gehirn 207
Gehirn und Bewusstsein 165
Gehirn-Körper-Medizin 60
Geist, wachbewusster Teil 81
Geistheiler 16, 158, 159, 224
Geistheilung 185
Geistheilung, Beweismaterial 233
Geistheilung, wissenschaftliche Arbeiten 221
Geistige Heilung 221, 234
Geist, klarer 122
Geist-Körper-Beziehung 54
Geist-Körper-Medizin 55, 57, 58, 60
Geist, menschlicher 104
Geller, Uri 175
Geschlecht und Telesomatik 71
Gesetzmäßigkeiten der Heilung 236
Gesundheit 77, 156
Gesundheitsvorsorge 146
Gesundheitswirklichkeit 81
Gesundheitszustand, besserer anderer Völker 149
Gewebeentnahme 149
Glaubenssystem eines Arztes 166
Glaubensvorstellungen, materialistische 233
Gleichgewicht, der inneren Gegensätze 77
Glückspielgebetsrad 120
Goldberg, Natalie 36
Gott 37, 89, 120
Gott im Labor 188
Gott, persönlicher 39
Gott, Sprache 106
Gott, Stille 106
Gott und bildhafte Vorstellungen 220
Gott, Wesen 280

Göttin 89
Göttin, persönliche 39
Göttliche, das 30
Göttliche Macht 215
Grad, Bernard 175, 225
Graham, Billy 111
Gralslegende 32

H
Halifax, Joan 181
Hall, Howard 126
Hall, Manley P. 49
Hämolyseprozess 209
Handauflegen 65
Harman, Willis W. 191
Harner, Michael 178
Harrison, Tinsley 148
Hautaktivität, elektrische 67
Hebb, Donald O. 164
Heilen, Anlagen zum 235
Heilen, Dynamik 26
Heiler, geistige 133
Heilige und Krankheiten 28
Heilige und Sünder 27
Heilkraft der Liebe 138
Heilkräfte, eigene 235
Heilmethoden 15 ,75
Heilphänomene, nicht beliebig wiederholbar 235
Heilrituale 16
Heiltraum 92, 93
Heilung, Bemühung um 40
Heilung durch Gebete 195
Heilung, Faktoren 237
Heilung, Gesetzmäßigkeiten 236
Heilung im Schlaf 93
Heilung, spirituelle 229
Heilung und Liebe 131
Heilung, mentale 118
Heilung, Zweck 52
Heilungen durch gerichtete Strategien 126
Heilungen, spontane 82
Heilungsexperiment 65
Heilversuche in kontrollierten Experimenten 245
Heilwirksamkeit des Betens, Forschung 197
Heilwirkungen des Unbewussten 87
Hellsichtigkeit 64
Herbert, Nick 103, 152, 184
Herzanfall 78 118
Herzverbindung 72
Hildegard von Bingen 117
Hillman, James 51
Hingabe 121
Hiob 140, 155
Hippokratische Schriften 53
Hirngewebe 207
Huxley, Aldous 106
Hyman, Ray 143
Hypnose 177

I

Ich 81
idiopathisch unbekannte Ursache einer Krankheit 154
Ikemi, Yujiro 45, 247
Imagination 122, 123
Immunglobulin-A-Spiegel (IgA) 131
Immunologie 175
Immunsystem 127
Information, Übermittlung 94
Ingerman, Sandra 92
Interventionsformen, moderne 85
Introversion 112, 116, 117, 121, 125
Intuition 112

J

Jahn-Dunne-Versuche 231
Jahn, Robert G. 67, 188, 193, 231
Jesus Christus Superstar 113
Jivaro-Indianer 178
Juden, Gebete 111
Julian von Norwich 117
Jung, C. G. 53, 77, 89, 112, 113, 116, 138, 140

K

Kabat-Zinn, Jon 112
Kahuna 182
Kalweit, Holger 179
Kanäle, abnorme 145
Karma 140
Kass, Jared 111
Katagiri, Roshi 36
Katholiken, Gebete 110
Kazantzakis, Nikos 48, 53
Keating, Thomas 106
Keimungsexperimente 119
Kelzer, Kenneth 90
Ketcham, Katherine 40
Kirche und Gebete 211
Klarträume 89, 90
Kognitive Dissonanz 234
Kommunikation vom Unbewussten zum Unbewussten 96
Konstitution 156
Kontemplation 38
Kraft des Bewusstseins 45
Kraft von Worten 128
Kraftwerk 219
Krankheiten, Störungen auf der subatomaren Ebene 145
Krankheiten, Verursachung durch subatomare Teilchen 146
Krankheiten, Beseitigen von 241

Krankheiten, ideopathische 155
Krankheit, zeitversetzte 154
Krebs, bevor er entstanden ist 149
Krebs, Schuld 139
Krebs, spontane Rückbildung 44, 46, 247
Krebs, Überleben ohne Behandlung 147

Krebs, Verleugnung 147
Krebsbehandlungen, unkonventionelle 51
Krebspatienten, außergewöhnliche 51
Krieger, Dolores 65, 220
Krippner, Stanley 16, 97, 137
Krishnamurti, Jiddu 28, 242
Kurtz, Ernest 40

L

Labor und Gott 192
Laktose-negativ 222
Laktose-positiv 222
Lärm 129
Lawlis, G. Frank 35, 126
Lebenskraft 67
Lerner, Michael 51
LeShan, Lawrence 16, 17, 98, 100, 133, 229
Lewis, C. S. 18, 25, 154, 213, 237
Liebe 131, 138, 135, 186
Liebe und Heilung 131
Liebe, Rolle der Liebe bei Heilung 132
Liebesmodell der Gesundheit 140
Limbisches System 116
Long, Max Freedom 182
Loslassen 81
Lourdes 16, 27
Lungenkrebs 151
Lymphozyten 127

M

Macht Gottes 16
Magi 90
Magie 110, 173
Magie der Übertragung 184
Magie, schwarze 179
Maharishi Mahesh Yogi 110
Malraux, André 26
Mammografie 149
Mammogramm 138
Mandalas 89
Manning, Matthew 224
Mantra 110
Maria Magdalena 113
Maslow, Abraham 197
Maßnahmen, therapeutische 50
Maynande, Ann 80
McClelland, David 131, 132
Medikamente 162
Meditation 38, 71, 91, 110
Medizin, Beobachtungsvorgänge 146
Medizinische Konzepte 55
Medizinische Verleugnung 163

Medizin, nicht-lokale 55, 239
Medizin, physikalistisch 55
Medizin, psychosomatische 68
Medizin, transpersonale 57
Meister Eckhart 38, 106, 116, 280
Mencken, H. L. 101
Mensch und Maschine, Wechselwirkungen 72

Meprobamat 161
Michael, P. 115
Mikroorganismen, Wachstum 222
Mind Science Stiftung 217
Mitgefühl 135, 140, 186
Morphogenetische Felder 201
Murphy, Michael 172
Musik 129
Mutationen, genetische 223
Mutter-Teresa-Effekt 131
Myers, F. W. H. 132
Myss, Caroline 62
Mysterium 31, 101
Mystizismus 234
Mythologie 22

N
Nebenwirkungen, Behandlungsmethoden 187
Needleman, Jacob 190
Nelson, Roger 144, 193
Nervensystem, autonomes 81
Nervensystem, sympathisches 116
Neurotransmitter 207
Neurowissenschaft 164
Neutrophile 127
New Age 31, 51, 138, 139
New-Age-Übungen, gebräuchlichste 41
Newton, Isaac 58, 152
Nicht-Lokalität 21, 103, 185, 239
Nichts 154
Nolan, William 210
Noriega, General Manuel 172
Norrisey, Marie C. 115
Norris, Patricia 125
Numinose, das 101
Nur-Gebets-Gruppe 202
Nur-Psychologie-Gruppe 202

O
Operation 75
Operation, Sorge vor 79
O'Regan, Brendan 82
Organismen, Einfluss auf lebende 174

P
Paracelsus 68, 131, 138
Parapsychologie 132, 143
Parker, William R. 201
PEAR-Labor 67
PEAR-Versuche 136
Penizillin 17, 163
Peregrinus, St. 44
Persönlichkeitsentwicklung 113
Persönlichkeitsmerkmale 125
Persönlichkeitstypen 113, 114, 209
Pflanzen und Menschen 177
Physik und Gebet 104
Physik, experimentelle 145
Physik, klassische 230
Physik, moderne 103, 104, 154

Physik, neue 142
Physik, Newtonsche 142
Physiologie, Kontrolle der 120
Pilze, Hefen und Bakterien 221
Placebo 161, 194, 227
Placeboeffekt 66, 118, 224
Placeboeffekt des Gebets 195
Planck, Max 238
Polkinghorne, John 199
Porphyrios 53
Positives Denken 75
Posner, Gary 215
Präventivmedizin 150
Projektion 113
Prometheus-Formel 51
Psi-Heilung 233
Psyche 76, 77, 86, 186
Psyche, nicht-lokaler Aspekt 81
Psyche, unbewusste 87
Psychoanalyse 76
Psychologische Typen, C. G. Jung 112
Psychoneuroimmunologie 59, 194
Pythagoras 229

Q
Quanten 107
Quantenphysik 143, 146
Quantenrealität 103, 152, 184
Quinn, Janet 121

R
Radin, Dean 144
Raine, Kathleen 26
Ramana Maharshi 28, 37
Rauchen 156
Raum 22, 54, 67
Raum und Zeit 53
Redlands-Experimente 201
REG-Experimente 144
Religion und Heilung 237
Religionen, westliche 21
Remen, Rachel Naomi 49
Rhine, J. B. 134
Rhine, Louisa E. 70
Richet, Charles 177
Rider, Mark S. 127
Rilke, Rainer Maria 36
Rolling Thunder 168, 169
Roud, Paul 158
Rousseau, Henri 97
Rückbildung, spontane neueste Ergebnisse 252
Rückbildung von Krebs 44

S
Salmon, Peter 80
Sargent, Carl 143
Schamane, der und der Internist 168
Schamanen, Verhexungen 178
Schamanisches Reisen 92
Schamanismus 179

Schlaflabor 97
Schlitz, Marilyn 67
Schmerz 42
Schmerzkontrolle durch Yoga 37
Schmidt, Helmut 143
Schock, anaphylaktischer 187
Schöpfungsmythen 128 ,153
Schrödinger, Erwin 60
Schüchternheit und Beten 116
Schuld 183
Schuldgefühle 138
Schweigen und Beten 129
Schwerkranke, Arbeit mit 121
Schwingungen, schlechte 176
Science Fiction 154
Seele 21, 240
Seele und Gehirn 164
Seelen, zwei 182
Selbsthilfeformeln 50
Selbst, höheres 52
Selbst, spirituelles 188
Selbstmitleid 154
Selbstverantwortlichkeit 74
Shaw, George Bernard 16
Shealy, Norman 62
Sheik, Anees 128
Sheldrake, Rupert 201
Shinto Religion 46
Singer, June 113, 114
Smith, Richard G. 127
Solfvin, Jerry 161
Spannungskopfschmerzen 218
Spindrift Untersuchungen 117
Spindrift-Experimente 120, 125
Spindrift-Forschungen 212
Spindrift-Organisation 192
Spiritualität und Heilung 31
Spontanremission 49
Sprache Gottes 128
Star Trek 188
Statistiken 243
Steger, Will 83
Steindl-Rast, Bruder David 106
Stein, Gertrude 32
Stevenson 70
Stille 38, 106, 123, 128, 129
St.Jones, Elaine 201

Stresshormone, Konzentration 80
Stresssituationen 116
subatomare Ereignisse 144
Suggestion 194, 224
Suggestion, Wirkungen 160
Suggestion, mentale 94
Sünde 183
Suzuki Roshi 28, 71
Symbole 89

T
Tao 89, 115
Taschenspielertricks 176

TBC Tuberkulose 155
Technik, Krebsheilung 49
Teilchen 107, 143
Teilchen, subatomare 105
Teilchen, subatomare Eigenschaften 145
Telepathie 104, 133
Telepathie, Experimente 94
telepathische Einwirkungen 233
telepathisches Kommunikationsnetzwerk 179
telepathische Verbindung 132
telesomatisch 68
telesomatische Ereignisse 67
telesomatische Fälle 70
telesomatische Reaktionen, spontane 106
telesomatische Reaktionen 105
Terminator 2 154
Tetraplegie 187
Theologie, Vitalität der 193
Therapeutic Touch 57, 65, 66, 220
Therapie, alternative Methoden 57
Therapie, geistig-körperliche Methoden 59
Therapie, Wirkungen 162
Therapie, Wirkungen des Bewusstseins 57
Therapieerfolg 165
Thomas, Lewis 49
Tod 38, 52, 241
Tod durch Verhexung 181
Todesgebet 182, 183
transpersonale Bilder 66
transpersonale Bildvorstellungen 219
Transzendentale Meditation (TM) 110
Träume, Gebete empfangen 97
Träume, bedrohliche 80
Träume und Heilung 91
Traumgebete 89
Traumheiler 93
Traummotive 89
Traum, mystischer 91
Traumtelepathie 97
Triebe, unbewusste 76
Trousseau, Armand 163
Tumor, Rückbildung 127
Typen, Persönlichkeitstypen 114
Typen, spirituelle 114

U
Überlebenschancen 166
Überlebenschance, statistische 149
Überlebensrate bei Herzanfall 78
Überzeugung des Arztes 159
Überzeugung des Patienten 160
Überzeugungen des Arztes 164
Überzeugungsfaktor 211
Ulanov, Ann 20
Ulanov, Barry 20, 120, 151
Unbewusste Gebete 97
Unbewusste Heilwirkungen 87
Unbewussten, Kraft des 84
Unbewussten, Einfluss des 93
Unbewussten, Rolle des 76

Unbewussten, Spektrum des 77
Underhill, Evelyn 115
Unendlichkeit 21
Universum 180
Universum, Enden des 103
Unsterblichkeit 15, 241
Untersuchung als Blockade 148
Untersuchungen, verschiedene technische 150
Untersuchungen, jährliche 149
Untersuchungsmethode 191
Unvorhersagbarkeit 236
Updike, John 40
Ursprache 20

V
Vaca, Cabeza de 82
Varicella zoster 127
Verdrängung, Effekte 214
Vergangenheit 145, 149, 152
Vergangenheit, Beeinflussung der 144, 150
Vergangenheit, Eingriff in die 149
Vergangenheit, medizinische 145, 150
Verhexungen aus der Ferne 178
Verleugnung 78, 79, 85
Versuchspersonen 218
Visualisation 75, 118, 120, 123, 124, 126
Vitamin E 161
Voodoo 178, 179, 183
Voodoo-Magie 179
Vornamen und Beten 213
Vorsichtsmaßnahmen 149
Vorsorgeuntersuchungen 146
Vorstellung, bildliche 118, 124, 125, 128
Vorstellungsbilder 66
Vorstellungskraft 54, 68

W
Wachbewusstsein 77, 87, 89
Wachgebet 91
Wahrheit, Mauer der 190
Wahrnehmung, bewusste 230
Wahrscheinlichkeiten 143
Wallace, Robert Keith 110
Watts, Alan 42, 85, 140
Wechselwirkungen, nicht-lokale 184
Weltbild 23, 152
Welt, nicht-lokale 104
Wertvorstellungen 77
Wheeler, Archibald 152
Wilde, Oskar 18
Wille, Dein Wille geschehe 107, 120, 157
Wille, göttlicher, Allgegenwart 157
Wirklichkeit 86
Wirksamkeit des Betens 192
Wirkungen, zeitlich versetzte 231
Wirkung ohne Ursache 155
Wirth, Daniel P. 65
Wolke des Nichtwissens 39, 280
Worrall, Olga 174
Worte, Beten mit und ohne 200

Z
Zauberei 173
Zeit 67, 152
Zeit, lineare Abfolge 154
Zeit, Richtung 153
Zeitlosigkeit, Erfahrung der 157
Zeitverschiebung 146
zeitversetztes Gebet 153
Zeit, Wesen von 22
Zen 71
Zufallsereignisgenerator (REG) 143
Zufallsereignisse, physikalische 135
Zufallsgenerator (REG) 135
Zukunft 150
Zukunft, neue durch Beeinflussung der Vergangenheit 154

Weitere Titel aus dem Crotona Verlag:

... dem Leben neu begegner